# 스파이 세계사

## 제II권

모세부터 9·11까지 정보활동 3000년의 역사

# 스파이 세계사

## 제II권

모세부터 9·11까지
정보활동 3000년의 역사

크리스토퍼 앤드루 Christopher Andrew 지음

박동철 옮김

# 옮긴이의 글

/

이 책의 원서 제목은 『비밀의 세계: 정보활동의 역사(The Secret World: A History of Intelligence)』(2018)다. 현대 역사, 특히 정보 역사 연구에 천착한 저자 크리스토퍼 앤드루(Christopher Andrew) 교수는 숨은 정보활동을 발굴하고 재구성해 원서의 부제처럼 정보활동의 세계 역사에 대해 썼다. 국제관계와 정보활동에 관한 저자의 많은 저술 중에서 『KGB 내부 이야기(KGB the inside story)』(1990) 등 그가 서방으로 망명한 전직 KGB 간부들과 함께 작업한 다수의 KGB 관련 문헌은 독보적이다. 또 그는 영국 국내정보기관 '보안부(MI5)' 백년사를 다룬 『왕국의 방위(The Defence of the Realm)』(2009)를 집필한 사학자로도 유명하다. 케임브리지대에서 사학과 교수단장과 코퍼스 크리스티 칼리지(Corpus Christi College) 학장을 역임한 저자는 현재 명예교수로서 이 분야 전문가들과 함께 '케임브리지 정보학 세미나'를 정기적으로 주재하면서 ≪정보·테러 연구 저널(Journal of Intelligence and Terrorism Studies)≫의 편집인으로 활동하고 있다.

이 책은 전 시대와 전 지역을 망라하는 통사(通史)로서 모세가 가나안 땅에 스파이를 보낸 이야기부터 9·11 테러 공격까지 서술하고 있으며, 나아가 장기 역사적인 관점에서 21세기 정보활동을 꿰뚫고 있다. 정보의 성공과 실패가 국가나 정권의 흥망으로 이어진 역사상 사례는 허다하다. 우리는 이러한 역사에서 교훈을 학습하고 특히 정보 실패를 반복하지 않으려고 노력한다. 그러나 저자는 '권력자에게 진실 말하기'가 어려우며 역사를 망각하기 때문에 정보 실패가 반복된다고 강조한다. 이는 권력과 정보 간의 관계에서 풀어야 할 영원한 난제지만, 먼저 권력자의 마음과 귀가 열려 있어야 편향되지 않은 정보와 그 성공이 따를 것이다.

역자가 이 책을 번역하면서 견지한 몇 가지 규칙이 있다. 첫째, 용어의 정확성과 통일성에 중점을 두면서 원칙적으로 단편적인 '첩보(information)'와 정제된 '정보(intelligence)'를 구별하는 등 한국 정보계의 언어 관행을 반영했다. 둘째, 인명, 지명 등 고유명사는 원어 표기 원칙에 따르고 원서에 적힌 영어식 표기를 괄호 속에 넣었다. 셋째, 필요한 곳에 역자 주를 달아 독자의 이해를 돕고자 했다.

이 책은 스파이들에 관한 이야기라서 재미있으며, 역사에 관한 지식과 함께 그 이면에 작용하는 인간의 지혜와 교훈을 일깨워준다는 점에서 유익하다. 아무쪼록 재미있고 유익한 이 책이 국가정보기관, 국내 학계 등 정보와 관련된 이들에게 필독서가 되고 일반 독자들에게도 흥미로운 읽을거리가 되기를 기대한다.

2021년 8월

박 동 철

# 차 례

# 제13장

# 태양왕 시대의 정보활동

루이 14세는 비밀 정보활동보다는 자화자찬으로 훨씬 더 유명하다. 그는 1682년 자신의 궁정을 베르사유 궁으로 옮기면서 하느님을 경당에 모셨다. 유럽 역사상 가장 크고 장엄한 궁전의 나머지 부분은 태양왕(Sun King)의 추종자들에게 할애되었다. 태양왕은 루이 14세가 좋아하는 자화상이었다. 그의 통치 말기에 궁내에 거주하는 근무자는 귀족, 군인, 사제, 관리, 상인, 하인 등 약 1만 명에 달했다. 베르사유 궁은 군대 다음가는 프랑스 최대의 고용주였다. 그러나 루이는 또한 비밀유지를 왕의 권위에 필수적인 요소로 간주했다. 1661년 마자랭(Mazarin) 추기경이 죽은 후 루이는 자신의 친정체제 시작을 기념해 메달을 주조했는데, 그 메달의 앞면에는 왕의 초상화가, 메달의 뒷면에는 그리스의 침묵과 비밀의 신 하포크라테스(Harpocrates)가 손가락을 입술에 대고 있는 모습이 새겨졌다. 베르사유 궁에서 가장 화려한 방인 '거울의 방' 천장 그림은 네덜란드의 네 개의 요새에 대해 동시 공격을 명령하는 루이의 모습을 그린 것이다. 그의 옆에는 한 우화적 인물이 또한 손가락을 입술에 대고 있다. 왕이 겐트(Ghent, 벨기에 북부의 도시_옮긴이)시를 공격하려고 준비할 때, 또 다른 인물은 손으로 입을 막고 있다.

　루이 14세는 공식적인 비밀유지뿐 아니라 정보수집에도 어느 정도 관심을 보였다. 그는 '검은 방(cabinet noir)' 업무에 개인적인 흥미를 느꼈다. 그도 아버지 루이 13세처럼 프랑스 최고의 암호해독관 앙투안 로시뇰(Antoine Rossignol, 1682년 사망)에 대한 존중의 표시로 쥐비시(Juvisy)에 있는 그의 성을 방문했다. 17세기 잉글랜드의 위대한 두 암호해독관 토머스 필립스와 존 월리스는 스튜어트 왕조의 왕들로부터 어떤 감사 표시도 받지 못했다. 파리 주재 잉글랜드 대사 로드 홀리스(Lord Hollis)는 이미 개봉되어 읽어 본 우편물을 늘 받는다고 불평했다. 그의 후임자 랠프 몬터규(Ralph Montagu)도 1669년 똑같은 불평을 했다. 그들은 일부 프랑스 궁정 관리들과 마찬가지로 자신들의 서신이 절취된다는 것을 알았는데, 이 때문에 '검은 방'이 서신을 가로채서 획득한 정보의 가치가 감소했다. 유명한 편지 작가 세비녜 부인(Madame de Sévigné)은 17세기 후반기에 자신의 편지를 개봉하는 자들에게 가끔 개인적으로 호소했다. "아아! 나는 이런 수고를 하는 사람들에게 간청합니다. 이걸 읽어서 작은 즐거움을 얻겠지만 우리에게는 슬픔을 안긴다는 사실을 제발 생각하세요. 선생님들, 적어도 [편지를] 다시 봉투에 넣는 수고는 아끼지 마세요. 그래야 조만간 편지가 목적지에 도착할 테니까요."

루이 14세가 처음으로 정보공작에 직접 관여한 것은 바로 마자랭의 재정 관리자 니콜라스 푸케(Nicholas Fouquet)를 숙청하려는 음모였다(이 정보공작은 1661년 루이의 친정체제를 구축하는 데 결정적인 역할을 했다). 벨-일(Belle-Île)의 후작이자 믈룅과 보(Melun et Vaux)의 자작인 푸케는 자신이 마자랭의 후임자가 되기를 바랐다. 푸케는 신하의 과도한 권력과 위엄이 왕의 권위를 위협하는 전형적인 본보기였다. 그는 웅장한 보-르-비콩트(Vaux-le-Vicomte) 성에서 왕보다 더 부유하게 살았다. 푸케는 당대 최고의 군사 엔지니어인 세바스티앙 르프레스트 드 보방(Sébastien Le Preste de Vauban)의 지원을 받아 브르타뉴 연안의 벨-일 섬에 자체 수비대를 갖춘 난공불락의 개인 요새를 건설하려고 했다.

푸케의 강적은 더 영민하고 덜 과시적인 장-루이 콜베르(Jean-Louis Colbert)였다. 콜베르는 쌀쌀맞은 겉모습 때문에 세비녜 부인에게서 '북쪽'이라는 별명을 얻었다. 랭스(Rheims)의 상업은행가 집안 출신인 콜베르는 회계사 교육을 받았으며, 구체제(Ancien Régime, 1789년 프랑스 혁명 이전_옮긴이) 역사에서 최대 규모인, 마자랭의 개인재산 축적을 도왔다. 마자랭은 임종 시에 콜베르를 루이 14세에게 천거했다. 콜베르가 푸케를 제거하려는 음모에 루이 14세를 끌어들이는 데는 오래 걸리지 않았다. 궁정과 행정부에 푸케의 협조자가 매우 많았기 때문에, 그 음모는 아주 비밀리에 진행되어야 했다. 첫 단계로 푸케의 벨-일 요새를 정찰하기 위해 어부로 가장한 스파이를 보냈다. 그 스파이는 요새의 지도와 함께 200명의 수비대, 400문의 대포, 보방의 설계에 따라 1,500명의 인부가 건설하고 있는 방어시설 등의 세부사항을 가져왔다. 또 콜베르의 스파이들은 푸케가 카리브 해의 마르티니크(Martinique) 섬을 점령해 그곳 산물을 벨-일 섬으로 수출하려고 계획하고 있다고 보고했다. '요컨대, 푸케는 왕국의 축소판인 작은 제국을 건설하고 있었다.'

콜베르는 푸케를 체포할 비밀 계획을 수립해 국왕의 승인을 받았는데, 그 계획은 푸케의 근거지인 보-르-비콩트 성과 벨-일 섬에서 멀리 떨어진 낭트(Nantes)에서 지방 영주 회의를 개최한 후 예고 없이 그를 체포하는 것이었다. 루이 14세도 푸케의 의심을 누그러뜨리기 위해 애를 썼는데, 그에게 총애한다는 표시를 반복해서 보냈다. 그리고 1661년 9월 5일 낭트에서 국왕 주재 회의 직후 푸케를 갑자기 체포했다. 국왕 호위대 사령관이 푸케의 협조자였기 때문에 그를 체포한 사람은 국왕의 여행을 수행한 총사(머스킷총을 든 병사)들의 우두머리 샤를 다르타냥(Charles d'Artagnan)이었다. 17세기 중엽 알렉상드르 뒤마(Alexandre Duma)의 소설 『삼총사(The Three Musketeers)』는 "모두는 하나를 위해, 하나는 모두를 위해!"라는 구호로 유명한데, 그 소설에 나오는 가공의 다르타냥은 애매하고 덜 낭만적인 모습의 실제 총사보다 훨씬 더 잘 알려져 있다. 일부 증거에 따르면, 실제의 다르타냥은 마자랭을 위해 스파이 임무를 수행한 적이 있으며 따라서 푸케의 체포로 절정에 달한 비밀공작에 필요한 경험을 갖추고 있었다.[1]

콜베르는 푸케의 체포와 동시에 그의 파일들을 압수했다. 그 가운데에는『카세트(Cassette)』라는 방대한 장부 책이 그의 사무실 장식장 뒤에 숨겨져 있었는데, 그 속에는 금전적 비밀과 부패의 증거가 들어 있었고, 그의 스파이와 협조자들 외에 정부들의 명단도 있었다. 3년 동안의 재판에서 논란 끝에 푸케는 종신형을 선고받았다. 루이 14세는 콜베르가 지휘한 정교한 정보공작에서 자신이 수행한 역할을 자랑스러워했다. 나중에 국왕은 '프랑스 전체'가 푸케 제거를 찬성했을 뿐만 아니라 푸케의 협조자들이 자신을 둘러싸고 있음에도 서너 달 동안 푸케 체포계획의 비밀을 성공적으로 유지한 데 대해서도 '특별히 칭송'했다고 주장했다. 콜베르에게 비판적인 사람들은 뱀이 기어오르는 그의 가계의 문장(紋章)이 아주 적절하게 되었다고 수군거렸다.

콜베르는 1665년부터 1683년 죽을 때까지 재무장관이면서 실질적인 수상이었다. 그는 왕실의 회계장부, 재정보고서와 기타 모든 국가재정 사항을 비밀정보로 분류해 공식적으로만 사용할 수 있게 했으며, 모든 각료와 정부 관리들은 비밀 준수를 서약하되 위반 시에는 파직당해야 한다고 생각했다.[2] 콜베르의 궁극적인 목적은 프랑스 왕국 내 모든 지방의 자원과 행정 시스템을 조사해 비밀자료를 만드는 것이었다. 그는 각 지방에 관리를 파견해 인구, 토지 보유, 경제활동, 현지의 규제와 법률, 중요한 인물 등에 관해 자료를 입수하게 했다. 콜베르는 조사의 범위를 인접 국가로 확대했는데, 이는 대부분 16세기 아우크스부르크 푸거(Augsburg Fugger) 가(家)의 무역·은행 제국에서 영감을 얻은 것이었

---

1    뒤마의 소설에서, 다르타냥은 자신이 삼총사(뗄 수 없는 친구들 아토스, 포르토스 및 아라미스)의 일원이 아니지만 그들에게 "모두는 하나를 위해, 하나는 모두를 위해!"라는 구호를 만들어준다.

2    루이 14세에 대한 콜베르의 영향력은 정말 대단해서 그의 설득으로 태양왕이 회계에 진지하게 관심을 가지게 되었다. 그런 유럽의 주요 군주로는 루이가 최초였다. 루이는 1661년 친정을 시작했을 때부터 외투 주머니 속에 작은 회계장부를 넣고 다녔는데, 콜베르가 마련한 그 장부는 왕의 지출·수입·자산을 기록했으며 매 회계연도 말에 교체되었다.

다. 푸거 가의 정교한 서류정리 시스템에는 원격지 통신원 네트워크로부터 받은 정기 보고서도 포함되었다. 1671년 콜베르는 자신의 아들(자신의 지위를 물려주기를 바랐다)을 이탈리아로 파견하기 전에 다음과 같이 일렀다.

각국에서 그 나라의 상황, 군사력, 인구 규모, 그 국가의 위대함, 도시·마을·부락의 수와 규모 등을 보아라. 그리고 정부 형태를 보되, 귀족정체라면 공화국 통치에 참여하고 있거나 앞으로 참여할 귀족 가문들의 이름과 지위를 파악하라. 그리고 정부의 여러 기능, 정부의 일반위원회와 특별위원회에 대해 알아내고, 누가 국가를 대표하는지, 주권은 누구에게 있는지, 누가 전쟁과 평화를 결정하는지, 누가 법률을 제정하는지, 선거의 결과는 무엇인지 등도 알아내라. 그리고 육군, 해군, 사법 등을 담당하는 특별위원회가 있는지 국가 전체와 도시별로 알아보고 법률과 관습도 조사하라. 해상과 육상의 공공사업 장소, 모든 궁전, 공공건물 등 일반적으로 비범한 장소를 모두 방문하라.

이처럼 힘든 임무를 받은 콜베르의 아들은 아버지의 높은 기대를 충족시키지 못한 데 대해 여러 번 사과해야 했다.

최근의 연구 결론에 따르면, 콜베르의 목적은 '비밀의 국가 정보시스템'을 구축하는 것이었다. 콜베르가 '검은 방'을 활용했다는 증거는 단편적으로만 현존하지만, 그의 정보시스템은 통신문 절취(및 필요 시 해독)를 포함했다. 1682년 콜베르는 툴루즈(Toulouse) 지사에게 쓴 편지에, 플랑드르에서 툴루즈로 보낸 서신들이 중대한 음모(얀센과 이단의 확산과 관련되었을 것이다)가 있음을 드러냈으며 그 음모를 "파헤치는 것이 매우 중요하다"라고 적었다. 툴루즈에서 절취된 기타 서신들은 로마에서 진행되는 (미상의) 상업적 사업들을 드러냈는데, 콜베르는 그 사업들이 "국왕의 이익에 해롭다"라고 언명했다.[3]

콜베르가 야심차게 추진한 국가 정보시스템의 발전에 주된 장애가 된 것은 그와 경쟁 관계였던 루부아(Louvois) 후작이었는데, 그는 1662년부터 1691년 죽을 때까지 전쟁 담당 국무장관이었다.[4] 루부아는 1668년부터 우정청장을 겸임했는데, 이 직책으로 인해 그는 매년 100만 리브르의 소득이 생겼으며 정치·군사정보 수집에 활용한 '검은 방'의 활동에 대해 콜베르보다 큰 권한을 가졌다.[5] 1668년 디종(Dijon)에서 프랑쉬-콩테(Franche-Comté) 침공을 준비하던 프랑스 군사령관 콩데(Condé) 왕자('큰 콩데')의 요청으로 루부아는 디종으로 가는 우편물 배달을 침공이 시작될 때까지 연기했는데, 그것은 파리의 통신원들이 침공을 사전 경보하는 것을 막기 위해서였다.

루부아는 당대 유럽의 다른 전쟁장관들보다 정보활동에 더 큰 중요성을 부여했다. 루이 14세 시대에 군대 규모가 커지면서 그에 따라 군수품과 급식이 확대되고 보방의 선도로 요새 시설이 엄청나게 개선되었는데, 이런 것들이 군사정보의 중요성을 증가시켰다.[6] 1667년 이후 40년 동안 보방은 프랑스와 저지대 국가에서 약 300개 도시의 요새 시설을 개선했을 뿐 아니라 37개의 새로운 요새 건설을 지휘하고 항구들을 요새화했다. 1672년 프랑스-네덜란드 전쟁이 개시되자, 콩데 왕자는 뫼즈(Meuse) 강을 따라 승리의 진군을 시작하기 전에 요새 전문가를 파견해 적 요새들을 정찰하게 했다. 이러한 정찰에 힘입

---

3    루이 14세처럼 콜베르도 프랑스의 위대한 암호해독가 앙투안 로시뇰을 존경했지만, 그가 암호해독물에 접근했다는 증거는 없다.

4    루부아의 아버지 미셸 르텔리에(Michel Le Tellier)는 마자랭 밑에서 전쟁 담당 국무장관이었으며, 1662년 자기 아들이 21세의 어린 나이에 똑같은 직책에 임명되도록 주선했다. 두 부자가 함께 전쟁부서를 통솔했지만, 루부아가 1660년대 말까지 주도적인 역할을 맡았다.

5    루이 14세의 대자(代子) 생-시몽(Saint-Simon) 공작이 대부가 죽고 20년 뒤에 쓴 유명한 회고록은 루부아가 '검은 방'을 창설했다고 잘못 기술하고 있다. 실제로는 리슐리외가 '검은 방'을 설립했다.

6    이러한 군사적 변화가 조프리 파커(Gorffrey Parker)가 처음 주장한 대로 '군사혁명' 수준에 이르렀는지에 대해서는 역사학계에서 논란이 계속되고 있다.

어 라인 강변의 네 요새가 빠르게 정복되었을 것이다. 이 정복에 대해 루이 14세는 자신의 개인적인 공적을 주장했다. "그 누구도 내가 국민적 기대를 저버렸다고 불평하지 않기를 바란다." 1673년 루이 14세의 군대는 보방을 앞세워 네덜란드의 마스트리히트 요새를 포위한 후 곧바로 점령했다. 프랑스의 승리와 보방의 요새화로 인해 프랑스의 적국에서 군사정보의 우선순위가 높아졌다. 뱅센(Vincennes) 성에 있는 프랑스 군사 서고에는 합스부르크 황제 레오폴트(Leopold) 1세의 라인 군대에 소속되어 있던 한 엔지니어가 상관들로부터 받은 정보 질문지가 있다. 자신도 프랑스 스파이로 활동하고 있던 그 엔지니어는 프랑스 요새 시설에 관해 그 설계자와 건설자로부터 정보를 수집하라는 요청을 받았다. 그 엔지니어는 또한 프랑스군의 제대 편성과 그 사령관(후대의 전투서열 정보에 해당한다)을 식별하는 한편 그들의 식량 보급품 재고, 재정 상태, 군대 봉급이 마지막으로 지급된 날짜 등에 관해 상세히 수집하라는 요청을 받았다. 17세기 초에도 이러한 종류의 군사정보를 수집하려는 그 시도는 매우 특별했을 것이다.

1660년대와 1670년대에 프랑스 군대가 외국 군대보다 우월했던 것은 향상된 군사정보에 일부 힘입은 면도 있지만, 사실은 주로 루부아 덕분에 루이 14세가 당시 유럽 최대의 군대를 보유하고 있었고(로마제국의 멸망 이후 최대였을 것이다) 위대한 장군들—콩데, 튀렌(Turenne) 자작 및 룩셈부르크 공작—을 거느리고 있었다는 사실이 더 크게 작용했다. 루부아는 사실상 정보수장을 자처했다. 그러나 그는 루이 14세를 대할 때 '권력자에게 진실 말하기'의 고전적인 문제를 피할 수 없었다. 이 문제가 신랄하게 표출된 것은 1673년 가을이었다. 당시 네덜란드와 합스부르크 제국이 공세를 취한 데 이어 스페인과 브란덴부르크 중심의 프로이센(Brandenburg-Prussia)이 프랑스에 대해 선전포고한 상황에서, 루부아는 프랑스군이 일부 점령지에서 전략적으로 철수하는 방안을 선호했다. 그러나 루이는 철수와 영광이 양립할 수 없다고 보았다. 루부아는 "왕의 현재 기분으로 보아, 왕이 마스트리히트보다 파리나 베르사유를 포기할 것 같다"라고 침울하게 적었다. 이리하여 프랑스 군대는 전년도 점령지를 지키면서 꼼짝하지 못하게 되었고, 그 사이 네덜란드와 합스부르크 군대는 라인 강으로 진출했다.

이후 10년 사이에 루이 14세는 위대한 장군들과 최고의 정보 전문가들을 잃었다. 튀렌 자작이 1675년 전투에서 죽었다. 곧이어 64세의 콩데가 오랜 군 경력에 탈진하고 통풍에 시달리다가 은퇴했다. 콜베르가 17세기 '가장 걸출한 프랑스인'의 하나로 꼽았던 로시뇰이 1682년 죽음으로써 프랑스는 구체제의 가장 위대한 암호해독가를 잃었다. 1683년 콜베르가 (아마도 신장결석으로) 급사하자, 비밀 데이터베이스를 구축하려던 그의 미완성 프로젝트도 폐기되었다. 루이 14세는 공식 자료를 중앙집중화하려던 시도를 포기하고 그 수집과 관리 책임을 여러 각료와 관리들에게 분산시켰는데, 그들은 진지한 조사를 수행하는 데 필요한 회계 기량이 없었다. 콜베르의 죽음으로 재무장관이 된 클로드 르펠르티에(Claude Le Peletier)는 콜베르가 국가의 재정문서를 비밀스럽게—'그 자신만 알도록'—만들었기 때문에 파악할 수 없다고 루이 14세에게 불평했다.[7]

콜베르 사후, 루이 14세도 국가재정에 대해 흥미를 잃었으며 결산 시도를 포기했다.[8] 그러나 그는 '검은 방'의 활동에 대해서는 적극적인 관심을 유지했다. 1685년 반(反)프랑스 아우크스부르크동맹이 형성된 기간에 루부아는 알자스(Alsace) 주둔 프랑스군 사령관 조제프 드 몽클라르(Joseph de Montclar) 남작에게 다음과 같이 편지로 썼다. "국왕께서 들은 바에 따르면, 며칠 후 레오폴트 1세

---

7    콜베르가 대규모 왕립 데이터베이스를 구축하려고 시도한 흔적이 일부 남아 있는데, 그중 주요한 것으로 '왕의 서고'에 3만 6,000권의 책과 1만 5,000권의 원고가 있다. 이것이 오늘날 파리국립도서관의 핵심이 되었다.
8    콜베르 사후 루이 14세는 회계장부를 더는 받지 않았다.

의 사자가 스페인에서 돌아오는 길에 알자스를 경유할 예정입니다. 폐하의 판단으로는 그 사자의 여행 가방을 탈취해서 그 내용물을 확보하는 것이 현 상황에서 중요합니다." 왕의 지시에 따라 황제의 사자에 대한 공격은 강도로 가장하는 것이었다. "당신의 지시를 받아 사자의 여행 가방을 탈취할 사람들이 반드시 그의 모든 돈을 빼앗아서 그들이 강도라고 믿게 하십시오." 루이 14세는 또한 '검은 방'이 알아낸 궁정 내 소문에 관해서도 개인적 관심을 보였다. 1680년대와 이후 소문의 주된 토픽은 국왕이 자신의 정부 맹트농(Maintenon) 부인과 결혼한 귀천상혼(貴賤相婚)이었다. 그 결혼은 극비리에 이루어졌기 때문에 정확한 날짜는 결코 알 수 없을 것이다(1683년 10월로 추정될 뿐이다). 1685년 주요 귀족 가문의 세 젊은이가 쓴 편지가 절취되어 국왕 커플을 늙어빠진 시골 귀족과 노쇠한 정부로 풍자적으로 비유한 내용이 드러난 후 베르사유에서 추방되었다. 1685년 50세(루이보다 약간 나이가 많다)로 자신의 나이에 민감했던 맹트농은 '매우 불손한' 그런 소문에 분노했으며 '가증스러운 죄악'이라고 규탄했다.[9]

1685년 '불손한' 소문에 대해 베르사유 밖으로의 추방 등의 제재가 가해짐으로써 궁인들의 서신이 크게 신중해지는 분위기가 고취되었다. '검은 방'에 의한 개인 프라이버시 침해에 분개한 궁인들 가운데에는 루이 14세의 제수인 팔라티나 공주(Princess Palatine)가 있었는데, 그녀는 독일의 친척들과 정기적으로 서신을 주고받았다. 팔라티나 공주는 한 여자 친척에게 보낸 편지에서 그 편지를 개봉하는 자들에게 수모를 안기려는 의도로 소변이 마려워 급히 볼일을 보다가 앉아 있던 실내용 옹기 요강이 부서진 상황을 묘사했다. 그러나 그녀가 가까이 있던 탁자를 잡는 바람에 부서진 요강의 날카로운 파편들이 자신의 엉덩

---

9    절취된 그들의 편지는 루이 아르망 드 부르봉(Louis Armand de Bourbon)과 그의 동생인 프랑수아 루이 드 부르봉(François Louis de Bourbon)에게 보내진 것이었다. 1685년 프랑수아가 형의 콩티(Conti) 왕자 작위를 승계했다.

이를 찢었을 것이라고 그녀는 생각했다. 공주는 이 '멋진 스토리'가 틀림없이 "[외무를 담당하는] 국무장관의 주의를 끌 만한 것"이라고 간주되어 "나는 토르시(Torcy) 씨가 국왕에게 이 사실을 보고할 것이라고 확신합니다"라는 문구를 무단 개봉자를 위해 덧붙였다.[10]

루이 14세의 최고급 해외정보는 영국에서 나왔는데, 그것은 주로 찰스 2세와 그를 승계한 제임스 2세 덕분이었다. 찰스 2세는 1670년 루이 14세와 비밀리에 교섭한 도버조약을 두 명의 각료를 제외한 모든 사람에게 숨겼다. 브랑주(Branges)의 후작 폴 바리용(Paul Barillon)은 1677~88년 기간 동안 런던 주재 프랑스 대사로 재직하면서 찰스 2세가 "너무 은밀하고 철통같아서 가장 능숙한 관찰자조차 오도시킨다"라고 보고했다. 바리용이 보기에 1685년 형을 승계한 제임스 2세는 훨씬 다루기 쉬웠다. 제임스 2세는 프랑스 군대에서 군사훈련을 받았고 프랑스 예수회에 의해 가톨릭으로 개종했으며 루이 14세의 강력한 권유로 가톨릭 신자인 메리 모데나(Mary of Modena)를 두 번째 부인으로 선택했다. 제임스 2세의 파리 주재 대사였던 윌리엄 트럼벌(William Trumbull) 경의 후일 회고에 따르면, "모든 현안이 바리용에 의해 처리되기 마련"이었으며 바리용은 루이 14세와 직접 소통했을 뿐만 아니라 루부아와도 긴밀하게 연락했다. 트럼벌이 보기에 제임스 2세는 "자신이 아는 모든 것을 바리용에게 털어놓은 것이 틀림없다". 또한 루이 14세의 특사 위송 드 봉르포(Usson de Bonrepaus)도 제임스의 신임을 얻었다. 제임스가 바리용과 위송 드 봉르포에게 잉글랜드가 가톨릭 신앙으로 되돌아갈 것이라는 기대를 가끔 피력했지만, 그것은 가망 없는 낙관이 되었다. 태양왕 궁정에서 '권력자에게 진실 말하기'

---

10    토르시는 1699년 국무장관이 되었다.

가 어려웠음을 감안할 때, 루이의 참모들 가운데 누군가가 제임스가 추진하는 '가톨릭 잉글랜드' 프로젝트가 불가능하며 오히려 그의 왕좌를 위험에 빠뜨릴 우려가 있다는 사실을 깨달았다 하더라도 그것을 감히 왕에게 진언했을 가능성은 거의 없다.

잉글랜드의 1688년 '명예혁명'은 부분적으로 반(反)가톨릭 혁명이었다. 제임스 2세는 네덜란드 총독이자 신교도 영웅인 오렌지 공(公) 윌리엄 3세(William of Orange)가 이끈 침공군에 의해 전복되었다. 윌리엄의 아내 메리 공주는 제임스 2세와 그의 첫 아내인 신교도 앤 하이드(Anne Hyde) 사이에 난 딸로서 1688년까지 제임스 2세의 계승자였다. 그러나 그해 6월 10일 메리 모데나가 아들이자 계승자인 제임스 프랜시스 에드워드(James Francis Edward)를 낳음으로써 신교도의 왕위 계승을 위협했다. 윌리엄은 자신의 절친한 친구이자 후일 초대 로치포드(Rochford) 백작이 된 윌리엄 나사우 반 쥘레스타인(William Nassau van Zuylestein)을 런던에 파견했는데, 표면상으로는 제임스와 메리 모데나에게 득남 축하를 전달하기 위한 것이었다. 그러나 쥘레스타인의 진짜 임무는 제임스 2세의 주요 반대자들과 1년 전에 시작된 비밀 회담을 이어가는 것이었다. 그는 또한 제임스의 아들이 실은 다리미 속에 넣어져 왕비 침실로 몰래 들여온 아기라는 믿음이 퍼지고 있다고 윌리엄에게 보고했다. 6월 30일 윌리엄의 내밀한 요청에 따라 일곱 명의 제임스 반대자(후일 '불멸의 7인'으로 불렸다)가 윌리엄에게 편지를 보냈는데, 그 내용은 윌리엄의 군대가 잉글랜드인의 자유를 보호하기 위해 잉글랜드에 상륙한다면 폭넓은 지지를 받을 것이라고 안심시키는 것이었다.

윌리엄의 상륙 시점은 극비 정보에 의해 결정되었는데, 그 정보는 빈에 있는 신성로마제국의 황제 레오폴트 1세의 궁정에서 받은 것이었다. 윌리엄은 빈의 제보자 신원을 극비에 부쳐 잉글랜드 침공을 지지하는 네덜란드의 주요 인사들에게도 밝히지 않았다. 최근의 연구에 따르면, 그 제보자는 황제 자신이었다. 레오폴트는 윌리엄에게 루이 14세가 네덜란드연방과 기타 개신교 국가에 대한 공격을 계획하고 있으며 그 공격을 위한 동맹에 자신을 끌어들이려고 애쓰고 있다고 경고했다. 레오폴트 1세는 구교도임에도 그때까지 신교국가 네덜란드의 동맹이었지만, 루이 14세가 네덜란드연방에 패배를 안기고 제임스 2세가 잉글랜드의 반대파를 분쇄해 통치권을 확립할 경우, 편을 바꿔야 할 것이라고 윌리엄에게 통보했다. 부르봉 왕조의 프랑스, 합스부르크 가의 오스트리아, 스튜어트 왕조의 잉글랜드가 거대한 로마가톨릭 동맹을 형성한다는 신교도들의 악몽(윌리엄도 공유했다)이 현실이 될 판이었다. 프랑스가 동맹을 맺기 위해 자신에게 알자스 할양 등의 유인책을 제의하고 있다는 레오폴트의 주장이 사기였음을 오늘날의 우리는 안다. 그 주장은 레오폴트가 루이 14세에 대항해 네덜란드의 지지를 얻기 위해 성공적으로 벌인 공작의 일부였다.[11] 그러나 윌리엄은 빈에서 받은 그 거짓 정보를 온전히 받아들였으며, 1688년 7월부터 그 정보를 반복적으로 활용해 잉글랜드 내정 개입의 시급성을 입증했다.

윌리엄이 침공을 계획하면서 잉글랜드에서 좋은 정보를 받았던 반면, 제임스 2세는 네덜란드공화국에서 사실상 아무런 정보를 받지 못했다. 제임스는 네덜란드 특사들의 기만 첩보에 속아서 윌리엄의 군사적 준비태세를 프랑스와 전쟁을 벌이기 위한 것이라고 아주 확신했다. 따라서 루이 14세가 프랑스의 대서양 함대를 그의 휘하에 맡기겠다고 제의했을 때, 제임스는 필요하지 않을 것이라고 단언했다. 9월 그가 자신의 실수를 깨달았을 때는 너무 늦었다. 그 함대가 다른 곳에 배치되었던 것이다. 또 제임스는 윌리엄이 침공을 정당화하기 위

---

11    1689년 5월 조약에 의해 레오폴트는 오스트리아가 황제국의 지위를 계승하는 데 대한 지지와 스페인을 차지하려는 부르봉 왕조의 야심에 대한 반대를 네덜란드로부터 확보하는 데 성공했다.

한 선언서를 6만 장이나 인쇄해서 잉글랜드에 뿌릴 준비를 했었다는 것을 깨닫기까지 몇 주가 걸렸다. 윌리엄은 자신의 목적이 '잉글랜드의 자유, 법률, 관습을 보전하고 유지하는 것'이라고 선언했다. 윌리엄은 일찍이 제임스에게 아들 계승자의 출생을 축하했었음에도 불구하고, 그 출생의 정황을 조사할 필요가 있다고 선언한 바 있었다. 이리하여 그 아기를 다리미 속에 넣어 왕비 침실로 몰래 들여왔다는 음모론에 신빙성이 더해진 것으로 보인다.

윌리엄의 군대가 상륙할 지점에 관해 정보를 입수하는 것은 거의 불가능에 가까웠다. 그 침공 함대는 10월 중순 처음 출발했을 때 폭풍으로 항구로 회항했다. 두 번째 출발 시도 때 '개신교 바람'이 서쪽으로 불자 윌리엄은 마지막 순간에 11월 5일 데번(Devon) 주(州) 토베이(Torbay)에 상륙하기로 정했다. 제임스 2세에 대한 대부분의 지지는 봄눈 녹듯이 사라졌다. 제임스의 국무장관 찰스 미들턴(Charles Middleton)이 불평하기를, "서부 유럽 나라에서 우리에게 오는 정보가 그렇게 없는 이유는 이 나라나 인접국의 귀족들이 아무도 우리 궁정에 접근하지 않으며 평민들은 적의 스파이기 때문이다". 정부 스파이들은 스튜어트 왕조의 돈을 빼내기 바빴으며 기회가 생기면 가장 먼저 윌리엄 군대 쪽으로 충성을 옮겼다. 편을 바꾼 사람들 중 제임스의 가장 유능한 장군 존 처칠(John Churchill, 나중에 말버러 공작이 되었다)도 있었다. 장차 앤 여왕이 될 제임스의 차녀조차 그를 저버렸다.

윌리엄은 자신보다 더 큰 군대를 거느린 제임스가 싸움 한 번 없이 항복하리라고는 예측하지 못했을 것이다. 12월 11일 제임스는 (자신의 부재중에 입법이 통과하는 것을 방지하기 위해) 잉글랜드 국새를 템스 강에 던져버린 후, 심하게 변장하고 자신을 프랑스로 데려다줄 작은 배가 기다리는 켄트 해안으로 여행했다. 그러나 제임스는 탈출하기 전에 도망치는 가톨릭 사제들을 찾고 있던 어부들에게 붙잡혔고, 알몸 수색을 당한 역대 유일의 영국 군주가 되는 수모를 겪었다. 그들은 제임스를 팔을 틀어쥔 채 가장 가까운 마을로 끌고 갔는데(이 또한 영국 군주로서는 독특한 경험이었다), 거기서 비로소 그가 왕인 줄 알았다. 어부들은 제임스에게 빼앗은 십자가상을 돌려주었다. 제임스는 런던으로 돌아온 후 곧장 두 번째 탈주를 시도했는데, 이번 탈주는 윌리엄이 성공하도록 허용했다. 제임스는 1688년 성탄절에 프랑스에 도착했으며, 제임스가 망명함으로써 그의 반대파는 제임스의 퇴위로 왕이 공석이 되었다고 주장할 수 있게 되었다. 1689년 2월 윌리엄과 메리가 공동 통치자로 선포되었다.

윌리엄은 잉글랜드와 아일랜드의 왕인 윌리엄 3세, 스코틀랜드의 왕인 윌리엄 2세 및 네덜란드공화국 총독을 동시에 겸임하게 되었다. 윌리엄으로 인해 곧바로 네덜란드공화국뿐만 아니라 잉글랜드도 루이 14세와 대동맹(Grand Alliance, 아우크스부르크동맹이라고도 한다_옮긴이) 간에 벌어진 '9년전쟁(1688~97년)'에 휩쓸리게 되었다. 루이 14세는 제임스 2세를 잉글랜드와 아일랜드의 왕이자 스코틀랜드의 제임스 7세로 계속해서 인정했으며, 윌리엄이 지배하는 대동맹에는 오스트리아의 합스부르크 제국, 신성로마제국, 스페인, 사보이아(Savoy) 공국(토리노를 수도로 했으며, 오늘날의 이탈리아 북부와 프랑스·스위스 일부를 영토로 해서 1860년까지 존속했다_옮긴이) 등의 군주들이 합세했다. 윌리엄의 주요 전시 정보자산 가운데에는 존 월리스가 있었는데, 이는 사학자들이 거의 주목하지 않는 부분이다. 당시 70대 초반이었던 월리스는 건강이 허약했으나 여전히 영국의 으뜸가는 암호분석가이자 옥스퍼드대 수학자·신학자로서 활동했다. 제임스 2세는 아마 월리스가 성공회 사제라는 부분적 이유에서 그를 불신했지만, 윌리엄은 재빨리 그의 재능을 알아보았다. 윌리엄은 네덜란드의 정치지도자 안토니 헤인시우스(Anthonie Heinsius)에게 보낸 서신에서 월리스를 당대의 가장 위대한 암호해독가로 존경하고 있음을 드러냈다. 국왕 윌리엄 3세가 윌리스에게 개인적 관심을 보인 것은 그가 다른 영국 관리들과는 거리를 둔 것과 뚜렷하게 대비되었다. 윌리엄은 스튜어트 정부의 주된 청사인 화이트홀 궁에서 멀리 떨어진 햄프턴 코트(Hampton Court)와 켄싱턴(Kensington)에서 외국인 참모들과 대부분의 시간을 보냈다. 윌리엄 3세는 사교적인 아내 메리 여왕과 달리 영국 역사에서 가장 내성적인 은둔 군주에 속했다. 1694년 메리가 천연두로 죽자, 군주는 신하들 대부분과 더욱 멀어졌다.

윌리엄과 메리의 공동통치 기간에 윌리스가 생산한 가장 중요한 해독물 일부는 제임스 2세가 1689년 재커바이트(Jacobite, 제임스 2세와 그 자손을 지지하는 사람들_옮긴이), 프랑스 군대와 함께 아일랜드에 상륙한 뒤에 만들어졌다. 제임스 군대는 상륙한 지 한 달 만에 신교도 근거지인 런던데리(Londonderry)를 포위 공격했다. 105일 동안의 포위 공격으로 많은 인명이 희생되었지만 수비군을 굶주리게 해서 항복하게 만드는 데에는 실패했고 수비군은 결국 구출되었는데, (북아일랜드와 영국의) 통합론주의자들(Unionists)은 지금도 이를 경축해 매년 8월 대포를 발사하고 있다. 이는 성문을 닫아 제임스 군대의 진격을 막은 도제 소년들을 기념하기 위한 것이다. 윌리스는 국왕의 두 국무장관 중 한 사람인 노팅엄 백작에게 런던데리에서의 구출 직후 신원 미상의 프랑스 사령관의 발신문을 해독해 보내면서 편지를 썼다. "처음에 귀하와 나 자신에게 약속했던 것보다 더 큰 성공을 거두었으며, 내가 바랐던 것보다 일거리가 더 많았습니다." 윌리엄 3세로서는 그 해독물이 재커바이트와 프랑스 군대 사이의 알력에 관한 낭보였다. 그 프랑스 사령관은 제임스 2세의 참모가 선정한 무기 공급자들이 포위 공격 기간에 자신의 군대에 군수품을 공급하기로 되어 있었는데, 사기를 쳤다고 불평했다.

그들은 우리가 쓸 대포와 탄약을 공급하도록 지시를 받았지만, 그들이 보낸 두 문의 대포 가운데 하나에만 공급받은 포환이 들어맞았으며 도화선은 거의 닳아서 못 쓰게 되었다. 아무리 해도 이러한 결함을 고칠 수 없었다. 나는 재커바이트 장군들에게 상황을 이해시켜 그들로 하여금 자신들의 주군인 왕에게 알리도록 했다. 나는 왕이 대포 규격을 맞추지 못한 자들을 처리하리라 확신한다. 그들이 몰라서 그런 잘못을 저질렀을 리는 없다. 왜냐하면 내가 그들에게 서신을 보내 포환이 대포에 맞는지 그리고 도화선이 점화구에 맞는지 시험하라고 특별히 지시했기 때문이다. 그러한 잘못을 처벌하지 않는다면 폐하(제임스 2세)에 대한 열정이 달라질 것이다. 또 그러한 보급품이 무용지물이었다는 얘기 없이 그저 프랑스 부대에 보급품을 보냈다고만 국민들이 알 경우, 수치스러운 일이 될 것이다. 국민들은 프랑스 장교들이 무능해서 아무것도 못했다고 생각할 것이다. 나는 기개가 있는 사람으로서 그들의 악의에 압도당하지 않을 것이다.

프랑스 사령관이 발신한 해독물은 프랑스군과 재커바이트 장교들 간의 기존 알력이 런던데리 공격 실패로 커졌음을 드러냈을 뿐 아니라 제임스의 고위 지휘부 내에서 발생하는 내분도 보고했다. 제임스의 아일랜드군 총사령관 티어코넬(Tyrconnell) 백작은 '도저히 극복할 수 없는 제임스의 저항'에 부딪쳤다고 한다. 그리고 제임스의 국무장관 멜포트(Melfort) 경은 필수적 지출을 승인하면서 '티어코넬 경은 몸도 불편하지만, 불만 때문에 시골 저택으로 은퇴했다고 확신'했다고 한다. 월리스는 절취된 프랑스 발신문을 받고 보존상태가 아주 엉망임을 발견했다. "어떻게 그것이 그처럼 단기간에 부패하고 탈색되었는지 모르겠다. 혹시 갑판 너머 바닷물에 던졌다가 다시 회수한 것일지도 모르겠다." 이는 분명히 가능성 있는 이야기인데, 일부 프랑스 발신문은 해상에서 절취되었기 때문이다.

월리스는 프랑스의 아일랜드 주둔군 사령관의 발신문을 해독해 국무장관 노팅엄에게 보내면서 루이 14세에게 가는 또 다른 발신문은 "어려운 암호로 되어 있어 해독할 방법을 찾지 못한다"라고 보고했다. 그러나 14일 만에 그는 루이 14세와 바르샤바 주재 대사가 주고받은 아주 민감한 서신을 해독하기 시작했다.

폴란드에서 발송한 편지 속의 아주 당혹스러운 암호를 푸는 데 제가 얼마나 많은 시간과 노고를 들였는지 각하께 말씀드리기가 부끄럽습니다. 아직 각하께 보내드리지 않았지만 제가 지금까지 작업한 결과, 중요해 보이는 두 가지 사실을 발견했습니다. 하나는 프랑스 왕이 프로이센과 곧 전쟁을 벌이기 위해 폴란드 왕과 조약(오히려 간청에 가깝습니다)을 추진한다는 것입니다. 다른 하나는 하노버 공주와 폴란드 왕자 간의 혼사를 프랑스 왕이 추진한다는 것입니다. 이것을 아는 것이 우리에게 얼마나 도움이 될지 제가 가늠할 수 있는 처지는 아닙니다. 그러나 제가 그 편지를 완전히 해독하는 동안 (지연에 의한 편견이 생기지 않도록) 이 사실을 적시에 알려드리는 것이 좋겠다는 생각이 들었습니다.

윌리엄은 해독된 프랑스 발신문의 내용을 공개함으로써 프랑스와 폴란드 간에 정치적 위기를 초래할 기회를 즉각적으로 포착했다. 월리스는 재빨리 자신의 공로를 주장했다. "이 편지들을 해독함으로써 프랑스 왕의 대(對)폴란드 정책이 모두 박살 났으며, 그의 대사들도 불명예스럽게 쫓겨났다. 그런 이유에서 내 생각보다 훨씬 더 큰 이득이 폐하와 동맹국들에 생긴 것이 분명했다." 월리스는 당초 기대하지 않았던 50파운드의 (국왕이 내린 것으로 생각되는) 하사금을 노팅엄으로부터 받았다. "나는 그 하사금을 내 업적에 대해 폐하가 인정했다는 표시로 내린 큰 포상이라고 생각했다. 나는 이를 소중히 여겨 고마움을 표시했다." 그러나 월리스는 심사숙고 끝에 프랑스가 암호를 변경하지 않도록 추후의 프랑스 해독물은 공개하지 않았다.

폴란드와 프로이센 간에 전쟁을 일으키려는 루이 14세의 계획을 월리스가 성공적으로 폭로한 데서 깊은 감명을 받은 사람은 프리드리히(Frederick) 1세였다. 프로이센 공작(뒤에 왕이 되었다)이자 브란덴부르크의 선제후(選帝侯, Elector of Brandenburg)(선제후는 신성로마제국의 황제에 대한 선거권을 가진 제후를 일컫는다_옮긴이)인 그는 월리스에게 자신을 위해 (아마 프랑스의) 발신물을 추가 해독해 달라고 부탁했다. 그 부탁을 들어준 월리스는 프리드리히로부터 "헌사를 새긴 근사한 훈장과 고가의 금목걸이를 보낸다"라는 전갈을 받았다. 2년이 지나도 그 물품을 받지 못한 월리스는 베를린 주재 잉글랜드 대사에게 "어린이 취급을 받고 있다"라고 불평하면서 "마치 내가 결국 아무것도 아닌 몇 마디 좋은 말과 몇 개의 알사탕 약속에 속아서 힘든 작업을 한 것 같다"라고 말했다. 그러나 근사한 훈장과 금목걸이는 결국 도착했다. 월리스의 초상화를 보면, 옆쪽의 작은 탁자 위에 그 두 개의 물품이 놓여 있다. 당대 최고의 궁정화가 고드프리 넬러(Godfrey Kneller) 경이 그렸으며 월리스의 친구이자 숭배자인 새뮤얼 피프스가 옥스퍼드 대학교에 기증한 그 초상화는 현재 옥스퍼드 대학교 시험학교(Examination Schools)에 걸려 있다. 월리스는 영국 암호해독가 가운데 외국 통치자로부터 포상을 받은 역대 최초이자 지금까지 유일한 인물이다.

1689년 말 월리스는 일련의 프랑스 외교·군사 암호를 푸는 데 성공했는데, 특히 루이 14세뿐 아니라 그의 외무장관 콜베르 드 크루아시(Colbert de Croissy)가 사용한 암호를 푸는 데에도 성공했다. 월리스는 12월 크루아시에게 가는 서신을 해독해 노팅엄 백작에게 보내면서 다음과 같이 추서했다.

저는 최선을 다해 무보수로 폐하께 봉사할 준비가 되어 있습니다. 저는 저의 일은 모두 제쳐두고 이 업무를 반년 동안 수행했습니다. 이번 겨울 내내 저는 건강 상태가 좋지 않았으며 시력도 안 좋아 이 업무를 불가피하게 그만두어야겠습니다. 제 아들의 도움을 받았는데, 이 녀석이 제 지시를 받아 업무를 제법 잘 수행했습니다. 저는 이번 겨울 들어 한쪽 눈의 시력을 잃었습니다.

노팅엄은 다음과 같이 답장을 보냈다.

이 업무가 당신의 건강을 그토록 해쳤다니 매우 유감입니다. 나는 국왕에게 이 사실을 알렸으며, 당신의 열정과 애착을 잘 아는 국왕께서 조만간 당신에게 호의를 표시할 것입니다. 그 표시에는 당신을 위해 애쓴 나의 노력이 작용했을 것입니다. 앞으로 당신에게 이런 편지들을 보낼 경우, 전처럼 급박하게 회신을 독촉하지 않고 더 여유롭게 처리하도록 당신에게 일임하겠습니다.

사실 월리스는 허약한 건강 상태에도 불구하고 윌리엄 3세의 남은 통치 기간 동안 암호해독을 계속했으며, 윌리엄 3세보다 1년을 더 살았다. 그러나 월리스는 왕실 암호해독가로서 정기적인 봉급을 받지 못하고 불규칙한 수입에 의존하는 현실을 계속 개탄했다. 그는 자기 가족의 생계를 돕고 싶어서 노팅엄에게 아들과 며느리(둘 다 고생하는 변호사였다)의 일자리를 찾아주면 고맙겠다고 부탁했다. 월리스는 병약한 고령임에도 '교회 내에서 승진할 능력'이 있다고 주장했다. 그러나 노팅엄은 월리스의 작업을 칭찬했음에도 그의 승진 요청을 들어주지 않았다. 이에 월리스가 불평했다.

나의 상전인 노팅엄 경을 위해 체면을 버리고 서기 일을 했기에, 나는 (돈을 밝히거나 상스럽다는 생각 없이) 최소한 서기 봉급을 기대했다. 그리고 내 상전은 서기를 두지 않지만, 그가 하는 업무와 관련해 현재의 내 보수를 올릴 여러 방안이 있다고 생각한다.

혹시 그가 이 일은 자신이 아니라 왕에게 봉사하는 것이라고 말할지 모르겠다. 사실 그렇다. 그리고 내 상전이 장관으로서 하는 모든 업무도 그렇다. 하지만 그는 두둑한 보수를 받는다. 그렇다면 당연히 그는 자기 봉급을 할애해 자기 밑에서 일하는 사람들을 만족시킬 수 있을 것이다.


1690년 윌리엄 3세가 군사 분야에서 최우선순위로 삼은 것은 제임스 2세와 그의 군대를 아일랜드에서 몰아내는 것이었다. 윌리엄은 자신이 직접 그 작전을 수행하지 않으면 제임스의 아일랜드 통치를 종식하기 위해 '한 일이 아무것도 없을 것'이라고 확신해 1690년 6월 아일랜드 해를 건넜다. 월리스가 해독해 제공한 정보가 매우 중요했다. 루이 14세가 아일랜드 주둔 프랑스 여단들을 보강하기 위해 증원군을 보냈더라면, 제임스가 승리할 가망성이 훨씬 더 높았을 것이다. 당시에는 프랑스 함대가 영국과 네덜란드의 연합 함대보다 더 강력하다는 것을 윌리엄은 이미 알고 있었다. 7월 10일 비치 헤드(Beach Head) 해전에서 프랑스해군은 한 척의 배도 잃지 않고 영국과 네덜란드 함정 11척을 침몰시켰다.[12] 그러나 프랑스 함대는 병력을 싣지 않았으며, 따라서 프랑스 증원군이 오지 않는다는 것을 정보보고서(암호해독물이 포함되었을 것이다)를 통해 알았다. 1690년 7월 12일 더블린 북쪽의 보인(Boyne) 강 전투에서 윌리엄은 제임스 2세에게 압도적인 승리를 거두었다. 아일랜드를 떠나 다시 돌아오지 않은 제임스 2세는 자신이 허술하게 이끈 아일랜드 군대가 "치사하게 전장에서 도망쳤다"라고 힐난했다. 제임스의 아일랜드 병사들은 그에게 '제임스 똥개(James the

---

12    1690년 7월 10일 자 프랑스의 승전 보고서가 절취되어 윌리엄에게 전달되었다.

Shithead)'라는 별명을 붙여주었다.

해외정보, 특히 '검은 방(black chambers, 프랑스어 cabinet noir를 영역한 것이다)'에 대한 윌리엄 3세의 이해도는 당대의 다른 나라 통치자들을 능가했으며, 영국 역사에서도 어쩌면 조지 1세를 제외한 다른 어느 군주보다 뛰어났다. 윌리엄 3세는 윌리스로부터 암호해독물을 받았을 뿐 아니라 1693년부터는 독일 니더작센(Lower Saxony) 주의 첼레(Celle) 공국에 설립된 '검은 방'을 이용할 수도 있었다. 그곳은 브라운슈바이크-뤼네부르크(Brunswick-Lüneburg)의 두 가문 중 하나가 1705년까지 사용한 관저였다. 윌리엄 3세는 첼레 공국의 마지막 제후인 조지 윌리엄 공작과 개인적으로 친구 사이였다. 첼레의 공작은 윌리스가 루이 14세와 그의 폴란드 주재 대사 사이의 서신을 해독한 후에 윌리엄 3세가 외교적 승리를 거둔 것을 보고 영감을 받아 '검은 방'을 설립했을 것이다. 그 두 통치자는 독일과 북유럽에서 펼쳐지는 프랑스 외교활동을 감시하는 데 관심을 공유했다. 첼레에서 절취된 프랑스 서신의 사본이 런던으로 전달되었다. 하노버에 있는 브라운슈바이크-뤼네부르크의 다른 가문도 첼레를 본보기로 삼아 닌부르크(Nienburg)에 '검은 방'을 설립했다. 조지 루이스 1세 공작(나중에 잉글랜드 국왕이 되었다)이 1698년 하노버 공국의 선제후가 된 후, 양쪽의 '검은 방'은 서로 긴밀하게 협력했다.[13] 1701년 무렵 두 '검은 방'은 합동으로 상여금제도를 운영하기까지 했다. 1705년 조지 윌리엄 공작이 죽자 조지 1세가 첼레 공국을 물려받았으며 두 공국은 물론이고 두 '검은 방'도 결합했다. 조지 1세는 첼레의 암호해독가들을 인수했을 뿐 아니라 공작 관저의 소장품들도 하노버로 옮겼

---

13  첼레와 하노버에 있는 두 '검은 방'도 인접한 경쟁국 볼펜뷔텔(Wolffenbüttel) 공국에 주재하는 덴마크 대표부의 발송물뿐 아니라 파리, 베를린 및 드레스덴에 주재하는 볼펜뷔텔과 덴마크의 사절단 서신을 가로채는 데 관심을 공유했다. 조지 윌리엄과 로지 루이스는 이러한 절취물을 일상적으로 윌리엄 3세에게 보내지는 않았다. 그들은 가끔 절취물 일부를 빈에 있는 합스부르크 황제에게도 보냈다.

다. 첼레와 하노버에서 암호해독이 발전한 것은 대체로 위대한 수학자 고트프리트 빌헬름 폰 라이프니츠(Gottfried Wilhelm von Leibniz)가 암호해독을 고취한 덕분이었을 것이다. 라이프니츠는 암호해독가는 아니었지만, 암호분석 원리에 깊은 이론적 관심을 보였다.

첼레와 하노버의 '검은 방'이 많은 업적을 이루었음에도 불구하고, 라이프니츠는 월리스가 80대 초반이었을 때도 당대 최고의 암호해독가라고 그에게 경의를 표했다. 1701년 월리스가 적은 것을 보면,

하노버 선제후를 대리해 라이프니츠가 나를 유혹하는 제안을 여러 번 했다. 그 제안은 선제후가 젊은이들을 여기로 보내 내 가르침을 받도록 하고 싶다는 것이었으며, 내가 그 제안의 수락 조건을 마음대로 정하도록 나에게 일임했다. 이에 대해 나는 다음과 같이 답장을 보냈다. "나는 기회가 되면 기꺼이 선제후 각하에게 봉사할 준비가 되어 있지만, 이런 업무 기량은 나의 군주에게 유용한 비밀이기 때문에 폐하의 허락 없이 해외에 유출하는 것은 온당치 않다고 생각합니다."

월리스는 죽기 2년 전인 1701년 마침내 지난 10년 동안 추구했었던 정기 봉급을 확보했다. 월리스가 1699년까지 소급해서 연간 100파운드를 받았을 때, 그는 조숙한 손자 윌리엄 블렌코(William Blencowe)를 훈련시키고 있었다. 블렌코는 옥스퍼드대 모들린(Magdalen) 칼리지를 갓 졸업한 18세에 할아버지를 잇게 되었다. 월리스의 요청으로, 그의 봉급이 생전에는 그에게 지급되고 "이제 내 나이 85세로 여생이 길지 않을 것이므로 이후에는 폐하의 은총으로 내 손자에게" 지급되었다.

윌리엄 3세의 가장 중요한 해외 스파이망은 파리 부근의 생제르맹앙레(Saint-Germain-en-Laye)에 있는 제임스 2세의 망명 궁정에 부식되었다. 생제르맹 궁에 스파이가 침투했다는 소문이 자자하자 베르사유 궁과의 연락책임을 맡은 사제 르노도(Abbé Renaudot)는 제임스의 국무장관 멜포트(Melfort) 경이 윌리엄 3세에게 매수되었다고 잘못된 결론을 내렸다. 루이 14세의 거듭된 요청으로 1694년 제임스는 멜포트를 해임해 시골로 추방했다. 윌리엄은 생제르맹 내 스파이들 덕분에 제임스가 프랑스의 지원을 받아 해협을 건너 침공하려고 시도할 경우 미리 경보를 받을 것이라는 확신을 어느 정도 가질 수 있었으며, 이는 1696년 초 현실이 되었다. 그러나 윌리엄은 프랑스 내 재커바이트 망명공동체를 전부 감시할 수는 없었다. 약 5만 명에 이르는 그 공동체의 규모는 영국 총인구에 대비해서 볼 때 20세기 영국 공산당의 당원보다 훨씬 더 컸을 뿐 아니라 널리 분산되어 있어 찾기도 힘든 표적이었다. 윌리엄을 암살하려는 심각한 음모에 관해 경보하는 정보가 마지막 순간까지 전혀 없었는데, 그 음모는 1695년 일단의 망명 재커바이트들이 꾸민 것으로서 1696년으로 계획된 침공에 앞서 수행할 예정이었다.

잉글랜드 내에 있는 재커바이트 음모가 제기하는 위협도 평가하기 어려웠다. 윌리엄과 메리에 대한 대중의 비난은 대체로 선술집 담화에 불과했으며 국가안보에 중대한 위협을 제기하지는 않았다. 미들섹스(Middlesex) 지구 순회재판에서는 그러한 선동적 담화에 대해 통상적인 처벌이 내려졌는데, 채링 사거리, 코번트 가든, 세인트 제임스 거리, 세인트 존 거리, 보우 거리, 스트랜드 거리, 뉴팰리스 광장 등지에서 가장 번잡한 시간대에 한 시간 동안 칼을 쓰고 있으라는 형이 벌금과 함께 선고되었다. 재커바이트 동조자들에 대한 대부분의 제보를 보면 진짜 중요한 내용은 없었다. 예를 들어, 1695년 제임스 오미스턴이라는 제보자가 국무장관의 한 사람인 윌리엄 트럼벌 경에게 신고한 내용은,

클리포드라는 한 선장이 선술집에서 술에 취해 자신을 구교도로 오인해 재커바이트의 봉기 준비가 매우 잘 진행되고 있으며(세부적인 설명을 거부했지만) "조만간 우리의 주군인 제임스 왕을 다시 국내에서 볼 것"이라고 말했다는 것이었다. 한 경험 많은 스파이가 트럼벌에게 "그런 주장은 모든 재커바이트 다방에서 들을 수 있다"라고 보고했다. 프랑스인 등 많은 외국인 여행자들이 재커바이트 스파이라는 신고들이 접수되었지만, 마찬가지로 과장된 것이었다. 평소 불필요한 걱정을 잘 하지 않는 존 윌리스조차 옥스퍼드에서 '큰 무리를 이룬' 외국인 유학생들을 보고는 그들 가운데 다수가 '왕국의 분위기를 파악하기 위해' 파견된 진짜 재커바이트 스파이가 아닌지 우려했다.

윌리엄 3세는 자신의 정부와 군대 내부의 주요 인사들이 재커바이트에 동조할까 봐 더 걱정했는데, 일부 인사는 최근에야 윌리엄 편으로 넘어왔으며 다시 돌아갈 가능성이 꽤 있었다. 특히 이들 가운데에는 나중에 당대 영국의 가장 위대한 장군이 된 이가 있었는데, 바로 말버러(Marlborough)의 백작(후일 공작이 되었다) 존 처칠(John Churchill)이었다. 말버러 백작은 1691년 윌리엄이 잉글랜드에 상륙한 후 몇 주 만에 제임스 2세 군대에서 이탈했지만, 제임스 및 베릭(Berwick)의 공작(제임스가 말버러의 누이 아라벨라와의 사이에서 낳은 혼외 아들)과 비밀 통신을 시작했으며 여러 명의 재커바이트 스파이와 접촉을 유지했다. 1692년 윌리엄은 말버러를 예고 없이 해임했다. 말버러가 제임스 2세에게 보낸 최근 서신이 절취되었으며 말버러가 됭케르크(Dunkirk, 프랑스 북부의 항구도시_옮긴이)를 공격하려는 윌리엄의 비밀 계획을 누설했다는 의심을 받고 있다는 사실이 왕의 측근들에 의해 밖으로 알려졌다. 말버러는 6주 동안 런던탑에 수감되었으며, 국왕의 신임을 회복하는 데 여러 해가 걸렸다. 그는 나중에 '적의 움직임과 구상에 관한 정보 입수'가 중요하다는 신념을 견지했는데, 이는 자신의 '구상'을 윌리엄에게 간파당한 경험이 있었기 때문이다.

정부와 군대 내에서 재커바이트와 연계가 있는 인사들 대부분은 이른바 '화재보험'을 든 것이었다. 즉, 이들은 제임스 2세에 대한 개인적 충성심은 없었지만, 그가 뜻밖에 왕좌에 복귀할 경우를 생각해 그의 지지자들과 일정한 접촉을 유지하는 것이 신중한 처신이라고 생각했다. 그보다 더 심각한 재커바이트 음모를 추적하기가 더 어려워진 이유는 윌리엄 3세의 국내정보 시스템이 분산되었기 때문이다. 여기에는 윌리엄 본인의 책임도 일부 있었다. 그는 국왕부재시대의 스콧이나 설로같이 국내외 정보활동을 조정하는 인물을 임명하지 않았다. 윌리엄의 각료들은 과거의 정보 경험에서 배우지 못하는 전형적인 잘못을 범했다. 1650년대 중반 망명한 찰스 2세는 크롬웰의 스파이 수장들이 '폐하가 하려고 결심한 무슨 일에 관해서나 완벽한 정보'를 그에게 제공한다는 비관적이고 과장된 결론에 이르렀었다. 명예혁명 이후 재커바이트에 대해 가해진 비체계적인 감시는 효율성 면에서 한 세대 앞서 스콧과 설로가 왕당파 세력에 침투시킨 것과 비교가 되지 않았다. 윌리엄의 두 명의(때로는 세 명의) 국무장관은 각기 독자적인 스파이망을 운용했으며, 지방 판사와 시장으로부터 재커바이트 용의자에 관해 돌발성 보고를 받았다. 몬머스(Monmouth)의 백작이 재커바이트를 추적하기 위해 독자적인 스파이망을 운용한 것처럼, 두 명의 휘그당(Whig) 하원의원 존 아놀드(John Arnold)와 헨리 콜트(Henry Colt)도 따라했다. 지방 민병대를 거느린 일부 주지사는 전복활동을 수사하고 용의자를 체포하는 일을 직접 수행했다.

혼란스러운 국내정보 시스템(해외정보 시스템보다 훨씬 더 비효과적이었다)은 재커바이트 음모에 대한 공포가 확산되는 것과 합쳐져서 협잡꾼들에게 새로운 기회를 제공했다. 이는 일찍이 '구교도 음모'에 대한 공포에 힘입어 타이터스 오츠(Titus Oates, 명예혁명 후 부당하게 복권되었다)가 유명 사기꾼 경력을 시작했던 상황과 흡사했다. 명예혁명 이후 재커바이트 음모에 관한 사기성 정보를 가장 떠들썩하게 활용한 협잡꾼은 윌리엄 풀러(William Fuller)였다. 그는 가톨릭 신자로 성장해 제임스 2세의 고문인 멜포트 경의 하인이 되었으며 메리 모데나 왕비의 시동으로도 일했다고 주장했다. 신빙성 없는 풀러 자신의 설명에 따르면, 그는 이후 몰래 편을 바꿔 생제르맹에 있는 제임스 2세 궁정에서 윌리엄 3세 편의 스파이로 활동했다. 풀러는 재커바이트 전령 매슈 크론(Matthew Crone)을 체포하는 데 도움을 주고 그 재판에 증거를 제공한 후, 자신의 정보활동 자금을 충당한다는 명목으로 윌리엄 3세와 정부로부터 거액의 돈을 뜯어냈다.[14] 풀러에게 속은 사람들 가운데에는 그에게 100파운드를 지급하도록 지시한 메리 여왕도 포함되었다. 현존하는 기록상 풀러가 받은 다른 돈으로는 '폐하가 명령한' 180파운드, 슈루즈베리(Shrewsbury)의 백작(나중에 공작이 되었다)이 준 110파운드 등이 있다. 풀러의 음모론은 10여 년 전 타이터스 오츠의 음모론과 마찬가지로 겁이 많은 하원의 신경을 곤두서게 했다. 풀러는 1691년 하원 증인석에 두 번 출두해 루이 14세의 스파이가 추밀원과 국무장관들 사무실에 있다고 주장했다. 그는 이 주장과 프랑스-재커바이트 음모에 관한 기타 주장의 진실이 두 명의 증인에 의해 입증될 수 있다고 공언하면서 현재 해외에 있는 그 증인들은 안전한 여행과 신변 보호를 보장하면 귀국할 용의가 있다고 했다. 그러나 풀러가 약속한 증인들은 나타나지 않았다. 1692년 초 풀러는 재커바이트에 속아 독을 먹은 후 뱃속이 '토사곽란을 일으키는 중환'이어서 추가 증언을 위한 하원 출석이 불가능하다고 주장했다. 임종이 가까운 체하면서 그는 자신을 찾아온 하원의원들에게 찾기 힘든 증인들이 묵고 있다는 약재상 집을 가르쳐주었다. 그러나 또다시 증인들은 어디에도 없었으며 풀러는 죽지 않았다. 풀러의

---

14 풀러가 날조한 경력에서 사실을 분리해 내기가 어려움을 감안할 때, 이러한 두 주장 사이에 모순이 있는 것은 당연하다.

사기성 날조를 심각하게 받아들임으로써 쉽게 속는다는 오명을 뒤집어쓴 하원이 이번에는 분개했다. 하원은 풀러가 사기꾼으로서 "폐하와 정부를 분개하게 만들고 하원을 농락했으며 명예와 인품을 갖춘 여러 사람을 무고했다"라고 결의했다. 검찰총장에 의해 기소된 풀러는 1685년의 오츠처럼 죄인의 칼을 쓰는 형벌과 함께 200마르크의 벌금을 선고받았다.

가장 심각한 진짜 재커바이트 음모는 정보활동에 의해 적발되었는데, 그것은 1696년 잉글랜드 침공 계획과 연계된 윌리엄 3세 암살 계획이었다. 생제르맹 궁정 내 윌리엄의 스파이에 따르면, 제임스는 잉글랜드에서 탈출하고 아일랜드에서 패배하는 굴욕을 당했음에도 불구하고, 프랑스의 도움을 받아 왕좌를 되찾을 수 있을 것임을 확신했다. 1696년 1월 그는 혼외 아들 베릭 공작을 몰래 잉글랜드에 보내 반란을 준비시켰다. 베릭은 "왕이 상륙한다는 소식을 듣자마자 제임스 왕을 지지하는 큰 무리가 잉글랜드와 스코틀랜드 양쪽에서 무기를 들 것"이라고 성급하게 루이 14세를 안심시켰으며, 루이는 그 반란을 지원하기 위해 해협 연안으로 군대 집결을 명령했다. 윌리엄의 최측근 참모로서 초대 포틀랜드 공작인 네덜란드 태생의 윌리엄 벤팅크(William Bentinck)가 플랑드르 지방에서 받은 정보 보고에 따르면, "수많은 수송선과 전함뿐 아니라 대규모 군 병력이 됭케르크와 칼레에 집결해 병력이 이미 승선했거나 승선 중인 상태이며, 이들의 집결 목적이 잉글랜드 침공이라는 것은 주지의 사실이다". 포틀랜드는 후일 잉글랜드 외교관 렉싱턴 남작에게 털어놓았다. "우리는 벼랑 끝에 서서 떨어질 참이었다. 이때 분명한 신의 중재로 우리는 우리와 전 유럽을 위협하는 위험을 깨닫게 되었다."

포틀랜드가 '신의 중재'라고 한 것은 1696년 2월 14일 저녁에 받은 정보였다. 그 정보에 따르면, 재커바이트 반란을 지원하기 위해 프랑스가 침공을 계획하고 있고, 다음날 사냥 나간 국왕이 좁은 길을 따라 마차를 타고 돌아오는 길에 잘 준비된 암살 시도가 이루어질 예정이었다. 포틀랜드에게 제보한 토머스 프렌더개스트(Thomas Prendergast)는 조지 바클리(George Barclay) 경이 이끄는 8명 암살단의 일원으로 선발된 사람이었다. 제임스의 망명 궁정에서 재커바이트 육군 장교인 바클리 경은 신분을 가장해 런던으로 잠입했다. 프렌더개스트에게 배정된 역할은 왕의 마차를 향해 머스커툰 단총을 반복 발사하는 것이었지만, 그는 자신의 양심상 그런 일을 할 수 없다고 포틀랜드에게 말했다. 포틀랜드는 어렵사리 윌리엄 3세를 설득해 2월 22일로 사냥을 연기시켰다. 2월 21일 저녁 켄싱턴 궁으로 간 프렌더개스트는 암살단이 다시 모여 다음날 사냥을 마친 왕을 죽일 계획이라고 제보했다. 그의 제보는 이중간첩 프랜시스 들라루(Francis Delarue)에 의해 확인되었다. 국왕 면전에 불려나온 프렌더개스트는 처음으로 재커바이트 공범들의 이름을 밝혔다. 왕의 사냥 행차가 다시 취소되었을 때 음모가 발각되었다는 소문이 퍼졌고, 예비 암살자들이 도망쳤다. 바클리를 포함해 대부분이 결국 프랑스로 탈출했지만, 음모에 가담한 11명(일부는 지엽적으로 연루되었다)은 처형되거나 투옥되었다. 국왕 암살이 성공했더라면 그대로 진행되었을 프랑스의 침공 계획이 취소되었다. 음모 발각으로 인해 재커바이트의 대의명분이 큰 타격을 입었으며 경제 위기가 닥친 시기인데도 윌리엄 3세의 인기가 올라갔다. 베릭 공작은 자신의 체포에 1,000파운드의 포상금이 걸렸음에도 프랑스로 탈출했는데, 후일 그는 "반란을 부추기려고 건너갔으나 암살에 관해서는 아무것도 몰랐다"라고 주장했다. 그러나 베릭은 자신의 『회고록(Memoirs)』에서 왕을 '납치'하려는 계획을 알고 있었으나 이를 막지는 않았다고 인정한다. 그런 계획은 존재하지 않았기 때문에 암살을 '납치'로 완곡하게 표현했을 것이다. 베릭은 영국에서 탈출한 후 영국으로 다시 돌아오지 않았다.

1701년 제임스 2세가 망명지에서 죽었는데, 그의 죽음을 재촉한 것은 그의 전 국무장관 멜포트 경이 연루된 잉글랜드의 정보공작이었다. 1697년 제임스는 시골로 추방된 멜포트의 생제르맹 복귀를 허락하고 침실 파트너 지위를 회복시켜 주었다. 1701년 프랑스 사자는 멜포트가 자기 동생 퍼스(Perth) 경에게 쓴 편지를 화이트홀의 잉글랜드 궁정으로 잘못 배달했다. 그 편지는 스코틀랜드 내 재커바이트 지지자들에 관한 은밀한 세부사항을 적었고 프랑스의 침공 가능성을 논의했다. 윌리엄은 제임스와 루이를 난처하게 만들 이 뜻밖의 기회를 포착해 그 편지의 공개를 지시했다. 베르사유 궁정은 몹시 화가 나서 멜포트가 프랑스와 잉글랜드 간의 또 다른 전쟁을 촉발하려고 일부러 편지를 화이트홀로 보냈다고 비난했다. 제임스는 편지가 공개된 이야기를 듣고 너무 충격을 받아 발작을 일으켰으며 결국 완전히 회복하지 못했다. 루이 14세의 거듭된 요청에 따라, 불운한 멜포트는 다시 시골 유배지로 추방되었다.

1년도 안 되어 멜포트의 편지와 관계없는 이유로 잉글랜드와 프랑스가 또다시 충돌했는데, 스페인 왕위 계승 전쟁(1702~14년)이 발발했던 것이다. 이 전쟁은 거의 반세기 동안 유럽 정치를 지배한 루이 14세의 프랑스 국력을 억제하기 위해 벌인 장기적 투쟁의 한 대목이었다. 이 전쟁에서 총사령관 말버러 공작이 1711년까지 지휘한 잉글랜드와 그 동맹국 군대는 루이 14세의 군대와 겨루어 대부분 승리를 거두었다. 특히 1704년 바이에른(Bavaria) 지방의 블린트하임(Blenheim) 전투는 잉글랜드가 백년전쟁 이후 대륙에서 거둔 첫 지상전 대승이자 루이 14세의 첫 결정적 패배였다. 말버러는 우드스톡(Woodstock)의 왕실 영지를 하사받으면서 백지수표를 함께 받았는데, 이는 그곳에 자신의 전승지에서 이름을 딴 큰 궁전(Blenheim Palace, 블레넘 궁_옮긴이)을 건설하기 위해서였다. 사학자 마크 키셜란스키(Mark Kishlansky)에 따르면, "한동안 말버러는 세계에서 가장 유명한 인물이었다". 그는 추가로 1706년 라미예(Ramillies,

벨기에 중부의 마을_옮긴이)에서 결정적인 승리를 거두었으며, 이 승리의 여세로 전격전을 벌여 스페인령 네덜란드를 점령했다. 또한 그는 1708년 우드나르드(Oudenarde) 전투에서도 결정적 승리를 거두어 프랑스의 네덜란드공화국 침공 가능성을 완전히 차단했다.

말버러의 탁월한 전투 지휘능력뿐 아니라 우수한 정보활동도 동맹군의 승리에 이바지했다. 그러나 '9년전쟁'에서 영국이 거둔 정보 성공과 달리, 스페인 왕위 계승 전쟁에서 거둔 정보 성공은 군주 덕을 본 것이 없었다. 정보활동은 윌리엄을 계승한 앤 여왕의 정신적 범위를 벗어나 있었다. 여왕과 절친한 말버러 공작부인이 불평한 바에 따르면, 여왕의 마음이 온통 '궁정의 의식, 관습과 사소한 것들'에 쏠려서 대화의 주된 주제는 '의상과 예법'이었다. 앤이 여왕으로 즉위했을 때 37세에 불과했지만 가마를 타고 대관식에 가야 했는데, 이는 17번의 임신으로 일찍 늙어버린 탓이었다. 그 17번의 임신은 유산이나 사산 아니면 출산 후 유아 사망으로 모두 비극적으로 끝났다. 여왕의 즐거움은 식사와 도박에 한정되었다.

앤 여왕의 통치 기간(1702~14년) 동안 잉글랜드 정보활동의 동력은 말버러 공작이었다. 최근에 최고의 말버러 전기를 쓴 군사 사학자 리처드 홈스(Richard Holmes)의 결론에 따르면, "정보의 획득과 분석이 그가 하는 모든 일의 바탕이 되었다". 1702년 4월 말버러가 저지대 국가에서 동맹군 지휘를 맡았을 때, 그는 윌리엄 카도간(William Cadogan, 나중에 백작 장군이 되었다)을 병참감으로 임명했다. 카도간은 비공식적으로 말버러의 정보수장이기도 했는데, 잉글랜드 장군이 임명한 최초의 정보수장이었다. 그는 탁월한 언어학자로서 프랑스어, 네덜란드어 및 독일어에 능통했다. 그는 1706년 7월 투르네(Tournai) 인근에서 정찰대를 인솔하다가 프랑스 기병순찰대에 포로로 잡혔다. 프랑스군은 말버러가 그를 높이 평가한다는 것을 알고 포로 교환을 통해 정중히 그를 석방했다. 스트

래퍼드(Strafford) 경의 전언에 따르면, 네덜란드연방 총독 헤인시우스(Heinsius)는 "당신이 말버러 공작 같은 인물을 얻고 싶으면 먼저 카도간 같은 인물을 찾으라"라고 그에게 말했다고 한다.

카도간은 적군 포로와 탈주병으로부터 전술 정보를 수집·분석했을 뿐 아니라 프랑스 내에 주요 항구를 중심으로 스파이망을 구축했다. 그는 스파이를 포섭하기 위해 단순히 재정적 유인책만 쓴 것이 아니었다. 카도간은 1705년 말버러의 개인비서 아담 드 카도넬(Adam de Cardonnel)에게 "내 좋은 친구인 '내밀한 조언자(Conseiller Intime)'를 기억하도록 휴가를 주세요. 나는 그에게 약속한 대로 토케(Tokay) 포도주와 여자를 제공하고 싶습니다"라고 말했다고 한다. 카도넬 또한 윌리엄 3세의 개인비서 출신인 위그노 망명자 장 드 로베통(Jean de Robethon)을 통해 정보망을 운용했다. 로베통은 장차 잉글랜드 왕 조지 1세가 될 하노버 선제후의 개인비서이자 영향력 있는 조언자가 되었다. 블린트하임 전투가 벌어지기 몇 개월 전, 로베통은 루이 14세의 전쟁 담당 국무장관인 미셸 드 샤밀라르(Michel de Chamillart)의 탈취된 메모를 카도넬에게 주었는데, 그 메모는 군사령관들에게 내린 루이의 지시를 요약한 것이었다. 카도넬의 기록에 따르면, "우리는 이 메모로 적의 최대한의 계획을 알았으며, 그 계획을 무력화할 수 있기를 바랐다". 이렇게 말버러는 프랑스군의 작전계획, 즉 프랑스군 사령관들이 분산된 동맹군만 상대로 전투할 예정이라는 것을 알았다. 이와 대조적으로, 블린트하임 전투를 앞두고 프랑스군 사령관 카미유 드 탈라르(Camille de Tallard) 원수는 "적의 전력을 전혀 모른다"라고 실토했다. 또 그는 말버러와 그의 주된 동맹인 사부아 공국의 외젠 공(Prince Eugène)의 연합군이 그토록 가까이 있는 줄 전혀 몰랐다. 신성로마제국의 총사령관을 맡은 외젠 공은 프랑스 태생이었지만 루이 14세에 의해 프랑스군 복무를 거부당했었다. 말버러는 좋은 정보에 힘입어 자신만의 작전계획을 세웠지만, 탈라르는 나쁜 작전

계획이 자신에게 하달되었으며 휘하의 바이에른 동맹군은 정말 다루기 힘들다고 샤밀라르에게 불평했다. 탈라르는 또한 굴욕적인 패배의 책임을 자신의 군대 탓으로 돌렸다. "기병대 대부분이 정말 형편없이 싸웠다. 그들은 단 하나의 적군 대대도 깨지 못했다." 탈라르는 전쟁포로가 되어 이후 8년 동안 노팅엄에서 비교적 안락하게 보냈다. 이 기간에 그는 자신을 억류한 잉글랜드 사람들에게 레이스 뜨는 법, 제대로 된 빵 굽는 법, 셀러리 재배법 등을 가르쳤는데, 그들에게는 모두 신기술이었다.

말버러가 1706년 5월 라미예에서 승리를 거두고 종래 프랑스가 통치하던 브뤼셀로 저항 없이 입성한 후, 그와 네덜란드는 중요한 새 정보 출처를 획득했다. 12월 브뤼셀 우체국의 책임자인 프랑수아 조팽(François Jaupain)이 말버러와 신임 국무장관 선덜랜드(Sunderland) 백작에게 도와주겠다고 제의했던 것이다. 조팽은 스페인령 네덜란드 중에서 여전히 프랑스나 바이에른 치하에 있는 지역과 북부 유럽 사이의 모든 우편물 배달을 통제했다. 1707년 여름과 1708년 봄에 그는 말버러의 군사작전에 합류해 적군의 이동과 보급에 관해 첩보를 수집하는 정보 부대를 운용했다. 그러나 동맹군의 전쟁 수행에 공헌한 조팽의 주된 업적은 절취된 프랑스 메시지를 정기적으로 잉글랜드 궁정의 젊은 암호해독가 윌리엄 블렌코(William Blencowe)에게 공급한 것이었다. 블렌코는 1703년 할아버지 존 월리스가 죽자 가업을 계승했었다. 당시 20세였던 블렌코는 옥스퍼드대 올 소울스 칼리지의 책임연구원(Fellow of All Souls College)이었으며 그가 받는 연봉 100파운드는 월리스가 2년 전 확보해 놓은 것이었다. 그는 처음에는 프랑스 암호를 해독하는 속도가 더뎠는데, 그 부분적 이유는 그가 받는 절취물의 수량이 한정된 데 있었다. 한번은 말버러가 블렌코에게 프랑스의 전쟁담당 국무장관 샤밀라르의 탈취된 서신을 보냈는데, 블렌코는 말버러가 사용할 수 있도록 적시에 해독하는 데 실패했다. 블렌코의 '프랑스 각료들 편지 철'

에는 1706년까지 단 3건의 해독물만 들어 있다. 그 뒤로는 조팽이 보내는 절취물 덕분에 해독물 건수가 급증했다. 제임스 2세의 아들로서 '노왕위참칭자(老王位僭稱者, Old Pretender)'로 불리는 제임스 3세의 궁정에서는 스코틀랜드의 재커바이트들에게 보내는 편지도 다수 있었다. 아이러니하게도, 브뤼셀에서 절취된 일부 서신에는 런던에서 편지가 절취될 위험성을 경고하는 내용이 들어 있었다.

블렌코는 프랑스 발송물을 성공적으로 해독한 데 대한 보상으로 연봉이 200 파운드로 두 배로 뛰었다. 그와 옥스퍼드 칼리지 사이에 다툼이 있었을 때, 국무장관의 설득에 따랐음이 틀림없는 앤 여왕이 그의 편을 들었다. 1709년 블렌코는 관습상의 성직 서품 없이 올 소울스 칼리지의 책임연구원 직책을 유지하기 위해 특별허가를 받고자 했다. 학장인 버나드 가드너(Bernard Gardiner)가 블렌코의 청을 거부하고 서품을 받든지 책임연구원을 사임하라고 강요했다. 블렌코를 위한 앤 여왕의 개입으로 결국 특별허가에 대한 학장의 거부권이 폐지되었다. 궁정 암호해독관으로서 블렌코의 조숙한 경력은 1712년 29세의 이른 나이에 비극적인 종말을 맞았다. 그는 중병을 앓고 난 다음 정신이상으로 고생하다가 총으로 자살했다. 노샘프턴(Northampton)의 올 세인츠(All Saints) 교회에 세워진 블렌코의 기념비에는 "암호 편지를 해독하는 분야에서 탁월했으며 10년간 공직에 봉사했다"라고 그의 전문성이 기록되어 있다.

말버러는 스페인 왕위 계승 전쟁 기간에 조팽이 절취하고 블렌코가 해독한 프랑스 서신들을 철저히 비밀에 부쳐 네덜란드 동맹군과 공유하지 않았다. 그가 네덜란드 사람들이 비밀을 지킬지 여부를 의심한 데는 충분한 이유가 있었다. (네덜란드) 총독 겸 (잉글랜드) 왕 윌리엄 3세의 사후, 네덜란드의 일상적인 외교정책 집행이 헤인시우스 총독에게 넘어갔다. 헤인시우스는 모든 주의 대표들로 구성되는 연방정부(States-General)의 이른바 비밀위원회에 보고해야 했으며, 각 주의 대표는 중요한 문제에 관해 자신의 주 정부와 협의해야 했다. 네덜란드 사학자 카를 데 레오(Karl de Leeuw)에 따르면, "이는 사실상 네덜란드공화국보다 더 많은 사람이 외교정책 수립에 관여하는 나라는 세계 어디에도 없으며 어떤 형태의 비밀외교도 극히 수행하기 어렵다는 것을 의미했다".

말버러는 조팽이 프랑스 절취물 사본을 자기 외에 헤인시우스 총독에게도 보내고 있고 헤인시우스는 다시 그 사본을 하노버의 선제후 조지 1세(후일 1714년 영국과 아일랜드 국왕으로 즉위한다_옮긴이)의 '검은 방'에 보내고 있다는 사실을 몰랐다. 1707년부터 1711년까지 헤인시우스는 하노버의 수석 암호해독관 루트비히 노이부르크(Ludwig Neubourg)에게 매년 1,000길더를 지급했다. 1707년 노이부르크는 헤인시우스에게 "이 돈이 나의 열정을 크게 높일 것"이라고 말했다. 헤인시우스처럼, 조지 1세의 어머니이자 잉글랜드의 1701년 '왕위계승법(Act of Settlement)'에 따라 앤 여왕의 추정 계승자인 하노버의 소피아(Sophia of Hanover, 제임스 1세의 외손녀_옮긴이)도 노이부르크의 암호해독 전문성을 대단히 존경해 그를 "금세기의 경이적인 인물"이라고 불렀다. 그러나 조지 1세는 1711년 헤이그에서 자신을 개인적으로 난처하게 만든 프랑스 외교 서신 해독물이 누설된 후, 노이부르크와 네덜란드 간 협력에 관해 생각을 바꾸었다. 그 해독물은 4월 신성로마제국 황제 요제프(Joseph) 1세가 죽은 후 하노버의 선제후를 후임 황제로 선출하도록 추진함으로써 동맹국들 사이에 알력을 일으키려는 프랑스 궁정의 계획을 폭로했다. 조지 1세의 영향력 있는 개인비서 장 드 로베통은 두 달 뒤 헤이그를 방문한 기간에 프랑스 해독물의 내용에 관한 소문이 돌고 있다면서 조지 1세에게 다음과 같이 보고했다. "이러한 소문이 총독에게서 나왔을 리는 만무하지만, 연방정부의 비밀위원회 위원들은 장담할 수 없습니다. [하노버의] 우리 사람들이 해독한 절취물을 이 위원들도 받아서 읽기 때문입니다." 얼마 후 하노버의 '검은 방'은 헤인시우스를 위한 업무를 중단했다. 그러나 헤인시우스의 개인비서 아벨 타지앵 달론(Abel Tasien d'Alonne, 총독 윌리엄 2세의 혼외 아들로 추정된다)이 네덜란드 '검은 방' 설립을 시작했었다. 이후 몇십 년에 걸쳐 그 조직의 중요성이 커졌다.

때때로 블렌코의 해독물은 말버러에게 그의 적 프랑스뿐 아니라 동맹 네덜란드에 관해서도 귀중한 정보를 제공했다. 1709년 말버러의 스파이가 절취한 서신은 헤인시우스와 루이 14세의 국무장관 토르시(Torcy) 사이에 비밀 평화협상이 진행되고 있다는 사실을 드러냈다. 5월 카도간은 토르시가 브뤼셀을 통과했음을 확인하고 토르시가 비밀리에 네덜란드 측에 제시한 평화 조건들을 선덜랜드와 말버러에게 상세히 보고했다. 헤인시우스에게 가해진 영국의 압력은 프랑스-네덜란드 간 협상 결렬에 일조했다. 루이 14세가 네덜란드와 독일 측에 관대한 양보를 제의함으로써 대동맹을 깨려고 하자, 영국은 별도의 평화협상은 없다고 공개적으로 약속했다.

카도간은 다음과 같은 매우 자신만만한 정보 평가로 1709년을 마감했다. "매우 많은 탈주병이 매일 넘어왔는데, 굶주리고 헐벗은 그들이 설명한 프랑스 군대의 참상은 변경에 있는 모든 프랑스 수비대 마을에서 올라오는 보고서와 편지들로 재확인하지 않았다면 믿을 수 없을 정도로 비참했다." 카도간은 너무 낙관했다. 말버러가 과거 블린트하임, 라미에, 우드나르드 등에서 거둔 승리와는 달리, 1711년 9월 말플라케(Malplaquet) 전투는 그에게 프랑스군보다 두 배 많은 사상자를 안긴 상처뿐인 승리였다. 처음으로 그는 앤 여왕으로부터 축하를 받지 못했다. 루이 14세 시대 프랑스의 마지막 대장군인 클로드 루이 엑토르 드 빌라르(Claude Louis Hector de Villars) 원수는 국왕에게 편지를 썼다. "하느님이 또다시 이번 전투와 같은 기회를 우리에게 주신다면, 폐하께서는 적군의 전멸을 기대해도 됩니다." 말플라케 전투의 여파로 전쟁에 지친 영국 정부는 평화협상을 준비했다.

1707년 '합동법(Act of Union, 이 법에 의해 잉글랜드와 스코틀랜드가 그레이트 브리튼이라는 단일국가로 통합되었다_옮긴이)'에 따라 런던의 잉글랜드 정부가 영국(British) 정부로 전환된 것은 상당 부분 국내 정보공작에 힘입었다. 그 공작을 전개한 로버트 할리(Robert Harley)는 당시 북부 담당 국무장관이었으며 장차 앤 여왕의 수상이 될 사람이었는데, 몇 년 전만 해도 "스코틀랜드에 관해 일본만큼 모른다"라고 했었다. '합동법' 통과에 앞서 협상이 진행되는 동안, 할리는 현지 여론을 보고할 비밀 요원을 스코틀랜드에 파견하고 그곳 여론에 영향을 미치려고 했다. 주요 비밀 요원으로는 위대한 작가 겸 논객이자 파렴치한 장사꾼인 대니얼 디포(Daniel Defoe)가 있었는데, 할리는 이미 그를 잉글랜드에서 스파이로 썼었다. 1706년 9월 에든버러에 도착한 디포에 관해 후일 한 동료가 묘사한 바에 따르면, 디포는 "우리 일행에 속한 스파이였지만 발각되지 않았다. 만일 발각되었더라면 에든버러의 군중들이 그를 찢어 죽였을 것이다". 10월 '합동법' 초안이 발표되었을 때, '분노한 극렬 군중'이 스코틀랜드 의회와 사법부 인사들을 위협했다. 거리 시위에도 불구하고, 디포는 모든 신문을 장악했을 뿐 아니라 스코틀랜드 의회, 스코틀랜드교회, 주요 기업, 시민단체 등에 정보 출처를 확보했다. 케임브리지대 인문학자 존 케리건(John Kerrigan)의 저술에 따르면, 디포가 자신이 스파이라는 사실을 공개적으로는 부인했지만, "다방에서 허세 부리기를 너무 좋아해서 넌지시 자신의 역할을 암시했다. 이처럼 은폐와 과시가 혼합된 전형적인 인물이었다". 스코틀랜드 의회에서 '합동법'에 찬성하는 다수파를 확보하는 데는 경제적 유인책이 중요한 역할을 한 것이 확실했다. 할리는 스코틀랜드의 '합동법' 찬성을 얻어낸 협상에 대해 "우리가 매수했다"라고 냉소적으로 말했다.

할리가 정보업무에서 가장 위험한 순간을 맞이한 것은 1711년이었다. 일반적으로 권위를 인정받는 『옥스퍼드 영국 인명사전(Oxford Dictionary of National

Biography)』을 인용하면, 당시 그는 "프랑스 스파이 기스카르(Guiscard) 후작에 의한 암살 시도를 간신히 모면했다". 아베 드 라 부를리(Abbé de la Bourlie)라는 이름으로도 불린 앙투안 드 기스카르(Antoine de Guiscard)는 사실 프랑스 스파이보다 잉글랜드 스파이로서 더 많은 경력을 쌓았으며 재주와 사기꾼 기질을 지닌 몽상가였다. 기스카르는 1704년 로잔에 살 때 잉글랜드 외교관 리처드 힐(Richard Hill)을 만나 그에게 깊은 인상을 주었다. 힐은 국무장관 노팅엄 백작에게 다음과 같이 보고했다. "내가 기스카르에게 일에 착수하는 데 절대적으로 필요한 신변 보호와 사후 보장을 약속한다면 그는 도핀(Dauphine)과 랑그도크(Languedoc)의 구교도 공동체에서 반란을 일으킬 것이다. 나는 가족까지 유명한 이 명사의 성격과 기질을 너무 좋아해서 그에게 모든 것을 약속했다." 기스카르는 프랑스의 많은 비밀에 접근할 수 있으며, 자신을 추적하고 있다는 루이 14세의 요원들에게 체포될 경우를 대비해 독약 한 병을 지니고 다닌다고 주장했다.

기스카르의 기이한 경력은 앤 여왕이 통치하는 정부(더 작은 범위에서는 윌리엄 3세의 정부이기도 하다)가 기스카르 같은 그럴듯한 사기꾼이 만들어낼 수 있는 정보 사기와 고위층 접근에 취약했다는 증거이기도 하다. 1706년 기스카르는 자신의 영향력이 최고조에 이르렀을 때, 전쟁 담당 국무장관 헨리 세인트 존(Henry St John)의 강력한 지원을 받아 앤 여왕으로부터는 600기니를, 네덜란드로부터는 연금을 받았으며, 프랑스 해안에 상륙해 (그가 2년 전 리처드 힐에게 약속했던) 반란을 부추길 한 연대의 지휘권을 부여받았다. 하지만 그 상륙은 이루어지지 않았으며 기스카르의 신뢰도와 소득은 다음 몇 년 동안 꾸준히 감소했다. 1711년 그는 루이 14세를 위해 일하는 이중간첩으로의 변신을 시도했는데, 국무장관 토르시에게 이중간첩으로 활약함으로써 "조국과 폐하에 대한 자신의 잘못을 속죄할 것"이라고 약속했다. 토르시는 기스카르가 악질이라는 평판을 알고 있었지만, 그가 과거 영국 정부의 고위층에 접근했었다는 데 혹해서 그와 접촉할 요원을 잉글랜드로 파견했다.

그러나 기스카르의 서신은 절취되었으며, 토르시의 요원이 도착할 무렵 그는 런던에서 구금된 상태였다. 3월 8일 기스카르는 내각(여왕이 참석하지 않는 회의) 구성원들의 심문을 받았다. 프랑스와 반역적으로 내통한 혐의를 받은 그는 처음에는 혐의를 부인했으나 곧 절취된 자신의 편지와 마주쳤다. 그때까지 그 편지는 내각 테이블 위의 모자 속에 숨겨져 있었다. 그러자 기스카르가 전년도에 정부 수반으로 선출된 할리를 향해 돌진해 주머니에서 꺼낸 작은 칼로 그를 찔렀다. 여러 차례 반복되면서 드라마틱해진 당시의 설명에 따르면, 할리가 중상을 입었으나 생명을 건진 것은 그의 외투 위에 두껍게 수놓은 자수 덕분이었다. 할리의 헌신적인 누이 애비게일(Abigail)이 금실로 예쁘게 뜬 그 자수가 칼날을 부러뜨렸던 것이다. 황금 자수는 신화일 수 있지만, 공격하다가 칼이 부러진 것은 사실이었다. 기스카르가 부러진 칼날로 할리를 찌른 두 번째 시도도 그를 죽이는 데 실패했으며, 할리는 6주 동안 침대에 누워 있었다. 프랑스 스파이가 할리에 대해 암살을 시도한 일로 할리의 대중적 인기가 치솟았다. 일반대중은 영국의 사기꾼 스파이로 활동한 기스카르의 이전 경력을 몰랐다. 기스카르는 할리를 공격한 후에 입은 상처로 인해 3월 17일 뉴게이트(Newgate) 감옥에서 죽었다. 그 암살 시도에 대한 대중의 관심이 너무 높아서 간수는 기스카르의 시신을 통 속에 넣어 절인 다음 전시해 입장료 1페니를 받았다. 그의 유해는 결국 왕명에 의해 뉴게이트에 매장되었으며, 그 간수는 기스카르 관에서 새어 나온 소금물 때문에 손상된 두 방의 천장과 바닥을 수리하도록 5파운드를 받았다(그럴 자격이 있었는지는 의문이다). 이보다 더 이상한 종말을 맞은 이중간첩은 영국 역사상 없다.

1711년 6월 이제 옥스퍼드 백작이 된 할리는 루이 14세와 비밀협상을 개시하기로 결정했다. 7월 12일 시인이자 외교관인 매슈 프라이어(Matthew Prior)가 프랑스로 파견되어 가짜 여권으로 여행했다. 그와 회동한 프랑스 측 비밀협상가 사제 프랑수아 고티에(Abbé François Gaultier)도 신분을 숨기고 여행했다. 프라이어는 열흘 동안 토르시와 협상을 벌이고 루이 14세까지 알현한 후, 또 다른 프랑스 협상가 니콜라 메스나제(Nicholas Mesnager)와 함께 잉글랜드로 귀환했다. 프라이어는 잉글랜드에 상륙하자마자 세관원에 의해 잠시 투옥되었는데, 그의 가짜 여권 때문에 의심을 받았던 것이다. 그 비밀협상은 갑자기 비밀이 아니게 되었다. 할리의 토리(Tory)당 정부에 대해 야당인 휘그(Whig)당은 10월 8일 서명된 예비 평화조약을 '매슈의 평화'라고 조롱했다.

말버러는 "나는 세상에서 전쟁 종식보다 더 바라는 것이 없다"라고 할리에게 말했지만, 무엇이 합당한 조건인지에 관해서는 그와 이견이 있었다. 말버러의 입지를 약화시킨 것은 그의 군대 계정에 대한 수사가 진행되어 금액이 크게 부족한 사실이 발견된 일이었다. 말버러는 자신을 방어하기 위해 '장군, 즉 군의 총사령관에게 허용되는 특권적 부수입 이상으로' 개인적으로 수취한 것은 없다고 주장했지만 그리 설득력이 없었다. 오히려 그 돈을 대부분 '적군의 동향과 계획에 관한 정보를 입수하는 일'에 썼다고 주장한 것이 더 설득력이 있었다. 1711년 12월 30일 그는 총사령관직에서 해임되었다. 그의 후임자 오몬드(Ormond) 공작은 적군과의 교전을 피하라는 지시를 받았다. 1713년 4월 11일 마침내 교전 당사국인 프랑스, 잉글랜드, 네덜란드, 포르투갈, 프로이센 및 사부아 공국이 위트레흐트(Utrecht) 조약에 서명함으로써 스페인 왕위 계승 전쟁을 종식시켰다. 신성로마제국 황제와 그의 독일 동맹국들은 1년을 더 끌었지만 중요한 성취는 없었다.

루이 14세가 집착한 영광 추구가 점차 실패하면서 그의 프랑스 통치도 초기보다 말기로 갈수록 실패작이 되었다. 1660년대 그는 콜베르의 지도를 받아 자신의 회계장부를 파악하고 국가의 지불 능력을 유지하는 데 진지한 관심을 보였지만 콜베르 사후에는 이를 포기했다. 프랑스는 루이의 계속된 전쟁 수행으로 인명과 자금 면에서 파멸적인 대가를 치렀음에도 불구하고, 1715년 루이가 세상을 떠난 후에는 루이의 통치 초기에 비해 영토가 확장되지 않았으며 효과적인 회계시스템도 없는 파산한 프랑스만 남았다. 반세기 전, 콜베르는 정보활동에 관해 당대의 다른 어느 유럽 정치가보다 넓은 시야를 가졌었다. 이와 대조적으로 윌리엄 3세는 '9년전쟁' 동안 루이 14세나 그의 각료들보다 해외정보를 더 잘 활용했다. 스페인 왕위 계승 전쟁 동안 정보 능력 면에서 말버러에 필적한 프랑스 장군이 없었다. 루이 14세의 정보 파악력은 리슐리외 추기경과 비교가 되지 않았다. 루이가 겨우 네 살이었을 때 세상을 떠났던 리슐리외 치하에서는 프랑스가 정보활동의 세계 선두주자였다. 이후 그런 시기는 프랑스에 다시 오지 않았다.

# 제14장

# 구체제 유럽의 암호해독과 스파이들

하노버 왕가의 왕위 계승부터 7년전쟁까지

하노버의 선제후(選帝侯) 조지 루이스(George Louis)가 1714년 조지 1세 국왕으로 즉위한 후, 영국 정보활동의 주요 우선순위는 스튜어트 왕조를 복원하려는 재커바이트의 반란 위협을 감시하고 분쇄하는 것이었다. 영국과 프랑스가 1713년 위트레흐트(Utrecht)에서 조인한 평화조약 조건에 따라 제임스 2세의 아들 제임스 스튜어트는 생제르맹(Saint-Germain)에 있는 자신의 궁을 떠나야 했다. 그리하여 처음에는 아비뇽으로, 다음에는 볼로냐로 갔다가 마지막으로 로마로 갔다. 그는 나중에 '노왕위참칭자(老王位僭稱者, Old Pretender)'로 불렸다. 재커바이트 음모는 그의 비조직적이고 때로는 혼란스러운 정보 네트워크 때문에 복잡해졌다. 제임스 스튜어트는 소수의 '공식적인' 유급 스파이들을 고용했는데, 이들은 영국에서 그에게 정기적으로 보고서를 보냈으며 영국 내 제임스 지지자들과 그의 이동 궁정 사이에 접촉이 유지되도록 도왔다. 재커바이트 스파이망의 보안은 '당시로서도 마구잡이고 원시적이었다'고 공정하게 묘사되었다. 그 스파이망의 통신시스템 가운데는 후대에 '수수소(授受所, dead-letter box, 비밀연락의 한 방법으로 활용되는 무인 은닉장소를 말하며, dead drop이라고도 한다_옮긴이)'라고 부르는 것이 있었는데, 됭케르크와 로테르담의 상인들이 그 수수소를 유지했다. 일부 스파이는 자신들의 편지가 절취될 것임을 알고 있었음에도 제임스를 의미하는 '조지프', 스코틀랜드를 의미하는 '스털링', 잉글랜드를 의미하는 '이스트모어' 등과 같이 투명한 음어(codeword)를 사용했다.

제임스와 그의 측근들은 자신들이 받는 정보의 신뢰도를 평가하는 일관된 방법이 없었기 때문에 앤 여왕 사후에 평화적으로 왕위를 되찾을 것이라는 헛된 희망을 버리지 않았다. 제임스의 이복동생이자 최고의 장군인 베릭 공작(1706년부터는 프랑스군의 원수를 겸직했다)은 옥스퍼드 백작 로버트 할리(1711~14년 앤 여왕의 수상으로 재직했다)가 재커바이트 동조자라는 믿을 수 없는 스파이 보고에 고무되어 제임스에게 편지를 썼다.

> 나는 정말로 그들이 [영국 정부가] 당신의 관심사에 호의를 품고 있으며, 가능한 전속력으로 행동하려 한다고 믿습니다. 그러나 그들은 [스페인 왕위 계승 전쟁의] 평화조약이 타결되기 전에 이 일이 알려지는 것을 두려워합니다. 그리고 비밀을 간직한 그들은 아무도 믿으려 하지 않습니다.

실제로는, 할리가 토리당 내 재커바이트 소수파 및 다른 재커바이트 동조자들과 접촉했음에도 불구하고, (휘그당은 물론) 그와 토리당 다수파는 하노버 왕가의 왕위 계승(할리가 교섭을 도왔다)에 여전히 헌신적이었다.

1715년의 재커바이트 반란을 위한 준비는 재커바이트 정보활동만큼이나 혼란스러웠으며, 남부 잉글랜드의 봉기 계획은 북부와 스코틀랜드의 봉기 계획과 조율된 적이 없었다. 1715년 남부의 음모자들은 자신들의 의도가 정부 스파이들에게 들켰다는 것을 알게 되었다. 그러나 스코틀랜드에서의 반란은 명예혁명 이후 가장 심각한 재커바이트 위협을 제기했다. 10월 반란 지도자인 마르(Mar) 백작 윌리엄 드러먼드(William Drummond)가 스털링 성을 제외한 포스(Forth) 만(灣) 북쪽의 스코틀랜드 전역을 장악했다. 이후 마르 백작이 군사 경험이 없고 지체한 덕분에 정부군이 주도권을 되찾았다. 마르의 리더십을 공정하게 서술하자면, '만성적인 우유부단함과 전략적인 무능함이 합쳐진 재앙'이었다. 12월 22일 피터헤드(Peterhead)에 상륙했던 제임스 스튜어트는 낙담해

1716년 2월 4일 마르와 함께 몰래 프랑스로 가는 배를 탔으며, 뒤에 남은 재커바이트 병력에 항복 조건을 협상하라는 지시를 남겼다.

1715년 반란 이후 재커바이트 음모들의 공통된 요소는 유럽 강대국의 후원을 확보하려는 시도였다. 조지 1세 정부는 그런 대부분의 시도에 관해 스파이망뿐 아니라 암호해독을 통해서도 좋은 정보를 입수했다. 국왕 자신이 닌부르크(Nienburg)에 있는 암호해독가들과 영국의 암호해독가들 간의 비밀동맹 수립을 직접 처리했는데, 양측은 상호 방문하면서 정보를 교환했다. 닌부르크의 해독물은 하노버 공국의 런던 주재 각료에 의해 국왕에게 전달되어 주요 각료들에게 배포되었다. 앤 여왕의 궁정 암호해독관 윌리엄 블렌코가 1712년 자살한 후 그를 계승한 39세의 존 킬(John Keill)은 영국학술원(Royal Society) 회원으로서 블렌코처럼 옥스퍼드대 교수였다. 킬은 베네치아공화국의 수학자 자리를 수락하려던 참에 로버트 할리로부터 암호해독관 자리를 제의받았다. 그 제의가 앤 여왕의 수상(Chief Minister, 나중에 Prime Minister로 개칭되었다)에게서 직접 왔다는 사실은 그 직책이 중요하다는 증거였다. 킬은 연봉으로 블렌코의 절반에 불과한 100파운드를 받았지만, 옥스퍼드대 천문학 교수로서 추가 봉급을 받았다. 그는 영국의 가장 영향력 있는 자연철학자로 자신을 정립해 뉴턴의 법칙을 전파하는 데 일조했다.[1] 더 중요한 사실은 암호해독관으로서 킬의 기량과 헌신성이 월리스와 블렌코 급이 아니었다는 점이다.[2]

1716년 궁정 암호해독관이 킬에서 훨씬 더 유능한 22세의 에드워드 윌리스(Edward Willes)로 교체되었다. 윌리스는 옥스퍼드대 오리얼(Oriel) 칼리지의 10대 학부생일 때(그는 1712년 졸업했다) 블렌코로부터 암호해독을 배웠다. 윌리

---

1    라이프니츠(Leibniz)는 월리스를 숭배했지만, 킬과는 사이가 심하게 틀어졌다.

2    킬이 '완전히 무능'했다는 평가는 너무 심한 것 같다. 그가 윌리스, 블렌코 및 윌리스와 동급은 아니었지만, 그가 성공적으로 암호를 해독한 한 건의 사례가 현존한다.

스는 청년임에도 초임 연봉으로 200파운드를 받았는데, 이는 블렌코와 같고 킬의 두 배였다. 전임자들과는 달리 윌리스는 런던의 자택 근무와 별도로 비밀의 정부 사무실(사실상 영국의 '검은 방')을 받았다.[3] 1717년까지 그는 재커바이트 외에도 프랑스, 프로이센, 스웨덴 등의 암호를 성공적으로 해독했다.

재커바이트는 1715년 봉기에 실패한 이후 하노버 공국과 전쟁 중이던 스웨덴의 카를(Charles) 12세로부터 군사적 지원을 획득함으로써 다시 반란을 일으키고자 희망했다. 1716년 윌리스는 스웨덴과 재커바이트들 간 협상에 관한 서신을 해독하는 데 성공했다. 그 서신은 스웨덴 수상 게오르크 하인리히 폰 괴르츠(Georg Heinrich von Görtz)[4]와 그의 런던 주재 대사 카를 윌렌보리 (Karl Gyllenborg, 한 부유한 재커바이트 상속녀와 결혼했다) 공작 사이에 교환된 것이었다. 그들의 서신 속에는 파리와 헤이그 주재 외교관들의 보고가 들어 있었으며, 스웨덴이 영국 내 제2차 재커바이트 반란을 지원하는 대가로 카를 12세가 하노버 공국 등 북유럽에서 벌이는 전쟁 재원을 재커바이트들이 조달하는 방안이 논의되어 있었다. 조지 1세는 그 절취된 서신에 분개한 나머지 1717년 1월 윌렌보리 공작의 체포를 승인하거나 지시했을 것이다. 이는 대사관의 외교관 면책특권을 공개적으로 침해한 것으로서 이후 영국 역사에서 재발하지 않았다. 윌렌보리는 8월에 석방되어 곧장 스웨덴으로 돌아갔다. 그가 괴르츠와 주고받은 서신은 잉글랜드 내전 기간에 의회가 찰스 1세의 비밀 서한을 공개한 이래 가장 대대적으로 공표된 절취물이었다. 대부분의 서신이 2절판과 4절 판의 정부 백서에 포함되어 영어, 프랑스어, 독일어 및 네덜란드어

---

3    윌리스는 라틴어, 프랑스어, 스페인어 및 스웨덴어에 능통했다.
4    괴르츠의 지위는 매우 특이했다. 공식적으로 그는 카를 12세 궁정에 파견된 홀스타인-고토르프 (Holstein-Gottorp) 공국(오늘날의 덴마크와 북부 독일에 걸쳐 있었다_옮긴이)의 사절이었다. 그는 스웨덴 백성이 아니었음에도 실제로는 스웨덴 수상이었다.

로 출간되었는데, 이는 선전전에서 제임스 스튜어트와 스웨덴 사람들에게 승리하려는 의도였다. 하원은 역겨울 정도로 국왕에게 아첨하는 결의안을 통과시켰는데, 그 결의안은 국왕의 신(神)과 같은 공식 감시가 재커바이트들과 스웨덴 공모자들의 음모를 분쇄했다고 칭송하는 내용이었다. "우리는 하늘에서 감시하는 눈이 폐하의 옥체를 경이롭게 지키고 보호했음을 찬미하며, 이 필사적인 시도를 그토록 조기에 적시 적발한 지혜와 경계태세는 아무리 찬양해도 지나치지 않는다." 영국 내 반란에 대한 스웨덴의 무력 지원을 기대한 재커바이트들의 마지막 희망은 1718년 12월 11일 카를 12세가 전사함으로써 끝났다.

괴르츠와 월렌보리 사이의 서신이 공개되자 스웨덴 외무부는 당연히 보다 안전한 암호를 사용한 것으로 보이는바, 월리스도 통상 그 암호를 풀 수 없었다. 그러나 월리스는 다른 데서 큰 성공을 거두었다. 그는 프랑스와 프로이센의 외교암호를 계속 풀었을 뿐 아니라 1720년 스페인 암호, 1721년 사르디니아(Sardinia) 암호, 1722년 오스트리아 암호도 해독했다. 월리스는 암호해독 성공을 이용해 교회직 승진을 성취했는데, 이는 전임자 월리스가 실패한 일이었다. 그 결과, 월리스는 1718년 베드퍼드셔(Bedfordshire)에 있는 바튼인더클레이(Barton-in-the-Clay)에서 호사스러운 삶을 살았고 1년 뒤에는 조수도 얻었다. 32세의 조수 앤서니 코비어(Anthony Corbiere)는 세인트 폴(St Paul's) 스쿨과 케임브리지대 트리니티(Trinity) 칼리지에서 수학한 후, 리스본과 마드리드 주재 대사관에서 근무하고 국무장관실에서 개인비서와 통역으로 일했었다.

이후 3년 동안 코비어는 월리스를 도와 암호 서신을 해독해 잉글랜드 내 재커바이트들의 숨은 지도자인 로체스터(Rochester)의 주교 프랜시스 아터베리

(Francis Atterbury)와 해외로 망명한 재커바이트들 사이의 접촉을 폭로했다. 1720년 '남해거품(South Sea Bubble)' 사건(영국 남해회사의 주가를 둘러싼 투기사건_옮긴이)이 일어나자, 아터베리는 다시 봉기할 때가 성숙했다고 확신한 것으로 보인다. 석 달 동안 조지 1세가 명목상 총재로 있던 남해회사의 주가가 1,050파운드에서 175파운드로 폭락해 개인과 기관의 재산을 파탄시켰다. 1721년 수사가 진행되어 정부 관리와 회사의 부패 고리가 드러났다. 1721년 11월 아터베리는 재커바이트 전령 조지 켈리(George Kelly)가 가져온 제임스 스튜어트의 무장 반란 제안에 동의했다.[5] 그 반란은 1722년 예정된 영국 총선 시기에 맞추어 오먼드(Ormaond) 공작이 이끄는 침공으로 개시할 예정이었다.

절취된 스웨덴 서신이 공개됨에 따라 자신의 서신도 절취될 수 있다는 가능성에 주목한 아터베리는 음모에 관해 아무것도 자필로 쓰지 않고 오직 브롬리(Bromley)에 있는 주교관에서 구두로만 이야기했다. 그는 주교관의 사제들과 하인들은 밀고하지 않을 것이라고 믿었다. 아터베리는 제임스 스튜어트 및 그의 망명 궁정과 직접 통신하는 대신 켈리에게 통신을 맡겼다. 그러나 몇 달 만에 그 음모는 혼란으로 인해 스스로 와해되었다. 아터베리가 다른 주요 재커바이트 공모자들과 다툰 것은 '그들 집단의 주의력이 타성에 빠졌기 때문'이었다고 한다. 제임스 스튜어트는 노퍽(Norfolk)의 괴짜 변호사 크리스토퍼 레이어(Christopher Layer)가 기획한 별도의 음모를 승인했을 때, 평소의 판단력 부족을 드러냈다. 레이어는 로마에서 회동한 제임스에게 114명의 노퍽 '부자들' 명단을 제시하면서 이들은 "지금 신속하고 행복한 왕정복고를 일으킬 수 있다고 생각되는 시도라면 언제든 합류함으로써 자신들의 충성심과 애정을 보여주고 싶어 한다"라고 말했다. 제임스는 레이어가 몽상가임을 인식하지 못하고 그를 열

---

5    아일랜드 가톨릭 가정 출신의 신교도 켈리는 성공회 사제였을 것이다.

광적으로 축복했다. 제임스와 그의 '왕비' 클레멘티나(Clementina)는 아직 아기인 레이어 딸의 대부모가 되었다. 레이어는 먼저 런던탑, 잉글랜드은행과 조폐국(Royal Mint)을 장악함으로써 반란을 시작한 후 조지 1세가 신속히 하노버로 떠나지 않는다면 그를 구금·보호한다는 계획을 세웠다. 레이어가 발각된 실마리는 당시 영국 정부와 화해를 추진하던 프랑스 섭정 필리프(Philippe, 오를레앙의 공작)가 제공한 것으로 보인다. 1722년 9월 레이어가 체포되었을 때, 그는 체포 관원에게 자신이 비축한 칼과 총기에 대해 엉뚱한 설명을 내놓았다. "당신은 나와 내 비서가 시골에 살 때는 대단한 총잡이였다는 것을 알아야 합니다." 그는 11월 대역죄로 유죄판결을 받았다.[6]

아터베리의 반역죄를 입증하려는 시도를 주동한 사람은 1721년 영국의 초대 수상(Prime Mister, 이 직책명은 10년 후 보편화되었다)이 된 로버트 월폴(Robert Walpole) 경이었다. 아터베리는 동료 재커바이트라고 믿은 사람에게 배신당했던 것이다. 1722년 봄 아터베리는 다른 재커바이트 음모자들과 연락을 끊고 음모에서 탈퇴했지만, 마르 백작이 음모 시초에 그가 개입한 사실을 폭로했다. 마르는 1715년 스코틀랜드에서 실패한 재커바이트 반란의 지도자였었다. 마르는 제임스 스튜어트의 국무장관으로서 한동안 망명 생활을 한 후, 환멸을 느끼고 영국의 이중간첩이 되었다. 1722년 봄 그는 교사 공작원으로 활동했다. '머스그레이브 씨'라는 가명을 쓴 마르는 아터베리를 '일링턴 씨'라고 부르면서 그와 암호로 교신함으로써 유죄로 옭아매는 작업을 벌였다. 아터베리는 마르가 이중간첩이 된 줄 모르고 조지 켈리에게 답장을 받아쓰게 했으며, 그 답장을 받은 마르는 월폴의 한 스파이에게 넘겨 윌리스가 해독하도록 했다.

---

6  레이어를 설득해 공모자들을 유죄로 옭을 수 있을 것이라는 기대에서 그의 처형이 거듭 연기되었다. 이를 거부한 그는 1723년 5월 타이번 사형장에서 교수되고 끌려나와 사지가 절단되었다.

1722년 8월 24일 아터베리가 체포되어 런던탑에 수감되었다. 그의 체포영장에는 그가 "폐하의 정부에 반하는 반역적 서신을 수수했으며, 반란을 선동하고 일으키도록 폐하의 여러 신하를 사주하고 반란에 대한 외국의 지원을 약속했다"라고 적혀 있었다. 제임스 스튜어트(스스로 제임스 3세라는 존칭을 썼다)가 9월 로마에서 발표한 선언문을 보면, 왕위를 되찾을 가망이 없음을 익살맞게 표현했지만, 그와 동시에 자신의 지지 세력 내 스파이 침투에 대해서는 깊이 우려했다. 그는 조지 1세에게 "우리의 왕국 소유를 우리에게 조용히 넘겨준다면" 화해하겠다고 제의했지만, "우리의 여러 신하가 우리에게 정보를 제공했다는 구실로 매일같이 심문받고 투옥되고 있으며, 제보자, 스파이와 거짓 증인이 너무 많아져서 결백한 사람도 결코 안전하지 않다"라고 불평했다.

1723년 초 월폴과 그의 보좌진은 아터베리가 자필로 쓴 것이 없어 그를 반역죄로 기소하기에는 증거가 너무 불확실하다는 결론을 내렸다. 대신에 그들은 '사권(私權) 박탈 법안'을 추진하기로 결정했는데, 이 법안은 아터베리가 국가에 위험한 인물이며 따라서 그의 모든 교회 내 지위를 박탈하고 종신 추방한다는 데 의회가 동의하기만 하면 된다는 내용이었다. 아터베리는 5월 국사 재판의 형태로 열린 상원의 법안 제3독회 절차에 출석했으며, 의사 진행 도중에 기소 책임자 월폴을 반대 심문하기도 했다. 상원의 의사 진행 도중 기이한 일들이 많았는데, 특히 4월 22일 캔터베리 대주교 등이 '할리퀸'이라는 이름의 '점박이 개'의 소유권에 관해 과부 집주인 제인 반스 부인을 심문한 일이 있었다. 그 개는 마르 백작이 아터베리의 아내에게 주는 선물로 조지 켈리가 프랑스에서 가져온 것이라고 했다. 이 일화에 대해 아터베리의 친구 조너선 스위프트(Jonathan Swift)가 풍자시를 지었는데, 그 제목이 「로체스터 주교의 프랑스 개 할리퀸이 밝혀낸 무서운 음모에 대하여」였다.

상원에서 아버베리에 대해 증언하기를 가장 꺼린 증인은 에드워드 윌리스였는데, 그는 역사상 유일하게 의회에 출두한 암호해독관이었다. 5월 6일 법안에 찬성하는 변호인단이 '해독된 암호 편지를 포함해서 우체국에서 절취된 편지들의 사본'을 제출했다. 주교와 그의 변호인단은 윌리스가 '여러 암호 편지를 해독하면서 어떤 규칙에 따라 암호문을 평문으로 변환했는지 설명'하도록 요구했다. 윌리스는 '정부에 해를 끼칠 수 있는' 이적행위라며 암호해독에 관한 답변을 거부했다. 상원 증언대에 오른 아터베리는 이렇게 외쳤다. "하느님 맙소사, 도대체 이 암호해독관들이 누굽니까? 이들은 잉글랜드 국민이 모르는 일종의 관원입니다. 이들이 국무장관의 필수적인 집행 수단입니까?" 그는 '상원에서 이 맹목적인 기술에 관한 설명이 이루어져 자신이 이 기술을 파헤칠 기회를 주도록' 요구했다. 그는 '그들이 이 편지들 속에 들어 있다고 하는 열쇠 그리고 그들이 이러한 여러 평문으로 변환한 열쇠 자체'가 상원의원들 앞에 제출되기를 바랐지만, 다수결로 부결되었다. 윌리스가 암호 열쇠를 제출해야 한다는 아터베리의 요구는 83표 대 43표로 부결되었다.

다음날인 1723년 5월 7일 법안 찬성 변호인단이 우체국에서 절취된 편지들을 읽기 전에, 아터베리는 다음과 같은 두 가지 질문에 대해 우체국 서기들을 심문해야 한다고 집요하게 주장했다.

1. 그들이 문제의 편지를 우송하지 않고 개봉할 수 있는 충분한 권한과 영장을 가지고 있었는가? 그리고 그러한 권한은 누구에게서 받았는가?
2. 원본으로 전달된 편지를 복사했던 우체국 서기들은 문제의 편지를 직접 절취했는가 아니면 다른 사람에게서 받았는가?

아터베리와 그의 변호인단의 항의에도 불구하고, 상원의원들은 이 질문이 '공공의 안전과 양립하지 않는다'는 이유로 표결에 의해 심문을 불허했다. 다음

날 5월 8일 아터베리의 항의가 더욱 효과가 있었다. 1722년 4월 해독된 편지 세 통이 상원의원들에게 낭독된 후, 아터베리는 '암호로 된 원본 상태의 편지 사본을 받아보고 국왕에게 유리하게 해독한 것이 옳았는지 검사할 기회를 달라고 탄원했다. 그는 이 탄원에 너무 많은 것이 걸려 있기 때문에 거부될 수 없다고 생각했다'. 법안 찬성 변호인단의 반대에도 불구하고, 상원의 사법절차를 주재한 타운센드(Townshend) 자작(월폴의 주된 정치 동지였다)은 아터베리에게 '해독된 평문과 함께 암호 편지 사본'을 주도록 허락했다. 타운센드는 또한 절취된 편지가 개봉된 사실을 감추려고 위조 봉인으로 그 봉투를 다시 봉하는 기본적인 방법을 시연하도록 허락했지만, 아터베리의 더 세부적인 요구사항에 대해서는 '국가기밀을 너무 깊이 파헤친다'는 이유로 거부했다.

'사권 박탈 법안'이 적법하게 제3독회를 통과했으며, 아터베리는 대륙으로 추방되었다. 그는 대륙에서 5년 동안 제임스 스튜어트의 국무장관으로 지냈으나 점점 실의에 빠졌다. 아터베리가 떠나자 재커바이트 세력이 북부를 제외한 남부 잉글랜드에서 무력화되었다. 암호해독이 평결의 가장 중요한 요소였다는 점에서, 아터베리 재판은 136년 전 스코틀랜드인들의 앤 여왕 재판 이후 첫 주요 재판이었다. 다수의 아터베리 지지자들과 마찬가지로, 조너선 스위프트도 암호해독관들의 증거가 사기성이 있다고 믿었다. 그의 소설 『걸리버 여행기(Gulliver's Travels)』에는 암호해독에 대한 풍자가 들어 있는데, 이는 영국의 주요 작가가 쓴 것으로는 최초이자 지금까지 유일하다. 그 소설에 나온 걸리버의 설명에 따르면, 그는 트리뷰니아(Tribunia, 'Britain'의 철자 순서를 바꾼 것이다) 왕국에서 랭든(Langden, 'England'의 철자 순서를 바꾼 것이다)이라는 원주민들에게 붙잡혀 여러 해를 보냈는데, 그곳 각료들과 그 부하들은 매수를 통해 수많은 제보자, 고발인과 거짓 증인을 통제하에 두고 있어 이들이 반정부 음모를 만들어냈다.

맨 먼저 그들은 어떤 용의자들을 음모로 고발할지 합의하고 결정한다. 그리고 모든 편지와 문서를 확보하고 그 소유자를 구금하기 위해 효과적인 조치를 취한다. 그들의 문서는 일단의 기술자들[암호해독자들]에게 전달되는데, 이들은 단어, 음절 및 문자의 신비한 의미를 찾아내는 솜씨가 아주 비상하다. 예를 들어 그들은 의자형 실내변기가 추밀원을 나타낸다고 해독할 수 있다. …

그들은 글자 수수께끼와 철자 순서 바꾸기에 능통해 가장 숙련된 암호해독자들은 '불만 세력의 심층 계획'도 알아낼 수 있다.

예를 들어, 내가 친구에게 보내는 편지에 '우리 동생 톰이 파일을 받았다'라고 쓰면, 이 분야의 기술자는 그 문장을 구성하는 똑같은 문자가 어떻게 다음과 같은 단어들로 분석되는지 알아낼 것이다. "음모가 진행 중이니 [서명한] 더 투어(The Tour)를 거부하라."


아마 '더 투어'는 볼링브룩(Bolingbroke) 자작을 가리킬 텐데, 그는 1715년 반란 이후 프랑스로 도망해 여러 해 동안 '라 투르(La Tour)'라는 이름을 썼다.

아터베리 음모 사건 후, 윌리스는 포상으로 웨스트민스터 대성당의 사제단 일원이 되었으며 연봉도 최저 500파운드로 올랐다. 추가적인 암호해독 성공에 따라 보수가 두둑하게 늘어나는 교회 내 승진이 이어졌다. 윌리스는 1734년 더비셔(Derbyshire) 주(州) 본셀(Bonsell)의 교구 사제와 1736년 웨스트민스터 시(市) 세인트 존 밀뱅크(St John Millbank)의 교구 사제를 거쳐 1739년 링컨(Lincoln)의 주임 사제가 되었다. 그의 다음 단계는 1721년 태어난 자기 아들 에드워드 2세가 웨스트민스터 스쿨과 케임브리지대 퀸스(Queens) 칼리지에서 학업을 마치고 암호해독관으로 임명될 준비가 되었을 때 '주교직을 신청'하는 것이었다. 에드워드 2세는 1742년 정식으로 임용되어 연봉 1,000파운드를 자신의 아버지와 공동으로 받았다. 같은 해 아버지 윌리스는 세인트 데이비드(St David)의 주교가 되었고 이듬해에는 더 유복한 배스(Bath)와 웰스(Wells)의 주교직으로 옮겼다. 월리스는 암호해독 부서(Deciphering Branch)를 완전한 가족 사업으로 전환시켰다. 그의 두 작은 아들도 암호해독관이 되었다. 1732년 태어난 윌리엄(William)은 웨스트민스터 스쿨과 1752년 옥스퍼드대 워덤(Wadham) 칼리지를 나와 사제가 되었고, 1752년 태어난 프랜시스(Francis)는 1758년 웨스트민스터 스쿨을 나왔다. 월리스는 그의 두 사위를 웰스의 부주교로 임명함으로써 족벌주의 평판이 더 높아졌다. 월리스는 암호분석에서 아들들로부터 도움을 받았지만 여러 해 동안 주도적인 역할을 계속하면서 웰스의 성당 옆 호화로운 주교 궁에서 정기적으로 도착하는 메시지를 해독했다.

1722~44년 기간에 암호해독 부서는 정기적으로 오스트리아의 발송물을 해독할 수 있었다. 그러나 이후 반세기 동안 그렇게 성공적인 업무수행은 가끔씩 이루어졌다. 18세기 중엽 암호해독 부서는 특히 프랑스, 스페인 및 프로이센의 외교 발송물을 성공적으로 계속 해독했음에도 불구하고 오스트리아 빈의 '검은 방', 즉 '비밀사무실(Geheime Kabinets-Kanzlei)'에 의해 추월당했다. 한 세기 전만 해도 세계 선두주자였던 프랑스의 '검은 방'은 상대적으로 쇠퇴했으며 자체 암호가 오스트리아의 '검은 방'과 영국의 암호해독 부서에 노출되어 취약한 상태임을 모르고 있었다. 1743년까지 프랑스 외무부는 그때까지 '검은 방'이 없었던 러시아가 당대 최고의 한 암호해독가를 영입한 것을 모르고 있었다. 이 사람은 프로이센의 수학자 크리스티안 골드바흐(Christian Goldbach)였는데, 오늘날에는 주로 2보다 큰 모든 짝수는 두 소수(素數)의 합이라는 '골드바흐의 추측'의 창시자로 기억되고 있다. 골드바흐는 1725년 러시아학술원의 창설회원이었으며, 표트르(Peter) 2세(1727년 차르가 되었으나 3년 뒤 14세의 나이로 죽었다)의 가정교사였다. 표트르 1세(Peter the Great)의 딸 엘리자베타(Elizaveta)가 1741년 여제가 된 후 대부분의 독일인 관리들을 해고했지만, 골드바흐는 남아서 1년

뒤 외무부에 들어가 암호해독관으로 일했다.

상트페테르부르크(St Petersburg)에 두 번째로 부임한 프랑스 대사 라 셰타르디(La Chétardie) 후작은 1744년 골드바흐의 해독물로 인해 공개적으로 망신을 당했다. 라 셰타르디는 첫 번째 대사 임기 중에 당시 공주였던 엘리자베타의 총애를 받아 그녀가 근위대 하사관, 마부, 웨이터, 교회 성가대의 우크라이나인 농부 등 평민 미남자들과 뿌린 염문에 관해 잘 알게 되었다. 엘리자베타가 여제가 된 후, 라 셰타르디는 여제가 여전히 "매우 경박하고 매우 방탕해서 전적으로 쾌락에 빠져 있다"라고 파리에 보고했다. 1744년 6월 16일 재상 알렉세이 베스투셰프 류민(Aleksey Bestushev-Ryumin) 공작이 그 대사의 서신 해독물을 여제에게 보여주었다. 다음날 라 셰타르디는 러시아에서 추방을 통보받았다. 라 셰타르디가 항의하자 그가 파리로 보낸 서신 일부를 그에게 읽어주었다. 그는 "그만하면 됐다"라고 답하고 출발 준비를 서둘렀다. 영국 대사가 런던에 보고한 바에 따르면, "라 셰타르디는 성채 밖으로 쫓겨나는 소매치기보다 더 큰 오명을 뒤집어쓰고 이 제국에서 쫓겨났다".[7]

18세기 중엽 프랑스의 외교 서신을 해독하는 데 가장 큰 성공을 거둔 것은 오스트리아의 '검은 방', 즉 빈에 있는 '비밀사무실'이었을 것이다. 빈의 암호해독자들은 종종 하루 12시간씩 일하면서 비상시를 제외하고는 일주일 근무하고 일주일 쉬었다. 번역자들도 항상 대기 상태였다. 매일 아침 7시 빈 주재 각국 대사관으로 배달될 우편물 가방이 '검은 방'에 도착하면 그 봉인을 양초로 녹였다. 그런 뒤 선임 관리들이 복사할 발송물 또는 그 일부를 가려냈다. 가끔 긴 문

---

7   엘리자베타에 대한 라 셰타르디의 판단은 경솔했지만 크게 과장된 것은 아니었다. 러시아의 위대한 역사가 바실리 클류쳅스키(Vasily Klyuchevsky)에 따르면, 20년을 통치한 여제는 1만 5,000벌의 드레스, 두 상자의 실크 스타킹, 반쯤 지은 겨울 궁전과 산더미 같은 부채를 남겼다. 그러나 크리스티안 골드바흐는 여제 치하에서 땅과 돈을 풍족하게 받아 번영을 누렸다. 그는 1764년 74세에 죽었다.

서는 시간을 절약하기 위해 받아쓰게 했다. 중요한 발송물은 배달이 지연되지 않도록 네 사람까지 달라붙어 여러 부분을 나누어 복사했다. 오전 9시 30분까지 발송물을 다시 봉투에 넣고 복제 봉인으로 묶어 각국 대사관으로 배달할 준비를 마쳐야 했다.

오스트리아 계승 전쟁 이후 오스트리아의 외교정책이 재정립되는 기간에 프랑스 발송물은 특히 중요한 정보 출처였다. 오스트리아의 수석 외교관인 벤첼 안톤 카우니츠(Wenzel Anton Kaunitz) 백작(나중에 대공이 되었다)은 새로운 적 프로이센에 대항해 숙적 프랑스와 동맹을 추구했다. 그는 1750~52년 프랑스 주재 대사로 재직하는 동안 '비밀부서(Geheime Kanzlei)' 수장인 이그나즈 폰 코흐(Ignaz von Koch) 남작이 보내주는 정보를 받아보았는데, 그것은 프랑스 외교 발송물(일부는 프랑스의 극비 암호로 작성되었다)을 해독해서 나온 정보였다. 1751년 초 프랑스 해독물로 볼 때, 프랑스는 유럽전쟁의 발발이 불가피하다고 간주하는 동시에 영국, 러시아 및 합스부르크 제국의 의도를 의심하고 있었다. 1751년 1~9월 기간, '비밀사무실'은 18종의 프랑스 암호를 풀었다. 1751년 9월 4일 코흐가 카우니츠에게 쓴 편지에 따르면, 해독된 프랑스 외교 발송물에 의해 "프랑스 내각의 정책 기조가 더더욱 분명하게 드러났다". 카우니츠는 파리에 주재하는 동안 해독된 영국 발송물도 공급받았는데, 특히 당시 국무장관의 한 사람인 뉴캐슬(Newcastle) 공작이 보낸 것도 있었다.

카우니츠는 1753년 빈으로 귀환해 재상(Chancellor, 정식 명칭은 '가문·궁정·국가 재상')에 임명됨으로써 합스부르크 제국의 외교정책을 지배하는 인물이 되었다. 카우니츠는 프랑스 등의 외교 해독물에서 나온 정보 지원에 힘입어 1756년과 1757년 두 차례의 베르사유조약을 체결함으로써 프랑스와 동맹을 맺으려는 자신의 야심을 성취했다. 이것이 '외교혁명'의 핵심 내용이었으며, 결국 오스트리아·프랑스·러시아를 한 축으로 하고 영국과 프로이센을 다른 한 축으로 해서 두 동맹 간의 7년전쟁(1756~63년)이 벌어졌다. 카우니츠의 태도는 그가 정보에 매료되어 최고의 우선순위를 정보에 부여하고 있다는 낌새를 전혀 보이지 않았다. 합스부르크 여제 마리아 테레지아(Maria Theresa)와 그녀의 궁정 시종은 카우니츠의 행정·외교 역량을 존경했는데, "어떻게 한 사람이 탁월한 천재성과 화려할 정도의 우스꽝스러움을 겸비할 수 있는가"라고 감탄했다. 카우니츠는 조금이라도 감염될까 봐 접촉을 우려하는 불치의 심기증 환자인 동시에 정교하게 만든 변기에서 몇 시간을 보내면서 한 무리의 미남 하인들에게 시중들게 하는 터무니없이 허망한 사람이었다.

오스트리아 '검은 방'의 작업은 공식적으로 공개된 적이 없는데, 이와 대조적으로 영국의 '검은 방'은 조지 1세가 통치한 첫 10년간 그러한 공개를 감내했다. 영국의 '검은 방'의 작업이 공개된 것은 아터베리 기소에 대한 상원의 의사 절차에서 정부가 스웨덴의 해독된 암호 서신과 암호해독에 관한 증거를 제출했기 때문이었다. 오스트리아 '비밀사무실'의 존재는 공개된 적은 없어도 빈 주재 각국 외교관들에게는 공개된 비밀이었다. 그 수장 폰 코흐 남작이 불평한 바에 따르면, "불행히도 우리가 이 분야에서 너무 기량이 뛰어나다는 평판이 있었으며, 그 결과 우리에게 서신을 절취당할까 봐 두려워하는 각국 궁정은 암호 열쇠를 매번 해독하기 더 어렵고 성가신 것으로 자주 교체했다". '검은 방'이 드물게 실수한 한 사례를 들자면, 빈 주재 영국 대사는 런던에서 그에게 발송한 봉투 속의 공식 서신이 영어 원본이 아닌 오스트리아 사본이었다고 본국에 보고했다. 그의 항의를 받은 카우니츠는 "이 사람들 참 서투르구먼!"이라고 대답했다.

스파이들은 암호해독관보다 더 크게 공개되었으며, 대부분이 적대적인 공개였다. 구체제 프랑스에서 경멸조 용어인 '스파이(espion)'는 압도적으로 적국 요원을 가리키는 의미로 사용되었다. 영어에 편입된 프랑스어 '스파이활동(espionage)'이 처음 쓰인 때는 1796년이었다. 프랑스어 사전들과 유명한 『백과사전(Encyclopédie)』(1751~72년 사이에 분할 출판되었다)은 스파이 사용을 주로 군사정보 맥락에서 정의내렸는데 "스파이는 비열한 일을 한다"라고 정의했다. 루이 15세와 미래의 루이 16세는 1745년 퐁트누아(Fontenoy) 전투에서 모리스 드 삭스(Maurice de Saxe)가 대승을 거두는 장면을 직접 목격했다. 18세기 중엽 프랑스의 주요 장군인 모리스는 "스파이와 안내자에게는 아무리 많은 관심을 쏟아도 지나치지 않다"라면서 정보활동에 매우 적극적이었다. 18세기 군사령관들은 전통적·전술적인 전장 정찰에서뿐 아니라 적의 자원과 의도에 관한 전략정보 수집에서도 스파이들을 이전 시대보다 더 많이 사용하는 경향을 보였다.

프로이센의 프리드리히(Frederick) 2세(대제)는 자신이 루이 15세보다 더 많은 스파이를 쓴다고 주장했다. "프랑스의 내 아우는 20명의 요리사와 1명의 스파이를 쓰지만, 나는 20명의 스파이와 1명의 요리사를 쓴다." 그러나 프리드리히가 몰랐겠지만, 1745년 루이 14세는 외무부와 별도로 스파이활동과 비밀외교를 수행하기 위해 비밀 부처인 '왕의 밀실(Secret du Roi)'을 설립했다. 그 첫 번째 우선 임무는 루이의 사촌인 콩티(Conti) 왕자를 폴란드 왕좌에 앉히는 것이었다. 수년 동안 지하 음모를 꾸몄음에도 그 시도는 실패했다. '왕의 밀실'은 7년전쟁이 끝날 때까지 성취한 것이 거의 없었던 것으로 보인다.[8] 어쨌든 루이 15세는 외국 궁정의 정책보다 왕의 권위를 무시하려 드는 내국인에 관한 정보에 더 관심을 기울였다.

1749년 아르장송(Argenson) 백작이 루이 15세의 지원을 배경으로 국왕 부처

8 '왕의 밀실'은 7년전쟁 이후 더욱 적극적으로 되었다.

에 관한 악의적인 대중가요와 시를 금지하는 캠페인을 대대적으로 전개했다. 전쟁부 장관인 그는 국왕의 공인된 정부(情婦)인 퐁파두르(Pompadoure) 부인과 한편이었다. 아낌없는 지출이 이루어졌고 캠페인은 집착이 되었다. 국왕에 관해 '괴물의 검은 분노'로 시작되는 시를 퍼뜨린 사람들을 찾는 기간에 한 제보자가 다음과 같이 쓰인 구겨진 쪽지를 보냈다. "며칠 전 자신의 서재에서 왕을 역겹게 비난하는 시 사본을 놓고 맞장구친 사람을 알고 있다. 당신이 원하면 그 사람이 누군지 밝힐 수 있다." 그 제보자는 프랑수아 보니(François Bonis)라는 이름의 의대생 악당에 대한 신원을 밝힌 데 대한 보상으로 노동자의 1년치 임금에 육박하는 금화 열두 냥을 받았다. 보니가 체포되자 '시인 사냥과 인간 사냥의 광풍'이 불었는데, 프린스턴대 사학자 로버트 단턴(Robert Darnton) 교수에 따르면, 이 광풍으로 '일찍이 보지 못한 엄청난 분량의 문헌 수색 작업'이 이루어졌다. 보니는 한 사제로부터 그 시를 입수했다고 자백했으며, 그 사제는 시를 손에서 손으로 건넨 학생, 사제, 공증인, 사무원 등 모두 14명의 연결고리였음이 드러났다. 이들은 전부 바스티유 감옥에 수감되었다.[9] 루이 15세 통치 기간에 이 '14인 사건'만큼 집중적으로 추진된 해외 정보활동은 한 건도 없었다.

프랑스의 해군 담당 국무장관(1749~54년)과 외무장관(1754~57년)직을 연임한 앙투안 루이 루이예(Antoine Louis Rouillé)는 프랑스 해외 정보활동의 성과를 낮게 평가했다. 그는 자신의 스파이들 대부분이 돈값을 못하고 있다고 불평했다. 1756년 그는 "스파이들은 돈을 벌 수만 있다면 진실과 거짓을 불문하고 똑같이 수월하게 누구에게나 정보를 팔 위험이 있다"라고 비판했다. 영국의 외무장관

---

9    이와 대조적으로, 영국의 당국자들은 국왕에 대한 구두의 불경에 관해 일반적으로 관대했다. 평민들이 정부를 비난한다면 그것은 당국이 감내해야 하는 십자가였다.

과 수상으로 오래 봉직한 뉴캐슬 공작[10]은 스파이활동의 이득에 관해 훨씬 더 긍정적이었다. 그가 남긴 (조사가 완료되지 않은) 문서 300여 상자 가운데 약 100개 상자에 정보활동 자료가 들어 있다. 영국의 대사들이 주로 그의 스파이를 채용했다. 18세기 일부 외교관은 스파이활동에 연루되는 것을 싫어했다. 나중에 맘스베리(Malmesbury) 백작이 된 제임스 해리스(James Harris) 경은 1785년 헤이그 주재 공사로 있을 때 "나는 이 더러운 일을 혐오하지만, 굴뚝 청소를 맡은 사람은 손에 검댕을 묻혀야 한다"라고 적었다. 정보수집을 즐긴 영국 외교관들도 있었는데, 그 대표적 인물인 초대 왈드그레이브(Waldegrave) 백작은 1730~41년 기간 프랑스 주재 대사를 지냈으며 매우 상냥한 사람이었다.

왈드그레이브의 예의 바른 태도와 매력적인 인품에 이끌린 루이 15세가 그를 1일 사냥에 초대해 사냥감을 그에게 대거 양보했는데, 이는 외국 대사에게 내린 왕의 선물로서 전무후무한 것이었다. 루이는 자신이 왈드그레이브에게 그토록 총애를 표시한 그 순간에도 대사가 프랑스 외교관을 영국 스파이로 쓰고 있었다는 사실을 알았더라면 분노했을 것이다. 1734년 10월 왈드그레이브는 프랑스 외무부 관리 프랑수아 드 뷔시(François de Bussy)를 포섭하려는 시도에 대해 뉴캐슬의 승인을 요청했다. 뷔시의 낭비벽과 빚이 왈드그레이브의 관심을 끌었던 것이다. 뉴캐슬이 보낸 답장에 따르면, 왈드그레이브가 이 '대단히 중요한 일'에 착수하도록 조지 2세가 직접 승인했다. 이듬해 여름 왈드그레이브는 뷔시를 유급 스파이로 채용해 암호명 101을 부여했으며 월폴의 비밀기금에서 자금을 지원받았다. 뷔시는 10년 뒤 양국 간 전쟁이 발발할 때까지 외무장관 제르맹 쇼블랭(Germain Chauvelin)[11]의 서신 사본을 포함한 프랑스 외교

---

10 뉴캐슬은 1724~48년 남부 담당 국무장관과 1748~54년 북부 담당 국무장관을 거쳐 1754~62년(일부 기간은 제외) 수상으로 재직했다.

11 구체제 역사에서 쇼블랭은 1727~37년 기간에 외교 담당 국무장관과 국새상서(國璽尙書)를 겸임

문서 등의 정보를 영국 측에 계속 공급했다.

프랑스의 취약한 보안이 왈드그레이브의 정보공작을 수월하게 만들었다. 1736년 10월 쇼블랭이 실수로 그에게 건넨 비밀편지는 '노왕위참칭자' 제임스 에드워드 스튜어트가 보낸 것으로, 스튜어트 왕조를 복원하기 위해 프랑스가 주도적으로 합스부르크 왕가와 동맹을 맺으라고 촉구하는 내용이었다. 왈드 그레이브는 자신의 정보 출처를 드러내지 않고 그 편지 내용을 활용해 루이 15세의 83세 수상 플뢰리(Fleury) 추기경에게 프랑스의 재커바이트 지지에 대해 항의했다. 남편 조지 2세가 하노버에 체재하는 동안 영국의 섭정을 맡은 캐롤 라인(Caroline) 왕비는 왈드그레이브에게 플뢰리에 맞서 이 정보 횡재를 활용하면서 '대단한 신중함과 분별력'을 보였다고 직접 치하했다. 플뢰리 추기경은 17세기의 두 명의 위대한 추기경 장관 리슐리외와 마자랭은 물론 월폴이나 뉴캐 슬과도 아주 대조적일 정도로 해외 정보활동에 대해 가시적인 관심을 거의 보이지 않았다.[12] 그가 1743년 거의 90세에 죽을 때까지 수상직을 유지한 것은 주로 루이 14세의 깊은 총애를 받았기 때문이었다. 루이는 그의 임종 소식을 듣고 오열했다.

뷔시의 영국 스파이 경력은 그가 1737년 런던 주재 프랑스 대사관으로 전보되면서 가속화되었다. 2년 뒤 '젠킨스의 귀(Jenkins' Ear) 전쟁'이라는 이상한 이름의 전쟁이 다가오자, 프랑스와 재커바이트 관계는 물론 프랑스와 스페인 관계에 관해서도 정보를 입수하기 위해 뷔시가 활용되었다. 스페인 해안경비대가 어떤 무역분쟁으로 인해 영국인 선장 로버트 젠킨스의 한쪽 귀를 자르는 바

---

한 유일한 각료였다.

12  주네(Genêt)의 510쪽짜리 저서 『빛나는 스파이들(Espions des lumières)』에는 플뢰리에 관한 언급이 전혀 없다. 또 플뢰리가 '검은 방' 업무에 직접 관여했다는 흔적도 전혀 없다. '검은 방'은 루이 15세 시대에 '비밀의 사무실(bureau du secret)'로 불렸다.

람에 그 무역분쟁이 전쟁으로 비화했다. 젠킨스는 분개한 하원에서 증언하는 동안 그 귀를 보여주었다고 전해진다. 왈드그레이브가 프랑스에서 벌인 정보 공작은 뷔시 포섭에 국한되지 않았다. 1739년 6월 뉴캐슬은 그에게 프랑스 여러 항구에 스파이망을 구축하고 프랑스의 아일랜드 내 모병 활동에 관해 보고하라고 지시했다. 1739년 8월 8일 왈드그레이브는 뷔시의 제보에 일부 근거해 "프랑스 궁정과 스페인 궁정 사이에 완벽한 합의가 이루어진 것으로 보인다"라고 보고했다. 10월 월폴은 의회의 압력에 마지못해 굴복해 스페인에 대해 전쟁을 선포했다.

1740년 뷔시가 런던 주재 대리대사(chargé d'affaires)로 승진했을 무렵, 그는 탐욕과 부패 인사라는 평판이 나 있었다. 그가 현직을 유지했다는 사실은 프랑스가 외교보안에 우선순위를 두지 않았다는 추가적인 증거다. 1739년 왈드그레이브가 뉴캐슬에게 쓴 서신에 따르면, "확실히 그보다 더 뻔뻔스러운 놈은 없다". 뉴캐슬은 뷔시가 영국에 매수되었다는 사실을 어느 시점에 왈드그레이브에게 암시한 것으로 보인다. 뷔시의 정보 가운데 일부는 지극히 중요했다. 1744년 2월 14일 뷔시는 '젊은 왕위참칭자(Young Pretender)', 즉 후대에 '보니 프린스 찰리(Bonnie Prince Charlie)'로 더 유명한 찰스 에드워드 스튜어트를 지원하는 프랑스의 잉글랜드 침공 계획을 몽땅 제공했으며, 이에 가담한 주요 잉글랜드 재커바이트들의 명단도 건넸다. 그는 당시로서는 엄청난 금액인 2,000파운드를 수취했다. 헨리 펠햄(Henry Pelham, 뉴캐슬 공작의 동생이며 1743~54년 기간 수상으로 재직했다) 정부는 아일랜드와 네덜란드 주둔 병력을 불러들여 군대를 증강하고 주요 재커바이트들을 체포했다. 뷔시가 프랑스의 침공 계획을 누설한 것과 거의 같은 순간, '젊은 왕위참칭자'는 '셰벌리어 더글러스(Chevalier Douglas)'라는 가명으로 그라블린(Gravelines, 프랑스 북부의 운하 도시_옮긴이)에 도착해 침공이 개시되기를 초조히 기다렸다. 그러나 그를 지지하는 잉글랜드 내 주요 인사들의 체포, 국민 다수가 효과적으로 지지할지에 관한 의구심, 됭케르크에 집결한 프랑스 상륙함들의 폭풍 피해 등으로 인해 루이 15세는 침공 계획을 취소했다.

1745년 여름 찰스는 프랑스 군대의 지원이 없더라도 자신에게 충성하는 스코틀랜드 산악지대 주민들(Highlanders)이 집결할 것이라고 확신하고 스코틀랜드로 항해했다. 스코틀랜드에 관한 한, 그의 낙관론은 대체로 정당했다. 그가 상륙한 지 두 달 만인 9월 프레스톤팬즈(Prestonpans)에서 재커바이트가 승리함으로써 스코틀랜드의 대부분을 장악하게 되었다. 12월 초 찰스는 더비(Derby, 잉글랜드 중부의 도시_옮긴이)에 이르렀다. 그의 군대 내에는 더들리 브래드스트리트(Dudley Bradstreet)라는 정부 스파이가 있었는데, 그는 열성 재커바이트인 올리버 윌리엄스(Oliver Williams) 선장으로 행세했다. 브래드스트리트는 나중에 '모종의 책략으로' 찰스의 런던 진군을 지연시키라는 지시를 뉴캐슬로부터 직접 받았으며, 스코틀랜드로 철수하도록 찰스의 평의회를 성공적으로 설득했다고 주장했다. 브래드스트리트가 재커바이트 군대에 침투한 것은 사실이지만, 평의회 대다수가 찰스의 바람과는 반대로 철수를 결정한 것은 브래드스트리트에 의한 어떤 '책략' 때문이 아니라 그들이 자신들과 전투를 벌이려고 준비 중이라고 본 잉글랜드의 3개 군단과 맞붙는 것을 두려워했기 때문이었을 가능성이 훨씬 더 크다. 그들은 찰스가 지금까지 거둔 성공에 고무된 프랑스가 서둘러 침공군을 조직하고 있다는 것을 몰랐다. 재커바이트 군대가 철수한 후, 브래드스트리트는 자신이 약속받았다고 주장한 육군 장교직은 받지 못했지만 조지 2세로부터 120파운드의 포상금을 받았다. 그는 나중에 사기꾼과 마술사 노릇을 하면서 생계를 이었다.

재커바이트 봉기는 인버네스(Inverness) 부근의 컬로든(Culloden)에서 비참한 최후를 맞이했는데, 그 전투는 영국 땅에서 벌어진 마지막 대격전이었다. 주로 스코틀랜드 산악지대 주민으로 구성되고 프랑스군 출신의 아일랜드인과 스코틀랜드인 부대의 지원을 받은 찰스의 군대는 대부분 잉글랜드인으로 구성된 군대에 참패했는데, 잉글랜드 군대를 지휘한 컴벌랜드(Cumberland) 공작은 찰스 2세의 차남이었다. 컬로든 전투 이후 보니 프린스 찰리가 '바다를 건너 스카이(Skye) 섬으로' 탈출한 것은 영국 민속으로 전승되었는데, 이는 거의 한 세기 전 찰스 2세가 우스터(Worcester) 전투에서 패배한 후 도주한 것을 기려 '왕의 오크나무(Royal Oak)'가 선술집 간판으로 쓰이는 것과 흡사하다. 그 두 스튜어트가 구사일생으로 탈출에 성공한 데는 그들이 지략 있는 비밀 요원의 자질을 일부 보유해 은폐와 변장에 능숙했다는 사실이 부분적으로 작용했다. 그러나 '젊은 왕위참칭자'의 탈출은 비공식적인 재커바이트 정보망이 추격자들을 뒤쫓으면서 찰스가 추격자들을 피하도록 돕지 않았으면 불가능했을 것이다. 가장 유명한 찰스 도우미는 플로라 맥도널드(Flora Macdonald)였다. 클랜라날드의 맥도널드 씨족(Macdonalds of Clanranald)의 족장 가정(재커바이트였다)에서 자란 그녀는 한참 망설이다가 찰스와 함께 아우터 헤브리디스(Outer Hebrides) 제도에 속하는 벤베큘라(Benbecula) 섬에서 탈출하는 데 동의했다. 그 섬으로 피신했던 찰스는 플로라의 아일랜드인 하녀 베티 버크(Betty Burk)로 변장했다. 플로라의 후일 회고에 따르면, 그녀는 몸수색을 당할 경우에 대비해 찰스에게 속치마 속에 권총을 지니지 말라고 일렀다. 찰스가 "우리가 누군가를 만나 당신이 말하는 몸수색을 아주 꼼꼼하게 당하면, 내가 남자라는 것이 틀림없이 발각될 텐데…"라며 반대했으나 허사였다. 6월 28/29일 밤 찰스는 플로라 맥도널드와 함께 작은 배로 벤베큘라 섬을 떠나 스카이 섬으로 항해했다. 플로라는 이내 체포되었지만, 여전히 목에 3만 파운드(오늘날의 가치로 따지면 100배의 금액이다)의 현상금이 걸린 찰스는 먼저 인접한 라세이

(Raasay) 섬으로 탈출한 다음 본토로 들어왔다. 군인들이 그를 찾아 글렌피난 (Glenfinnan) 주변 언덕을 수색하고 있을 때에는 찰스가 초병들의 말소리를 들을 정도로 초소 가까이 지나간 순간도 있었다. 찰스는 숨어 지내다가 9월 19일 프랑스 선박에 의해 구조되어 안전한 프랑스로 건너갔다.

이후 몇 년 동안 찰스가 런던에서 재커바이트 쿠데타를 일으키려고 계획을 세움에 따라 영국 스파이들이 유럽 전역에서 그를 추적했다. 찰스의 전기 작가 프랭크 맥린(Frank McLynn)의 주장에 따르면, 종종 사제로 변장한 찰스가 '세포 조직의 스파이들'의 도움으로 추적자들을 번번이 따돌렸다. 더 놀라운 일은 1750년 그가 발각되지 않고 런던을 방문한 것이다. 찰스는 잉글랜드의 여성 지지자에게 오도하는 서신을 보냄으로써 런던 방문을 준비했는데, 그는 그 서신이 절취되어 정부에 혼동을 불러일으킬 것이라고 믿었다. 이는 정확한 판단이었다. 변장한 찰스는 9월 13일 도버에 상륙하고 3일 후 런던에 도착해 스트랜드(Strand) 거리에 있는 프림로즈 부인(Lady Primrose) 앤 드렐린코트(Anne Drelincourt)의 집에 묵었다. 뒤에 그는 팔말(Pall Mall) 거리의 한 집에서 50명의 주요 잉글랜드 재커바이트들과 회의를 열었는데, 이번에도 발각되지 않았다. 그들은 쿠데타가 성공할 희망이 없다고 주장했으며, 낙담한 찰스는 9월 23일 도버에서 프랑스로 건너간 후 다시는 영국으로 돌아오지 않았다.

이후 10년 동안 재커바이트 사람들 속에 침투한 영국 정부의 한 스파이가 대단히 중요한 활동을 했다. 그가 선택한 암호명 '피클(Pickle)'은 토비아스 스몰렛(Tobias Smollett)이 쓴 소설의 주인공 페러그린 피클(Peregrine Pickle)에서 따왔을 것이다.[13] 피클의 정체는 철저하게 보호되어 19세기 말 사학자 앤드루

---

13    그는 또한 가끔 '알렉스 피클', '진슨'(그의 아버지 이름이 존이었다), '알렉스 존슨', '로더릭 랜덤' (스몰렛 소설의 또 다른 주인공) 등의 가명도 사용했다.

랭(Andrew Lang)이 알아낼 때까지 전혀 드러나지 않았다. 랭은 글렌개리의 맥도넬(Macdonnell of Glengarry) 씨족 족장 알라스데어 루아드(Alasdair Ruadh, 1725~61년)의 문서를 조사하다가 루아드가 글을 쓸 때 '누가'라고 쓸 자리에 '어떻게'라고 쓰던 피클의 습관을 보이고 있는 것을 발견했다. 피클은 수상 헨리 펠럼(Henry Pelham)을 "대단한 친구"라고 부르고, 뉴캐슬 공작을 "케나디(Kenady) 씨"라고 부르며, 다른 주요 인물은 숫자로 불렀는데, 노왕위참칭자는 8, 찰스 스튜어트는 80이었다. 1750년 찰스가 대륙으로 돌아간 후, 피클은 계속된 재커바이트 음모에 관해 상세한 정보를 제공했다. 그는 찰스의 완전한 신임을 받았으며, 찰스는 음모의 세부사항을 그와 의논했다. 피클은 '젊은 왕위참칭자'와 가진 회동에 대해 "주로 잉글랜드 내의 음모에 관해 상의했다"라고 보고서에 썼다. 피클의 경보에 따라, 펠럼의 스파이들은 그가 지목한 재커바이트들의 비밀서신과 동향을 감시했다.

피클이 제공한 정보 가운데 이른바 '엘리뱅크 음모(Elibank Plot)'와 관련된 것이 가장 중요했는데, 그 음모를 주도한 엘리뱅크의 알렉산더 머리(Alexander Muray)는 40세의 재커바이트 귀족이었다.[14] 그 음모자들은 30년 전 '레이어 음모' 때와 마찬가지로 1752년 11월 10일 세인트 제임스 궁과 런던탑을 점령하고 조지 2세와 왕실 구성원들을 납치한다는 비현실적인 계획을 세웠다. 그런 뒤 찰스 스튜어트가 잉글랜드로 항해해 왕좌를 탈환한다는 것이었다. 머리가 그 공격을 준비하기 위해 11월 잉글랜드에 잠입했을 때, 그는 잉글랜드의 재커바이트들이 음모가 누설되었을 것을 두려워하며(누설된 것이 사실이었다) 거의

---

14    1751년 2월 머리는 하원에 소환되어 선거 기간에 친(親)재커바이트 폭동을 선동한 혐의로 기소되고 뉴게이트 감옥에 수감되었다. 그가 하원에 다시 출두했을 때, 그는 선고를 받기 위한 무릎 꿇기를 거부해 하원 모독죄로 유죄판결을 받고 다시 뉴게이트에 수감되었다. 하원이 휴회 중이던 6월 그는 석방되었다. 11월 하원에서 머리를 재수감하자는 동의안이 통과되었다. 그러나 그때 머리는 프랑스로 도주하고 없었다.

공황 상태에 빠진 것을 알았다. 누설의 장본인이 찰스의 현재 정부인 클레멘타인 워킨쇼(Clementine Walkinshaw)라고 생각되었으나, 엘리뱅크 음모에 관한 첩보의 진짜 출처는 피클이라는 가명을 쓰는 맥도널이었다. 음모자의 한 사람인 아치볼드 캐머런(Archibald Cameron) 박사는 그 음모에 가담했기 때문이 아니라 1745년 반란을 주도한 혐의로 교수되었고 끌려 나와 사지가 절단되었다. 펠럼 정부는 주된 제보자의 신원이 드러날 것을 우려해 나머지 엘리뱅크 음모자들을 재판에 회부하지 않은 것으로 보인다.[15] 그 음모가 실패하고 캐머런이 처형됨으로써 하노버왕조에 대한 재커바이트의 현실적 위협은 모두 사라졌다. 오직 찰스와 사기가 저하된 그의 끈질긴 추종자들만이 스튜어트 왕조의 복원 가능성을 계속 믿었다. 점차 절망과 술에 빠진 찰스조차 영국으로 복귀하기 위한 계획을 세우기보다는 유럽 대륙에서 자신을 추적하고 있다고 믿은 하노버 왕가의 스파이와 암살자들을 피하는 데 급급했다. 찰스의 추종자들은 '찰스가 남이 알아보기 극히 힘들 정도로 변장한 모습'을 자주 목격했는데, 그는 얼굴에 볼연지를 바르고 눈썹을 검게 칠했으며 가짜 코를 다양하게 달고 다녔다.

스파이를 가장 열렬히 옹호한 18세기 통치자는 프로이센의 프리드리히 대왕(Frederick the Great)이었다. 그는 오스트리아 왕위 계승 전쟁 동안 덩치가 훨씬 더 큰 합스부르크 제국으로부터 실레지아(Silesia)를 정복한 경험으로 인해 정보의 중요성을 확신했다. 그는 "정확한 정보만 있으면, 우리는 적은 병력으로도 항상 적보다 우세할 수 있다"라고 주장했다. 그가 오스트리아 왕위

---

15 엘리뱅크 음모에 가담한 것이 발각된 기타 주요 재커바이트들로는 존 그레임 경, 헨리 고링, 프림로즈 부인, 제러미 도킨스, 로크개리의 맥도널드, 매리스컬 백작 조지 키스(George Keith, 당시 프로이센 프리드리히 대왕의 파리 주재 사절이었다) 등이 있었다.

계승 전쟁과 7년전쟁 사이에 휘하 사령관들에게 문서로 내린 '군사 지시'는 다음과 같이 스파이활동의 중요성을 강조했다. "우리는 스파이들에게 낭비라고 할 정도로 후한 보수를 주어야 한다고 거듭 부언합니다. 그 사람들은 자기 목숨을 걸고 당신들에게 봉사하기 때문에 후한 보상을 받을 자격이 확실합니다."

프리드리히 대왕은 스파이를 네 가지 범주로 구분했다. 첫째 범주는 '보통 사람들', 즉 적군의 위치를 폭로할 수 있는 현지 주민들이었다(그러나 프리드리히의 견해로는 별 가치가 없었다). 프랑스 장군들은 7년전쟁 기간 동안 독일 주에서 싸울 때 주민들이 확고하게 프로이센 편이었다고 자주 불평했다. 1759년 프랑스가 헤센(Hesse) 주를 점령한 후, 본느발(Bonneval) 남작은 단 한 명의 프랑스 병사가 이동하더라도 "농민들이 적에게 일러바친다"라고 보고했다. 1760년 뷔르템베르크(Württemberg) 공작은 자신은 프랑스의 동맹이지만 친(親)프로이센 백성들이 "아주 기꺼이 적을 위해 스파이 짓을 한다"라고 불평했다. 프리드리히가 보기에 탈주병들의 가치는 아주 제한적이었는데, 그의 경험상 그들은 적군 전체가 아니라 소속 연대의 움직임만을 신빙성 있게 폭로할 수 있었다.

프리드리히 대왕은 적에게 역정보를 먹이기 위해 이중간첩(그의 둘째 범주의 스파이다) 사용을 옹호한 최초의 18세기 통치자였던 것으로 보인다. 그는 정보 활동의 과거 역사에서 배우려고 한 18세기 군주로서 드물고 독특한 본보기였다. 그는 휘하 장군들에게 이중간첩 사용을 권장하면서 윌리엄 3세가 1692년 오늘날 벨기에의 스텐케르케(Steenkerque) 전투에서 이중간첩을 성공적으로 활용한 사례를 인용했다. 당시 윌리엄 3세가 공격을 개시하기 직전에 이중간첩은 프랑스군 사령관 뤽상부르(Luxembourg) 원수에게 대규모 식량 징발대가 파견되기 전에는 공격이 없을 것이라고 거짓 보고했다. 프리드리히 대왕의 주장에 따르면, "그 결과, 프랑스군이 스텐케르케에서 기습공격을 당했다가 간신히 벗어났다. 만일 그들이 비범한 용기로 자신들을 방어하지 않았더라면 전멸했을 것이다".

'온건한 방법'으로 스파이를 채용하지 못할 경우, 프리드리히는 협박을 사용할 준비가 되어 있었다. 오스트리아 왕위 계승 전쟁 중에 프리드리히는 부유한 지주로 하여금 지주 자신이 입은 부상을 치료한다는 구실로 그 지주의 하인으로 가장한 프리드리히의 스파이를 데리고 적진에 들어가도록 압박한 적도 있었다. 나중에 프리드리히가 휘하 장군들에게 말한 바에 따르면, 그는 그 지주가 스파이와 함께 돌아오지 않으면 '그의 집을 불태우고 처자식을 도륙'하겠다고 경고했었다. 그는 이것이 정보를 수집하는 '거칠고 잔인한' 방법임을 인정했으나, 때로는 잔인성이 전시 필수품이라고 주장했다. 프리드리히에 따르면, 이 경우 협박 때문에 그 지주가 중요한 정보를 입수할 수 있었다.

프리드리히는 '중요한 스파이들'을 하나의 범주에 넣었다. 7년전쟁 직전에 프리드리히에게 가장 중요한 스파이는 작센(Saxony) 공국 외무부 내의 첩자였다. 그는 작센 공국을 프로이센 브란덴부르크(Brandenburg)의 '심장을 겨눈 단검' 같다고 극적으로 비유했다. 그 첩자는 프리드리히에게 작센의 선제후(選帝侯)가 합스부르크 여제 마리아 테레지아(Maria Theresa), 프랑스의 루이 15세 및 러시아의 예카테리나 2세(Catherine the Great)와 동맹해 프로이센 공격을 계획하고 있다고 경고했다. 프리드리히는 선제공격을 감행, 1756년 8월 말 작센을 침공해 빠르게 공국 전역을 장악했다. 그가 첫 번째로 취한 조치 중 하나는 작센 선제후가 프로이센 공격을 계획하고 있었다는 첩자의 경고를 입증하는 문서를 찾기 위해 드레스덴(Dresden)에 있는 정부 서고를 수색하는 것이었다. 프리드리히는 그 문서를 발견하자 의기양양하게 공표하고 '비밀리에 계획된 공격을 예상하는 자는 침입자가 아니'라고 주장함으로써 자신을 정당화했다.

프리드리히가 작센 공국에 대해 선제공격을 결정한 것은 베를린 주재 오스트리아 대사관 내의 프로이센 첩자가 보낸 우수한 정보로부터 영향을 받았기 때문이었다. 또한 상트페테르부르크(St Petersburg, 제정 러시아의 수도_옮긴이) 주재 네덜란드 대사관의 발송물이 헤이그로 가는 도중에 베를린에서 절취되어 해독된 것이 그 정보를 뒷받침했는데, 이는 외교 서신 해독물이 프리드리히의 정책에 일부 영향을 미친 것이 분명한 드문 사례다. 6월 17일 프리드리히가 받은 정보에 따르면, 러시아는 서쪽 국경에 17만의 정규군과 7만의 비정규군 병력을 집결시키고 있었다. 열흘 뒤 그가 보고받은 내용은 러시아의 병력 동원이 중지되었고 6월 21일 러시아가 다음 해로 공격을 연기하기로 결정했다는 것이었다. 이리하여 프리드리히는 러시아가 개전하기 전인 8월 말이 작센 공격을 개시할 시기라고 거듭 확신했다.

7년전쟁이 발발했을 당시 프로이센의 동맹국인 영국의 가장 중요한 스파이는 여전히 프랑수아 드 뷔시(François de Bussy)였다. 영-프 외교 관계가 단절된 이후에도 그가 얼마나 많은 정보를 제공할 수 있었는지는 불분명하다. 또 런던 주재 프랑스 대사관이 폐쇄됨에 따라 프랑스의 암호화된 외교 발송물을 가로챌 기회가 대폭 감소했다. 그러나 7년전쟁 초기에는 영국이 신세계에서 프랑스에 연승을 거두고(다음 15장에서 서술할 것이다) 유럽 대륙에서는 프로이센이 영국의 지원으로 연승했기에 프랑스 정보의 부재가 별문제가 아니었다. 뉴캐슬 공작은 자신의 형이 죽은 후 1754년 수상이 되었지만, 1757년 인기 있는 전쟁 장관 윌리엄 피트[William Pitt, 나중에 대(大) 피트로 불렸다]가 승승장구하는 정부의 실질적인 수반이었다. 1759년 호러스 월폴(Horace Walpole)은 "우리의 종(鐘)들이 승전고를 울리느라 닳아빠질 지경"이라고 썼다.[16]

---

16    월폴의 추신: "우리가 크리스마스 전에 멕시코나 중국을 차지하면 당신에게 다시 편지를 쓰겠습

프리드리히가 거둔 승리 중 가장 유명한 것은 1757년 12월 로이텐(Leuthen) 전투에서 오스트리아를 이긴 것이었다. 후일 나폴레옹은 그 승리가 "기동, 책략 및 결단의 걸작으로서 프리드리히를 불후의 인물이자 가장 위대한 장군들의 반열에 오르게 했다"라고 말했다. 그러나 프로이센의 정보 및 프리드리히의 정보평가의 품질이 좋았기 때문에 승리를 거둔 것이 아니라 그 품질이 나빴음에도 불구하고 승리를 거둔 것이었다. 전투가 벌어지기 전까지 프리드리히는 적군의 병력 규모가 아군과 거의 같다고 믿었다. 실제로 오스트리아군 병력은 프로이센군의 거의 두 배였다.

1761년까지 피트는 적대국 프랑스보다 동맹국 프로이센에 관해 더 좋은 정보를 입수했다. 스파이활동에 비해 암호해독에는 관심이 적었던 프리드리히 대왕은 프로이센의 외교 발송물이 영국의 암호해독 부서(Deciphering Branch)에 의해 정기적으로 해독되고 있다는 것을 몰랐던 것 같다.[17] 1755년 그가 파리 주재 사절에게 쓴 서신을 보면,

아주 놀랍게도 런던에서 내게 보낸 편지에는 아메리카에서 영-프 간 파열음이 생긴 이후 나와 프랑스 사이에 일어난 모든 세부사항이 들어 있습니다. 그들은 내가 쓴 자귀(字句)까지 알 정도로 너무 많이 알고 있습니다. 분명 프랑스 각의에 비밀이 없거나 아니면 누설이 있습니다. 비밀유지가 보장되도록 프랑스 측의 개선조치 필요성에 대해 귀하가 루이에(Rouillé)를 압박해야 합니다. 나로서는 비밀유지가 중요하기 때문에 개선이 이루어지지 않으면 나는 프랑스를 신뢰할 수 없을 것이라고 그에게 전하세요.

---

니다."

[17] 1741~47년 기간을 제외하고, 암호해독 부서는 1717년부터 18세기 말까지 프로이센의 외교암호를 풀 수 있었다.

프리드리히는 자신이 프랑스와 소통하는 내용을 영국인들이 '자귀까지' 아는 것은 프랑스의 '보안 유지' 실패 때문이 아니라 영국인들이 자신의 암호를 풀었기 때문이라고는 꿈에도 생각하지 못했을 것이다.

7년전쟁 기간 영국의 정보활동이 획기적으로 향상된 계기는 1761년 외교 관계 단절에도 불구하고 프랑스 외무부가 7년전쟁을 종식할 평화협상 가능성을 타진하기 위해 뷔시를 런던에 사절로 파견한 것이었다.[18] 뷔시는 영국의 유급 스파이 101호로서의 역할을 계속했거나 재개한 것이 거의 확실했다. 그래서 그는 피트의 능력에 대해 뚜렷하게 아첨하는 정보보고서를 작성했는데, 프랑스 외무장관 슈아절(Choiseul) 공작에게 보낸 그 보고서는 유별나게 역설적이다.

> 당신도 아시다시피 피트 장관은 백성의 우상으로서 백성들은 그를 국가적 성공의 유일한 원천으로 간주하며 다른 각료들에게는 그와 같은 신뢰를 보이지 않습니다. … 피트에 대한 평판은 탁월한 정신과 재능을 보유하고 있으며 완벽하게 정직하다는 것입니다. … 그는 소탈한 태도와 위엄을 갖추어 과시하거나 으스대지 않습니다. … 피트는 영국을 최고 수준의 영광으로 고양시키고 프랑스를 최저 수준의 굴욕으로 추락시키는 것 외에 다른 야심은 없는 것으로 보입니다.

이 견해는 베르사유 궁에서 환영받지 못했다. 『프랑스 인물 사전(Dictionnaire de Biographie Française)』은 뷔시에 대해 유난히 비판적으로 기술하고 있는데,

---

18    뷔시가 1761년 평화협상에 관여한 데 대한 최근의 일부 연구는 놀랍게도 그의 영국 스파이 역할을 언급하지 않고 있다.

그가 "지극히 어설픈 사람으로서 무분별하고 변덕스러우며 오만불손한 그로 인해 주화파와 주전파가 모두 떨어져 나갔다"라고 비난했다. 뷔시는 언제 터질지 모르는 폭탄이 되었으며 1761년 9월 프랑스로 소환되었다.[19]

영국 내각의 외교정책 논의에서 절취된 외교 발송물이 아마도 사상 최초로 현저한 역할을 한 것은 프랑스와의 평화협상 문제를 토론할 때였다. 1761년 8월 14일 공동 국무장관인 뷰트(Bute) 백작은 각료회의에서 슈아젤이 스톡홀름 주재 프랑스 사절에게 보낸 발송물을 읽었다. 뷔시가 제공했을 그 서신으로 인해 프랑스가 전쟁을 계속할 것을 결정했지만 그 의도를 감추기 위해 영국과 협상을 계속한다는 것이 드러났다.[20] 뷰트는 1760년 부왕 조지 2세를 계승한 조지 3세의 스승 출신 총신으로서 다년간 측근 참모 역할을 했다. 새로 즉위한 군주의 희망대로 뷰트는 국무장관으로서 내각에 바로 합류했다. 뷰트는 절취된 외교 서신으로 조지 3세의 관심을 틀림없이 끌었으며 국왕은 뷰트가 작성한 국가문서를 진지하게 읽었다.

피트도 절취된 외교 서신을 탐독했다. 그러한 절취물은 프랑스와의 평화협상 실패에 대한 통찰을 제공했을 뿐 아니라 영국을 겨냥한 프랑스-스페인 동맹 협상에 관해 소중한 정보도 제공했다. 9월 18일 각의에서 피트는 스페인에 대한 선제공격에 찬성해, "시간의 손실은 기회의 손실이다. … 얼버무리면 위험이 커질 것"이라고 주장했다. 각료들 대부분이 피트의 주장에 동조하지 않자, 그는 10일 2일 재차 시도해 절취된 발송물을 각의에서 읽었다. 런던과 파리에 주재한 스페인 대사들끼리 주고받은 그 발송물은 암호해독 부서에 의해 해독

---

19   뷔시는 1767년 은퇴해 약 20년 뒤에 죽었다.

20   대(大) 피트(Pitt the Elder)는 그 발송물이 "18세기 중엽 영국에 큰 도움이 된 탁월한 우편물 절취 시스템에 의해 입수된 것"이라고 믿는다. 그러나 어떻게 영국 우정국이 파리에서 스톡홀름으로 가는 전시 발송물을 도중에 절취할 수 있었는지는 불분명하다. 불완전하지만 현존하는 암호해독 부서의 기록에 1761년도 프랑스 해독물이 없다는 사실은 그 출처가 뷔시였을 가능성을 더욱 높인다.

되었는데, 프랑스-스페인 동맹이 타결되었음을 분명히 가리키는 내용이었다. 사흘 뒤 내각이 여전히 전쟁에 반대하자 피트가 사임했다. 대외정책을 맡은 뷰트는 1762년 1월 스페인에 선전포고하고 프랑스와 평화협상을 재개했으며, 영국의 동맹국 프로이센과의 관계를 약화시켰다.

뷰트는 뉴캐슬에 뒤이어 1762년 5월 수상이 되었다. 인기 없는 그의 수상직은 고작 11개월 간 지속되었지만, 그는 파리조약에 의해 프랑스·스페인과 평화협상을 타결했다. 그 조약은 해외에서의 영국의 우위를 재확인했으며 프랑스의 국제 위신에 큰 타격을 안겼다.[21] 뷰트는 1763년 2월 파리조약에 대한 하원의 비준을 확보하기 위해 비밀활동기금(Secret Service Fund)에서 8만 파운드를 떼어놓은 것으로 보인다. 재무장관 로스 맥케이(Ross Mackay)는 40명의 하원의원에게는 1,000파운드씩, 80명의 하원의원에게는 500파운드씩 지급했다고 주장했다.

프로이센으로서는 7년전쟁이 재앙으로 끝났다. 1762년 무렵 프리드리히 대왕의 유일한 주요 동맹자는 러시아 황태자 표트르 대공(Grand Duke Peter)이었다. 독일 태생의 인기 없는 표트르는 북부 독일 홀슈타인-고토르프(Holstein-Gottorp)의 공작이기도 했는데, 러시아어를 거의 못했으며, 프로이센의 모든 것을 좋아하는 자신의 성향을 애써 숨기려고 하지도 않았다. 표트르 대공은 프리드리히 대왕에게 엘리자베타 여제의 비밀 전시 내각회의 결과를 알리기 위해 러시아 고위 지휘부의 계획에 관해 들은 것을 상트페테르부르크 주재 영국 대사 로버트 키스(Robert Keith)를 통해 그에게 전달했다. 키스는 런던으로 보내는 발송물에 이 정보를 포함했으며, 베를린 주재 영국 대사가 프리드

---

21    프로이센과 오스트리아는 5일 뒤 별도로 후베르투스부르크(Hubertusburg) 조약을 체결했다.

리히 대왕을 위해 사본을 뜰 수 있도록 그 발송물을 프로이센을 거쳐 보냈다. 표트르 대공의 프리드리히 대왕에 대한 존경과 러시아 군대에 대한 경멸이 너무 노골적이어서 키스는 "이런 식으로 행동하는 그는 미쳤음이 틀림없다"라고 런던에 보고했다. 차르 정부 내의 다른 사람들과 마찬가지로 표트르도 영국 암호해독 부서가 1758년부터 러시아의 외교 발송물(대부분 프랑스어로 작성되었다)을 해독하는 데 상당한 성공을 거두고 있다는 것을 몰랐음이 틀림없다.

프리드리히가 1762년 초 7년전쟁의 패배에 직면해 '기적'을 기원하고 있을 때, 엘리자베타 여제가 죽고 표트르 대공이 표트르(Tsar Peter) 3세 황제로 등극함으로써 프리드리히는 구원을 받았다. 키스가 런던에 보고한 바에 따르면, 제위에 오른 지 3일 만에 "만찬 석상에서 평소 나에게 큰 은혜를 베푸시는 폐하께서 나에게 다가와 웃으며 내 귀에 대고 그 전날 밤에 러시아군의 여러 군단에 전령을 보내 더는 프로이센 영토로 진격하지 말고 모든 적대행위를 중단하라는 명령을 하달했음을 같이 기뻐하자고 말했다". 새 황제가 제위를 유지했더라면 러시아 정책에 관한 영국의 정보활동에서 황제가 특별한 출처가 되었을 것이다. 오스트리아 대사는 "황제가 키스 씨를 만나거나 과일을 보내는 등 그에게 관심을 표명하지 않고 지나가는 날이 하루도 없다"라고 불평했다.

1762년 베른하르트 폰 데어 골츠(Bernhard von der Goltz) 남작이 상트페테르부르크 주재 프로이센 대사로 새로 부임한 후에는 표트르 3세가 키스보다 그에게 훨씬 더 깊은 관심을 보였다. 표트르는 골츠에게 저택을 하사하고 하루두 번씩 그를 방문했다. 골츠는 황제가 프리드리히 대왕과 프로이센 군대를 열렬히 존경하는 것을 보고 깜짝 놀랐다. 4월 표트르는 프로이센과 '영구적' 동맹을 체결하고 7년전쟁에서 러시아군이 정복한 영토를 모두 돌려주었다. 표트르 3세가 자신에게 반대하는 쿠데타 위협에 관해 정보를 얻으려고 했다면 어렵지 않게 입수할 수 있었을 것이다. 표트르는 독일에 있는 자신의 홀슈타인-고토로프 공국을 위해 슐레스비히(Schleswig) 지방을 되찾으려는 목적으로 덴마크와 사적인 전쟁을 벌이려고 했다. 표트르가 그 전쟁을 위해 상트페테르부르크를 떠나기 직전, 프리드리히는 "솔직히 나는 이러한 러시아인들을 불신합니다. 만일 폐하의 부재중에 폐하를 폐위하려는 도당이 형성되면 어떡합니까?"라고 그에게 경고했다. 러시아 군대를 경멸하는 표트르는 러시아 군대는 쿠데타를 일으킬 능력이 없다고 프리드리히를 설득했다. 표트르는 프리드리히에게 러시아 내 반대에 대처하는 데 어려움이 없을 것이라면서, "러시아인들을 다룰 줄 아는 사람은 그들에 대한 확신을 가질 수 있음을 폐하께 장담한다"라고 말했다.

그러나 황제는 황후 예카테리나(Catherine)를 전적으로 과소평가했다. 표트르는 자신의 정부와 결혼하기 위해 예카테리나와의 이혼을 계획하고 있었다. 예카테리나는 표트르처럼 독일 태생이지만 유창한 러시아어를 습득하고 러시아 문화에 몰두했다. 상트페테르부르크의 한여름 '백야'인 1762년 6월 28일 느지막이 예카테리나가 미완성의 '겨울 궁전'을 걸어 나왔을 때, 그녀는 군도(軍刀)를 차고 프레오브라젠스키 근위대(Preobrazhensky Guard) 대위의 녹색 제복을 입고서 '빛나는' 순종 회색 종마에 올라탔다. 그녀는 자신의 명분을 따르는 12명의 근위대를 거느리고 표트르가 도망친 페테르고프(Peterhof) 궁전으로 출발했다. 그녀가 도착할 무렵은 표트르가 이미 항복한 뒤였다. 예카테리나의 연인 그리고리 오를로프(Grigory Orlov)의 강요로 그는 무조건적 퇴위에 서명했다. 후일 프리드리히 2세는 "그는 잠자리로 보내지는 아이처럼 순순히 퇴위에 응했다"라고 경멸조로 말했다. 며칠 뒤 표트르는 오를로프가 이끄는 일당에 의해 교살되었다. 표트르를 죽이기 전에 상의를 받지 않았을 예카테리나는 그가 '치질통'으로 죽었다고 발표했는데, '치질통'은 재빨리 유럽의 다른 궁정에서 정치적 암살을 완곡하게 풍자하는 표현이 되었다. 프랑스 철학자 장 달랑베르(Jean d'Alembert)는 러시아를 방문해 달라는 예카테리나의 초청을 받았을 때, 자신은 러시아에서 치명적 조건이 될 수 있는 치질 기가 있어서 감히 그 초청을 수락하지 못한다고 볼테르(Voltaire)에게 농담하기도 했다.

# 제15장

# 미국 독립 관련 정보활동

영국을 혐오하는 슈아죌(Choiseul) 공작은 루이 15세 치하에서 1758~70년 기간 동안 외무장관과 수상으로 재직했는데, 1765년 그는 왕에게 "아메리카에서의 혁명만이 잉글랜드를 약소국 상태로 돌려놓아 유럽이 더는 잉글랜드를 두려워하지 않게 될 것"이라고 말했다. 슈아죌은 스파이들을 활용해 영국 통치에 반대하는 아메리카 세력이 증대하는 데 관한 보고를 받았지만, 그들이 공개 출처에서 입수할 수 없는 중요한 정보를 캐냈을 것 같지는 않다. 슈아죌이 가장 성공한 정보공작은 북아메리카가 아니라 왕의 침실에서 이루어진 것으로 보인다. 1764년 국왕의 정부 퐁파두르 부인(궁정 내에서 슈아죌의 주요 후원자였다)이 죽은 후, 슈아죌은 자신의 영향력을 유지하기 위해 그녀의 후임자 물색에 영향을 미치려고 했다. 새 후임자에게 불만을 품은 슈아죌은 왕이 성적으로 부족하다는 첩보를 입수한 다음, 왕에게 새 정부가 그런 소문을 내고 있다고 악의적으로 고자질해 새 후임자를 몰락시켰다. 루이 15세가 당대 최고의 미인에 속하는 바리(Barry) 부인을 다시 새 정부로 선택했을 때, 슈아죌은 제대로 적수를 만났다. 과거 '천사 아가씨'로 알려진 창녀 출신의 바리 부인은 왕의 성생활이 개선되도록 자극을 준 것으로 보인다. 또 그녀는 슈아죌과 불구대천의 원수가 되었다.

프랑스가 영국에서 추진한 정보공작은 슈아죌이 왕의 침실에서 추진한 정보공작에 비해 성공적이지 못했다. 루이 15세는 자신의 개인 정보기관인 '왕의 밀실'[1]이 파견한 스파이들에 대해 개인적 관심을 보였다. 퐁파두르 부인이 죽기 1년 전, 왕이 자신의 사생활 공간에 숨겨둔 '왕의 밀실' 보고서가 그녀에게 발견되었을 때, 그 기관은 그녀를 진노케 만들었다. 잉글랜드에 파견된 최고위 스파이는 현란하고 종잡을 수 없는 보몽의 슈발리에 데옹(Chevalier d'Eon de Beaumont)이었다. 그는 1763년 봄 세인트 제임스 궁에 주재하는 임시 전권공사로 임명되어 신임 대사 게르시(Guerchy) 백작이 부임하기를 기다렸다. 데옹은 신임 대사가 런던에 도착했을 때 자신이 단순한 대사관 서기로 격하될 것이라는 전망 때문에 화가 났다. 그는 게르시에게 공문서를 인계하는 것을 거부하고 소환장을 무시했으며, '왕의 밀실' 스파이로서 부여받은 자신의 임무를 폭로하겠다고 위협했다. 1764년 3월 데옹은 게르시에게 인계하기를 거부했던 외교 공문 일부를 공표함으로써 런던과 파리 양쪽에서 큰 파문을 일으켰다. 데옹의 책 출간은 그의 비밀 요원 역할이 폭로되기 직전에 중단되었지만, 호러스 월폴(Horace Walpole)은 그 책에 대해 "1,000가지 이상한 상황에 대처한 기지로 가득한 책"이라고 발표했다.

게르시는 데옹과 팸플릿 전쟁을 시작했지만 결국 졌다. 게르시 대사는 데옹 암살을 시도한다는 비난을 받았고 런던을 돌아다닐 때는 군중으로부터 야유를 받았다. 당시 파리 주재 영국 대사의 비서로 근무하던 철학자 데이비드 흄(David Hume)은 프랑스 외무부에 대해 만일 데옹 납치를 시도한다면 런던의 프랑스 대사관이 습격을 당할 것이고 "영국인들이 프랑스 대사와 그 수행원들에게 보복해도 저지할 사람이 없을 것"이라고 경고했다. 10년 동안 지속된 그 대치상태는 1770년 이후 데옹의 정체가 여자라는 소문이 퍼짐으로써 복잡한 양상으로 흘렀다. '왕의 밀실' 요원들이 데옹으로부터 그의 협상용 문서를 매입하려고 비밀리에 시도했으나, 1774년 루이 15세가 죽었을 때 그 문서는 여전

---

1  '왕의 밀실'은 종종 외무부와 마찰을 빚었다. 프랑스 사절단은 가끔 두 종류의 지시를 하달 받았는데, 그 둘 다 왕이 서명했지만 서로 모순된 지시였다.

히 데옹의 수중에 있었다. 루이 16세는 즉위 초에 '왕의 밀실'을 정리하고 싶었다. 그러나 그 기관의 한 요원이자 빼어난 극작가인 피에르-오귀스탱 카롱 드 보마르셰(Pierre-Augustin Caron de Beaumarchais)가 『세비야의 이발사(The Barber of Seville)』로 성공한 직후, 데옹과 협상을 타결할 수 있다고 주장했다. 그 합의는 기이하고 선례가 없는 것이었지만, 그는 자신의 약속을 지켰다.

1775년 11월 4일 데옹이 서명한 그 합의(또는 '거래')는 데옹에게 여자 복장을 다시 착용하도록 요구했으며, 이는 그의 진짜 성(gender)이 여자임을 의미했다. 데옹이 군인과 외교관으로서의 경력 초기에 여성 옷을 입은 적이 있다는 믿을 만한 증거는 없지만, 그는 이후 열성적인 여장남자가 되었다. 보마르셰는 루이 16세의 외무장관 베르젠(Vergennes) 백작에게 보낸 편지에서 "이 미친 여자는 나와 열렬한 사랑"에 빠졌으며, 그들이 결혼할 예정이라고 주장했다. 이 허황한 일로 보마르셰는 성공적인 극작가가 된 동시에 데옹처럼 믿을 수 없는 스파이가 되었다. 베르젠 입장에서 그 '거래'의 이점은 만일 예측할 수 없는 데옹이 그 자신과 '왕의 밀실'을 연계시키는 서신을 폭로하거나 다른 황당한 일을 초래할 경우, 그가 히스테리를 부리는 여자 몽상가라고 일축할 수 있다는 점이었을 것이다.

데옹은 하이힐을 신고 걷는 법을 익힌 적이 없지만, '영국 최초의 공개된 여장남자'로 사는 런던 생활을 너무나 즐긴 나머지 보마르셰와의 '거래'에 서명하고 난 후 21개월이 지나도록 프랑스로 귀국하지 않았다. 1777년 11월 21일 마리-앙투아네트(Marie-Antoinette)의 드레스를 만드는 로즈 베르탱(Rose Bertin)이 화장실에서 네 시간 동안 데옹을 지도한 후, 마침내 49세의 데옹이 궁정에서 여자 드레스를 입고 루이 16세와 그의 왕비 앞에 출두했다. "그녀는 속치마와 곱슬머리를 제외하고는 우리처럼 여자다운 면이 전혀 없었다"라고 특히 파르(Fars) 자작부인이 투덜거렸다. 프랑스 궁정은 2주 동안 베르사유에 머문 데옹을 시골로 추방함으로써 황당한 사건을 마무리했다.[2] 오늘날 성전환자(transgender)를 지지하는 영국의 단체 보몽협회(Beaumont Society)는 보몽의 슈발리에 데옹을 기려 작명한 것이다.

데옹이 시골에서 시들어가는 동안, 보마르셰는 연극과 정보활동 양쪽에서 현란한 경력을 계속 쌓았다. 미국이 독립선언을 하기 두 달 전인 1776년 5월 베르젠 외무장관은 보마르셰가 '스스로 위험을 부담해' 미국 반군들에게 무기를 공급하는 회사를 설립하도록 승인하면서 "그 사업은 영국 정부와 미국인들이 볼 때 우리가 전혀 모르는 사기업의 투기 성격을 띠는 것이 중요합니다"라고 강조했다. 보마르셰는 프랑스와 스페인 궁정에서 비밀리에 자금지원을 받아 '로드리그 오르탈레 회사(Roderigue Hortalez et Compagnie)'라는 유령회사를 설립했다. 이 회사는 1777년 4월까지 중요한 군수품을 아홉 척의 배에 실어 반군들에게 보냈는데, 그 가운데 한 척만 영국군에 나포되었다.

대륙회의(Continental Congress)는 독립전쟁이 발발하자 해외 정보활동의 필요성을 재빨리 간파했다. 1775년 11월 29일 대륙회의는 오로지 "영국, 아일랜드와 세계 각지에 있는 우리의 친구들과 통신할" 목적으로 '비밀통신위원회'를 설립했는데, 이는 오늘날 중앙정보부(CIA)의 먼 전신이었다.[3] 비밀통신위원회는 설립 후 2주 만에 첫 비밀통신원의 한 사람인 아서 리(Arthur Lee, 미국에서 태어나 런던에 거주하는 옛 에스토니아 변호사)에게 서신을 보냈다.

대륙회의로서는 우리를 대하는 해외 강대국들의 성향을 아는 것이 기분 좋

---

2    데옹의 경력이 상당한 신화를 창조한 것은 놀랄 일이 아니다. 그러한 신화의 예로, 데옹이 여장을 하고 러시아 여제 엘리자베타의 궁정에 침투했다는 주장이 있다.
3    비밀통신위원회는 1777년 4월 외교위원회로 개편되었으나 그 정보 기능은 유지했다.

은 일인바, 이 목표에 관심을 기울이기 바랍니다. 세심한 주의와 철통같은 비밀유지가 필요하다는 것은 굳이 우리가 언급할 필요가 없겠지요. 대륙회의는 그렇게 할 수 있는 당신의 열의와 능력에 의존하며, 그러한 필요성을 준수함으로써 야기되는 모든 애로와 비용에 대해서는 기꺼이 보상하겠습니다. 선물로 200파운드를 당신에게 송금합니다.

아서 리를 런던 주재 비밀통신원으로 선택한 것은 재앙이었다. 그는 나중에 피해망상적 경향을 보여 유명해졌지만, 자신의 비서 존 손턴(John Thornton)이 영국의 스파이인 줄은 한동안 깨닫지 못했다.

두 세기 뒤 냉전 기간의 베를린처럼, 미국 독립전쟁 기간의 파리는 유럽 어느 도시보다 많은 수의 스파이들을 끌어들였다. 미국 독립전쟁이 발발한 후, 영국의 주된 정보 표적은 70세의 벤저민 프랭클린(Benjamin Franklin)이었다. 그는 죽을 고비를 넘기며 힘들게 대서양을 횡단한 후, 1776년 12월 대륙회의 수석대표(미국의 수석 사절)로서 프랑스에 도착했다. 프랭클린이 프랑스에서 받은 환영이 그의 힘든 항해를 보상했다. 그는 이미 과학자, 문필가로 유명했으며, 신세계에서 영국의 압제에 맞서는 자유의 투사로서도 유명했다. 1752년 루이 15세는 프랭클린의 전기 실험과 피뢰침 발견(많은 교회 첨탑을 구했다)에 대해 공개적으로 감사를 표명했었다. 약 두 세기 뒤 존 에프 케네디(John F. Kennedy) 대통령과 영부인 재키(Jackie)가 파리를 방문할 때까지 프랭클린만큼 환호를 받은 미국인 방문객은 없었다. 파리 시민들이 프랭클린의 수도 입성을 보기 위해 거리에 도열했다. 존 애덤스(John Adams)의 기록을 보면,

그의 이름은 정부와 백성들에게 친숙했다. 평민뿐 아니라 각국의 왕, 신하, 귀족, 성직자, 철학자 등도 그의 이름을 알았다. 종자(從者), 마부나 하인, 귀부

인의 하녀나 부엌 설거지꾼에 이르기까지 농민이나 시민 가운데 그의 이름을 모르고 그를 인류의 친구로 생각하지 않는 사람이 거의 없을 정도였다.

프랭클린은 '파리의 유력 인사들' 중에서 가발을 쓰지 않는 인사로서 신세계의 소탈한 미덕을 표상하는 데 성공했다. 그는 프랑스 주재 미국 사절로 지낸 10년 동안 그 이미지를 성공적으로 유지했다. 그는 한 친구에게 보낸 편지에 "내 모습을 그려보게나. … 아주 소박한 옷을 입고, 내 옅은 잿빛 장발이 나의 유일한 머리치장인 고급 털모자 밖으로 삐져나와 거의 안경까지 이마로 흘러내리는 모습 말일세"라고 썼다.

1997년 미국 중앙정보부(CIA)는 프랭클린을 '미국 정보활동의 시조(Founding Father)'라고 선포했다. "오늘날의 이른바 비밀공작에 해당하는 그의 활동은 광범위하고 대체로 성공적이었다."[4] 미국의 수석대표로서 프랭클린이 수행한 역할 가운데 비밀 측면은 종종 간과되거나 과소평가되었다. 그는 프랑스에 도착한 순간부터 언론에 익명의 기사를 기고함으로써 반영(反英) 비밀 선전 공작을 시작했다. 프랭클린이 겨냥한 표적 중 하나는 영국이 독일 헤센(Hesse) 주 출신의 용병을 활용하고 있다는 점이었다. 프랭클린은 베르젠 외무장관을 처음 만난 직후, 위조된 편지를 공개하는 작업을 추진했다. 그 편지는 독일의 한 귀족이 헤센 용병대 사령관에게 보낸 것으로, 그 귀족은 용병대가 죽인 모든 미군 병사에 대해 일인당 포상금을 영국 정부로부터 받는다는 내용을 담고 있었다. 이 가공의 독일 백작은 부상 당한 미군에 대해서는 영국이 포상금을 지급하지 않기 때문에 가능한 한 많은 병사를 죽게 내버려두라고 헤센 사령관에게 권고

---

4   1997년 CIA의 신축 건물인 연락업무센터(Liaison Conference Center)의 세 개 회의실 중 하나가 그의 이름을 따서 명명되었다.

했다. "내가 이렇게 말하는 것은 당신이 그들을 암살하라는 뜻이 아닙니다. 존경하는 남작님, 우리는 인간적이어야 합니다. 그러나 부상병은 군인 본분에 어긋나며 더는 전투할 수 없는 부상병을 모두 죽게 하는 것보다 더 현명한 길이 없다고 당신이 아주 예의 바르게 의사들에게 암시할 수 있을 것입니다." 프랭클린은 자기보다 재능이 모자란 파리 주재 영국 대사 스토몬트(Stormont) 경과 벌인 선전전에서 분명한 승자였다. 스토몬트도 허위정보를 사용했기에 당시 유행하는 프랑스인들 대화에서는 동사 '스토몽테(stormonter)'가 '거짓을 말하는 것'과 동의어로 쓰였는데, 이는 '거짓말하기(mentir)'와 연관된 일종의 말장난이었다.

그러나 프랭클린은 영국에 대해 심리전을 수행하는 동안 그 자신도 영국의 정보활동에 의해 성공적으로 기만을 당했다. 그는 파리 근교 파시(Passy)에 미국대표부를 설립했으며 그의 수석보좌관은 자신을 추종하는 에드워드 밴크로프트(Edward Bancroft)였다. 매사추세츠 주에서 태어난 밴크로프트는 1767년 런던으로 이주해 성 바르톨로뮤 병원에서 수학했으며 과학자와 작가로서 성공적인 경력을 시작했다. 그는 프랭클린의 후원으로 1773년 겨우 29세 나이에 영국학술원 회원(Fellow of the Royal Society: FRS)으로 선출되었다. 밴크로프트는 주요 스파이가 된 최초의 영국학술원 회원이었다. 사일러스 딘(Silas Deane)이 초대 미국 대표로서 1776년 7월 프랭클린보다 6개월 앞서 파리에 도착했는데, 프랭클린이 그에게 밴크로프트(딘이 학교에서 그를 가르친 적이 있다)를 비밀리에 접촉하라고 지시했다. "런던 부근 턴햄 그린(Turnham Green)의 그리피스 씨에게 보낸다고 가장해 밴크로프트 씨에게 서한을 보내 그가 당신을 찾아오기 바란다고 하고 그를 만나도록 하시오." 그 편지를 받은 밴크로프트는 딘과 동시에 파리에 도착해 미국대표부에서 핵심적인 역할을 부여받았다. 밴크로프트는 딘에 의해 그리고 나중에는 프랭클린에 의해 정보수집 임무를 띠고 정기적으로 런던에 파견되었다. 1777년 3월 밴크로프트가 출장 중 런던에서 미국 스파이로 체포되어 수감되었다. 심란한 딘은 미국 의회에 서한을 보냈다. "밴크로프트 박사가 우리와 통신하고 우리를 도왔다는 이유로 런던에서 체포되었습니다. … 나는 밴크로프트 박사에 대해 느끼는 안타까움을 제대로 표현할 수가 없습니다."

프랭클린과 딘은 몰랐지만, 밴크로프트는 영국이 보수를 지급하는 이중간첩이었다. 런던에서 그가 체포된 것은 단지 그의 가장 신분을 강화하기 위해 계획된 조치였다. 몇 주 후 그는 감옥에서 석방되어 프랑스로 귀환하도록 허용되었다. 1776년 12월 밴크로프트를 영국 스파이로 포섭한 사람은 폴 웬트워스(Paul Wentworth)였다. 10년 전에 뉴햄프셔에서 런던으로 이주한 웬트워스는 주식과 토지 투기로 많은 돈을 벌었으며 윌리엄 이든(William Eden)을 위해 프랑스에서 스파이망을 운용했다. 후일 초대 오클랜드(Auckland) 남작이 된 이든은 노스(North) 경 정부에서 스파이 수장과 북부(Northern Department) 차관 역할을 겸임했다. 이든 문서에 들어 있는 날짜 미상의 한 초고 메모를 보면, 에드워드 밴크로프트는 '에드워드 에드워즈 박사'라는 다소 투명한 가명을 사용해서 다음과 같은 문제에 대해 '알게 되는 모든 것을 폴 웬트워스에게 보고'하기로 동의했다.

[미국이] 프랑스와 추진하는 조약과 예상되는 원조의 진전 사항 … 스페인 등 유럽의 다른 궁정에 대해서도 동일함. … 신용, 효과와 금전을 획득하는 수단 및 사용하는 채널과 요원들 … 프랭클린·딘과 의회 간의 비밀 통신 … 선박과 화물 명세, 출항 시기 및 목적지 항구 … 미국에서 오는 정보.[5]

---

5    그 메모의 작성 일자에 관해서는 견해가 분분하다. 월터 아이작슨(Walter Isaacson)은 이 구절을

대서양을 횡단하는 프랑스 선박의 이동에 관한 밴크로프트의 정보보고서에는 1777년 4월 20세의 라파예트(La Fayette) 후작이 미국을 향해 스페인의 산세바스티안(San Sebastian) 항을 출항한다는 내용이 상세히 들어 있었다. 그 보고서 속에는, 라파예트가 뱃삯을 직접 지불하고 '사우스캐롤라이나의 포트 로열(Port Royal)로 직행'한다는 내용과 함께 그를 수행하는 프랑스 관리들의 명단도 들어 있었다. 라파예트는 "영국을 해치는 것(굳이 말하자면, 복수하는 것이지만)이 내 조국에 봉사하는 것"이라고 선언했다. 밴크로프트의 보고서에 따르면, 프랑스 궁정은 미국 반군들을 지원하기 위한 라파예트의 사적 원정에 반대하는 체했지만, 마리-앙투아네트를 비롯한 궁정의 모든 부인이 그 늠름한 후작을 열렬히 지지했다. 라파예트는 밴크로프트를 매우 신뢰해 후일 그에게 잉글랜드 연안 공격(실현되지 못했다)에 합류하자고 초청하기도 했다. 라파예트 후작은 나중에 프랑스의 국가 영웅이자 미국 독립혁명의 영웅이 되었는바, 여러 도시 이름[아칸소, 조지아, 노스캐롤라이나, 테네시 등 여러 주에 있는 파예트빌(Fayetteville)]과 그를 기려 세운 다수의 기념비를 통해 기억되고 있다. 그러나 만일 영국 해군이 밴크로프트의 정보를 활용해 라파예트의 첫 원정을 차단할 수 있었다면, 그는 미국 독립혁명의 역사서에서 겨우 각주에 언급되었을 것이다. 1778년 4월 밴크로프트가 올린 다른 정보보고서에 따르면, 데스탱(d'Estaing) 제독이 '영국 함대를 격파하거나 나포하기 위해' 17척의 전열함과 호위함으로 구성된 함대와 함께 툴룽(Toulon) 항을 떠날 예정이었다. 라파예트처럼 데스탱도 대서양을 횡단하는 동안 제지 당하지 않았다. 영국 해군이 우월했음에도 밴크로프트 또는 다른 제보자에게서 나온 정보에 힘입어 프랑스 선박을 한 척이라도 나포했다

---

인용하면서 1776년 12월로 추정한다. 최근 토머스 셰이퍼(Thomas Schaeper)는 그보다 뒤라고 유력하게 주장했다. 그러나 그 문서는 작성일과 관계없이 웬트워스가 밴크로프트를 포섭한 후 그가 수집하기를 기대한 정보를 정확히 요약하고 있다.

는 증거가 없다. 당시 영국의 해군 작전에 정보를 통합시키는 작업이 허술했던 것이다.

밴크로프트는 매주 한 번 루브르 궁 옆의 튈르리(Tuileries) 공원을 산책하면서 웬트워스에게 보내는 메시지를 가짜 연애편지의 행간에 비밀 잉크로 적어 회양목 속 빈 곳에 숨겨놓았다. 그는 처음에 영국 스파이로서 연간 500파운드의 보수를 받았으나 일을 잘해 보수가 배로 증액되었다.[6] 밴크로프트가 주식거래에 투기하기 때문에 영국 정부는 그를 전적으로 신뢰하지는 않았으나 밴크로프트는 파리 주재 미국 대표단의 업무에 관해 미국 의회보다 더 많이 아는 경우가 자주 있었다. 이든과 영국 각료들이 가장 높이 평가한 밴크로프트의 보고서는 프랑스-미국 간 협상에 관한 보고서였을 것이다. 프랭클린이 시작한 그 협상 결과, 1778년 초 양국 간 두 개의 조약이 타결됨으로써 프랑스는 미국의 독립을 승인하고 영국과의 독립전쟁에서 지원을 약속하는 동맹을 체결했다.

밴크로프트는 그 협상 기간에 미국 문서의 사본을 웬트워스에게 주었을 뿐 아니라 그 문서 일부를 기초하는 데도 참여했다. 1977년 9월 그는 '우리'(밴크로프트 자신과 프랭클린, 딘)가 베르젠 외무장관과 파리 주재 스페인 대사에게 수교할 중요한 문서를 작성하고 있다고 웬트워스에게 알렸다. 주로 밴크로프트 덕분에 베르젠과의 협상은 출발부터 삐걱거렸다. 미국이 이미 비밀리에 받고 있던 프랑스 측의 원조를 7배로 늘려달라는 미국 대표단의 요청에 관해 밴크로프트가 미리 세부내용을 웬트워스에게 알려주었다. 이리하여 프랭클린이 그 요청을 전달하기 훨씬 전에 영국 대사 스토몬트 경이 베르젠을 찾아가 그 요청에 대해 항의할 수 있었다. 이에 베르젠은 미국인들에게 자신과의 협상 비밀을 지키지 못했다고 항의했다. 밴크로프트는 베르젠과 프랑스 측 교섭자

---

6    밴크로프트는 또한 내부 정보를 이용한 주식시장 투기로 돈을 벌었다.

들이 미국인들 지원을 공개적으로 약속하는 것을 피하려고 기만 전략을 쓰고 있다고 의심했다. 그가 웬트워스에게 보고한 바에 따르면, "나로서는 60[프랑스]과 136[스페인]의 진정한 의도를 추측하기가 불가능해 보입니다. 전자는 너무 기만을 부리기 때문에 미국에 대한 확약이 57[영국]에 대한 확약보다 더 솔직한 것인지 매우 불투명해 보입니다". 1977년 프랑스의 분위기가 바뀐 시기는 미국이 독립전쟁에서 처음으로 대단한 승리를 거두었다는 소식이 파리에 전해진 12월 초였다. 그 승리를 거둔 10월의 사라토가(Saratoga) 전투에서 존 버고인(John Burgoyne) 장군이 지휘한 약 7,000명의 영국 군대가 항복했다. 재능 있는 음악가 브리용 부인(Madame de Brillon)이 그 승리를 기념해 개선행진곡(오늘날에도 가끔 연주된다)을 작곡했으며, 개인 연주회에서 프랭클린을 위해 그 곡을 연주했다.

1778년 2월 타결된 프랑스-미국 조약은 프랭클린의 외교적 개가였으며, 실로 미국 외교사에서 최대의 개가 가운데 하나였다. 그러나 프랑스가 미국인들을 비밀리에가 아닌 공개적으로 지원하겠다고 동의한 것은 프랭클린의 '영향력 공작(influence operations)' 덕분에 가능했다는 CIA의 주장도 정당하다. 사라토가 전투 이후, 웬트워스는 프랭클린에게 비밀 강화조건을 제시하라는 지시를 받았는데, 그것은 미국인들이 원하는 것을 독립 빼고 거의 다 들어주는 것이었다. 프랭클린은 그 제의를 수용할 의향이 없으면서도 프랑스가 공개 군사동맹 체결을 거부할 경우에는 그 제의를 수용할지 모른다고 은근히 프랑스 측을 겁박했다. 1778년 첫 주에 프랭클린은 은밀하게 언론을 부추겨 영국 대표단이 파리에 와 있으며 프랑스가 신속히 동맹에 동의하지 않으면 프랭클린이 그들과 합의할지 모른다는 기사가 보도되도록 했다. 그는 또한 웬트워스와의 회동에 대해 왜곡된 설명을 프랑스 외무부에 직접 전했다. 프랭클린은 오늘날 CIA가 쓰는 용어로 '인지 관리(perception management)'에 성공했다. 이틀 뒤 베르젠은 비서를 보내 미국 대표단에 물었다. "미국 대표단이 새로운 관계를 수립하려는 영국의 어떤 제안에도 귀를 기울이지 않을 만큼 미국 대표단을 만족시키려면 어떤 조치가 필요합니까?" 이에 대해 프랭클린은 2월 6일 서명된 조약의 개요를 제시했다. 그 서명식에 참석한 인사들 가운데 에드워드 밴크로프트도 있었는데, 그는 재빨리 특별 전령을 고용해 조약 사본을 런던으로 보냈다. 후일 밴크로프트는 노스(North) 경 정부가 이 조약 내용을 42시간 내에 알았다고 자랑했다. 이것은 사소한 과장에 지나지 않는 것 같다. 2월 8일 밴크로프트의 정보 보고를 받았을 노스 경은 2월 9일 조지 3세에게 그 내용을 보고했다.

밴크로프트는 미국 대표단의 무급 비서 이상이었다. 1779년 파리를 방문한 존 애덤스는 그가 "머리가 명석하고 필력이 좋다"라고 칭찬했다. 가능한 한 빨리 밴크로프트로부터 최신 정보를 입수하고 싶어 안달이 난 웬트워스는 1777년 5월과 1778년 2월 사이에 적어도 여덟 차례 프랑스로 여행했으며 네덜란드에서 두 차례, 런던에서 한 차례 밴크로프트를 만났다. 밴크로프트는 프랑스 내의 다른 영국 스파이들 정보를 모두 합친 것보다 더 많은 정보를 제공했다고 자랑했는데, 맞는 말일 것이다. 한 세기 반 뒤 프랭클린 루스벨트 대통령 재직 기간에 소련 스파이 래리 듀건(Larry Duggan)과 앨저 히스(Alger Hiss)가 국무부에 침투할 때까지 미국 외교가 이처럼 심각하게 뚫린 적은 없었다.

파리 주재 제3대 미국 의회 대표로 부임한 아서 리(Arthur Lee)는 프랭클린이나 딘과 달리 밴크로프트를 깊이 의심했다. "나는 밴크로프트 박사가 미합중국에 대한 범죄자라고 생각하며 그 증거를 가지고 있다." 그러나 리는 프랭클린에 대해서도 똑같이 의심했으며, 리의 피해망상적 경향은 워낙 유명해서 밴크로프트에 관한 그의 경고는 무시되었다. 리의 개인 비서가 영국 스파이임이 드러났을 때 그의 신뢰도는 더욱 무너졌다. 반면, 프랭클린은 프랑스-미국 조약을 타결한 데 이어 유명한 미국 해군 사령관 존 폴 존스(John Paul Jones) 함장과 함께 존스가 해군 경력을 시작했던 화이트헤이븐(Whitehaven, 영국 서해안의 항구 도시_옮긴이) 항에 대한 공격을 모의했다. 그러나 존스는 기습 요소를 살리지 못해 단 한 척의 배를 불태우고 다수의 대포를 망가뜨린 후 서둘러 철수해야 했다. 최근 CIA 정보연구소의 역사 평가서는 그 습격이 '선전과 사기(士氣) 면에서 미국의 중요한 성취'였다는 결론을 내리고 있다. 이는 거의 한 세기 만에 처음으로 영국 도시에 적군이 상륙한 것으로, 운송보험료를 인상시켰으며 영국 보험업계에 상당한 불안을 초래했다.

프랑스-미국의 동맹 타결에 따라 1778년 3월 영국-프랑스 외교 관계가 단절됨으로써 에드워드 밴크로프트를 비롯해 영국의 정보활동 전체가 어려움에 봉착했다. 암호해독 부서가 7년전쟁 이후 파리에서 오는 외교 발송물을 가로채서 성공적으로 해독했었지만, 런던 주재 프랑스 대사관이 폐쇄됨으로써 그러한 간헐적 기회가 없어졌다. 밴크로프트는 1778년 3월부터 더는 튈르리 공원 내의 수수소에 정보보고서를 남기지 않았는데, 그것을 수거할 영국 스파이가 없었기 때문이다. 1780년 말 네덜란드가 영국과 전쟁을 개시하기 전까지 밴크로프트는 네덜란드연방을 거쳐 웬트워스와 비밀 통신을 유지할 수 있었다. 이후에는 그의 메시지 대부분이 야음을 틈타 작은 배로 영국해협을 건넜을 것이다.

영국-프랑스 외교 관계가 단절된 이후에는 밴크로프트의 정보보고서 내용에 관해 현존하는 증거가 단편적이지만, 그가 프랑스-미국 관계 및 여기에 관련된 핵심 인물들, 특히 1778년 미국 전권공사가 된 그의 친구 벤저민 프랭클린에 관해 광범위한 보고서를 제출한 것은 분명하다. 밴크로프트는 새로 승인된 미합중국의 대사관(파리 외곽 파시에 위치)에서 미국의 비밀문서를 읽으면서(때로는 초고를 도우면서) 여러 시간을 혼자 보낼 수 있었다. 1781년 10월 요크타운(Yorktown, 버지니아 주의 도시_옮긴이) 전투에서 영국이 패배하기 전 여러 해 동안 그는 가끔 달갑지 않은 정보를 입수해 이른바 '권력자에게 진실 말하기'라는 고전적인 문제에 직면했다. 조지 3세는 대체로 국제관계에 해박했으나 정보 판단에는 어수룩했다. 국왕에게 직보하는 한 용병 스파이가 조작해 주입한 것이지만, 조지 3세는 밴크로프트를 개인적으로 싫어했으며 그의 일부 보고서가 '과장되거나 근거가 없으며 계산된 협박'이라고 불평했다.

1780년 영국 해군이 대서양에서 한 프랑스 선박을 나포했는데, 마침 그 배에서 라파예트가 베르젠에게 보내는 발송물 꾸러미가 발견되어 조지 3세에게 보고되었다. 그 꾸러미는 갑판 너머로 던져졌으나 영국 수병이 바다로 뛰어들어 건져냈다. 그 내용물을 성공적으로 해독한 사람은 프랜시스 윌리스(Francis Willes)였는데, 그는 자신의 아버지 윌리스 주교가 1773년 죽은 후 암호해독 부서의 수장이 되었었다. 밴크로프트의 보고서 사례와 또 다른 근거에 비추어 볼 때, 조지 3세가 신빙성을 의심했을 테지만 그 내용물을 읽고 자극을 받았을 리가 없다. 라파예트는 5월 20일 자 발송물에서 '우리 친구 미국인들(mes amis Américains)'의 능력과 정직성, 지조를 칭송했다. 라파예트는 프랑스 군대가 적시에 도착하면 뉴욕을 헨리 클린턴(Henry Clinton) 경으로부터 빼앗을 수 있으며 조지 워싱턴은 캐나다 정복을 생각하고 있다고 지나치게 낙관적으로 보고했다.

유럽 내 정보활동에서는 영국이 미국 반군들보다 당연히 우위에 있었지만, 미국 내에서는 그 역이 성립했다. 헨리 리(Henry Lee)가 조지 워싱턴에 대해 "전쟁에서 1등, 평화에서 1등, 국민 마음속에 1등"이라고 유명하게 묘사했듯이, 조지 워싱턴은 미국 정보활동의 초기 역사에서도 1등으로 꼽힌다. 조지 워싱턴은 1777년 다음과 같이 썼다.

좋은 정보를 확보할 필요성은 명백하며 더 강조할 필요가 없습니다. 다만 내가 부언하고 싶은 것은 여러분이 모든 문제의 비밀을 최대한 지키라는 것입니다. 왜냐하면 이런 종류의 대부분의 사업에서는 비밀유지가 성공의 관건이며, 비밀유지 없이는 아무리 잘 기획된 사업이라도 대체로 망하기 때문입니다. …

아이러니하게도 워싱턴이 군사정보의 중요성을 이해하고 이를 활용하는 데에도 성공한 것은 프랑스군에 대항하는 영국군 장교로서의 경험에서 배운 학습능력 덕이 컸으며, 그 프랑스군은 후일 독립전쟁에서 영국군에 대항하는 그의 동맹군이 되었다. 1753년 겨우 21세의 나이에 버지니아 민병대 소령이던 워싱턴은 한 인디언 척후병과 함께 버지니아에서 오하이오 황야로 파견되었다. 그의 임무는 프랑스군이 영국 땅 안에 있는지를 파악하고 만일 영국 땅 안에 있다면 정중하게 철수를 요청하는 것이었다. 그의 다른 비밀 임무는 프랑스군의 요새, 수비대와 통신에 관해 정보를 수집하는 것이었다. 베낭주(Venanges) 요새(이후 프랭클린 요새로 개명되었다)에서 묵은 하룻밤 만찬에서 프랑스 장교들은 실컷 술을 마셨으나 워싱턴은 거의 마시지 않았다. "처음 그들의 대화에서 나타났던 절제는 포도주 때문에 곧 사라지고 꼬부라진 그들의 혀가 더 자유롭게 감정을 드러냈다. 그들은 오하이오를 차지하는 것이 자신들의 절대적 구상이며 하느님께 맹세코 그렇게 하겠다고 나에게 말했다." 2년 뒤 에드워드 브래독(Edward Braddock) 장군 휘하의 워싱턴은 뒤켄(Duquesne) 요새(지금의 피츠버그)에서 프랑스군에 참패를 당했다. 그 재앙은 영국군이 적군의 위력에 대해 무지했던 탓이 컸다.[7] 정보의 부재가 브래독에게 치명적이었으며 워싱턴에게도 치명일 뻔했다. 워싱턴이 탄 말 두 필이 총에 맞았으며 그는 외투에 네 개의 총알구멍이 뚫린 채 전투에서 벗어났다. 만일 적군이 영국군의 럼주 보급품을 약탈하지 않고 계속 워싱턴을 추격했더라면 그는 십중팔구 죽었을 것이다. 그는 이른바 '프렌치·인디언 전쟁'의 경험을 통해 '계획적인 적을 좌절시키기 위해서는 좋은 정보보다 더 필요한 것이 없고 더 큰 대가를 치를 만한 것이 없다'고 확신했다.

워싱턴은 1775년 7월 3일 매사추세츠 주 케임브리지에서 미합중국의 대륙군(Continental Army) 지휘를 맡았을 때, 20년 전 브래독보다 더 정보에 밝아야 한다고 결심했다. 그는 영국군에 관한 "정보 획득이 자신의 가장 시급한 임무의 하나"라고 썼다. 7월 15일 그는 자신의 장부에 333.33달러의 수상한 금액(1,000달러의 분할금으로 추정된다)을 신원 미상의 요원에게 지급했다고 기록했다. 그 요원은 영국이 점령하고 있는 보스턴에 들어가 '적군의 동향과 계획에 관한 정보 전달을 목적으로 비밀 통신을 구축'하라는 워싱턴의 지시를 받았다. 워싱턴은 대륙군 장교들에게 보낸 서신에서 '귀하가 중요하다고 판단하는 모든 정보를 가장 빠르게 알릴 것'을 자주 요청했다. 그는 또한 영국의 스파이활동이

---

7    그러나 워싱턴은 로버트 스토보(Robert Stobo) 소령을 통해 뒤켄 요새의 정확한 계획을 입수했었다.

제기하는 위협을 깊이 우려했다. 그가 조지프 퀸시(Joseph Quincy)에게 보낸 편지에서 "내가 두려워하는 악이 하나 있는데, 그것은 그들의 스파이입니다. … 그들이 우리 상황에 관해 정보를 입수하는 것을 막는 것이 매우 중요한 일이라고 생각합니다"라고 썼다.[8]

워싱턴의 스파이들 가운데 가장 유명한 사람은 재능은 그리 없으나 초기에 채용된 21세의 네이선 헤일(Nathan Hale)이었다. 예일대 출신의 헤일은 1776년 9월 롱아일랜드(Long Island) 주둔 영국군에 관해 정보를 수집하도록 파견되었다. 새로 조직된 레인저 연대의 지휘관 토머스 놀턴(Thomas Knowlton) 중령이 그 임무를 위해 헤일을 선발했지만, 워싱턴이 직접 그 선택을 승인했다. 그러나 자신의 이름으로 활동한 헤일은 자신의 첫 스파이활동을 위해 준비가 덜 된 사람이었다. 신학년도가 시작된 후 교사 일자리를 찾는다는 그의 신분 가장은 설득력이 없었으며 그가 이전에 롱아일랜드에 가본 적도 없었다. 헤일이 9월 16일 아침 롱아일랜드에 상륙했을 때부터 21일 밤까지 그의 행적에 관해 확실히 알려진 것은 영국군 사령관 윌리엄 하우(William Howe) 경이 9월 22일 자 일기장에 기록한 것이 전부다. "지난밤에 붙잡힌 적군 스파이(스스로 자백했다)가 오늘 11시 포병창 앞에서 처형되었다." 애국적인 근사한 전통에 따라 헤일은 교수되기 직전에 "나는 내 조국을 위해 잃을 목숨이 하나밖에 없는 것이 유감일 뿐이다"라고 외쳤다. 그의 용기에 감동한 사형집행인들은 지금은 유명해진 그의 최후진술(스파이 역사에서 가장 유명할 것이다)이 조지프 애디슨(Joseph Addison)의 유명한 비극 『케이토(Cato)』의 한 구절을 달리 표현한 것임을 인식했을 것이다. 양손을 등 뒤로 묶인 채 사형을 기다리는 모습의 헤일 동상이 오늘날 예일

---

8   워싱턴의 방첩활동을 조직한 책임자는 장차 미국의 초대 대법원장이 될 존 제이(John Jay)였는데, 그는 적어도 열 명의 요원으로 방첩 망을 조직했다. 1997년 CIA는 존 제이를 '미국의 초대 방첩 수장'으로 지명했다.

대구 캠퍼스와 버지니아 주 랭글리에 있는 CIA 본부 앞에 서 있다. 이는 미국 스파이를 기념해 세운 유일한 동상이다. 미국인들 대부분이 독립전쟁 기간의 스파이활동을 돌아보았을 때, 네이선 헤일의 용기와 애국심이 그의 임무 실패보다 더 중요했다. 1776년 9월 영국군에 의한 헤일의 교수형이 집행되고 4년이 지났을 때, 체포된 영국 스파이 존 앙드레(John André) 소령이 '교수대에서 죽기'보다 총살형을 집행해 달라고 개인적으로 호소했지만, 그의 요청을 거절한 워싱턴의 머릿속에는 4년 전 헤일의 교수형이 틀림없이 떠올랐을 것이다. 조지 3세의 명령으로 앙드레는 웨스트민스터 대성당에 묻힌 두 번째 영국 스파이가 되었다.[9]

워싱턴이 너무 많은 정보공작에 직접 관여한 데다가 정보참모도 없었기 때문에, 그 모든 공작을 지속해서 파악하지 못할 때가 더러 있었다.[10] 그는 한 요원에게 "당신과 가명으로 통신해야 한다는 생각이 내 머릿속에 맴돕니다. 그래서 내가 그 가명을 잊어버릴 때, 꼭 다시 상기시켜 주세요"라고 건성으로 편지를 썼다. 그가 정보공작 운용을 대폭 위임하기 꺼린 것은 대륙군의 시민 병사들 가운데 전문적인 참모장교가 없었던 사정을 반영했다. 워싱턴이 적절한 정보참모를 거느렸다면, 그에게 전장 지형에 관한 기본 정보가 결핍되지는 않았을 것이 분명하다. 그런 정보 결핍으로 인해서 그는 1777년 9월 브랜디와인(Brandywine) 개울에서 참패에 가까운 패배를 당했다. 지방 민병대가 척후병을 보내 영국군의 전진을 정찰하지 않은 데다 워싱턴이 바로 북쪽에 개울을 건너

---

9    웨스트민스터 대성당에 묻힌 첫 스파이는 1689년의 애프라 벤(Aphra Behn)이었다. 그러나 조지 3세가 이 선례를 염두에 두었을 것 같지는 않다. 앙드레가 처형되고 2년이 지난 1782년 로버트 애덤(Robert Adam)이 설계한 그의 기념비가 국왕의 경비로 성당 신자 석에 세워졌다. 앙드레의 유해는 1821년 미국에서 송환되어 기념비 옆에 묻혔다.
10   당연하지만, 워싱턴의 스파이활동 관여로 다수의 신화가 탄생했다. 한 예로, 이중간첩이라는 존 허니맨(John Honeyman)이 1776년 12월 트렌턴(Trenton)에서 워싱턴의 승리에 공헌한 것으로 보인다.

는 얕은 여울이 있다는 것을 몰랐던 탓에 그는 1만 1,000명의 병력 가운데 적어도 1,200명을 잃었다. 이후 펜실베이니아 주 밸리 포지(Valley Forge)에서 혹독한 겨울을 나기 위한 워싱턴의 생존전략은 기만이 그 핵심이었다. 그는 휘하에 존재하지 않는 보병·기병 연대들을 잔뜩 언급한 허위문서를 자필로 작성해 이중간첩을 통해 적에게 전달되도록 했다. 영국군은 워싱턴이 보유하지 않은 8,000여 명의 병력이 더 있다고 믿었으며 공격하기에는 그가 너무 강하다는 잘못된 결론을 내렸다. 실제로는 그때가 워싱턴이 가장 취약한 시기였다. 그의 성공적인 기만 공작이 없었다면 대륙군은 그 겨울을 넘기지 못했을 것이다. 전체적으로 워싱턴이 싸운 전투보다 피한 전투가 더 많았는데, 이것은 왜 그가 독립전쟁에서 이겼는지를 설명해 준다. 그의 전략은 적과 교전하는 것보다 버티는 것이었다.

1778년 워싱턴은 경보병대 사령관 찰스 스콧(Charles Scott) 준장에게 자신의 '정보수장' 책임을 추가로 부여했다. 스콧은 몇 달 뒤 미상의 개인적 이유로 이 역할을 그만두었는데, 가장 중요한 이유는 틀림없이 그의 정보 자질 부족이었을 것이다. 스콧은 정보수장에 임명된 직후 롱아일랜드를 정찰하는 임무에 다섯 명을 동시에 개별적으로 파견했는데, 이는 그들의 보고서를 비교하려는 의도에서였다. 그들 중 셋이 붙잡힌 것은 준비가 부족하고 신분 가장이 허술한 결과였을 것이다. 스콧으로부터 정보수장직을 승계한 사람은 그보다 계급은 한참 아래지만 재능은 훨씬 더 뛰어난 벤저민 톨마지(Benjamin Tallmadge) 소령이었는데, 그는 네이선 헤일과 같은 시기에 예일대를 다녔었다. 조숙하게 총명했던 톨마지는 13세에 예일대 총장으로부터 입학 제의를 받았지만, 그의 아버지의 고집으로 15세가 될 때까지 등록을 미루었다. 그는 자신보다 나이가 많은 대학 동급생들보다 월등히 우수했다. 톨마지는 후일 "나는 라틴어와 그리스어를 통달했기 때문에 대학 생활 첫 2년 동안 공부한 적이 많지 않았다"라고 썼다.

톨마지는 독립전쟁에서 정보가 중요하다는 사실을 재빨리 파악했다. 톨마지에게 가장 중요한 스파이 조직은 최근 뉴욕 시를 점령한 헨리 클린턴(Henry Clinton) 경 휘하의 영국 군대에 관해 정보를 수집하기 위해 1778년 8월 설립된 컬퍼(Culper) 스파이망이었다.[11] 두 세기 뒤 CIA 정보연구소가 펴낸 연구서의 결론에 따르면, 컬퍼 망이 입수한 가장 중요한 정보는 1780년 7월 요원 355호('아가씨'라고도 불린 그의 정체는 밝혀진 적이 없다)가 올린 보고였다. 그 보고에 따르면, 클린턴은 뉴욕에서 로드아일랜드 주 뉴포트(Newport)로 해로로 영국 군대를 파견해서 두 달 동안의 대서양 횡단 끝에 막 도착한 로샹보(Rochambeau) 장군 휘하의 프랑스군을 그들의 여독이 풀리기 전에 공격하려고 계획했다. 워싱턴은 7월 21일 오후 요원 355호의 보고를 받자마자 클린턴이 생각을 바꾸게끔 기만 계획을 세우기 시작했다. 워싱턴은 뉴욕 시에 대한 공격 준비를 지시하는 가짜 명령서에 서명했는데, 한 농부가 그 명령서를 길가에서 주웠다면서 영국군 외곽초소에 전달했다. 공격이 임박했다고 믿은 클린턴은 쓸데없이 뉴욕 방어를 강화하기 위해 당시 로샹보 공격 길에 오른 부대를 회군시켰다. 이리하여 컬퍼 망과 워싱턴의 기만 재능 덕분에 취약한 프랑스군이 패배를 모면하고 병력이 부족한 미군에 합세할 수 있었다.[12]

클린턴은 자신이 워싱턴에 의한 기만 공작의 피해자임을 의심하기는커녕 대륙군 내부에 대단한 침투가 성사되었다고 믿었는데, 여기에는 그럴 만한 이유가 있었다. 1779년 5월 베네딕트 아놀드(Benedict Arnold) 장군은 암호명 '멍

---

11  컬퍼 망의 주요 멤버는 뉴욕 주 세터킷(Setauket) 출신의 농부 에이브러햄 우드헐(Abraham Woodhull, 암호명은 새뮤얼 컬퍼 시니어)과 맨해튼 상인 로버트 타운센드(Robert Townsend, 암호명은 새뮤얼 컬퍼 주니어)였다.

12  워싱턴이 그전에도 기만술을 사용한 점에 비추어, 이 경우 그가 클린턴을 기만하려고 하지 않았을 것이라고 생각하는 것은 무리다. 그러나 놀랄 일은 아니지만, 워싱턴이 서명한 가짜 명령서가 영국군에 전달되도록 지시한 문서는 현존하지 않는다.

크(MONK)'를 사용해 뉴욕의 클린턴에게 보낸 비밀 메시지에서 합의된 시간에 귀순하겠으며 그때까지 정보를 제공하겠다고 제안했다. 그가 선택한 암호명이 의미심장하다. 아놀드는 영국 공화파 조지 멍크(George Monk 또는 Monck) 장군의 후계자임을 자처했다. 멍크 장군은 국왕부재시대 말기에 편을 바꾸어 1660년 왕정을 복고하는 데 선도적인 역할을 한 인물인데, 아놀드가 미국에서 바로 그렇게 하겠다는 것이었다. 아놀드가 오늘날에는 (TV 시리즈 〈심슨 가족〉에 의해서도) 영원한 미국의 반역자로 기억되지만, 애초에는 애국자의 역할 모델로서 독립전쟁을 시작했었다. 만약 아놀드가 1777년 미국이 승리한 사라토가 전투에서 전사했더라면, 그는 미국 독립혁명의 군사 영웅 반열에서 워싱턴 다음에 자리했을 것이다.

1780년 8월 아놀드의 요청으로 워싱턴은 아놀드로 하여금 웨스트포인트 (West Point)의 요새들을 지휘하도록 했다. 허드슨 강을 따라 맨해튼에서 북쪽으로 50마일 떨어진 웨스트포인트는 후일 미국 육군사관학교가 들어선 곳이다. 워싱턴은 웨스트포인트가 '아메리카의 열쇠'로서 거기에서 뉴욕에 있는 클린턴의 기지를 무력화할 수 있을 것으로 생각했다. 아놀드는 웨스트포인트를 영국군에 넘기기로 계획했으며, 그 계획이 성공하면 2만 파운드를 받고 실패하면 그 절반을 받기로 클린턴과 합의했다. 9월 말 클린턴의 젊은 참모인 존 앙드레(John André) 소령이 상인으로 가장해 여행해서 아놀드를 만나 그의 귀순과 웨스트포인트의 투항에 관해 세부사항을 최종 조율했다. 아놀드의 계획이 성공했더라면 워싱턴이 독립전쟁에서 패배했을 것이다. 그러나 앙드레가 뉴욕으로 돌아가는 길에 미군 민병대에 붙잡혀 범죄적 문서를 장화 속에 숨긴 것이 발각되었다. 민병대 지휘관들이 그 문서의 중요한 의미를 파악하지 못하고 아놀드에게 보고했다. 그 보고로 도주할 시간을 번 아놀드는 영국 전함으로 타고 허드슨 강을 내려갔다. 아놀드는 귀순 포상금으로 6,315파운드의 일시금과

360파운드의 연금을 받았으며 영국군 준장이 되었다.

　뉴욕에 대한 위협과 관련해, 워싱턴에 의해 기만당한 줄 모르는 클린턴은 1780년 여름 워싱턴의 동향에 관해 규칙적으로 상세한 정보를 받고서 거듭 확신했음이 틀림없다. 스파이들의 보고에 따르면, 6월 27일 워싱턴은 픽실(Peeksill)로 이동 중이었고, 7월 6일은 조지프 애플비 집에서, 7월 8일은 토머스 톰킨 집에서, 그리고 7월 14일은 에드워드 브라운 집에서 묵고 있었다. 또 클린턴은 워싱턴과 로샹보 군대에 관한 정확하고 상세한 전투서열 정보를 받았다. 그러나 워싱턴의 작전계획을 그에게 말해줄 수 있는 스파이는 없었다. 1781년 8월 중순 워싱턴이 콘월리스(Cornwallis) 경의 군대와 맞서기 위해 남쪽으로의 이동을 결정했을 때, 그는 자신의 목표가 여전히 뉴욕임을 가리키는 허위 발송물을 더 많이 준비해 영국군 수중에 들어가도록 했다. 워싱턴은 뉴저지 주 채텀(Chatham)에 캠프를 설치하고 스태튼(Staten) 섬으로 건너가기 위한 준비로 저지(Jersey) 연안에 보트를 집결시킴으로써 기만을 강화했다.

　한편, 조지 3세는 한 사기꾼 유급 스파이로부터 직접 받은 가짜 정보에 의해 심각한 혼란을 겪었는데, 60대의 그 스파이는 '아리스타커스(Aristarchus)'라는 암호명을 썼지만 진짜 신원은 지금까지 미상이다. 그는 1780년 국왕에게 "파리에서 보내는 나의 마지막 발신이지만, 폐하의 목숨을 노리는 비밀 음모를 다행히 압니다"라고 경고했다. 프랑스인들이 '무섭고 피에 굶주린 음모의 가장 적합한 장소'로 조지 3세가 가끔 저녁에 산책을 즐기는 버킹엄 궁 여왕의 정원(Queen's Garden)을 선택했다. '아리스타커스'의 특징이지만, 왕비 마리-앙투아네트와 첫날밤을 치르는 데 7년이 걸릴 만큼 소심하기로 유명한 루이 16세가 왜 외국 군주 암살을 승인한 유일한 구체제 프랑스 통치자가 되었는지에 대해서는 아무런 언급이 없었다. '아리스타커스'는 이 희한한 음모를 어떻게 '다행히 알게' 되었는지도 설명하지 않았다. 1781년 초 '아리스타커스'는 신성로마

제국 황제 요제프 2세와 프랑스의 'G 공작' 간의 비밀회동이 안트베르펜에서 열릴 예정이라는 사실을 벤저민 프랭클린이 알아냈다고 보고했다. 프랭클린은 그 회동을 염탐하기 위해 '결투 때문에 잠시 브뤼셀에 거주하고 있는 한 프랑스인'을 채용했다. "프랭클린이 추진하는 방법은 황제와 그 공작이 수시로 비밀회의를 할 방에 잠입해 굴뚝 속이나 벽걸이 뒤에 숨는 것이다. 이 일에 돈을 아끼지는 않을 것이다." 결투 후 망명한 프랑스인이 어떻게 수많은 황제 경호원들을 피해서 비밀회동 시간에 굴뚝이나 벽걸이에 접근할지는 설명되지 않았다.[13] 워싱턴이라면 조지 3세와 달리 그런 헛소리를 진지하게 받아들이지 않았을 것이다.

독립전쟁 막바지 단계에서 영국 정보활동에 중대한 공백이 발생한 것은 육군 정보나 정치정보에서가 아니라 해군 정보에서였다. 좋은 해군 정보 없이는 클린턴 등의 영국군 사령관들이 워싱턴의 승리에 긴요했던 것으로 드러난 프랑스의 지원을 추적할 수 없었다. 영국 해군은 프랑스함대의 대서양 횡단을 추적할 수단이 부족했지만, 서인도제도와 로드아일랜드(Rhode Island) 해역에서 프랑스함대의 이동을 감시할 기회를 여러 번 놓쳤다. 프랑스의 그라스(Grasse) 제독과 바라(Barras) 제독은 영국군의 감시를 피해 체사피크 만(Chesapeake Bay) 지역의 프랑스군을 증원할 수 있었다. 이리하여 그들은 1781년 가을 버지니아 주 요크타운(Yorktown) 반도에 주둔한 콘월리스의 7,000여 명의 병력을 고립시켜 그의 입지를 불안하게 만들었다. 프랑스함대가 콘월리스의 해상 탈출을 막는 동안, 콘월리스의 하인들 가운데 적어도 한 명의 스파이를 둔 라파예트가 그의 육상 도주로를 차단했다. 워싱턴 휘하의 1만 1,000여 명의 미군 병력은 로드

---

13    조지 3세에게 보낸 '아리스타커스'의 보고서가 처음으로 2017년 초 공개되었을 때, 놀랍게도 논객들이 이 보고서를 진지하게 취급했다.

아일랜드에서 온 프랑스의 9,000여 명의 병력과 포병대에 의해 증강되었다.

일단 워싱턴이 요크타운 포위 공격을 시작하자 절취된 영국군 발송물에서 가장 소중한 정보가 나왔다. 그 발송물을 해독한 제임스 러벌(James Lovell)은 보스턴 교사이자 비밀통신위원회의 창설 위원으로서 오늘날 미국 암호해독의 아버지로 기억되고 있다. 1781년 9월 21일 러벌은 자신이 푼 영국의 현용 암호를 워싱턴에게 보내 절취된 영국군 발송물을 최대한 신속히 해독할 수 있도록 했다. 10월 19일 콘월리스가 항복하기 두 주 전에 워싱턴은 러벌에게 서한을 보냈다.

지난달 21일 당신이 기꺼이 나에게 보내준 통신문 덕을 톡톡히 보았습니다.
내 비서가 그 암호를 복사했으며, 그 알파벳의 도움으로 콘월리스 경이 헨리
클린턴 경에게 보내는 최근 편지를 가로채서 해독할 수 있었습니다.

노스 경이 요크타운 소식을 듣고 "오, 하느님, 모든 게 끝났습니다"라는 유명한 말을 남겼는데, 조지 3세는 이에 동의하지 않았다. 콘월리스의 항복으로 전쟁의 결말이 났지만, 거의 1년 동안 소규모 접전이 계속되었다. 영국이 미국의 독립을 인정하는 평화조약이 1783년까지 타결되지 않았다. 요크타운 공세와 이후의 산발적인 전투로 워싱턴은 암호해독에 매료되었는데, 이는 그의 전기 작가들이 종종 간과하는 부분이다.

평화협상이 진행되는 동안의 심리전에서 벤저민 프랭클린이 주도적인 역할을 맡았다. 전문 인쇄업자 격인 프랭클린은 프랑스에 부임한 직후 파리 교외 파시(Passy)에 인쇄소를 설립해 흑색선전에 활용한 '거짓말(허위정보)'을 전파하는 데 특화했다. 그가 가장 성공한 제작물은 1782년 한 보스턴 신문을 로컬 뉴스와 가짜 광고로 채워 위조한 것이었다. 그 신문은 메인 기사에서 영국의 캐나다

총독은 미국인 두피를 가져오는 인디언 동맹군에게 돈을 주는데, 다수의 두피가 여자와 어린이 것이라고 주장했다. 그 기사가 인용한 뉴잉글랜드 민병대 소속 새뮤얼 게리시 대위의 가짜 편지에 따르면, 영국군 장교 제임스 크로퍼드가 '여덟 꾸러미의 [식민지인] 두피'를 잉글랜드로 부치려고 했는데, '소금에 절이고 말려서 고리로 만들어 채색한 두피는 온통 인디언의 승리 징표'였다. '1번' 꾸러미의 내용물을 보면,

여러 소전투에서 죽은 미군 병사들의 두피 43장; 이것들은 지름 4인치의 검은 고리 모양으로 펼쳐져 있다. 두피 안쪽은 붉은 칠을 했는데, 총알에 맞아 죽었음을 나타내는 작은 검은 반점이 있다. 또 자택에서 살해된 농부들 두피 62장; 붉은 고리 모양의 두피는 갈색 칠을 하고 괭이 표시가 있다. 둘레의 검은 원은 그들이 밤에 기습을 당했음을 나타내며, 가운데의 검은 도끼는 그들이 그 무기로 살해되었음을 나타낸다.

영국의 야당인 휘그당 정치인들은 전쟁 수행을 공격하기 위해 이 이야기를 사용했다. 이 기사는 1854년 최종적으로 사기임이 판명될 때까지 미국에서 빈번히 복제되었다.[14]

요크타운 전투에 이어 작은 접전이 벌어지고 평화협상이 장기화하는 동안에도 워싱턴은 절취된 발송물과 스파이 보고서를 세세히 읽었다. 그러면서 그는 스스로 정보를 살피고 분석했으며, 하나의 단편 정보가 아무리 강렬해도 전체적인 그림이 대개 더 중요하다는 것을 인식했다. 1782년 3월 워싱턴은 러벌

---

14  CIA 정보연구소의 한 연구는 프랭클린의 허위정보 활용 기량을 보여주는 사례로 이 기사를 인용하고 있다. 그러나 최근에 나온 다수의 프랭클린 전기에는 허위정보에 관한 언급이 전혀 없다. 이 전기들은 위인 인격의 부도덕한 측면을 받아들이기 어려웠던 것으로 보인다.

이 보낸 다수의 해독된 영국 발송물을 본 후 그에게 편지를 썼다.

당신이 수고스럽게 편지 속에 동봉한 정보 전달에 감사드립니다. … 다양한 첩보를 비교한 결과, 우리는 너무 복잡하거나 감춰져서 그동안 풀 수 있는 단서를 찾지 못했던 사실들을 자주 조사할 수 있게 되었습니다. 부수적인 환경과 관계로 보아서는 중요하지 않을 정보가 이러한 관점에서 흥미로워집니다.

이 편지가 보여주듯이 워싱턴은 스스로 스파이 수장이었을 뿐만 아니라 수석 정보분석관이기도 했다. 당시 북미 지역의 영국군 사령관들보다 월등했던 워싱턴의 세련된 정보 파악력은 그의 전략적 시야에서 핵심이었다.

워싱턴이 유능한 야전사령관에 불과했다는 것이 대부분의 군사 사학자들 견해지만, 그는 매우 어려운 환경에서 적을 패배시켰을 뿐 아니라 당파적인 의회와 대륙군 장교들 사이에서 벌어진 내부의 전쟁에도 대처해야 했던 특출한 총사령관이었다. 그가 총사령관 역할에서 오는 엄청난 스트레스와 긴장을 다스리는 부분적 방법은 '전쟁 중에 사치품에 대해 거의 강박적인 지출을 하는 것'(최근 그의 재무 상태를 연구한 결과다)이었다. 그는 순전히 자신과 부인의 재산으로 마데이라(Madeira) 포도주를 정기적으로 구매했는데, 그 금액이 부하 장군 봉급의 다섯 배였다. 워싱턴이 정보보고서를 정독하면서 그 의미를 평가하고 스파이들에게 내릴 지시를 작성할 때 손에 포도주잔을 들었을 그의 모습이 쉽게 상상된다. 다른 전시(戰時) 사치품으로는 고가 의류, 고급 식탁보, 최고급 잉글랜드산 마차, 프랑스 요리사가 준비하는 호화 만찬 등이 있었다.

1789~97년 미국 대통령으로 재직하는 중에도 워싱턴은 해외정보를 직접 챙겼다. 그는 1790년 1월 8일 의회에 보낸 첫 연두교서에서 정보활동을 재정적으로 뒷받침할 '충분한 기금'을 요청했다. 이에 대해 의회는 6개월 뒤 '해외 교류

임시기금(Contingent Fund of Foreign Intercourse)'을 설립하는 법률을 제정했다. 이 기금은 '비밀활동기금'으로 더 유명한데, 나중에 상원에서 '굳이 밝히자면 스파이들을 위한 것'이라고 인정했다. 첫해 기금은 4만 달러였다. 3차 연도에는 기금이 100만 달러로 증액되어 연방 예산의 약 12%를 차지했는데, 이 비율은 20세기 말 방대한 정보지출보다 훨씬 더 높은 것이다. 이 기금이 사용된 목적은 모두 엄격하게 정보와 관련된 것은 아니었으며 외국 관리 매수부터 알지에(Algiers)에서의 미국인 인질의 몸값 지불까지 아주 다양했다. 워싱턴은 초대 대통령으로서 자신의 모든 조치가 후임자들에게 선례가 될 것이라는 점을 정확히 예견했다. 그래서 '비밀활동기금'이 생긴 것이다. 의회는 워싱턴 대통령에게 지출 총액을 증빙하라고 요구했지만, 기금의 지출 목적과 수령인은 숨기도록 허용했다. 한 세기 반 뒤 1949년의 '중앙정보부법(Central Intelligence Act)'은 중앙정보장[Director of Central Intelligence: DCI, 2004년 '정보개혁법'으로 국가정보장(DNI) 직이 신설될 때까지 CIA 부장이 겸임했다_옮긴이]에게 이와 비슷한 회계 절차를 채택하도록 수권했다.

워싱턴의 스파이 수장 역할은 그가 생존한 동안에는 거의 언급되지 않았다. 그러나 1821년 그의 역할은 미국 최초의 본격 스파이 소설인 제임스 페니모어 쿠퍼(James Fenimore Cooper)의 작품 『스파이(The Spy)』에 줄거리를 제공했다. 그 소설의 주인공 하비 버치(Harvey Birch)는 '냉정하고 침착하기 이를 데 없는' 영국 스파이였으나, 임무 수행 중에 죽은 후 워싱턴을 위해 적진에서 근무한 미국의 애국 이중간첩이었음이 마침내 밝혀진다. 버치가 죽어가면서 움켜쥔 것은 '치명적인 납이 흘러나온 주석 상자'다. 그 상자 속에는 비밀문서가 있는데, 그 문서의 내용은 소설의 마지막 페이지까지 드러나지 않는다. 하지만 주의 깊은 독자들은 약 200페이지 앞에서 짐작했을 것이다.

많은 사람의 생명과 재산이 걸린 정치적 성격의 환경 때문에 지금까지 지켜진 비밀을 이제 이 문서가 드러내고 있다. 하비 버치는 수년 동안 자신의 조국을 짝사랑한 충복이었다. 그의 임무 수행에 대해 사람은 보상하지 않지만, 하느님이 보상하시기를!

조지 워싱턴

오늘날 제임스 페니모어 쿠퍼의 가장 유명한 작품은 『모히칸족의 최후(The Last of the Mohicans)』와 『가죽 각반 이야기(The Leatherstocking Tales)』지만, 그의 명성을 만든 것은 『스파이』였다. 『스파이』는 1851년 그가 죽기 전까지 미국에서 15판이 발행되었고 외국 판도 다수 발행되었다. 냉전 시대 이전에 이 소설만큼 인기 있는 미국의 스파이 소설은 없었다.[15]

워싱턴 이후 한 세기 반 동안, 후임 대통령 가운데 정보 파악 면에서 그에게 필적한 인물은 없었다. 에이브러햄 링컨, 우드로 윌슨, 프랭클린 루스벨트 등 위대한 전시 대통령도 그를 본보기로 삼으려고 의미 있게 시도하지 않았다. 미국은 독립전쟁 기간에는 군사정보 면에서 세계를 선도했었지만, 제1차 세계대전이 발발할 무렵에는 모든 주요 참전국보다 뒤처지게 되었다.

---

15    소설 속의 버치처럼, 전시 영국의 선전원으로 행세했던 제임스 리빙턴(James Rivington)은 자신의 진짜 역할을 모르는 미국의 애국지사들에 의해 후일 추적을 당했다.

# 제16장

# 프랑스혁명과 혁명전쟁

1789년 7월 14일, 아무리 조직이 튼튼한 보안 기관(구체제에는 없었다)이라 하더라도 프랑스혁명의 후속 사태를 예견할 수는 없었을 것이다. 그날 압제에 일대 타격을 가한다는 신념에서 파리의 요새인 바스티유 감옥을 습격함으로써 혁명을 시작한 사람들은 폭정에 희생된 다수의 죄수를 찾아낼 것이라고 기대했지만, 그들이 발견한 것은 네 명의 위조범 기결수, 두 '미치광이'와 가족의 요청으로 수감된 방탕한 귀족 하나가 전부였다(더 심하게 방탕한 사드(Sade) 후작은 열흘 전에 바스티유에서 정신병원으로 이감되었다). 그러나 바스티유 함락의 상징성은 매우 강력해 이후 그 기념일은 프랑스 국경일이 되었다. 혁명 초창기의 가치는 8월 26일 프랑스 국민제헌의회에서 통과된 '인간과 시민의 권리선언'에 명시되었다. 그 선언은 서두에 '인간은 자유롭고 평등하게 태어나 그 권리를 유지한다'고 선언했다. 영국의 반응은 대부분 호의적이었다. 소(小) 윌리엄 피트(William Pitt the Younger, 6년 전에 수상이 되었으나 아직 30세였다) 정부는 혁명이 프랑스를 약화해 전쟁 가능성을 줄일 것이라고 믿었다. 외무장관 카마던(Carmarthen) 경은 파리 소식을 듣고 개인적인 기쁨을 다음과 같이 표현했다. "영국의 라이벌 프랑스가 지금 큰 배탈로 쇠약해진 치명적인 상황을 영국의 가장 유능한 두뇌도 계획하지 못했을 것이며 영국의 전체 국부로도 매입하지 못했을 것이라고 나는 장담한다."

파리 주재 영국 대사관과 소수의 협조자들[1]은 후속 '배탈'을 해석하는 데 역

---

1    1789년 영국 대사관의 협조자 가운데 유일하게 이름이 현존하는 히피슬리(Hippisley, 그의 다른

부족이었다. 제3대 도싯(Dorset) 공작 존 프레더릭 색빌(John Frederick Sackville)은 혁명 발발 당시 대사였는데, 그는 보잘것없는 외교보다 크리켓과 귀족 정부(情婦, 데번셔 공작부인 조지아나 등 명사들이 포함된다)에 대한 열정으로 훨씬 더 유명하다. 그는 혁명 발발로 인해 영국 크리켓의 첫 프랑스 투어를 취소해야 했다. 1789년 8월 그가 파리로부터 소환된 배경에 대해 후일 케임브리지대의 존경받는 사학자 오스카 브라우닝(Oscar Browning)은 다음과 같이 서술했다. "마음가짐과 예의범절 면에서 훌륭한 신사로서 베르사유 궁정 내부사회의 꽃이었던 도싯 공작이 소환된 이유는, 제복을 입은 그의 하인이 군중들에게 붙잡혔을 때 도싯 공작이 아르투아(Artois) 백작(루이 16세의 동생)에게 보내는 편지가 그 하인의 주머니 속에서 발견되었기 때문이다."

1790년 6월 32세의 나이에 파리 주재 대사로 임명된 얼 가워(Earl Gower)[2]는 도싯과 달리 '베르사유의 꽃'이 될 기회가 없었다. 1789년 10월에 혁명 폭도들이 루이 16세에게 태양왕의 궁전을 버리고 파리 중심부의 튈르리 궁으로 옮기도록 강요했다. 혁명 정치의 복잡성을 이해하는 역량 면에서는 가워가 전임자보다 나을 것이 없었다. 그는 이전에 외교 경험이 전혀 없었으며, 파리에서 2년을 힘들게 보낸 후 외교관 경력을 그만두었다.

가워의 파리 부임과 동시에, 영국 외무부는 피트의 승인으로 두 명의 스파이 윌리엄 마일스(William Miles)와 휴 엘리엇(Hugh Elliot)을 파견해 궁정과 각료들에게 알리지 않고 국민의회의 주요 의원들과 직접 협상하도록 비밀 임무를 부여했다. 정치 평론가로서 문필활동을 통해 '지칠 줄 모르고 피트에게 충성을 다

---

신상은 불명이다)가 바스티유 함락 이후 파리 주민들의 적개심에 대해 대사에게 보고했다. 스페인 대사와 달리, 도싯 공작은 프랑스 외무부 내에 협조자가 없었던 것으로 보인다.

2  도싯 이임과 가워 부임 사이의 대리대사는 대사관 서기관 출신의 로버트 피츠제럴드(Robert Fitzgerald)였다.

했었다'며 피트를 안심시켰던 마일스는 프랑스혁명을 지지하는 잉글랜드인으로 행세해 급진적인 혁명가들이 모인 자코뱅당(Jacobin Club)에 가입하는 데 성공했다. 스코틀랜드 출신의 외향적 모험가인 엘리엇은 여러 2등·3등 외교관직을 거쳤으며 온건한 혁명가들의 리더인 미라보(Mirabeau) 백작을 어린 시절부터 알았다. 미라보는 국민의회 외무위원장이었으며 영국을 모델로 한 프랑스 입헌군주제를 선호했다. 당시 헤이그 주재 대사였던 엘리엇의 처남 윌리엄 이든(William Eden)은 엘리엇에게 "당신의 성격 속에 무모한 사람의 활력이 넘친다"라는 세평이 있음을 알렸다. 마일스와 엘리엇에게 주어진 임무의 주된 목적은 스페인의 누트카 해협(Nootka Sound)—밴쿠버(Vancouver) 섬 인근 풍부한 고래잡이 해역의 중심부—점령으로 야기된 영국과의 분쟁에서 미라보 등 국민의회 지도자들이 스페인 측을 지지하지 않도록 설득하는 것이었다. 가워는 각료가 아닌 미라보 등 국민의회 의원들과 소통할 수 없을 것으로 생각했지만, 1790년 10월 22일 외무부에 다음과 같이 보고했다. 루이 16세가 개인적으로 스페인을 지지함에도, 국민의회 내 "다수파는 마드리드 궁정이 폐하[국왕 조지 3세]의 정당한 요구에 응하도록 자신들의 영향력을 진심으로 행사하겠다는 뜻을 엘리엇 씨를 통해 나에게 전달했다". 마일스와 엘리엇이 미라보 등 국민의회 지도자들과 밀담을 나눈 것이 이러한 성공에 얼마나 기여했는지는 불확실하지만, 피트는 대단한 외교적 쾌거를 이루었다고 확신했다. 이든이 피트에게 보고한 바에 따르면, "이보다 더 잘 처리되고 더 잘 타결된 업무는 없었다".

가워는 아무리 사소한 것이라도 프랑스 궁정 소식을 전달하는 데 우선순위를 두었다. 그가 1790년 8월 2일 외무장관에게 보고한 바에 따르면, "폐하[루이 16세]가 지난 며칠 동안 치통으로 꼼짝 못했으며 얼굴이 붓고 미열이 있었음을 각하께 알려드리게 되어 유감입니다". 가워는 흔히 있는 '소동들'도 보고했지만,[3] 정치 정세를 폭넓게 이해하지는 못했다. 그가 파리에 부임했을 때는 프랑스 정치사에서 이상주의가 특출해 전·현직의 정보분석관들도 혼란을 겪었을 시기였다. 프랑스 전역에서 혁명의 긍정적인 성취를 축하하는 행사가 계속되었다. 사학자 앨프리드 코반(Alfred Cobban)은 파리 지역에서 전례가 없었던 정치적 행복감의 본보기를 1790년 6월 20일 열린 한 행사에서 찾았다. 그 행사의 절정은 불로뉴의 숲(Bois de Boulogne)에서 300명이 참석한 연회였는데, "테이블을 인류의 벗인 루소, 마블리(Mably, 프랑스의 철학자·역사가인 가브리엘 보네 드 마블리_옮긴이), 벤저민 프랭클린 등의 흉상으로 장식하고 애국적인 젊은 요정들이 봉사했다". '인간과 시민의 권리선언'의 첫 두 조항으로 감사 기도를 드린 다음 위대한 혁명 연사 조르주 당통(Georges Danton)이 전 세계의 자유와 행복을 위해 건배를 제의했다. 나중에 프랑스 역사상 최악의 공포통치를 주도한 막시밀리앙 로베스피에르(Maximilien Robespierre)를 비롯해 저명한 혁명가들이 잇달아 그와 비슷하게 이상주의적 건배를 제의했다. 그리고 양치기 복장을 한 여인들이 제헌의회를 대표한 의원들의 머리에 오크나무의 나뭇잎으로 만든 월계관을 씌웠다. 1년 전 바스티유 감옥을 습격했던 사람들 넷이 그 감옥 모형을 테이블 위에 올려놓고 긴 칼로 부수자 그 속에서 결백과 신생 자유를 상징하는 흰옷 입은 아기가 드러났고, 연회가 절정에 이르렀다. 박수갈채 속에 해방된 노예의 붉은 프리지아 모자(Phrygian cap, 프랑스혁명 때 자유의 상징이던 원뿔꼴 모자_옮긴이)가 아기 머리 위에 얹혔다. 코반의 결론을 보자.

　　모든 것이 신선하고 결백하며 순진하게 보이지만, 우리가 그러한 연회를 벌

---

3　가워는 유급 협조자를 일부 썼다. 그는 1792년 그렌빌(Grenville)에게 쓴 편지에서 다음과 같이 밝히고 있다. "나는 오늘 해외 비밀활동자금과 관련해 폐하가 내린 추가 지시를 받았습니다. 나는 나의 해외 복무 기간 일어날 모든 경우에 그 지시를 엄수할 것입니다." 그러나 가워의 비밀활동자금 사용에 관해서는 현존하는 정보가 거의 없다.

이고 자유의 나무를 심은 정신을 일부라도 되찾을 수 없다면, 그리고 우리가 혁명 이후의 과도한 냉소나 지혜를 배제하고 그들을 판단할 수 없다면, 우리는 혁명 성공의 본질적인 요소를 파악하지 못하는 것이다.

서정 시인 윌리엄 워즈워스(William Wordsworth)는 블루아(Blois, 프랑스 중부의 도시_옮긴이)에서 젊은 혁명가들과 어울리면서 그러한 순진무구한 행복감을 목격했다. 그는 혁명의 '본질적 요소'를 그 누구보다 잘 파악했다.

> 그 새벽에 살아 있는 것이 축복이었지만,
>
> 젊음은 바로 천국이었노라!

이와 대조적으로 1791년 여름의 프랑스는 분열된 나라였다. 불로뉴의 숲에서 즐거운 연회가 벌어지고 1년이 지난 날, 루이 16세는 직계 가족과 함께 파리를 벗어나 벨기에 국경에 가까운 몽메디(Montmédy)로 탈출하려고 시도했다. 거기에서 그는 왕당파 장교들이 이끄는 반(反)혁명군의 수장으로 자처할 계획이었다. 성공했더라면 루이의 첫 군사작전이 되었을 그 작전을 기리기 위해 그는 화려한 붉은 제복을 손수 간직했다. 왕의 가족들이 튈르리 궁에 사실상 연금되었기 때문에, 탈출하려면 전면적인 정보공작이 필요했다. 튈르리 궁내에서는 루이, 마리-앙투아네트와 왕비의 총신(어쩌면 연인)인 스웨덴 외교관 한스 악셀 폰 페르센(Hans Axel von Fersen) 공작만 그 작전을 알았다. 탈출 계획을 강구한 브르퇴이(Breteuil) 후작은 바스티유가 함락되기 4일 전에 루이의 총리(Chief Minister)가 된 인물로, 나중에 망명해서도 루이의 총리 역할을 비밀리에 맡았다. 브르퇴이의 발송물은 도중에 절취되지 않도록 대부분 스위스 대사의 외교행낭을 통해 파리로 보내졌지만 현존하는 것이 없다. 그러나 그가 비밀유지를 강조했다는 부분적 이유에서 그의 발송물들은 읽기 쉽지 않았음이 분명하다. 페르센이 브르퇴이의 발송물을 받고 아마 마리-앙투아네트의 말을 인용해 그에게 보낸 답장을 보면 "당신이 사용한 잉크가 너무 희미해 유리창에 받쳐 보아야 해독할 수 있었으며, 왕이 읽을 수 있도록 내가 전체를 다시 필사해야 했습니다. 믿고 나 대신 필사를 시킬 사람이 없어 많은 시간이 걸렸습니다"라고 되어 있다. 루이 16세는 경호원들의 의심을 피하려고 친혁명 서적들 묶음 속에 브르퇴이에게 보내는 답장을 숨겨 고관들을 통해 튈르리 궁 밖으로 반출했다.

세부 계획은 루이에게 충성하는 몽메디 주둔군 사령관 부이에(Bouillé) 후작과 튈르리 궁의 왕과 왕비를 대리하는 페르센 사이의 비밀 서신을 통해 작성되었다. 국왕 부부는 삼엄한 왕궁 경비를 용감하게 뚫고 탈출하는, 계획의 가장 어려운 부분을 수행했다. 1791년 6월 20일 만찬 도중 마리-앙투아네트가 식탁을 떠나 아이들 가정교사 투르젤(Tourzel) 후작 부인이 기다리는 아이들 침실로 갔다. 그리고 그녀는 국가경호대 요원들이 훤히 보는 가운데 튈르리 궁의 마당을 가로질러 페르센이 모는 전세 마차까지 후작 부인, 딸 마리-테레즈(Marie-Thérèse), 그리고 소녀로 가장한 황태자 루이-샤를(Louis Charles)을 배웅 나갔다. 왕비는 만찬 석상으로 돌아왔으며, 손님들이 떠난 후에는 국왕 부부가 평소대로 각자의 별도 숙소로 물러났다. 그들은 각자 왕족으로 보이지 않는 복장으로 갈아입고 대기 중인 전세 마차로 따로따로 갔다. 파리의 북쪽 성문인 생마르탱 문(Barrière Saint-Martin)에서 그들은 먹고 마실 것과 요강이 충분히 실린 대형 사륜마차로 갈아탔다. 투르젤 후작 부인은 러시아 귀부인 코르프(Korff) 남작 부인으로 행세했고 루이는 그녀의 집사 뒤랑(Durand) 씨로 행세했다. 당연하게도 탈출 계획에 관한 보안이 철저하게 유지되어, 영국의 피트 정부는 아무런 예고 정보를 받지 못했다. 가워는 완전히 기습당했다. 가워는 6

월 23일 외무장관에게 "국왕 가족이 어떤 방식을 강구해서 튈르리 궁을 떠났는지 아직 불명입니다"라고 보고하면서 "경이로운 일입니다…"라고 썼다.

이번에 국왕이 몽메디로 탈출을 시도한 것은 그의 생애에서 두 번째로 파리와 베르사유 울타리를 벗어나 여행하는 것이었다. 6월 21일 아침 대형 사륜마차가 파리를 벗어나자, 루이는 자신의 가족이 붙잡히지 않을 것이라고 성급하게 확신하고 자신의 가장 신분을 유지하는 것이 이제 중요하지 않다고 생각했다. 후일 마리-테레즈의 회상에 따르면, 샬롱(Châlons)에서 "많은 사람이 국왕을 보았다고 하느님을 찬미했고 국왕의 안전한 여행을 위해 기도를 바쳤다". 루이는 자신이 샬롱에 출현했다는 보고가 탈출로 앞에 있는 적대 세력에게 들어갈 것이라고는 미처 생각하지 못했다. 일찍이 페르센이 부이에 후작에게 보냈던 5월 26일 자 편지에 따르면, "모든 것이 속도와 비밀유지에 달려 있습니다. 당신이 파견대를 믿지 못하면 아예 안 보내는 것이 상책입니다. 파견대를 보낸다면, 시골에서 주목을 받지 않도록 [파리에서 208km 떨어진] 바렌(Varennes) 이후에 배치하십시오"라고 되어 있었다. 그러나 그 탈출 계획은 속도와 비밀유지에 의존하는 대신, 그 경로를 따라 주둔한 파견대를 개입시켰다. 부이에가 바렌으로 보낸 파견대는 너무 늦게 도착하는 바람에 루이가 그곳에서 붙잡혀 파리로 돌아가는 것을 막지 못했다. 이와 대조적으로 루이의 동생 프로방스(Provence) 공작(장차 루이 18세가 된다)은 영국 상인으로 가장한 빠른 마차로 여행해 6월 23일 안전하게 벨기에에 도착했다. 국왕도 속도와 비밀유지에 의존했더라면 탈출했을 것이고, 후일 나폴레옹이 전복된 후 동생이 아닌 본인이 왕위를 되찾았을 것이다.

6월 25일 루이 16세가 파리로 귀환한 이후, 공화주의가 처음으로 중요한 정치 세력으로 등장했다. 그러나 혁명을 급진화시킨 주된 이슈는 '성직자의 시민헌법'에 따라 교회를 국영화하고 사제를 공무원으로 전환하려는 시도였다.

1790년 국민의회(제헌의회의 후신)가 통과시킨 포고령으로 인해 성직자는 '시민헌법'에 대한 충성을 서약하지 않으면 성직을 잃게 되었는데, 이는 10년 내전을 초래했다. 브르타뉴, 방데(Vendée), 플랑드르, 리옹, 알자스 등 서부지역에서는 사제들 대부분이 서약을 거부하고 교구민들의 지지를 받았다. 방데 인구의 1/3이 장기화한 종교분쟁으로 죽었는데, 다수가 이 분쟁을 가톨릭교회를 지키려는 성전으로 간주했다. 영국의 피트 정부는 이 반군들과 전혀 접촉이 없다가 1793년 봄 저지(Jersey, 영국해협에 있는 섬_옮긴이)에서 비밀 요원을 파견했다.

혁명가들 다수가 피트의 이른바 반(反)프랑스 음모를 깊이 의심했음에도 불구하고, 혁명 초기 3년 동안 피트의 주된 목적은 전쟁을 피하는 것이었다. 1792년 피트는 하원에서 다음과 같은 발언을 했다. "우리가 유럽 상황에서 15년의 평화를 합리적으로 기대한 시기가 이 나래[프랑스] 역사상 한 번도 없었는데, 현재 순간이 바로 그럴 시기임은 의심할 여지가 없다." 불과 두 달 뒤, 프랑스가 오스트리아·프로이센과 전쟁에 돌입했을 때도 여전히 영국의 정책은 새 외무장관으로 임명된 그렌빌(Grenville) 경의 말대로 '프랑스와 관련해 가장 세심한 중립성'을 유지하는 것이었다.

1792년 2월 입법의회(국민의회의 후신_옮긴이)가 오스트리아에 대한 선전포고를 결정한 것은 혁명을 급진화하는 데 종교분쟁보다 훨씬 더 이바지했다. 대외전쟁과 내전이 겹침으로써 프랑스는 세계 최초의 경찰국가가 되어, 모든 반대파에 대한 감시와 억압에 전념했다. 경찰국가 창설을 향한 압력은 혁명 지도자들보다 파리 대중의 히스테리에서 비롯된 바가 더 컸는데, 그 히스테리를 자극한 것은 국외 적들과 국내의 반혁명 반역자들이 비밀동맹을 맺었다는 음모론이었다. 루이 16세와 오스트리아 태생의 마리-앙투아네트가 오스트리아와 프로이센 동맹의 침략군과 합류하려는 귀족들 음모에 가담했다고 믿은 사람들이 많았다. 8월 10일 새로 수립된 파리 '혁명 코뮌(Commune)'이 반란을 일으키자 국왕 가족은 튈르리 궁에서 쫓겨났다. 사흘 뒤 붙잡힌 루이는 중세의 요새였던 사원(Temple)에 감금되었다. 영국이 이에 항의해 외교 관계를 단절했다.

영국 대사관이 폐쇄된 것은 그곳에서는 더 이상 정보공작이 운용될 수 없음을 의미했다. 외무부는 대사 대신에 육군 장교 조지 먼로(George Monro) 대위를 파견했는데, 과거 정보업무 경험이 있는 그의 임무는 파리에서 비밀보고서를 보내는 것이었다. 그의 보고서를 런던으로 전달하도록 프랑스어를 구사하는 전령이 동행했다.[4] 먼로는 위험한 시기에 파리에 도착했다. 국왕 체포 후 수립된 새 정부를 지배한 인물은 활달한 군중 선동가 조르주 당통이었다. 당통은 가택을 수색해 무기를 찾아내고 반역 용의자를 감금하기 위해 대체로 늦은 밤이나 이른 새벽에 무장 순찰대를 내보냈다. 8월 하순 3,000명이 체포되어 감옥이 곧 포화상태에 이르렀다. 파리의 반혁명 반역자 단속은 1937~38년 소련의 대공포통치(Great Terror) 기간에 스탈린의 보안·정보기관인 NKVD(내무인민위원회)가 역시 야간에 '인민의 적들'을 더 엄청난 규모로 체포한 것을 예시(豫示)했다. 두 사례에서 희생자들 대부분은 혐의가 결백했으나, 그 혐의는 신빙성 있는 증거에 의해서라기보다 피해망상증에 의해 씌워졌다. 그러나 대공포통치가 국가 테러였던 데 반해, 파리 공포통치의 주된 동력은 거리에서 나왔다.

혁명기 파리의 대중 히스테리는 1792년 9월 초 베르됭(Verdunm, 프랑스 북동부의 도시_옮긴이)이 프로이센에 함락됨으로써 침략군이 수도로 진격할 길이 열린 것처럼 보인 직후 그 절정에 이르렀다. '9월 대학살'에서 피해망상적인 폭

---

4    먼로를 외무장관에게 천거한 외무차관 조지 버지스(George Burges)는 먼로를 '대단한 재능'을 가진 성실한 사람이라고 추천했다.

도들이 갑자기 감옥을 습격해 죄수들을 학살했는데, 폭도들은 신빙성 있는 증거도 없이 그 죄수들이 파리를 침략군 수중에 넘기려고 준비하는 거대한 제오열의 일부라고 주장했다. 폭도들에게 희생된 약 1,400명 가운데 2/3 이상이 실제로는 평범한 범죄자였다. 먼로가 일부 학살을 목격하고 쓴 보고서는 지금까지 정보관이 런던에 보낸 보고서 중에서 가장 섬뜩한 내용이었다. 그는 처음에 야만 행위 보도를 믿을 수 없었기 때문에 "내가 믿을 수 없는 것을 확신하기 위해" 수도원(Abbaye) 감옥을 방문해 "자신들의 정의를 시행하는 일부 폭도"를 발견했다.

그들은 유죄라고 본 사람들을 풀어주는 듯이 보였지만 곧장 창끝으로 위협해 그들을 문 안으로 몰아넣었으며, 칼을 들고 기다리던 자들이 "조국 만세!"를 외치는 아비규환 속에 그들을 살육했다. 이후 그들 시체의 팔다리를 잡고 감옥에서 180m 떨어진 수도원으로 끌고 갔다. 수레로 실어 갈 때까지 거기에 시체 더미를 쌓아놓았다.

먼로는 그 지역 전체가 "피로 뒤덮였다"라고 보고했다.

귀족 희생자들 가운데, 왕비의 가정부(야담에 따르면, 여왕의 레즈비언 애인)인 랑발(Lamballe) 공주는 옷이 벗겨졌고 모의재판 후에 죽임을 당했다. 먼로가 목격자는 아니었지만 그의 보고에 따르면, "이 괴물들은 랑발을 가장 끔찍한 방식으로 살해한 후 몸통에서 잘라낸 머리를 갖고 다녔으며, 다른 괴물들은 몸통을 여러 거리로 끌고 다녔다. 그들은 그 시체를 왕비에게 끌고 가려고 했으나 경호대가 허락하지 않았다고 한다". 다른 출처들도 먼로의 기술을 확인해 주고 있다. 그들은 랑발 공주의 머리를 창끝에 꽂아 파리 시내를 거쳐 사원에 있는 왕의 숙소까지 행진했다. 그곳에서 군중 하나가 내부로 뛰어들어 왕비에게 "사람들이 어떻게 폭군에게 복수하는지를 당신이 알도록" 창문에서 직접 그 공주의 머리를 보라고 요구했다. 마리-앙투아네트는 그 자리에서 기절했다. 이제 그녀와 루이는 자신들을 기다리는 운명을 예감했을 것이다. 먼로는 9월 대학살에 관해 그렌빌에게 보낸 첫 보고서를 다음과 같이 마무리했다.

그토록 심한 야만 행위를 이처럼 상세히 기술한 것을 용서하시기 바랍니다. 내가 그런 행위를 종이에 적기가 불쾌하듯이 당신이 읽기에도 역겨울 것이라고 확신합니다. 그러나 이것은 유럽 국민들 중에서 가장 문명화된 국민이라고 자처하는 사람들의 영원한 치욕으로 자세히 다루어져야 합니다.

먼로가 파리에서 수행할 주요 정보 임무의 하나는 공화주의자로 행세하면서 영국인 공화주의자들의 활동을 감시하는 것이었다. 해외로 망명한 그들은 승리의 광장 부근의 화이트 호텔에서 정기적으로 모였다. 그들에 관한 먼로의 보고서 논조는 경고하기보다 조롱하는 것이었다. 1792년 12월 그가 그렌빌에게 보고한 바에 따르면, "음모자들 무리가 이제 스스로 협회를 결성했다. … 그러나 그들이 지금까지 모집한 회원은 몇 명에 불과하다. …" 망명 영국인 공화주의자들의 위대한 영웅은 국제적인 베스트셀러 『인간의 권리(Rights of Man)』의 저자 토머스 페인(Thomas Paine)이었다. 그는 프랑스어를 몰랐음에도 불구하고, 프랑스에서 환대를 받아 명예시민이 되고 파드칼레(Pas-de-Calais) 주를 대표하는 국민공회(Convention, 입법의회 후신_옮긴이)의 의원으로 선출되었다. 그러나 페인은 9월 대학살에 충격을 받은 것으로 보였으며, 국민공회에서 루이 16세에 대한 관용을 호소하고 그를 미국으로 추방할 것을 제안했으나 성공하지 못했다. 먼로가 파리로 망명한 공화주의자들에 관해 보고서를 작성하고 있을 때, 페인은 영국의 궐석재판에서 국왕에 대한 선동적 명예훼손으로 유죄판결을 받았다. 먼로는 페인이 파리를 떠나 '시골에서 몸이 안 좋거나 칭병하고' 있다고 그렌빌에게 보고했다(사실 페인은 정말 몸이 안 좋았을 것이다). 페인의 부재 기간 동안 망명 공화주의자 협회의 회장은 해로(Harrow)학교 출신의 시인 로버트 메리(Robert Merry)였다. 먼로의 기술에 따르면, 메리는 "바스티유 함락에 대한 찬가를 포함해 약간의 시 나부랭이를 쓰는 작가"였다. 그러나 먼로는 메리가 "자신의 회원들을 부끄러워하는 것 같으며" 그들과 어울리지 않는다고 부언했다. 메리는 다음 해 영국으로 돌아갔다. 먼로는 그 협회의 '주요 인사' 일곱 명을 더 꼽았다. 그들 중 세 명—시어(Sheare)라는 아일랜드인 형제와 더비(Derby) 출신의 요크 씨—이 폭력에 가담했으나 '큰 해를 끼칠 역량'은 없었다. 12월 31일 자 먼로의 보고서를 보면,

> 그동안 여기서 조국을 해치는 짓을 시도한 우리나라 사람들이 지금은 정말 세인들의 눈에 띄지 않는다. 그들은 결과를 놓고 내분을 일으키고 서로 질투하며 의견이 분분하고 결속도 느슨한바, 몇 명을 제외하고 모두 정치와 연설에 진절머리를 내고 있다. 토머스 페인의 운명과 [루이 16세 재판에 반대하는] 영국인들의 의견일치로 인해 그들 중 담대하다는 자들도 큰 충격을 받았으며, 그들은 이제 소멸을 향해 쪼그라들고 있다.

1792년 말 프랑스를 지배한 정치 이슈는 루이 16세의 운명이었다. 신설 국민공회(입법의회를 대체했다)가 9월 20일 소집되어, 다음날 군주제 폐지와 공화국 수립을 만장일치로 결정했다. 이제부터 공식 명칭이 '시민 루이 카페(Citoyen Louis Capet)'가 된 전(前) 국왕은 11월 훨씬 더 큰 위험에 처했는데, 튈르리 궁의 옛 침실에서 그의 비밀문서가 들어 있는 밀봉 철갑상자(armoire de fer)가 발견되었던 것이다. 유죄를 입증할 만한 문서는 대부분 왕의 명령으로 소각되었지만,

오스트리아 궁정과 주고받은 서신을 포함해 남은 문서로도 그가 기소되기에 충분해 12월 3일 재판에 회부되었다. 먼로는 그 장기 재판이 사형선고로 끝나지 않을 것이라고 확신했다. 1793년 1월 7일 먼로가 그렌빌에게 보고한 바에 따르면, "현재 파리 시민들은 조용하며, 로베스피에르(Robespierre) 일당이 국왕 가족의 생명을 노리는 산적 떼를 조직할 경우 그들을 보호할 수 있을 만큼 강력한 세력이 있다고 자신하는 바입니다. …" 그러나 루이는 기소의 법적 근거가 미심쩍음에도 불구하고 1793년 1월 15일 자유와 국가 안전을 해치는 모의행위에 대해 유죄판결을 받았다. 국민공회가 단 한 표 차이로 무조건의 사형선고에 찬성했지만, 루이는 이틀 뒤 단두대 형을 선고받았다. 감성적인 먼로가 1월 21일 그렌빌에게 다음과 같이 보고했다.

내가 아니라도 누군가가 전해야 하는, 가장 불쾌한 정보를 운명적으로 내가 전하게 되어 유감입니다. 국민공회는 목요일 [1월 17일] 밤 거의 34시간의 회의 끝에 독실한 기독교도 폐하에게 사형을 내리기로 결의했습니다.

루이는 1월 21일 단두대로 향했다. 그가 단두대에 오를 때, 그의 아일랜드인 고해 사제가 "성 루이의 아들이시여, 승천하소서!"라고 말했다.

루이가 처형될 무렵, 영국 정보활동의 파리 거점장으로서의 먼로의 역할이 치명상을 입었다. 그가 정보활동 초기에 프랑스혁명에 동조하는 영국 단체에 침투한 것 때문에 파리에서 그의 가장 신분이 탄로 날 위험이 항상 있었다. 1월 10일 먼로가 그렌빌에게 보고한 바에 따르면, 최근 파리에 온 톰슨(Thomson)이라는 공화주의자 영국인 서적상이 "나의 얼굴을 알아보고선 내가 런던에서 스파이였고 여기서도 똑같은 목적으로 있다며 떠벌였다". 먼로는 톰슨의 주장을 부인했지만, 그렌빌에게 "모든 다방에서 그 주장이 먹히고 있다"라고 알렸다. 먼로가 1월 말 파리를 떠나지 않았더라도 2월 1일 영국에 대한 프랑스의 선전포고로 인해 귀국이 불가피했을 것이다. 프랑스와 영국은 1802년 아미앵(Amiens) 평화조약 후의 14개월을 빼고는 이제 20년 이상 지속될 전쟁에 돌입하게 되었다.

전쟁 발발 이후, 먼로의 가장 중요한 프랑스 접촉선은 마이클 소머스(Michael Somers) 신부였을 것이다. 찰스 소머스라고도 불린 그 아일랜드계 성직자는 그렌빌의 주요 파리 주재 정보원이 되었다. 소머스는 이념적 스파이의 전형적인 본보기였는데, 그 자신이 말한 동기는 "내 조국의 성인 같은 국왕과 헌법을 향한 가장 열렬하고 사심 없는 사랑"이었으며 그는 "조국이 능욕당하는 것을 보고 분개했다". 이미 그는 친구인 에드먼드 버크(Edmund Burke)로부터 '프랑스의 골칫거리'에 관해 계속 제보해 달라는 요청을 받았었다. 먼로가 떠나기 직전, 소머스가 그렌빌에게 편지를 썼다.

먼로가 떠나면 내가 모든 것을 당신에게 보고해야 하고 먼로보다 더 잘해야 할 것입니다. 내가 이 나라에서 보낸 시간, 혁명 이후 내가 살아온 모호한 환경, 나의 언행을 인도하는 용의주도한 신중성 등 모든 면에서 내가 앞으로 당분간 여기 머무를 수 있을 것으로 보입니다.

먼로에 따르면, 소머스는 1793년 1월 1일 설치된 국방위원회(Comité de défense générale)—유명한 공안위원회(Comité de salut public)의 전신—내에 접촉선이 있었다. 소머스가 국방위원회로부터 어떤 첩보를 입수했는지는 불분명하지만, 그의 친구이자 해군 소위원회 위원들을 아는 루이 앙투안 드 부갱빌(Louis Antoine de Bougainville) 제독이 그 첩보 일부를 제공했다. 소머스가 그렌빌에게 보낸 정기 보고서는 8월 그가 체포된 이후 중단되었다. 경찰 수색으로 소머스의 아파트에서 11통의 영어 편지가 발견되었지만, 이는 그가 이미 그렌빌과 주고받은 모든 서신을 파기한 뒤였으며 소머스는 자신이 사제직을 그만두었다고 주장했다.

루이 16세가 처형된 이후, 공화제 경찰국가의 권력이 계속 확대되었다. 3월 11일 반혁명 용의자들을 심판하기 위해 파리에 혁명재판소가 설치되었다. 열흘 뒤에는 전국의 각 코뮌에 자체적으로 감시위원회(comité de surveillance)를 설치하라는 지시가 하달되었다. 모든 시민에게 반혁명분자들을 고발할 의무가 있다고 고지되었다. 거의 한 세기 반 뒤 스탈린의 공포통치 기간처럼, 많은 사람이 남들을 먼저 고발하지 않으면 남들이 자신을 고발할 것이라고 두려워했다. 4월 샤를-프랑수아 뒤무리에(Charles-François Dumouriez) 장군이 망명한 것은 반혁명 음모 세력이 이어졌다는 분명한 증거였다. 그는 파리로 진군해 혁명정부를 전복하려고 했으나 휘하 부대를 설득하는 데 실패했다. 이에 대응해, 국민공회는 9인(나중에 12인) 공안위원회를 창설했다. 공안위원회는 이론상 국민공회의 하나의 감독위원회에 불과했으나 실제로는 혁명기 프랑스 역사에서 처음으로 효과적인 집행부가 되었다. 공안위원회가 가진 감시·수사·탄압 권한은 그 권위의 핵심이자 그 기관이 주관한 공포통치의 핵심이었다. 국민공회는 공안위원회에 비밀 요원의 보수로 10만 리브르를 주었고 비밀 지출용으로 10만 리브르를 더 주었다. 그 비밀 요원 네트워크는 반역자를 추적하는 일뿐만 아니라 여론을 모니터하고 혁명 선전을 전파하는 데도 활용되었다.

1793년 7월 징병제에 힘입어 공안위원회는 유럽에서 가장 큰 군대를 보유하게 되었으며, 그 군대는 가을부터 외적에 대해 일련의 승리를 거두기 시작했다. 혁명전쟁으로 유럽의 전쟁 성격은 비교적 수수한 직업군대 간의 분쟁에서 대규모 시민군대 간의 전쟁으로 변했다. 프랑스는 세계 역사상 최대 규모의 군대와 고대 이후 가장 탁월한 전투 지휘능력을 결합한 데 힘입어 혁명전쟁에서 승리를 거두었다. 프랑스의 전례 없는 군사력은 다시 군사독재를 초래하는 데 일조했다. 프랑스혁명에 대해 가장 선견지명이 있었던 영국의 반대론자이자 정치이론가인 에드먼드 버크가 일찍이 1790년에 군사독재를 예측한 것은 유명한 이야기다.

20세기 경찰국가처럼, 공안위원회는 조금이라도 자신을 반대하는 의견을 용납하지 않았다. 몇 사람이 감히 공안위원회를 비하하는 농담을 하면 잠재적 반역의 증거로 간주했다. '인간과 시민의 권리선언'이 표현의 자유를 보장한 후 불과 4년 만에 공안위원회가 그 자유를 폐지했다. 1793년 9월 17일 제정된 용의자에 관한 법률(실제로는 포고령)에 따라, 공안위원회는 애국심·혁명·공화국을 말이나 글로 비방하는 행위뿐 아니라 당국에 대해 모독하고 중상하는 표현도 형법 위반으로 만들었다. 이후 10개월 동안 프랑스 전역에서 수천 명이 정치적으로 부정확한 논평을 했다는 이유로 체포되었다. 파리의 혁명재판소에 기소된 사건의 1/3 이상이 말이나 글로 표현한 것이 죄가 된 경우였다.

9월 국민공회가 승인하고 공안위원회가 추진한 공포통치는 이른바 민주국가라는 데서 최초로 정부의 공식 정책이 되었다. 10월 국민공회는 '비상 정부에 관한 포고령'을 공포해 평시의 인권과 법적인 인신보호를 정지시키고 강압과 폭력을 허가했다. 공포통치의 젊은 수석 이론가인 루이-앙투안 드 생쥐스트(Louis-Antoine de Saint-Just)는 전쟁이 지속하는 한, '혁명적인' 정부, 즉 사실상 헌법 없는 경찰국가가 유지될 것임을 선언했다. 경찰국가의 확대는 경찰 인원의 급증으로 나타났지만 이에 관한 연구는 거의 없다. 1793년 여름과 1794년 여름 사이에 공안위원회 직원은 26명에서 523명으로 20배 늘었다.

공안위원회는 프랑스 국민을 사찰하는 것 외에 외국 스파이들을 위협하는 데에도 사로잡혔다. 공포통치 기간에 다수의 혁명가가 은밀한 반혁명분자로

부당하게 고발되었는데, 그 고발의 공통 요소는 그들이 적의 스파이라는 것이었다. 로베스피에르는 혁명정부가 외국 스파이들로 가득하다고 선언했는데, 아마 실제로 그렇다고 믿었을 것이다. "우리가 런던이나 빈에서 온 스파이들에게 공화국 안전을 지키는 데 일조한다고 봉급을 주는 아량을 베푼다면 왠지 이상할 것이다. 그러나 나는 우리가 종종 그랬다고 확신한다. …" 이러한 음모의 배후 주모자로 가장 빈번히 지목된 이가 윌리엄 피트였다.

정말로 피트 정부는 공포통치 기간 동안 파리에 유급 스파이망을 구축하려고 노력하고 있었는데, 그 방법은 파리에 접촉선이 있다고 주장하는 왕정주의자 망명객들(émigrés)을 활용하는 것이었다. 그러나 이념적 동기를 지닌 소머스 신부와 달리 금전적 동기가 더 큰 것으로 보이는 그 망명객들이 1793년에 생산한 정보는 진짜보다 가짜가 더 많았을 것이다. 영국의 정보활동을 위해 일한 프랑스 망 가운데 앙투안-클로드 레(Antoine-Claude Ray)가 운용한 망이 잠재적으로 가장 중요했다. 극단적 왕정주의자 망명객인 레의 본거지 코블렌츠(Coblenz, 라인 강과 모젤 강이 합류하는 지점에 있는 독일 도시_옮긴이)는 프랑스의 많은 반혁명 망명자들에게 피난처가 되어 있었다. 1793년 3월 레의 스파이로서 300파운드의 월급을 받는 퐁투(Ponthou)라는 사람은 단 3일 만에 파리에 주무 요원 네 명(1인당 매일 2기니 지급)과 보조요원 여덟 명으로 구성된 스파이망을 구축했다고 주장했다. 같은 해 6월에는 그가 "공안위원회 내부의 어떤 이가 자신에게 최상의 협조를 제공하고 있다"라고 주장했다. 런던 이방인청(Alien Office, 더 자세한 내용은 각주5 참조)의 초대 청장이자 나중에 영국의 주요 정치가로 성장한 윌리엄 허스키슨(William Huskisson)이 옳게 의문을 제기했다. 7월 허스키슨은 레에게 보낸 편지에 퐁투 망이 제공한 정보는 부정확하고 웃기는 경우가 많으며 일부는 잘 알려진 소문에 근거했다고 적었다. 분개한 레는 똑같은 정보를 프로이센 국왕 프리드리히 빌헬름(Frederick-William) 2세와 루이 드 부르봉-콩데 5세(Louis

V de Bourbon-Condé) 왕자에게 보냈으며 그들이 진심으로 고마워했다고 답했다.[5] 1793년 초부터 영국이 자금을 대는 또 다른 스파이망이 있었는데, 마르탱 블랑샤르디(Martin Blanchardie)라는 가명을 쓰는 한 왕정주의자 망명객(그의 진짜 신원은 아직 불명이다)이 운용한 그 스파이망은 프랑스 식민지의 해군 방위에 관한 신빙성 있는 약간의 정보를 파리의 공식 출처에서 입수해 제공한 것으로 보인다. 그러나 그의 금전적 요구가 과도했으며 국민공회의 영향력 있는 의원들에게 접근할 수 있다는 그의 주장은 과장되었음이 거의 확실하다. 영국이 블랑샤르디를 접촉하는 것은 그가 정보 출처인 국민공회의 여러 위원회 위원들에게 지급할 3만 파운드를 요구하고 자신을 영국 국왕 폐하의 프랑스 주재 비밀업무 수장으로 공식 임명해 달라고 요구한 후에 단절되었다.

공포통치 기간에 단행된 반혁명 반역자와 외국 스파이들에 대한 강박적인 추적으로 파리는 영국이 정보활동을 벌이기에 너무 어려운 환경으로 변했다. 공화국 2차 연도(1793년 9월부터 1794년 9월까지)에 수감자 수가 기록적인 수준에 이름에 따라 죄수들의 이른바 음모에 관해 보고하도록 활용되는 감방 내의 끄나풀(stool pigeon)―프랑스어로는 감옥의 양들(moutons des prisons)―의 수도 기록적인 수준에 이르렀다. 리처드 코브(Richard Cobb)에 따르면, "2차 연도에 조작된 재판 중에서 감옥의 음모 없이 조작된 것이 없었다". 사악한 검사 앙투안 푸키

---

5   위그 마르키(Hugues Marquis)는 퐁투와 그 외의 레의 스파이망이 제공한 정보에 대해 좀 더 긍정적인 견해를 취하고 있다. 그러나 허스키슨은 프랑스 문제에 정통했으며, 따라서 그의 판단이 정확했을 것이다. 허스키슨은 당시 프랑스에서 공부하고 있었기 때문에 바스티유 함락의 현장에 있었으며, 1790년 8월 새로 설립된 '1789협회'에 가입했다. 그 협회의 주요 인물인 자유주의자 귀족 콩도르세(Condorcet) 후작은 영국을 모델로 한 프랑스의 입헌군주제를 선호했다. 1790년 불과 20세의 허스키슨은 영국 대사 얼 가워의 개인 비서가 되었으며, 1793년 9월 외교 관계가 단절된 이후 가워와 함께 런던으로 귀환했다. 그는 1793년 1월 이방인청 청장으로 임명되어 프랑스인 망명자 유입을 처리하는 업무를 감독하고 피트의 주무 정보기관 설립을 도왔다. 1794년 7월 허스키슨은 전쟁부(War Office)의 과장이 되었다.

에-탱빌(Antoine Fouquier-Tinville)과 혁명재판소의 현존하는 문서 가운데 약 1/3은 끄나풀 제보자들이 작성한 매우 복잡한 음모 보고서들이다. 대부분의 보고서는 조작되었다. 죄수였던 이 양들(moutons)은 자유를 얻을 만큼 당국의 환심을 충분히 사려면 감옥 음모를 지어내거나 과장해야 했다. 그들은 음모를 발견하지 못할 경우, 자신이 의심을 받게 될 위험을 감수해야 했다.

이 양들에게 피해를 본 가장 유명한 인사는 조르주 당통이었다. 그는 1794년 4월 3일 자신의 재판 첫날에 격렬한 방어를 펼쳤다. 그러나 그가 수감된 룩셈부르크 감옥에서 밤사이에 외교관 출신의 동료 죄수 알렉상드르 드 라플로트(Alexandre de Laflotte)—제보자로 판명되었다—가 당통과 그의 지지자들이 탈옥을 계획하고 있으며 왕정복고 음모에 가담했었다고 보고하는 편지를 보냈다. 생쥐스트는 그 편지를 이용해 국민공회를 설득시켜 당통이 변론을 마치기 전에 재판을 끝내도록 했다. 배심원단이 고분고분 유죄평결을 내렸다. 당통은 4월 5일 특유의 허세를 부리며 단두대로 향했다. 그는 호송차에 실려 로베스피에르의 숙소를 지나갈 때 손가락으로 그 숙소를 가리키며 포효했다. "다음은 당신이야!" 단두대에서 그는 집행인에게 다음과 같이 말했다. "내 머리를 사람들에게 보이는 것을 잊지 마시오. 볼 가치가 충분합니다." 그러나 라플로트는 검사 푸키에-탱빌의 가장 적극적인 양이 아니었다. 감옥의 양들 가운데 가장 생산적인 샤를 주베르(Charles Joubert)는 이리저리 감옥을 옮겨 다녔다. 그는 생트-펠라지(Sainte-Pélagie), 룩셈부르크, 생-라자르(Saint-Lazare), 수도원 등의 감옥에서 잇달아 가상 음모를 밝혀냈다. 푸키에-탱빌은 때때로 양들 보고서의 세부사항에 관해서는 의심했겠지만, 로베스피에르와 마찬가지로 공포통치 기간에 체포된 모든 사람이 반혁명 음모의 죄가 있으며 따라서 다른 음모자들과 공모했음이 틀림없다고 확신했다. 공포통치 기간 중 정보라고 하는 것을 수집하고 평가하는 과정에서 피해망상증은 필수적인 구성 요소였다.

프랑스 혁명기의 경찰국가는 피해망상적일 뿐 아니라 혼란스러웠다. 공포통치 행정부는 이른바 반혁명 음모와 관련된 엄청난 분량의 허위정보를 처리하는 데 점점 더 어려움을 겪었다. 1794년 여름 적어도 6개의 경찰조직이 별도로 있었는데, 이들은 공안위원회, 일반치안위원회, 내무장관, 전쟁장관, 구청, 파리 코뮌, 푸키에-탱빌, 경찰청(산하의 15개 형사과를 통제하는 기관), 생필품위원회(Commission des Subsistances) 등 다양한 기관에 보고했다.

행정적 혼란의 증가에도 불구하고 아니면 그 때문인지 공포통치 동안 사형집행이 1794년 봄과 여름에 걸쳐 꾸준히 증가했는데, 프랑스 혁명력(革命曆)으로 제7월(Germinal, 3월 20일~4월 19일)의 115건에서 제10월(Messidor, 6월 19일~7월 18일)의 796건으로 늘었다. 제11월(Thermidor)의 첫 9일(7월 19일~7월 28일) 동안에는 342건의 사형집행이 있었다. 공포통치의 희생자들은 거의 모두 반혁명 음모에 연루되어 기소되었다. 음모론이 혁명 기간의 공통된 화제였지만, 그 최고의 주창자는 로베스피에르였다. 그는 모든 개별 음모 뒤에는 거대한 중대 음모가 숨어 있다고 보았다. 혁명력 제11월 8일(7월 26일) 로베스피에르가 국민공회에서 마지막으로 행한 특별연설은 치유 불가의 음모론에 사로잡힌 사람의 연설이었다. 그는 반혁명적인 '괴물들'이 공화국 붕괴를 위협하는 거대한 음모를 꾸미고 있다고 경고했다. 그들은 외국의 비밀 지원을 받아 이미 공화국의 재무행정을 장악했다. 로베스피에르는 국고 수장을 '반혁명적인 위선자'라고 탄핵했다. 그는 또한 프랑스의 외교 관계도 반혁명분자들에 의해 장악되었다고 주장했다. "해외에서 근무하는 거의 모든 프랑스 관리들이 대담하게도 공개적으로 공화국을 배신했는데도 이들의 행위는 바로 지금까지 처벌받지 않고 지나갔다." 로베스피에르는 그들의 반역 배후에 반혁명을 꾸미는 영국의 '지긋지긋한 천재성'이 있음을 다시 한번 감지했다. 특히 위기 시기의 독재체제에서는 흔히 음모론이 정보 평가의 품질을 떨어뜨리기 마련이다. 로

베스피에르의 경우, 그 음모론이 국가안보에 관한 믿을 수 있는 정보를 거의 전적으로 대체했다. '권력자에게 진실 말하기'는 불가능했다. 감히 로베스피에르에게 유의미한 감옥 음모가 전혀 없다고 말한 사람이 있었다면, 그는 목숨을 걸었을 것이다. 공안위원회는 국내 반대 세력에 관한 정보를 이전의 정권에 비해 더 많이 보유했음에도, 영국의 피트 정부보다 훨씬 더 왜곡된 견해를 가졌다.

로베스피에르는 음모에 사로잡힌 나머지, 자신의 제11월 8일 연설로 인해 일부 국민공회 의원들이 공포통치의 다음 단계에서 자신들의 단두대행을 피할 수 있는 유일한 길은 로베스피에르를 단두대로 보내는 것임을 확신하게 된 사실을 깨닫지 못했다. 그다음 날 로베스피에르와 생쥐스트가 국민공회에서 연설하려고 했을 때, 그들의 말은 "폭군아, 물러가라!"라는 함성 속에 묻히고 말았다. 국민공회는 로베스피에르와 그의 측근 지지자들이 거리에서 도움을 구하기 전에 그들을 체포할 것을 의결했다. 로베스피에르의 자살 시도가 실패한 후, 그와 21명이 제11월 10일(7월 28일) 단두대로 향했다. 프랑스의 최고 음모 이론가는 자신의 목숨이 걸린 음모를 식별하지 못했다. 17세기 레츠(Retz) 추기경이 썼듯이 "가장 의심이 많은 자가 가장 잘 속는다".[6]

프랑스 공화국이 점차 난폭해지고 극단으로 치달음에 따라 피트의 주된 걱정은 영국에서 공화정 지지파가 얼마나 득세할 것인지였다. 역사를 돌이켜보면, 영국이 공화국이 될 전망에 대해 대중적으로 열광할 기회는 전혀 없었다. 최종적으로 잉글랜드에 약 2,000개의 국왕파(Loyalist) 협회가 있었는데, 이 수

---

6   거의 한 세기 반 뒤, 스탈린은 독일의 침공을 경고하는 수많은 정보가 있었음에도 1941년 6월 22일 이른 새벽의 공격으로 완전한 기습을 당했다. 스탈린의 공포통치 기간 동안 그가 보인 피해망상적인 경향은 프랑스 공포통치 기간의 로베스피에르와 똑같았다.

치는 프랑스 사례를 따르고 싶어 하는 협회 수의 몇 배에 달했다. 그러나 바스티유 습격 시에 공화주의에 대한 지지가 미미했음에도 불구하고 프랑스 공화국의 초기 몇 년 동안 공화주의가 프랑스를 장악한 빠른 속도를 감안할 때, 피트는 잉글랜드 공화주의자들의 위협을 무시할 수 없었다. 내무부(Home Office)의 에번 네피언(Evan Nepean) 차관이 기존의 조그마한 '비밀기관(Secret Service)' 수장을 겸했다. 이 비밀기관이 이방인청(Alien Office)으로 확대되어 1793년 1월 '이방인법(Aliens Act)' 통과 이후 입국을 모니터하는 업무를 맡았다.

윌리엄 허스키슨이 이방인청의 초대 청장이었지만, 1794년 이방인청의 주요 인물은 윌리엄 위컴(William Wickham)이었다. 옥스퍼드대 크라이스트 처치(Christ Church)를 졸업한 위컴은 재학시절 교우관계가 좋았는데, 특히 윌리엄 그렌빌은 후일 외무장관이 되고 존 킹(John King)은 내무차관이 되어 둘 다 위컴의 경력에 영향을 미쳤다. 위컴은 1792년부터 화이트채플(Whitechapel) 경찰서의 유급 치안판사로서 화이트채플 지역의 이방인 등록 업무를 맡게 되었는데, 수상한 외국인을 내무부에 보고하는 일은 틀림없이 제보자의 도움을 받았을 것이다. 위컴은 기우임이 분명한 제보에 현혹되지 않았지만, 런던의 다른 두 치안판사는 그랬다. 퀸 가(街)의 치안판사는 "25명의 마르세유 사람들이 매우 불쾌한 인물들을 암살할 목적으로 단검으로 무장하고 이 나라로 파견되었다"라고 내무부에 보고했다. 그레이트 말버러 가(街)의 치안판사는 정복을 입은 여덟 명의 프랑스 군인들이 의회 거리에서 목격되었다는 보고서를 제출했다.

위컴은 스위스 귀족 출신의 아내 엘리노어(Eleonore)를 통해 제네바의 주요 가문들과 관계를 맺었으며, 전쟁 발발 이후 제네바는 프랑스 내 영국 정보공작의 중요한 출발지가 되었다. 상세 기록이 현존하지 않지만, 1793년 여름 그는 그렌빌에 의해 정보 임무에 비밀 채용되어 스위스로 파견되었다. 귀환 후 그는 존 킹에게 편지로 스위스 임무를 더 달라고 요청하면서 그 문제에 관한 모든 통신은 "당신과 나 사이에서만 엄격하고 완전하게 비밀이 유지되어야 한다"라고 강조했다.

위컴이 깊이 관여한 피트 정부의 정보활동에서 여전히 주요 우선순위는 프랑스 공화국에 동조하는 영국인들을 모니터하는 것이었다. 가장 적극적인 동조자는 런던통신협회(London Corresponding Society: LCS) 회원들이었는데, 이 협회는 1792년 1월 스트랜드 가(街)의 한 주막에서 아홉 명의 '냉철하고 근면하며 선의를 가진 사람들'이 창설했다. 6개월 뒤, 이 협회는 프랑스혁명으로 도입된 남성의 보통선거권 원칙에 헌신하는 회원이 1,000명이라고 주장했다. 이방인청이 설립되기 전에도 LCS 내부에 내무부 스파이가 있었다. 1792년 10월 조지 리넘(George Lynam)이라는 한 철물상이 내무부가 보수를 지급할 것이라는 정확한 기대하에 임무 수행을 자청했으며 1793년 말까지 LCS 내부의 유일한 제보자였다. 1792년 11월 리넘이 보낸 불필요한 걱정을 담은 보고서를 보면, LCS와 유사 단체들이 온통 "가상의 민원으로 하층민의 상상력을 자극해 그들의 정신을 타락시키고 있으며, 대혼란으로 우리나라를 놀라게 하고 전복시킬 모종의 큰일을 저지르도록 그들을 고무하고 있다"라고 적혀 있다.[7] 같은 달 또 다른 제보자의 보고에 따르면, LCS 회원이자 급진적 변호사로서 프랑스 공화국에서 방금 돌아온 존 프로스트(John Frost)는 매릴르번의 한 다방에서 "이 나라에 왕이 없어야 한다"라고 말했다. 6개월 뒤 프로스트는 '악의적으로, 소란스럽게, 그리고 선동적으로 우리의 가장 평온한 군주 조지 3세를 심히 증오하고 모욕'하려 했다는 혐의로 재판에 회부되었다. 피고 측 변호사 토머스 어스킨(Thomas

---

7    1792년과 1793년(11월까지) 리넘에게 보수가 지급된 기록은 현존하지 않는다. 그러나 1793년 12월 2일에는 네피언이 그에게 50파운드를 지급했고, 1795년 3월 25일에는 존 킹이 100파운드(퇴직금으로 추정)를 지급했다.

Erskine)은 그 기소가 언론의 자유에 대한 공격이라고 비난했다. 그는 "자신의 말 중 가장 싱겁고 가벼운 말이 기록되어 자신에게 불리하게 정의의 법원에 제출되는 데 동의할 영국인이 어디 있는가? … 악성 스파이들이 제대로 드러나면 만찬이 끝나기도 전에 결투와 기소가 벌어질 것이다"라고 주장했다. 그러나 유죄판결을 받은 프로스트는 형벌로 변호사 명부에서 삭제되고 차링(Charing) 교차로에서 한 시간 동안 칼을 쓰고 서 있었으며, 뉴게이트 감옥에 6개월 동안 수감되었다.

1794년 2월 이방인청 스파이가 한 LCS 회원과 나눈 대화를 보고한 바에 따르면, 그 회원이 30cm 단검 수천 개를 주문했으며 "피트 씨와 그편의 주요 인사를 모두 죽이려고 결심했다"라고 되어 있지만, 이는 개연성이 떨어진다. 위컴은 이러한 스파이 보고서의 구체적인 내용을 의문시했겠지만, 폭력 위협에 대해서는 심각하게 생각했다. 또 그는 1794년 후반 LCS가 촉구하려는 잉글랜드 국민공회가 군주제를 폐지하고 공화국을 수립했던 프랑스 국민공회에 의해 고취될 것이라고 우려했다. 5월 8일 자 위컴의 보고서를 보면 "종래 이들 협회가 쓰는 언어는 의회 개혁과 권력 남용의 시정에 국한되었다. 그 이상은 암시할 뿐이었다. 이제는 우리나라 정부를 전복하려는 의도를 터놓고 공언하고 있다"라고 되어 있다. 며칠 뒤 LCS 서기인 제화업자 토머스 하디(Thomas Hardy)를 비롯한 주요 회원들이 반역 혐의로 체포·기소되었다. 1794년 7월 포틀랜드(Portland) 공작은 내무장관이 되자마자 위컴을 이방인청장으로 임명했다.[8] 피트가 협회 간부들에 대한 추밀원 심문에 직접 참여한 사실로 보아, 그는 LCS의 제제 전복에 관한 위컴과 이방인청의 정보 보고를 아주 진지하게 검토했었다. 그 심문 기록은 현존하지 않지만, 하디의 공동 피고인이자 급진적 작가인 존

---

[8]    위컴의 이방인청장 임명은 1794년 9월까지 공식적으로 관보에 게재되지 않았다.

텔월(John Thelwall)은 자신의 추밀원 출두를 다음과 같이 풍자적으로 기술했다.

| | |
|---|---|
| 법무장관 | [피아노] 텔월 씨, 당신 세례명이 뭐요? |
| 텔월 | [다소 시무룩하게] 요한. |
| 법무장관 | [피아노 정지] … 이름 끝에 스펠링 'l'이 둘이요, 하나요? |
| 텔월 | 둘—그러나 중요하지 않아요. [태평하지만 다소 시무룩하게] 괜히 수고할 필요 없어요. 어떤 질문에도 대답하지 않겠습니다. |
| 피트 | 저 사람이 뭐라는 거요? [방 저쪽에서 아주 사납게 이리저리 몸을 움직이다가 대법관 옆에 앉음] |
| 대법관 | [힘없이 부드럽게, 거의 귓속말 수준으로 낮아짐] 어떤 질문에도 대답하지 않겠답니다. |
| 피트 | 뭐라고? … 뭐라고? … 뭐? … [사납게] |

텔월이 질문자들에게 등을 돌리고 '어떤 수채화 그림을 생각하기 시작'했을 때, 수상은 심문을 종료했다. 하디, 텔월과 LCS의 동료 피고인들은 런던탑과 뉴게이트 감옥에서 7개월을 보낸 후, 1794년 11월 반역 혐의로 재판에 회부되었다. 모두 무죄를 선고받았다. LCS 내부에서 정부 스파이로 활동한 리넘의 역할이 대중에게 알려진 것은 그들의 재판에서 리넘의 역할이 증거로 사용된 결과였다. 그는 자신을 조종한 이방인청 관리에게 불평했다. "내 이름이 월브룩(Wallbrook) 지역에서 매일 밤 스파이로 회자되고 있으며, 앨드게이트(Aldgate)에서 협회의 한 회원이 나를 직접 위협한 적이 있다. 어제는 다른 구역에서 나에게 위협하는 편지를 보냈다. …" 충분한 경각심을 유지한 피트 행정부는 의회에서 '1794년의 반역법'과 '1795년의 선동 집회 및 단체법'을 통과시켰다. 이

입법으로 정부는 재판 없이 용의자를 억류하고 집회를 금지할 임시 권한을 가지게 되었다. 이 법률은 거의 원용되지 않았다. 사학자 로버트 툼스(Robert Tombs)에 따르면, "잉글랜드의 '공포통치'와 관련해서는 아마추어 같고 자제된 면이 있었다".

위컴은 이방인청장으로서 내무장관을 보필하는 동시에 외무부의 정보활동에 관해서도 주된 책임을 맡았다. 1794년 10월 위컴은 로베스피에르 사후 프랑스 정부의 온건파에게서 나온 평화 제안을 더 알아보라는 비밀임무를 띠고 제네바로 파견되었다. 그렌빌은 1793년 중 파리에 믿을 만한 스파이망을 구축하는 데 실패한 것을 의식해 12월 위컴에게 편지를 썼다.

> 우리는 프랑스의 일반적 성향, 내륙과 남부 지방의 사건 등에 관한 정보가 많이 필요한데도 스위스를 통해 들어오는 것 말고는 프랑스로부터 받는 정보가 거의 없습니다. 따라서 당신이 거기에서 최대한의 노력을 기울여 첩보를 꾸준하고 상세하게 입수하는 것이 지극히 중요합니다. 그리고 프랑스의 일반적인 상황 등에 관해 … 우리가 최대한 조기 수취하는 것을 원칙으로 하세요. 사족이지만, 그러한 목적의 지출은 아주 잘 쓴 것으로 간주할 것입니다.

그 평화 제안은 무산되었지만, 위컴은 3년 동안 제네바에 체류하면서 매우 다양한 정보공작을 수행했다.

복잡다단한 프랑스의 혁명 정치로 인해 영국의 정보수집은 계속 어려움을 겪었다. 1975년 권력을 장악한 5인 집정관(Directory)은 4년의 존속기간 내내 불안정하고 예측 불가능한 체제였다. 그 체제에 관한 위컴의 정보는 대부분 파리에서 은밀하게 활동한 왕정주의자 정보기관 '아쟝스 루아얄(Agence Royale)'

에서 나왔다. 지독한 학대를 받은 열 살의 루이 17세(전 왕세자 루이-샤를)가 1795년 6월 옥사한 후, 루이 16세의 바로 아래 동생인 프로방스(Provence) 백작이 망명 상태에서 루이 18세 칭호를 차지했다. '피트의 황금'('세인트 조지 기병대'라고도 한다)에 들어가고 싶어 안달이 난 루이 18세는 '아장스 루아얄'에 영국 정보기관과 협력하되 "도움이 된다고 생각하면 영국 각료들과도 소통하라"라는 지시를 내렸다. 영국 쪽에서는 위컴이 '아장스'에 대한 자금지원을 맡았다. 루이 18세의 행정부가 다 그렇듯이, '아장스 루아얄'도 다소 두서없는 조직이었다. 4개월 동안의 조사를 바탕으로 '프랑스의 현재 상태'에 관해 작성한 '아장스 루아얄'의 46쪽짜리 보고서가 영국 외무부에 전달되었다. 그 작성자는 보고서의 일부 내용이 '쓸데없다는' 것을 독자가 알 것이라고 인정하면서도 공화주의 정권이 초래한 복합적 '해악'을 설명하기 위해 그 내용을 삽입해야 했다고 주장했다.

계산에 따르면, 영국 외무부는 1795~99년 기간에 비밀기관(Secret Service) 활동에 66만 5,222파운드를 지출했는데, 이는 이전 5년 동안의 7만 6,759파운드와 비교된다. 위컴과 그의 스위스 주재 후임자인 제임스 탤벗(James Talbot)은 1790~1811년 기간 동안 영국이 대륙에서 지출한 비밀기관 자금의 80%를 사용했다. 위컴은 아이디어가 부족하지는 않았으나 돈에 상응하는 가치를 창출한 것 같지는 않다. 1795년 그는 공화파 장군들을 매수하고 리옹(Lyons, 당시 프랑스에서 가장 반혁명적인 도시라는 평판이 있었다)에서 왕당파 봉기를 유발하려고 시도했지만 실패했다. 사학자 보이드 힐튼(Boyd Hilton)에 따르면, "그는 자신의 원대한 계획 하나가 무너질 때마다 그저 다른 계획을 세웠다". 그의 원대한 계획 가운데 1797년 봄 '500인 의회(Council of 500, 2년 전 국민공회를 대체한 양원제 의회의 하원)'를 구성하는 '부분 선거'에서 주로 뇌물을 주고 온건한('입헌적') 왕정주의자 후보들에게 자금을 지원함으로써 그 결과에 영향을 미친 것이 가장 성공한 계획이었을 것이다. 선거 대상이 된 1/3 의석에 선출된 의원 대부분은 공화주의자라기보다 입헌 왕정주의자였다. 사학자 앨프리드 코반(Alfred Cobban)에 따르면, "왕정주의자들이 단결하고 유능한 리더가 이끌었다면 그리고 망명자들이 조금만 양보할 수 있었다면, 프랑스는 그들의 차지였을 것이다". 그러나 왕정주의자들은 그러지 못했다.

루이 18세는 효과적인 리더십을 발휘할 수 없었다. 1797년 4월 위컴이 그렌빌에게 보낸 보고서에 따르면, "도대체 프랑스의 내정과 여론의 실태를 아는 인물이 국왕 주변에 하나도 없다는 것이 현시점에서 공공의 큰 재앙이다". 파리에 있는 '아장스 루아얄' 정보망의 요원들조차 내부 알력으로 분열되었다. 1797년 4월 파리에 도착한 한 '아장스' 요원의 보고에 따르면, '세 파벌로 나뉘어 서로 헐뜯고 있는 요원들 집단'의 수준으로 정보망이 와해되었다. 왕정주의자들의 분열에도 불구하고, 위컴은 여전히 선거 결과가 집정관체제에 치명타가 될 것이라고 확신했다. 그는 8월 25일 그렌빌에게 다음과 같이 보고했다. "나는 모든 것이 최상으로 진행되고 있으며 해가 바뀌기 전에 이 괴상한 체제가 무너질 것이라고 확신합니다." 2주도 채 지나지 않아서 5인 집정관 중 세 명이 젊은 장군 나폴레옹 보나파르트(Napoleon Bonaparte)와 군대의 지지를 받아 '프뤽티도르(Fructidor, 프랑스 혁명력의 제12월로서 태양력 8월 18일~9월 16일에 해당한다_옮긴이) 18일의 쿠데타'를 일으켜 선거를 무효화하고 왕정주의 지도자들을 체포했다. 제4집정관과 두 명의 장군, 40명의 의원이 프랑스령 기아나(Guiana)의 유형지로 강제 추방되었다. 또 수많은 왕정주의 스파이들이 체포되었다. 집정관체제에 반대하는 위컴의 음모가 공개되자, 배신당했다고 생각한 그는 런던으로 귀환해야 했다. 그는 스위스 주재 후임자인 탤벗에게 편지를 썼다. "당신이 우리 가운데 있는 스파이를 찾아야 하는데, 바로 집정관체제의 스파이로 지목되는 자입니다. 왜냐하면 이중간첩만큼 뛰어난 스파이는 없기 때문입니다."

위컴의 정보망은 1797년 초 잉글랜드 역사상 마지막 외적의 침공을 경고하지 못했다. 2월, 침공에 가담하기 위해 석방된 일부 죄수들을 포함해 1,400명의 프랑스군이 미국인 해적 윌리엄 테이트(William Tate)의 지휘하에 당시 잉글랜드에서 두 번째로 큰 도시인 브리스톨(Bristol)을 불태우기 위해 출발했다. 그러나 그들은 강풍으로 어쩔 수 없이 더 북쪽인 펨브룩셔(Pembrokeshire)의 피시가드(Fishguard)에 상륙했으며, 거기서 식량을 구하면서 세월을 보냈다. 그 지방의 구전에 따르면, 프랑스 침입군이 붉은 망토를 입은 웨일즈 여자들 무리를 영국 군인들로 오인한 후 항복했으며, "주님이 우리의 적에게서 전쟁할 정신을 앗아갔으니, 주님을 찬미하라"라는 말이 구전으로 전해진다. 이 일화는 웃음거리였지만, 이 침공 소식은 런던에서 금융 패닉과 잉글랜드은행(Bank of England, 영국의 중앙은행_옮긴이) 인출 사태를 야기했다. 이 사태로 피트 정부는 처음으로 지폐의 금 태환(兌換)을 정지시켜야 했다.

1797년 2월의 침공으로 인해 이후 여러 달 동안 잉글랜드 내 프랑스 스파이들이 추가 침공을 준비하고 있다는 소동이 주기적으로 발생했으며, 봄에 일어난 영국 해군의 폭동이 이를 부채질했다. 그해 여름 서머셋(Somerset) 해안 근처에 사는 한 의사가 '새로 이주해 온 가족에 관해 매우 수상쩍은 일'을 내무장관에게 신고했다. 그 신고에 따르면, 그 가족이 앨폭스든(Alfoxden)에 있는 큰 저택을 소유하려고 애를 썼으며, "낮이나 밤이나 시골 주변으로 놀러 다니는데, 그 여정이 거의 끝났다는 얘기가 들렸다". 그 의사는 그들이 브리스톨에 있는 프랑스 스파이를 위해 일하는 '부하들'이라고 의심했다. 이방인청에서 수사관으로 파견한 제임스 월시(James Walsh)는 프랑스 스파이 조직이라고 의사가 의심한 사람들이 사실은 윌리엄 워즈워스(William Wordsworth), 새뮤얼 테일러 콜리지(Samuel Taylor Coleridge), 워즈워스의 누이 도로시(Dorothy)임을 알아냈다. 월시는 현지 여관에 묵으면서, 그 시인들과 그들의 손님들이 비치에 앉아 담소할 때 모래언덕 뒤에서 염탐하기 시작했다. 또 월시는 시인들이 빌린 앨폭스든

저택에서 열린 대규모 저녁 파티에 참석한 한 인사의 진술도 받았다. 그 인사는 식탁에서 기다리다가 한 손님 때문에 놀랐다고 진술했다. "짧게 깎은 검은 머리에 흰 모자와 안경을 쓴 약간 통통한 남자가 식사 후에 일어나 너무 열정적으로 말하는 바람에 나는 겁에 질려 그들 가까이 가고 싶지 않았다." 아마 그 열정적인 저녁 손님은 3년 전 반역죄로 기소되었다가 무죄를 선고받은 급진적 작가 존 텔월이었을 것이다.

월시의 감시 임무는 녹음기 이전 시대 도청의 어려움을 보여주고 있다. 콜리지는 정상적인 대화에서도 상대방이 알아듣기 힘든 경우가 종종 있는 인물인데, 장광설로 유명한 그의 두서없는 긴 독백을 도청하기란 훨씬 더 힘들었을 것이다. 하루는 콜리지와의 저녁 식사 자리에서 그의 친구이자 동료 시인인 새뮤얼 로저스(Samuel Rogers)와 워즈워스는 저녁 내내 마침표 없이 이어진 하나의 문장을 듣고 있다고 느꼈다. 로저스의 후일 회고에 따르면, 그는 식사 후 워즈워스에게 말했다. "나로서는 콜리지의 연설을 도무지 이해할 수가 없었네. 당신은 이해했는가?" "아니, 한 단어도"라고 워즈워스가 대답했다. 짓궂게도 콜리지는 20년 뒤 『문학적 자서전(Biographia Literaria)』에서 무식한 이방인청 도청자 월시가 네덜란드의 위대한 철학자 스피노자(Spinoza)에 관한 자신의 담론을 잘못 알아들었다고 주장했다. 월시는 스피노자에 관해 들어본 적이 없었기 때문에 콜리지와 워즈워스가 '스파이 노지(Spy Nozy)'라는 사악한 인물에 관해 얘기하고 있었다는 보고를 화이트홀(Whitehall)에 올린 것으로 전해진다. 실제로는, 월시가 그런 말을 하지 않았다. 그는 이방인청에 이렇게 보고했다. "내 생각에 이것은 프랑스와 아무런 관련이 없으며, 불만을 품은 잉글랜드 말썽꾸러기들일 뿐이다." 그는 워즈워스가 텔월과 마찬가지로 이방인청에 이미 알려진 인물임을 첨언했다.

1798년 프랑스의 주된 침공 위협은 잉글랜드가 아닌 이집트를 향했다. 1797

년 8월 보나파르트 장군이 집정관들에게 말했다. "잉글랜드를 완전히 파괴하기 위해, 우리가 이집트를 장악해야 할 때가 다가오고 있습니다." 1798년 3월 5일 집정관들은 그에게 이집트 원정군의 지휘권을 부여했다. 나폴레옹이 자신의 영웅인 알렉산더 대왕과 율리우스 카이사르의 영광스러운 발자취를 뒤따라간다는 생각에 덜 사로잡혔더라면, 그는 마땅히 재앙으로 끝날 엄청난 전략적 위험을 취하고 있음을 깨달았을 것이다. 이집트 원정 계획이 비밀에 부쳐졌지만, 4만 명의 육군과 1만 5,000명의 해군 병력의 집결을 감추는 것은 불가능했다. 이 대군은 5월 18일 수송선과 전함 300척으로 툴롱(Toulon, 지중해에 면한 프랑스 남부의 항구도시_옮긴이)을 출항했다.[9] 또 나폴레옹을 수행하기 위해 선발된 165명의 학자 가운데 일부를 통해 말이 새어나가는 것도 불가피했다. 유럽 제국주의의 뚜렷한 특징은 정복지에서 새로운 지식을 얻는 데 관심을 기울였다는 점이다. 로마인, 아랍인, 몽골인, 아즈테크인 등 과거의 여러 제국주의 정복자들은 그런 데 관심이 없었다. 이와 대조적으로 나폴레옹 원정대처럼 18~19세기 다른 대륙으로 나간 유럽의 주요 군사원정대는 모두 점령지를 연구하기 위해 과학자 등 학자들을 동반시켰다.

나폴레옹의 원정군이 1798년 여름 이집트에 도착할 수 있었던 것은 오로지 혁명전쟁과 나폴레옹전쟁 기간에 영국의 정보 실패가 가장 심각했기 때문이었다. 그러한 실패의 근원적 이유는 해군본부의 상상력 부족에 더해 화이트홀의 여러 부처가 정보가 실무적으로 소용되도록 하는 적시의 정보공유를 꺼린 데 있었다. 해군장관 스펜서(Spencer) 백작이 받은 정보보고서는 나폴레옹이 툴롱에 집결시키고 있는 다수의 병력 수송선이 [지중해에서] 대서양으로 나가서 아일

---

9    이 수치는 파리 군사박물관(Musée de l'Armée)에서 조사한 것이다. 원정군의 규모에 관해 다른 추정치도 일부 있다.

랜드 반군을 지원하기에는 너무 부적합하다는 것을 보여주었다. 따라서 프랑스 함대의 목적지는 거의 확실히 지중해 내에 있었다. 5월 1일 스펜서는 "그들의 목적지는 스페인 해안이나 나폴리 아니면 (나로서는 믿을 수 없지만) 레반트 (Levant, 동지중해 연안 지역_옮긴이)가 될 가능성이 가장 크다"라고 기록했다. 그는 이집트를 가능한 목적지로도 언급하지 않았다. 화이트홀 궁내에서 전쟁 담당 국무장관 헨리 던다스(Henry Dundas)만 나폴레옹이 이집트를 향하고 있다는 결론을 내렸다. 던다스는 그렌빌로부터 "머릿속에 지도를 넣고 생각하라"라는 소리를 들었다. 5월 그렌빌은 영국 스파이가 입수한 두 통의 편지 사본을 받았는데, 그 속에 확인할 수 있는 정보가 일부 들어 있었다. 그 편지를 쓴 사람은 원정대에 포함된 파리 광업대학(École des Mines)의 한 지질학자였다. 그는 나폴레옹을 수행하는 다른 학자들로 아랍어, 터키어 및 페르시아어 교수들이 포함되었다고 편지에 적었는데, 이것은 애초의 목적지가 비밀이지만 이집트일 것이라는 하나의 표시였다.[10]

이집트를 향해 떠난 나폴레옹의 무모한 도박이 성공한 것은 역시 놀라운 행운 때문이었다. 허레이쇼 넬슨(Horatio Nelson) 제독이 프랑스 함대가 무슨 짓을 벌이는지 알아내도록 지중해로 파견되었지만, 해군본부에서 받은 정보는 턱없이 부족한 데다 초기에 차질을 겪었다. 5월 21일 넬슨의 기함 뱅가드(Vanguard)호가 강풍으로 돛대가 부러졌다. 그 전날 나폴레옹 원정대는 이집트 가는 길에 점령할 예정인 몰타(Malta)를 향해 툴롱을 출항했었다. 나폴레옹은 웅장한 기함 로리앙(L'Orient) 호의 호화로운 숙소에서 뱃멀미를 방지하기 위해 바퀴를 단 침대에 누워 '머리에 터번을 두르고, 코끼리를 타고, 이집트에서 아시아로 가는

---

10 지질학자 돌로미외(Dolomieu)가 쓴 그 편지를 은밀히 그렌빌에게 전달한 사람은 그 전해 조지 3세가 비밀임무를 위해 채용한 제네바 철학자 장–앙드레 드 뤽(Jean-André de Luc)이었다. 그 편지는 3월 28일과 4월 11일 작성되었지만, 5월에 그렌빌에게 전달되었다.

길을 따라' 여행하는 자신의 모습을 상상하며 이집트로 갔다. 밴가드 호가 사르디니아(Sardinia) 섬에서 파손된 돛을 수리하는 동안, 더 느린 프랑스 함대가 안개 속에 눈에 띄지 않고 넬슨 함대를 추월했다. 나폴레옹의 목적지에 관해 최고의 정보를 준 것은 해군본부가 아니라 리보르노(Livorno, 이탈리아 북부의 항구도시_옮긴이) 주재 영국 영사 존 유드니(John Udney)가 보낸 사적인 편지였다. 유드니는 무명인 나폴레옹에게 일약 국제적 명성을 안긴 그의 이탈리아 원정 승리를 목격했었다. 해군본부와 달리, 그는 스물여덟 살짜리[나폴레옹]의 야심이 '무제한으로' 크다는 것을 파악했으며, 그가 "알렉산드리아, 카이로와 수에즈를 장악하고 요새화해 … 이집트를 차지할 작정"이라고 정확히 예측했다.[11]

나폴레옹이 이집트를 향하고 있다는 유드니의 설득으로 넬슨은 6월 28일 알렉산드리아에 도착했지만, 프랑스 원정대의 흔적을 찾지 못했다. 6월 30일 그는 시칠리아 섬에 있는 나폴레옹을 찾기 위해 알렉산드리아를 떠났다. 넬슨이 저속으로 이동하는 프랑스 함대의 목적지에 관해 더 일찍 정보를 받았더라면, 그들이 이집트에 도착하기 전에 약 4만 명을 과적한 나폴레옹의 전함과 수송선들을 붙잡아 파괴할 수 있었을 것이다. 넬슨이 바다에서 프랑스군을 붙잡았더라면, 그는 나폴레옹이 도주하도록 내버려두지 않았을 것이며, 나폴레옹이 이듬해에 제1집정관(First Consul)으로서 독재자가 될 확률도 희박했을 것이다. 따라서 나폴레옹이 넬슨에게 붙잡히기 전에 이집트에 도착하게 만든 영국의 정보 실패는 프랑스의 정치·군사 역사상 대단히 중요한 결과를 가져왔다.

1798년 7월 1일 넬슨이 알렉산드리아를 떠난 지 불과 24시간 만에 나폴레옹의 원정군이 상륙했다. 이는 2,000여 년 전 페르시아 군주 크세르크세스(Xerxes)가 그리스를 침공한 이래 최대 규모의 육·해 공동작전이었다. 그와 동행한 학

---

11    그렌빌은 유드니의 비슷한 경보를 외무부 밖으로 배포하지 않았다.

자들은 나중에 이집트학의 시조가 되었다. 한 달 뒤 나일 강 하구의 아부키르(Aboukir) 만에서 넬슨은 이집트행 도중에 잡아채지 못한 프랑스 전함들을 마침내 붙잡았으며, 두 척만 빼고 모두 파괴했다(넬슨이 나중에 이 두 척도 나포했다). 그의 승리로 영국이 지중해 제해권을 가져왔으며, 나폴레옹은 자신의 기함 로리앙 호가 폭파된 채 나일 강 강변에 고립되었다. 넬슨의 승리에 대한 영국의 국민적 환호는 나폴레옹 군의 이집트 도착을 일차적으로 막지 못한 데 대한 비난을 잠재웠다. 그러나 던다스가 사상 최초로 정보 실패에 관한 심층 조사를 시작했다. 9월에 검토를 마친 던다스는 나폴레옹의 이집트 원정을 저지할 기회를 놓친 것 때문에 '억눌린 울분'에 차 있다고 그렌빌에게 말했다.

1799년 초 종류가 다르긴 하지만 또다시 영국의 중요한 정보 실패가 있었다. 위컴의 후임자로서 스위스에서 정보공작을 운용하는 충동적인 제임스 탤벗이 프랑스 왕정주의자들의 음모에 개입했는데, 파리의 집정관들을 암살하려던 그 음모는 실패로 끝났다. 영국 외무부 내의 혼선 때문일 수도 있지만, 탤벗은 그렌빌의 지원을 받고 있다고 잘못 생각했다. 그렌빌은 그 음모에 관해 알자마자 바로 탤벗에게 개입을 '지체 없이 완전하고 명확하게 끝내'라고 말했다. 물론 그렌빌은 탤벗의 음모 개입이 단순히 '조국의 이익을 위한' 과욕에서 비롯된 것임을 알고 있었다. 그러나 그것은 값비싼 판단 실수였다. 탤벗이 암살 음모에서 빠져나왔을 무렵, 그는 이미 37만 7,807파운드의 엄청난 금액을 그 사업에 지출했었다. 10개월 뒤 집정관체제를 전복시킨 것은 왕정주의자나 영국인 음모자들이 아니라 나폴레옹 보나파르트였다.

이집트에서 오도 가도 못하게 된 나폴레옹은 "내가 운이 좋아 프랑스로 돌아가게 되면, 잡담 좋아하는 계급의 통치는 끝"이라고 한 친구에게 말했다. 1799년 8월 23일 중형 군함에 승선한 나폴레옹은 이집트 연안과 지중해를 순시하는 영국 해군 함정들을 피해 41일간 항해한 끝에 프랑스 남부 프로방스(Provence)

지방에 도착했다. 전년도 여름 영국이 나폴레옹을 이집트에 도착하기 전에 낚아채지 못한 것과 마찬가지로, 1년여 뒤 그의 탈출을 막지 못한 것도 프랑스의 정치·군사 역사를 바꾸게 되었다. 나폴레옹은 이집트 원정 기간에 원정군 병력의 대부분을 잃었지만, 프랑스에 돌아와서는 영광스러운 승리를 거두었다고 주장했다. 속으로는 그도 그 원정이 전략적 실수였음을 알았으며, 남은 일생 내내 후회했다. 워털루(Waterloo, 브뤼셀의 남쪽 근교_옮긴이) 전투 후에 그는 "내가 이집트 원정 대신에 아일랜드로 원정했더라면, 잉글랜드가 지금처럼 할 수 있었을까?"라고 말했다. 1798년 초 피트는 나폴레옹이 대규모 아일랜드 침공을 계획하고 있다고 매우 확신했었다. 영국 스파이들은 영국해협의 프랑스 쪽 출발 항구에서 이루어지고 있는 준비 동향에 관해 상세하고 정확하게 보고했다. 그들은 또한 나폴레옹이 그 항구들을 방문했다고 보고했지만, 2월 23일 나폴레옹이 이집트 원정을 염두에 두고 아일랜드 원정을 추진하지 않기로 결정한 것은 몰랐다. 1798년 8월 엉베르(Humbert) 장군 휘하의 소규모 프랑스 병력이 아일랜드 반군을 지원하기 위해 메이오(Mayo) 카운티에 상륙했을 때 영국이 어렵게 대응한 것을 보면, 나폴레옹이 대대적으로 아일랜드를 침공했더라면 얼마나 큰 성과를 냈을지 짐작할 수 있다.

1978년 초 윌리엄 위컴은 런던으로 귀환하자마자 내무부 차관으로 승진해 이방인청의 보안·정보 부서인 '내실(Inner Office)'을 담당했는데, 화이트홀 내에서 그 부서의 존재를 아는 사람은 거의 없었다. 피트가 1798~99년 기간에 정보 문제를 아주 긴밀히 추적했다는 것은 자신의 비공식 정보수장이 된 위컴과 자주 만난 사실로 입증된다. 위컴은 그렌빌 외무장관 및 포틀랜드 내무장관과 정기적으로 면담했을 뿐만 아니라 런던의 수상 관저 벌링턴 하우스(Burlington House)로 밤늦게 피트를 찾아가 최신 정보를 전달하는 일도 잦았다. 위컴의 후일 기록에 따르면, "그럴 때 그는 종종 옷방에서 나를 맞이했으며, 침실에서 맞이한 적도 두어 번 있었다". 피트는 위컴이 보고한 것을 메모지에 적거나 "내가 그의 견해를 포틀랜드 공작에게 구두로 전달하기를 바랐다". "피트는 항상 매우 솔직하고 신뢰하는 태도로 발송물에 포함된 모든 주제에 관해 나와 대화했다. 나는 당시 모든 중요 현안에 관해 그의 사견을 들을 기회가 끊임없이 있었으며, 한때는 거의 매일 들었다." 후속 정보수장 가운데 수상을 그토록 가깝게 접촉한 사람은 제2차 세계대전 때까지 없었다. 제2차 세계대전 중에는 비밀정보부(SIS, MI6) 수장 스튜어트 멘지스(Stewart Menzies) 경이 윈스턴 처칠을 빈번히 방문했다.

나폴레옹이 1799년 11월 쿠데타로 제1집정관이 되었을 무렵, 화이트홀 궁은 이집트 원정의 예측 실패에 관한 던다스의 사후분석으로부터 약간의 교훈을 학습했다. 그때부터 피트 정부의 주요 부처 간에 정보공유가 다소 개선되었다. 1801년 2월 피트가 사임한 후, 그의 친구이자 후일 시드머스(Sidmouth) 자작이 된 헨리 애딩턴(Henry Addington)이 수상직을 승계한 3년 동안에도 정보공유가 계속되었다. 넬슨 제독이 1801년 3월 코펜하겐으로 원정을 떠나기 전에 받은 정보 브리핑은 1798년 지중해에서 나폴레옹을 추격할 때 받은 것에 비해 훨씬 더 개선되었다. 그 원정은 덴마크 수도에 대한 포격과 치열한 전투 끝에 영국 해군의 승리로 이어졌다.

전쟁으로 피폐해진 영국과 프랑스 양국은 아미앵(Amiens) 평화조약을 맺었지만, 그 평화는 단지 14개월만 지속되었다. 위컴은 1802년 2월부터 1804년 1월까지 아일랜드에서 추밀 고문관 등급의 수석장관으로 재직했으며, 아일랜드 밖에서는 아무런 정보 역할이 없었다. 그가 여전히 비공식 정보수장이었다면, 애딩턴 행정부가 적어도 한 번의 정보 실패는 면했을 것이다. 새 정부는 스위스와 '내실'에서 위컴을 위해 일했던 프랑스사람 르클레르크 드 누아지(Le Clerc de Noisy)에게 연금 지급을 거부했다. 르클레르크는 아미앵 평화조약 이후 프랑스로 돌아가 '내실'의 비밀과 적어도 프랑스 내 영국의 정보 출처 일부를 폭로함으로써 복수했다. 르클레르크와 '내실'에서 같이 근무한 찰스 플린트(Charles Flint)는 그의 변절을 '우리가 종종 후회해야 할' 재앙이라고 표현했다.[12]

피트 정부나 애딩턴 정부는 영국의 해외정보 수집에 발생한 심각한 공백을 메우지 못했으며 아마 파악하지도 못했을 것이다. 19세기 초 영국의 암호해독은 한 세기 전보다 효과성이 떨어졌다. 암호해독 부서가 쇠퇴한 부분적 원인은 57년간 왕실 암호해독관을 지낸 바스(Bath)와 웰스(Wells)의 주교 에드워드 윌리스가 1773년 죽기 전에 재능이 모자라는 그의 아들과 손자들에게 일자리를 마련해 주기 위해 그 부서를 가족 사업으로 전환한 데 있었다. 1762년부터 암호해독 부서가 폐지된 1844년까지 그 직원 전체가 윌리스 가(家)의 구성원들이었다. 그 부서의 암호해독 능력 쇠퇴로 야기된 문제를 더욱 악화시킨 것은 외교통신을 절취하기 어려운 전시상황이었다. 1792년부터 아미앵 평화조약까지 9년 동안 프랑스와 외교 관계가 단절되었다는 것은 통신을 가로챌 수 있는 런던 주재 프랑스 대사관이 없었다는 것을 의미했다. 7년전쟁 기간에는 중요한 외교 해독물이 내각에서 논의된 경우가 최소 두 차례 있었다는 점과 비교하면, 프랑스 혁명전쟁 기간에 암호해독이 영국의 정책에 미친 영향은 보잘것없었다.

애딩턴 정부가 가장 야심차게 추진한 정보공작은 나폴레옹을 암살하려는 프랑스 왕정주의자 음모를 은밀히 지원하는 것이었다. 이 지원 공작은 1803년 5월 프랑스와 전쟁을 재개한 지 수주 만에 시작되었다. 과거 각료직 경험이 없었던 애딩턴은 4년 전 탤벗이 집정관들을 암살하려는 왕정주의자 음모

---

12  확실한 것은 아니지만, 르클레르크 드 누아지가 이미 이중간첩으로 활동한 실적이 있었을 가능성과 위컴이 스위스에서 자신을 배신했다고 믿은 정체불명의 '우리 가운데 스파이'였을 가능성이 있다. 그러나 위컴은 그를 의심하지 않았다.

에 개입했다가 돈만 엄청나게 쓰고 실패한 사실을 몰랐을 것이다. 1803년의 음모를 아는 소수의 각료와 관리들에게 적어도 부분적인 동기를 부여한 것은 나폴레옹이 잉글랜드 침공을 준비하고 있다는 정보였을 것이다. 그 준비로 나폴레옹이 영국해협 쪽 항구들에 집결시킨 병력은 최종 16만 7,000명에 이르렀다.[13]

당연하지만, 나폴레옹 암살 음모와 관련된 영국의 상세한 역할은 문서로 기록되지 않았다. 그러나 공식 서신에 그 흔적이 일부 남아 있다. 6월 22일 프랑스 왕정주의 음모자들과 협력하는 한 영국 요원이 선임 각료 캐슬레이(Castlereagh) 경에게 편지를 썼다. 그 편지에서 그 요원은 '1803년 캐슬레이 경이 보나파르트를 납치하려고 계획한 정치 음모'와 관련해서, 자신을 위한 150파운드와 한 왕정주의 음모자를 위한 1,000파운드를 청구했다. '납치'는 '암살'을 완곡하게 표현한 것 같다. 의회 내에서 캐슬레이와 가장 가까운 친구인 조지 홀포드(Geroge Holford) 의원이 그 요원에게 "수고스럽지만, 다우닝(Downing) 가(街)로 찾아오면 캐슬레이 경이 그 문제로 만나줄 것"이라고 답장을 보냈다. 그 회동의 대화 기록은 현존하지 않지만, 8월 23일 이른 시간에 영국 해군의 배 한 척이 주모자 조르주 카두달(Georges Cadoudal)과 그의 측근 몇 명을 브르타뉴(Brittany, 프랑스 북서부의 반도_옮긴이) 해안에 내려주었다. 추가된 음모자들은 1804년 1월 16일 상륙했다. 그러나 1월 29일 그 영국 요원이 체포된 후, 그 음모가 드러나기 시작했다. 카두달은 3월 9일 파리 시가지에서 숨 막히는 추격전 끝에 체포되었다. 그는 붙잡히기 전에 한 경찰관을 쏘아 죽였으며 다른 경찰관에게는 중상을 입혔다. 카두달은 6월 25일 단두대로 향하면서 "국왕 만세!(Vive le Roi!)"라고 외쳤

---

13    나폴레옹이 그 침공 계획을 최종 포기한 것은 1805년 10월 넬슨이 트라팔가르(Trafalgar) 해전에서 대승을 거두어 프랑스 함대의 대부분을 파괴한 후였다.

다. 10년 뒤 왕정복고 후에 그는 프랑스의 원수(Marshal)로 추서되었다. 지금까지 알려진 바로는, 카두달의 음모가 실패한 이후 제2차 세계대전 때까지는 영국 정부나 기관에서 외국 지도자를 암살하려는 또 다른 음모를 승인한 경우가 없었다.[14]

---

14  1944년 특수공작단(Special Operations Executive: SOE)이 히틀러 암살 계획인 암호명 '폭슬리 (FOXLEY) 공작'을 준비했으나 시행하지 않았다. 여러 인물 중에서 특히 웰링턴(Wellington) 장군은 나폴레옹의 목숨을 노린 시도에 영국이 개입한 것을 비신사적인 행위로 간주했다. 1815년 워털루 전투에서 웰링턴은 나폴레옹이 영국군 사격조준기 안에 들어왔다는 보고를 듣고 "사령관들이 서로 총질하는 것은 할 짓이 아니다"라고 대답했다.

제17장

# 나폴레옹전쟁

나폴레옹이 1804년 노트르담 대성당에서 스스로 프랑스 황제로 등극했을 무렵, 그의 군사정보 본부는 과거 어느 프랑스 장군보다도 더 크고 더 체계적이었다. 그의 내각에서 통계청은 자료를 모았을 뿐 아니라 전략정보도 담당했는데, 그 예를 들자면, 오스트리아의 합스부르크 황제가 전쟁할 의도가 있는가, 그리고 그런 의도가 있다면 프로이센 왕은 어떻게 대응할 것인가 등의 문제를 다루었다. 통계청의 출처에는 대부분의 외국 수도에 주재하는 스파이들도 포함되었다.[1] 그러나 나폴레옹은 정보보고서에 그다지 관심을 두지 않았다.

정찰 임무로 파견된 스파이와 장교들이 가져온 이 보고서 뭉치만큼 모순되고 터무니없는 것은 없다. 전재스파이들는 적군의 파견대만 보며, 후재장교들는 적군 주둔지의 취약한 파견대를 보고한다. 그들은 자신들이 목격한 것을 보──── ── ── 때가 많지만, 보고하더라도 공포에 질린 사람이나 놀란 사람들에게서 들은 것을 재생할 눈 ── 이 혼란스러운 보고서 뭉치에서 진실을 끌어내는 것은 오직 우월한 이해력에 ─어진 몫이다.[2]

---

1    제국 내각의 최종 형태는 1808년 결정되었다.
2    나폴레옹은 전술적인 군사정보에 대해서는 전통적이기는 하지만 기대치가 높았다. "빨리 길과 개울을 정찰하기, 믿을 만한 안내자를 확보하기, 사제와 우체국장에게 질문하기, 빨리 현지 주민들을 접촉하기, 스파이 파견하기, 우편물을 압수해서 번역·분석하기, 그리고 마지막으로 본진에 돌아와 총사령관의 모든 질문에 응대하기―이러한 특성들이 전방에 배치된 장군에게 요구된다."

나폴레옹은 이 '우월한 이해력'이 자기 혼자만의 것이라고 믿었다.[3] 다수의 독재자와 마찬가지로, 그도 자신이 미리 생각한 것을 확인하는 정보에서만 감동을 받곤 했다.

황제가 가장 관심을 보인 통계청 보고서는 외국 언론을 번역한 것이었다. 나폴레옹은 대체로 비밀정보보다 영국 신문을 읽을 때 더 집중한 것으로 보이는데, 그는 영국 신문이 종종 제공하는 작전 설명이 자신의 부하 장군들보다 더 믿을 만하다고 생각했다. 웰링턴은 프랑스 언론에 대한 나폴레옹의 통제를 부러워했다. 웰링턴은 1809년 11월 전쟁·식민지 담당 각료인 리버풀(Liverpool) 경에게 검열받지 않는 영국 언론이 '스페인과 포르투갈 주둔 군대의 위치, 병력의 수, 공격 목표와 수단' 등에 관해 상세하게 보도했는데 이러한 첩보는 '모든 작전 수행에 실질적인 어려움을 가중할 것'이라고 불만을 털어놓았다. 나폴레옹도 동의했다. 1년 전, 나폴레옹은 외무장관 장-밥티스트 드 샹파니(Jean-Baptiste de Champagny)에게 다음과 같은 편지를 보냈다. "당신이 영국 신문들을 보내주지 않아 화가 납니다. 신문이 그들의 위치에 관한 첩보를 제공하기 때문입니다."

나폴레옹은 비밀정보보다 공개 출처를 활용할 때 상상력이 훨씬 더 풍부했다. 그는 읽는 속도가 빨랐으며, 매번 원정을 떠나기 전에 전쟁의 현장 및 상대국의 역사·지리·군사력·종교·법제에 관한 간행물을 최대한 많이 읽었다. 일치된 목격담에 따르면, 그는 책을 처음부터 끝까지 다 읽는 경우가 드물었으며 자신이 생각하는 유관 첩보를 뽑아내자마자 다른 책으로 옮겨갔다. 그는 자신처럼 중부유럽 지역에서 싸웠던 프리드리히 대왕의 원정을 상세히 조사했으

---

3   반 크레벨드(Van Creveld) 교수가 1806년 10월의 예나(Jena) 전투에 관해 상세히 분석한 후 내린 결론에 따르면, 나폴레옹의 대승에도 불구하고 그가 전투 전에 자신의 동생인 네덜란드 왕 루이에게 보낸 편지를 보면 나폴레옹이 실제로 프로이센 사람들에 대해 얼마나 무지했는지 알 수 있으며, 그들의 의도에 관한 나폴레옹의 이해 또한 단순히 지도 연구에 근거했음을 알 수 있다.

며, 후일 유배지 세인트헬레나(St Helena) 섬에서 다수의 긴 독백 속에 대왕의 전투 지휘능력을 찬양했다. 나폴레옹은 사관학교 생도 시절에 영국 역사를 광범위하게 섭렵했다. 세인트헬레나 유배지에서 그는 백년전쟁에서 프랑스가 패배한 아쟁쿠르(Agincourt)와 크레시(Crécy)에서의 전투와 워털루 전투를 비교했다. "불쌍한 프랑스! 이런 오랑캐들에게 지다니!" 나폴레옹은 까다로운 독자였지만, 시간을 내서 희곡과 시, 소설을 읽기도 했다. 그는 전용 대형마차로 여행할 때가 잦았는데, 이때 책을 읽다가 마음에 들지 않으면 차창 밖으로 던져버리곤 했다. 그 이전의 총사령관 중에서 나폴레옹처럼 열렬한 독서광은 없었을 것이다. 그는 원정 시에 수백 권의 개인 서고와 사서를 동반시켰다.

'검은 방(cabinet noir)'과 때로는 외무부가 외교통신을 가로채서 해독하는 시도를 계속했지만, 나폴레옹은 적국과 동맹국의 암호를 해독하기보다 그들에 관한 책을 읽는 데 더 열정을 보였다. 나폴레옹의 통치 말기에 그에게 가장 위험한 적은 러시아 황제 알렉산드르 1세와 영국의 웰링턴(Wellington) 공작이었으며, 둘 다 해독된 프랑스 발송물에 대해 예민한 관심을 보였다. 그러나 이들과 달리 나폴레옹은 암호해독에 뚜렷한 관심을 보이지 않았다. 그는 프로이센 사람들이 프랑스의 외교 암호를 해독했다는 증거를 보고도 이를 무시한 것으로 보인다. 나폴레옹이 가장 세심하게 관찰한 외국 지도자의 서신은 앞서 자신이 교황령(領)을 빼앗고 가택 연금시킨 교황 비오(Pius) 7세의 서신이었다. 비오 7세는 처음에 이탈리아 리비에라 해안의 사보나(Savona, 1809~12년)에 연금되었다가 퐁텐블로(Fontainebleau, 1812~14년)(파리 남동쪽의 휴양도시_옮긴이)로 옮겨 연금되었다. 가끔 교황의 수행원들이 수색당했는데, 이것은 그들이 교황을 대신해서 비밀리에 통신하는 것을 방지하기 위함이었다. 나폴레옹은 교황이 '축복장은 원하는 대로 얼마든지' 보낼 수 있다고 말했다. 그 밖에 교황이 적는 것은 모두 면밀한 통제를 받아야 했다.

일반적으로 말해서 나폴레옹은 국외정보보다 국내정보에 더 적극적인 관심을 보였다. 세인트헬레나 섬에서 그는 한 심복에게 '검은 방'이 절취한 국내 서신에 각료들이 직접 접근하는 것을 허락하지 않았다고 털어놓았다. 나폴레옹이 가장 모니터하고 싶었던 서신은 바로 자신의 각료들과 고급 관리들, 고위 사령관들의 서신이었다. 그는 군사 원정 도중에 그들의 편지 속에서 자주 발견한 '언짢은 기분이 드는' 표현에 대해 삐딱하게 기억하고 있었는데, 그렇게 언짢은 기분이 든 것은 "내가 그들을 파리의 쾌락에서 벗어나, 나에게 봉사하고 국익에 봉사하도록 [원정에] 데려왔기 때문"이었다.[4]

나폴레옹이 황제로 재위한 첫 6년 동안 국내사찰을 맡기고 의존한 사람은 경무장관 조제프 푸셰(Joseph Fouché)였다. 그는 가톨릭 오라토리오 회(會) 사제 출신으로서 혁명 기간에 국왕 시해 쪽으로 전향했었다. 나폴레옹의 전속부관인 필리프 세귀르(Philippe Segur) 백작은 (분명 혐오하는 투로) 푸셰가 "긴 얼굴을 움직이면 흥분한 족제비가 연상되는 것, 흔들리지만 뚫어져라 쳐다보는 그의 날카로운 시선, 핏발이 선 작은 눈, 상투적인 이야기를 숨 가쁘게 끊으며 말하는 그의 어투를 사람들은 기억한다"라고 말했다. 그러나 나폴레옹은 푸셰의 사찰 능력이 타의 추종을 불허한다고 믿었다. 그는 "푸셰가, 그리고 푸셰만이 경무부를 운영할 수 있다. 우리는 그런 사람을 만들어낼 수 없으며, 현재대로 가야 한다"라고 선언했다.[5] 프랑스 각지의 여론에 관한 사찰 보고서가 고위 관리들에게 올라가는 일은 프랑스 공화국 시절에 아주 흔했다. 그러나 푸셰는 최초

---

4    나폴레옹의 가장 충성스러운 추종자의 한 사람인 샤를-트리스탕 드 몽톨롱(Charles-Tristan de Montholon)이 세인트헬레나 섬에서 유배 기간 내내 나폴레옹과 함께 머물렀다. 유배에 관한 그의 기술은 20년 뒤에 이루어졌지만, 그가 '검은 방'에 관해 나폴레옹이 말한 것을 잘못 전한 것 같지는 않다.
5    푸셰의 믿을 수 없는 '회고록'은 대필 작가 알퐁스 드 보샹(Alphonse de Beauchamp)의 작품이었다.

로 일일 정보 요약을 작성해 매일 아침 나폴레옹에게 보고했다.[6] 가끔 나폴레옹은 '검은 방'이 절취한 서신을 푸셰에게 보내 추가 조사하도록 지시했다.[7]

푸셰는 스파이망 자금을 사창가와 도박장에 부과한 추가 부담금으로 일부 충당했는데, 그런 데는 제보자들도 풍부했다. 나폴레옹 제국을 전복하려는 음모가 없었던 부분적 이유는 어디에나 있는 그의 스파이들이 두려웠기 때문이다. 푸셰는 또한 영국 스파이들을 겁주는 성과도 거두었다. 1804년 푸셰는 함부르크 자유시의 영국 총독인 조지 럼볼드(George Rumbold) 경이 프랑스에서 스파이망을 운용하고 있다는 것을 알고 뱃길로 일단의 병력을 파견했다. 그들은 럼볼드의 시골 저택으로 쳐들어가 그의 파일을 압수했는데, 이는 국제법 위반이었다. 럼볼드 자신도 파리로 압송되는 수모를 겪었다. 함부르크를 보호하는 프로이센이 항의하자, 럼볼드가 며칠 후 석방되었다. 그 무렵, 푸셰가 의도했던 대로 프랑스 내 목표를 겨냥해 활동하던 영국 스파이들이 틀림없이 위축되었을 것이다.

나폴레옹은 푸셰의 사술(邪術)에 탄복했으나 전적으로 그를 신뢰하지는 않았으며, 자신도 다른 출처, 특히 충직한 전속부관 제로 뒤록(Géraud Duroc)이 올리는 국내정보보고서를 받아보았다. 후일 나폴레옹은 뒤록을 가리켜 "나의 친밀감과 전적인 신임을 받은 유일한 사람"이라고 말했다. 푸셰와 달리, 뒤록은 황제를 친근하게 '너(프랑스어로 tu)'라고 불렀는데, 이렇게 부른 사람은 보나파르트 가족 외 몇 명뿐이었다. 그러나 뒤록의 서신도 나폴레옹의 지시로 '검은 방'에 의해 개봉되었다. 푸셰의 정적 조제프 피에베(Joseph Fiévée)는 나폴레옹

---

6    요약보고서를 작성한 사람은 왕정주의자 출신으로 '프랑수아'라는 이름의 변호사였다. 그는 집정관 체제하에서 사형선고를 받았으나, 다른 왕정주의자들을 고변한 뒤 형 집행이 취소된 인물이었다. 푸셰는 프랑수아의 초안에 자신의 논평을 보탰다.
7    예컨대, 1807년 11월 나폴레옹은 릴(Lille) 백작(루이 18세)의 절취된 서신을 푸셰에게 보내 그 내용에 관해 보고하라고 지시했다.

에게 직보한 다른 비밀 출처였는데, 그는 ≪제국신문(Journal de l'Empire)≫의 전신인 ≪토론신문(Journal des Débats)≫의 편집인이었다. 또 나폴레옹은 각각 1만 2,000프랑의 연봉을 받는 12명의 제보자를 직접 채용했으며, 그들이 올린 보고서는 읽은 후 바로 소각했다. 나중에 그는 세인트헬레나 유배지에서 자신의 개인 정보망이 "일을 매우 잘했으며 내가 이 시스템을 확대했어야 했다"라고 말했다. 그러나 나폴레옹은 제보자들의 보고서를 소각하기 전에 읽을 시간이 항상 있었던 것은 아니었다고 인정했다. 황제의 정보(대부분 국내 뉴스) 욕구가 대단했지만, 그에 상응해 정보를 소화하는 방법은 일관되지 않았다.

또 나폴레옹은 푸셰가 경찰 수사나 보안 수사를 독점하지 않도록 조치해 그 일부를 파리 경찰국장 루이 뒤부아(Louis Dubois)와 자신의 선임 부관인 르네 사바리(René Savary) 장군에게 맡겼다. 나폴레옹은 푸셰가 일을 꾸미기 때문에 그를 "끊임없이 감독하는 것이 필요하고 나도 피곤하다"라고 불평했다. 1810년 푸셰는 웰링턴 장군의 형이자 영국 외무장관인 웰즐리(Wellesley) 경과 비밀 평화협상을 무단으로 시작했다. 나폴레옹이 6월 5일 푸셰에게 다음과 같이 말했다.

당신이 나에게 봉사한 일을 모두 알고 있으며, 당신의 헌신과 열정을 믿습니다. 그러나 나는 당신의 직책 유지를 허용할 수 없습니다. 경무장관 직은 절대적이고 전폭적인 신임을 요구합니다. 당신이 나와 국가의 평온을 훼손했기 때문에 그러한 신임이 이제 존재할 수 없습니다.

나폴레옹은 푸셰를 로마 총독으로 내보내고 경무장관 자리에 그의 라이벌인 사바리를 앉혔다. 푸셰와 사바리 둘 다 정치적 권리를 억압하는 데 핵심적인 역할을 했다. 나폴레옹 제국이 공포통치 수준에 이른 적은 결코 없지만, 그 기간에 약 2,550명의 정치범이 수감되었다.

전쟁 수행과 관련된 정보의 역할은 프랑스보다 영국 쪽에서 훨씬 더 효과적이었다. 피트가 1804년 5월 권좌에 복귀한 후에 '비밀사업지출(Secret Service Vote)'은 1805년 17만 2,803파운드의 기록적인 수준에 이르렀는데, 이 기록은 19세기 말까지 깨지지 않았다. 피트가 1806년 1월 겨우 40세에 요절한 다음, 후속 정부에서도 그 연간 지출이 워털루 전투 이후까지 10만 파운드를 상회했다. 나폴레옹 전쟁 기간의 선임 각료들은 화이트홀의 타 부처에서 오는 정보에 대해 이전의 전쟁 때보다 더 적극적인 관심을 보였다. 1807년 영국 해군의 코펜하겐 원정을 앞두고, 당시 포틀랜드 공작이 이끄는 정부에서 재무장관으로 있던 스펜서 퍼시벌(Spencer Perceval, 나중에 수상이 되었다)은 다음과 같이 기록했다. "덴마크를 우리나라에 대해 공격적인 연합으로 강제하거나 유도하려는 보나파르트의 의도에 관해 그토록 많고 다양한 출처에서 나온 정보를 보면, 그의 계획을 의심할 여지가 없다." 이와 반대로 나폴레옹은 해군 원정을 준비하는 영국의 동향에 관해 아무런 정보가 없었다. 영국이 코펜하겐에서 덴마크 함대를 나포한 것은 그에게 완전히 충격적이었다.

1808년 의회 토론에서 포틀랜드 정부는 코펜하겐 원정에 반대하는 비판에 대응해 그 원정을 정당화하기 위해 정보를 원용했지만, 그 출처는 밝히기를 거부했다.[8] 정부 지지자들은 그 비밀첩보의 출처가 누설되어 [의회의] 호기심 충족

---

8  주된 정보 출처는 1807년 7월 21일 당트레그(d'Antraigues) 백작이 캐닝 외무장관에게 보낸 편지였다. 프랑스 왕정주의자로서 런던으로 망명 이주한 그는 10여 년 동안 간헐적으로 정보업무에 관여했었다. 당트레그에게 제보한 바실리 트루베츠코이(Vasili Troubetzkoi) 공은 러시아 황제 알렉산드르 1세가 틸지트(Tilsit, 현재 러시아 소베츠크_옮긴이)에서 나폴레옹과 회동했을 때 그의 전속부관이었다. 트루베츠코이의 제보라면서 당트레그가 주장한 대로, 나폴레옹과 알렉산드르가 틸지트에서 반영(反英) 해양동맹 결성을 비밀리에 논의했다는 증거는 없지만, 1807년 11월 7일 러시아 황제는 영국과의 외교 관계를 단절하고 기존의 모든 영-러 조약을 폐기했다. 알렉산드

이나 보나파르트의 복수로 이어져서는 안 된다는 점을 수용했다. 포틀랜드 행정부는 사상 처음으로 정부의 비밀 요원은 무제한의 익명성을 보장받는다는 원칙을 공개 선언했으며, 이후 영국의 모든 후속 정부가 이 원칙을 수용했다. 외무장관 조지 캐닝(George Canning)은 하원에 다음과 같은 수사적 질문을 던졌다. "이 나라는 충절에서 또는 그보다 못한 동기에서 조국에 봉사하는 요원들에게 '당신은 오직 한 번밖에 봉사하지 못하며, 이후 당신의 목숨은 박탈될 것입니다'라고 말할 것인가?" 1808년 캐닝은 '비밀사업'이 여전히 '의회가 파고들지 않는 유일한 기금'이라고 말했다.

나폴레옹은 후일 자신의 몰락이 '스페인 궤양'(반도전쟁이라고도 하는 스페인독립전쟁을 지칭한 나폴레옹의 표현_옮긴이)으로 '대육군(Grande Armée)'이 쇠약해진 데서 시작되었다고 진단했다. 1807년 프랑스군이 포르투갈을 침공했다. 1년 뒤에는 나폴레옹이 자신의 형 조제프(Joseph)를 스페인 왕으로 즉위시켰는데, 이 일로 전국적 반란이 일어났지만, 프랑스군은 이 반란을 진압할 수 없었다. 나폴레옹의 천적 웰링턴이 1809년 이베리아 반도에서 영국과 포르투갈 연합군 지휘를 맡았을 때, 나폴레옹은 통계청이 보낸 영국 신문의 보도를 인용해 반도전쟁의 결과에 대한 자신의 과신을 정당화했다. 그는 1810년 영국 신문을 읽은 후, 스페인 주둔 프랑스군 참모총장 베르티에(Berthier) 원수에게 편지를 썼다. "잉글랜드에서 온 뉴스에 따르면, 웰링턴 장군의 병력이 잉글랜드와 독일을 합해 2만 4,000명에 불과하고 포르투갈 병력도 2만 5,000명이 채 못됩니다." 나폴레옹은 프랑스 병력이 훨씬 더 많지만, 그 3/4이 스페인군과 게

르 1세는 종래 영국을 겨냥했던 "무장 중립의 원칙을 새로 선포하며, 이 원칙을 철회하지 않을 것을 다짐한다"라고 공개적으로 선언했다.

릴라 부대 때문에 발이 묶여 있다는 사실을 간과했다. 나폴레옹이 이베리아 반도의 군사력 균형을 잘못 평가한 배경에는 통계청이 그에게 그의 구미에 맞지 않는 진실을 직보하기를 꺼린 점(독재체제에서 '권력자에게 진실 말하기' 문제의 두드러진 사례다)과 그 자신이 자기 생각과 어긋나는 증거를 무시하는 경향이 있었다는 점이 모두 작용했다. 나폴레옹의 군사적 천재성이 정보 면으로 확장되지는 않았다.

본명이 아서 웰즐리(Arthur Wellesley)인 웰링턴과 나폴레옹은 당대 최고의 장군이었을 뿐 아니라 두 명의 정부를 둔 것까지 포함해 다른 공통점도 많았다. 그들은 1769년에 태어난 동갑내기였으며, 둘 다 프랑스어가 제2언어였다. 나폴레옹이 태어난 코르시카(Corsica) 섬(그가 태어나기 1년 전에 프랑스가 획득했다)의 공용어는 1859년까지 이탈리아어였다. 그가 유창한 프랑스어를 습득한 것은 브리엔(Brienne) 육군사관학교에 들어간 후였다. 웰링턴도 프랑스에서 프랑스어를 습득했다. 웰링턴은 1786년 이튼 칼리지(Eaton College)를 떠나 프랑스 서부 앙제(Angers)에 있는 왕립승마학교에 들어간 후 이 학교를 더 마음에 들어 했으며 평생 프랑스를 좋아하게 되었다. 나폴레옹전쟁 시 프랑스어에 유창했던 웰링턴만큼 제2차 세계대전 시 독일어에 유창했던 영국 장군은 없었을 것이다. 나폴레옹이 거둔 다수의 승리는 그 규모·범위·탁월성 면에서 웰링턴의 승리를 능가했다. 그러나 웰링턴은 나폴레옹보다 더 나은 정보를 입수했을 뿐만 아니라 정보에 대한 이해력도 더 높았다. 또 그는 나폴레옹이 영국을 이해한 것보다도 더 제대로 프랑스를 이해했다.

웰링턴에 대한 나폴레옹의 이해가 부족했던 것은 그를 '세포이(Sepoy) 장군'이라고 일축한 데서 잘 드러났다. '세포이'는 인도에서 웰링턴 휘하에 복무한 인도인 사병들을 가리킨 말인데, 통계청은 인도 주재 프랑스 관리들을 통해 그들 대부분이 탁월한 전사라는 사실을 알았겠지만, 황제에게 이 사실을 그대로 말하기는 거북했을 것이다. 아서 웰즐리와 그의 형 리처드는 영국의 인도통치 수립에 마지막 주요 장애였던 마라타족(Marathas)과의 전쟁을 비롯해 여러 전쟁을 통해 나폴레옹이 유럽에서 정복한 것보다 훨씬 더 큰 제국을 정복했었다. 웰즐리가 군사정보의 중요성을 배운 것도 인도에서였다. 그가 후일 자신의 (유명하지는 않지만) 최대 승리라고 말한 전투, 즉 1803년 마라타 제국의 대군과 싸운 아사예(Assaye) 전투에서는 정보가 중요한 역할을 했다. 웰즐리의 가장 귀중한 전략정보는 마라타군에서 복무하는 간부 용병들에게서 나왔는데, 그들은 유급 고정간첩으로 활동하다가 영국으로부터 연금 약속을 받고 귀순했다. 특히 중부 인도의 분델칸드(Bundelkhand) 지역의 대대장 마이셀바크(J. F. Meiselbach) 대령은 1803년 마라타군에서 복무를 그만둘 때까지 2년 동안 고급 정보를 정기적으로 공급했다. 마이셀바크는 분델칸드의 통치자 히마트 바하두르 고사비(Himat Bahadur Gossavi)의 가장 가까운 정치 참모 겸 의장대 대장이었다.

아사예 전투를 앞두고 가장 중요한 전술 정보는 웰즐리군이 생포한 두 명의 마라타 기병에게서 나왔을 것이다. 1803년 9월 21일 그들은 마라타군 주력 부대가 웰즐리가 생각했던 것보다 훨씬 더 가까이 있다고 폭로했다. 웰즐리는 자신의 병력 전원이 전투준비를 마친 상태가 아니었음에도, 늦어지면 실패할 선제공격의 기회를 보았다.[9] 그 공격으로 이틀 뒤 프랑스 장교들이 이끄는 훨씬 더 큰 군대와 싸워 유명한 승리를 거두었다. 워털루 전투처럼 아사예 전투도 '아주 박빙의 승부'였다. 웰즐리의 4,500명의 병력 가운데 1/3 이상이 죽거나 다쳤다. 그가 타던 말이 죽었고 두 번째 말도 중상을 입었으나 그는 다행히 살아남았다. 그의 수행 기마병은 마라타군 포탄에 맞아 머리가 날아갔다. "그의 몸통은 안장에 달린 가방, 권총집 등 부착물에 의해 그 자리에 붙어 있었는데,

---

9   웰즐리도 그 선제공격이 실패할 경우 부대 전체의 안전이 위험해질 것임을 분명히 우려했다.

놀란 말이 한참 만에 그 섬뜩한 짐을 떨쳐낼 수 있었다."

웰즐리는 정보수집의 질을 높이는 데 나폴레옹보다 더 신경을 썼다. 그는 곧 하카라(harkarrah)들을 의심하게 되었다. 하카라는 군대보다 앞서 이동하면서 첩보와 정보를 뒤로 전달하는 인도의 전통적인 전령으로, 사용자들이 듣고 싶어 한다고 생각하는 것만 보고하기 마련이었다. 1803년 11월 7일 웰즐리는 분명 짜증이 난 상태로 동인도회사(East India Company) 임원인 윌리엄 클라크(William Clarke) 경에게 다음과 같은 편지를 썼는데, 이는 하카라들이 클라크를 오도했다고 생각했기 때문이었다.

존경하는 클라크 경, 이 하카라들을 믿어서는 안 된다는 점을 말씀드립니다. 이들은 도대체 들을 만한 정보를 가져오지 않으며, 이들이 거짓 보고를 유포시킨다면 우리 과업에 무한한 해악을 끼치게 됩니다. 하카라들이 반드시 당신에게만 보고하도록 조치하시기를 부탁드립니다.

2주 뒤, 웰즐리는 다른 사람에게 보낸 편지에서 "도대체 윌리엄 클라크 경의 보고에는 근거가 없다"라고 경멸조로 말했다. 그가 소장으로 진급한 1804년에 쓴 편지를 보면, "이 나라 전쟁에서 가장 힘든 일 가운데 하나는 적의 이동과 의도에 관한 정보를 적시에 이용할 수 있도록 조기 입수하는 것이다"라고 적혀 있다. 웰즐리는 좀 힘들더라도 새로운 정보처를 만들 계획을 세워 추진했다. 하카라들이 오도하는 정보나 허위정보를 공급하는 것을 차단하는 방안으로서 그는 새 정보처 내에 세 개 과를 서로 독립시켜 자신에게 따로따로 보고하게 했다.

한 과에 고용된 사람들은 다른 과에 고용된 사람들을 모르도록, 그리고 그들이 서로 소통하지 못하도록 만전을 기했다. 하카라들은 월급 외에 포상금을 받았는데, 특히 작전 수립에 도움이 되는 정보를 가져올 경우 두둑한 포상금을 받았다. 반면 거짓으로 판명된 정보를 가져올 경우에는 처벌받고 해고되었다.

정보 출처의 범위를 넓히기 위해, 웰즐리는 현지 상인들에게 저녁에 자신을 찾아와 '낮에 들은 모든 것'을 전하도록 독려했으며, '적의 계획에 관해 실마리를 찾을 것'이라는 기대하에 현지 관원들과 그 수장을 지속적으로 접촉했다. 그가 군사 정보활동을 개선했음에도 불구하고, 동인도회사는 여전히 당시 인도 제국에 관해 무지했는데, 전대의 무굴 왕조나 2,000년 전의 마우리아 왕조에 관해서보다도 더 몰랐을 것이다.

웰즐리(1809년부터 웰링턴 자작)는 워털루 전투로 절정에 이르기 전에 이미 스페인과 포르투갈에서 벌어진 반도전쟁으로 영국의 군사 영웅이 되고 공작 작위를 받았다. 반도전쟁에서 그는 '적의 이동과 의도에 관한 정보를 적시에 이용할 수 있도록 조기 입수'하는 한 방법으로서 여전히 (필연적으로 인도에서의 스파이 망과는 약간 다른) 스파이망을 사용하는 데 치중했다. 이베리아 반도에서 그는 프랑스 침략군에 대한 민중의 반감을 이용했다. 그는 후일 "어디에서나 나는 농부와 사제들로부터 정보를 받았다. 프랑스군은 아무것도 얻지 못했다"라고 기술했다. 1810년 무렵, 웰링턴은 통신원과 스파이로 구성된 여러 네트워크로부터 풍부한 정보를 받고 있었는데, 그 네트워크를 구축한 사람은 각각 포르투갈과 스페인 주재 영국 공사인 친구 찰스 스튜어트와 동생 헨리 웰즐리였다. 스튜어트의 네트워크에는 프랑스 남서부의 바욘(Bayonne)에서 활동하는 스파이들이 포함되었는데, 바욘은 대부분의 프랑스 부대가 이베리아 반도로 갈 때 거치는 경유지였다.

반도전쟁에서 영국의 정보활동이 성공한 비결은 웰링턴의 정보활동 관리에 있었다. 현존 기록이 불완전하지만, 암호분석(나폴레옹보다 웰링턴이 암호분석을 훨씬 더 높은 우선순위에 두었다)이 적어도 스파이 정보만큼 공헌했을 것이다. 스페인 게릴라들이 프랑스군의 통신 라인을 공격함으로써 절취된 군사 발송물이 규칙적으로 공급되었다. 1811년까지 나폴레옹의 장군들은 단순 치환 암호를 사용했는데, 그 암호는 1,000년 전 알-킨디(Al-Kindi)가 발견한 빈도 원리를 이용해 풀 수 있는 것이었다.[10] 이후 몇 년 동안 프랑스 암호는 풀기 어렵게 바뀌었다. 그러나 운이 좋은 웰링턴은 휘하의 병참 장교 조지 스코벨(George Scovell)이 암호해독의 천재임을 알고 놀랐다. 1811년 봄 프랑스군이 숫자 150개를 조합해 '포르투갈 암호부대'라는 새로운 암호를 도입했다. 조지 스코벨은 그 암호를 이틀 만에 풀었다. 1812년 초 도입된 '위대한 파리 암호'는 훨씬 더 복잡했는데, 다양한 순열을 기반으로 1,400개 숫자를 단어에 적용하고, 암호해독자를 혼동시키기 위해 의미 없는 '공백(blank)'을 무작위로 끼워 넣을 수 있었다. 스코벨은 빈도 원리에서 출발했다. 2, 13, 213, 413 등의 일부 숫자가 다른 숫자보다 자주 등장했다. 스코벨은 곧 210이 프랑스에서 가장 흔히 쓰이는 두 글자 단어 'et(영어로 and)'를 뜻한다는 공식을 설정할 수 있었다. 또한 그는 평문 발송물과 비문 발송물을 대조해서 도움을 받았다. 한 예로 '918 ne negligerai'는 첫 발송물에 'negligerai(영어로 shall neglect)'가 있으므로 '918'이 'je(영어로 I)'를 의미한다고 추론되었다. 대부분의 실마리가 풀기 어려웠지만,

---

10  예컨대, 1811년 4월 리스본 동쪽의 스페인 국경에서 작전 중이던 영국-포르투갈 연합군사령관 윌리엄 베레스포드(William Beresford) 장군이 절취된 메시지를 수령했다. 프랑스군의 라투르 모보르(Latour Mauborg) 장군이 보낸 그 메시지에 사용된 암호는 단순히 각 문자를 하나의 기호로 치환한 것이었다. 베레스포드의 병참감과 참모는 메시지를 수령한 당일 그 메시지를 해독할 수 있었다. 그 메시지는 에스트레마두라(Estremadura) 평원에서 베레스포드를 공격하려고 준비하는 프랑스 대군의 동향을 상세히 드러냈으며 웰링턴이 그 지역에 증원군 파견을 결정한 주된 계기가 되었을 것이다.

스코벨은 1812년 여름까지 암호를 대부분 풀었다. 스코벨의 부대 가이드들이 적군의 이동에 관해 수집한 첩보가 암호 발송물에 언급된 인물과 장소의 정체를 추정하는 데 도움이 되었다.

'위대한 파리 암호'를 해독한 첫 메시지는 웰링턴의 작전에 대단히 중요했다. 그 메시지는 1812년 7월 9일 조제프 왕이 나폴레옹에게 보낸 편지로, 스페인 게릴라들에 의해 포획되었다. 말채찍에 숨길 수 있도록 은종이에 작은 글씨로 쓴 그 편지는 조제프가 포르투갈 국경과 마드리드 사이의 살라망카(Salamanca) 지역에 주둔한 오귀스트 마르몽(Auguste Marmont) 원수의 군대와 합류할 증원군을 보낸다는 내용을 담고 있었다. 웰링턴은 조제프 군대가 도착할 것이라고 그 해독물이 가리킨 날보다 이틀 이른 7월 22일 살라망카의 마르몽을 공격해 대승을 거두었다. 웰링턴은 절취된 발송물에서 프랑스군의 작전계획을 입수해 1813년의 공세를 계획할 수 있었다. 스코벨의 해독물에 열광한 그는 자랑을 멈출 수 없었다. 웰링턴이 1813년 1월 스페인의 저명한 정치가 돈 안데스 데 라베가(Don Andes de la Vega)에게 쓴 편지를 보면, "조제프 왕이 나폴레옹에게 보낸 편지의 초록을 동봉합니다. 암호로 쓰여 해독된 이 편지는 당신과 의회(Cortes) 내 당신 친구들의 큰 관심을 끌 만합니다"라고 적혀 있다. 그 해독물은 스페인 국민이 자신들의 의회보다 보나파르트 왕조를 더 좋아한다고 터무니없이 주장하며 의회를 경멸했다. 그 편지를 회람시킨 웰링턴의 목적은 분명 조제프 정권을 의회의 웃음거리로 만드는 것이었다. 그러나 그는 해독물을 회람시킴으로써 엄청난 정보 위험을 감수하고 있다는 점을 인식하지 못했다. 만일 나폴레옹과 휘하 고위 장군들이 '위대한 암호(grand chiffre)'가 풀렸다는 것을 알았더라면, 그들은 그 사용을 중지했을 것이고 웰링턴은 최고의 정보 출처를 상실했을 것이다. 웰링턴은 이처럼 무분별한 자신의 기념비적 행동에 대한 역사상의 선례가 있다는 사실을 몰랐던 것이 거의 확실하다. 그 선례는 과거 잉글랜드 내전 기간에 의회가 찰스 1세의 해독된 서신 출간을 결정한 것이었다. 1717년에는 정부 백서에 스웨덴의 해독된 외교 서신이 공개된 후, 스웨덴은 외교 암호를 새로 채택했는데, 여러 해 동안 해독 부서는 새 암호를 풀 수 없었다. 1813년 웰링턴과 스코벨은 운이 좋았다. 나폴레옹과 휘하 고위 사령관들은 '위대한 암호'가 풀렸다는 것을 깨닫지 못하고 계속 사용했다.

스코벨은 해독 부서라고 런던에 남아 있는 조직의 몇몇 암호분석관보다 훨씬 뛰어났다. 그 부서는 존속했지만, 1812년 에드워드 윌리스 2세가 죽은 후 종래 에드워드 윌리스 주교 가문의 구성원들이 잇달아 차지했던 암호해독관의 공식 직책이 폐지되었는데, 이는 그 부서의 위상이 쇠퇴했다는 표지였다. 1812년 7월의 살라망카 전투를 앞두고 웰링턴은 전쟁 담당 신임 국무장관 얼 배서스트(Earl Bathurst)에게 최근 절취한 프랑스의 암호 발송물을 복사해서 보냈다. 배서스트가 해독 부서의 회신을 그에게 전달하기까지 9개월이 걸렸다. 그 기간에 런던 암호분석관들은 '위대한 파리 암호'의 1,400개 숫자 가운데 겨우 164개에 대해서만 그 의미를 찾았다. 1813년 5월 23일 웰링턴은 배서스트에게 비웃는 답장을 보냈다. "지금까지 찾은 암호 열쇠에 대해 장관님께 무척 감사드립니다. 지난 4월 5일 나에게 보내주신 것 말입니다. 당신이 알게끔 여기 동봉한 것은 장관님을 통해 받은 열쇠를 참고하지 않고 스코벨 중령이 푼 것입니다."

암호분석은 1813년 웰링턴이 스페인 북서부의 비토리아(Vitoria)에서 대승을 거두는 데 크게 공헌했으며, 그 승리가 프랑스의 지배를 사실상 종식했다. 조제프 왕이 3월 13일 포르투갈군 사령관 샤를 레유(Charles Reille) 장군에게 보낸 발송물이 절취되었는데, 이 발송물로 인해 프랑스군이 대(對)게릴라 공세를 전개하기 위해 웰링턴과 대치한 병력을 줄이고 있음이 드러났다. 그밖에 스코벨이 해독한 중요한 발송물로는 조제프 보나파르트의 참모인 뤼코트(Lucotte) 대령이 3월 14일 조제프에게 보낸 메시지가 있었다. 뤼코트는 향후 반도전쟁 수행에 대한 황제의 지침을 받고 파리에서 스페인으로 돌아가는 중이었다. '위대한 암호' 사용은 고위 사령관들과 황궁에만 허용되었기 때문에 뤼코트는 덜 복잡한 암호를 사용했다. 스코벨은 이전에 그 암호를 본 적이 없었지만, 해독된 메시지 위에 "프레나다(Frenada, 웰링턴의 포르투갈 사령부)에서 6시간 만에 쉽게 해독됨"이라고 오만하게 적었다. 웰링턴은 얼 배서스트에게 "이 편지는 암호로 되어 있어 내용을 공개하지 않는 것이 바람직하다"라고 알렸는데, 아마 그는 이전에 어떤 절취물을 스페인 정치가에게 전함으로써 감수한 위험을 늦게나마 인식했을 것이다.

비토리아 전투가 웰링턴이 반도전쟁에서 거둔 가장 결정적인 승리였지만, 그로 인해 암호분석에 차질이 빚어졌다. 6월 21일 조제프 왕은 자신의 군대가 궤멸당하자, 왕의 마차를 버린 채 말을 타고 전장을 탈출했다. 그 왕의 마차에는 조제프가 마드리드에서 가져온 네 장의 두루마리 그림 외에 가죽으로 된 서류 가방이 들어 있었다. 그 가방에서 '스페인 국왕(Sa Majesté Catholique)'이라고 새겨진 큰 문서를 꺼낸 스코벨은 즉각 그것이 '위대한 파리 암호'의 국왕용 사본임을 알아보았다. 자신의 암호 서신의 중요 부분이 여러 해 동안 영국군에 의해 해독된 줄 모르는 조제프는 전투가 끝난 후 프랑스 전쟁장관에게 '위대한 암호'가 든 서류 가방을 분실했다고 말했다. "그것이 적의 수중에 들어갔을지도 모릅니다. 공작님께서는 새 암호를 만들어 발송하도록 지시하는 것이 신중한 처사라고 판단하시리라 믿습니다." 전쟁장관은 조제프의 조언을 받아들였다. 그가 7월 카탈루냐(Catalonia) 주둔군 사령관 루이-가브리엘 쉬셰(Louis-Gabriel Suchet) 원수에게 보낸 발송물이 절취되었는데, 거기에 새 암호가 사용되었다. 스코벨이 그 암호에 대한 작업을 시작했지만, 절취할 수 있는 메시지 수가 급감했기 때문에 그와 웰링턴은 그 해독에 낮은 우선순위를 매긴 것으로 보인다. 카탈루냐 주둔군이 국경 쪽으로 후퇴했기 때문에 파리에서 보내는 발송물은 주로 스페인 게릴라들이 활동하지 않는 프랑스 영토를 통과했다.

나폴레옹은 이베리아 반도에서 빈약한 정보를 가지고서는 이길 수 없는 전쟁을 4년 동안 치른 후, 그때까지 세계 역사상 최대 규모의 병력을 동원해 러시아를 침공했다. 반도전쟁에서와 마찬가지로 러시아 원정에서도 나폴레옹의 정보 시스템은 적보다 훨씬 수준이 낮았다. 원정을 개시하기 6개월 전, 나폴레옹은 자신이 활용할 수 있는 정보에 대해 가망 없는 비현실적인 기대를 품었다. 1811년 12월 20일 그는 외무장관 위그-베르나르 마레(Hugues-Bernard Maret)에게 침공이 진행되면 신설 '비밀경찰'의 수장을 맡으라고 했다. 그 '비밀경찰'의 담당 업무에는 '러시아군과 적국에 관한 정보활동, 절취된 서신과 문서의 번역, 전쟁포로 심문 등이 포함될 예정'이었다. 이 웅대한 구상에서 이루어진 것은 거의 없었다. 1812년 1월 1일 외무부의 아르카이브 담당관은 소장된 러시아 파일이 모두 '오래되어 불완전하고 불확실하다'고 마레에게 보고했다. "러시아에 관해 정말 확실한 정보가 하나도 없습니다." 6월 19일 바르샤바 대공국(Grand Duchy)의 프랑스 각료 루이 드 비뇽(Louis de Bignon)이 파리에 보고했다. "러시아 영토에서 나오는 좋은 보고서를 이제 받지 못하고 있으며, 현재 러시아군대의 위치에 관해 아주 모호하게 판단할 수 있을 뿐입니다." 나흘 뒤 나폴레옹의 대육군(Grande Armée)이 네만(Nieman) 강을 건너 러시아 침공을 개시했다.

러시아 황제(차르) 알렉산드르 1세가 1810년 1월 전쟁장관으로 임명한 미하일 바르클라이 데 톨리(Mikhail Barclay de Tolly)는 프랑스에서 정보를 입수했는데, 이 정보는 나폴레옹이 러시아에서 입수한 정보보다 훨씬 더 성공적이었다. 바르클라이는 지금도 러시아 군사정보의 시조로 기억되고 있는데, 2011년 그

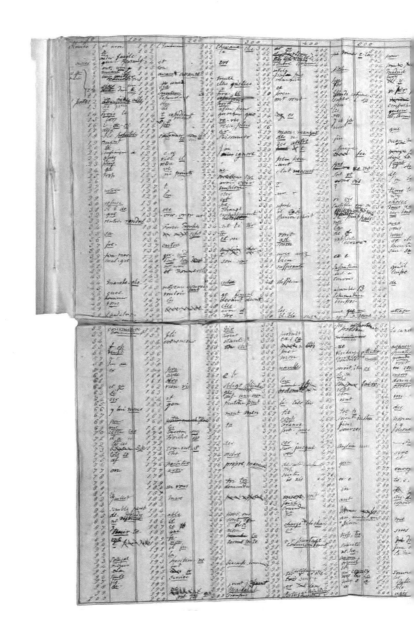

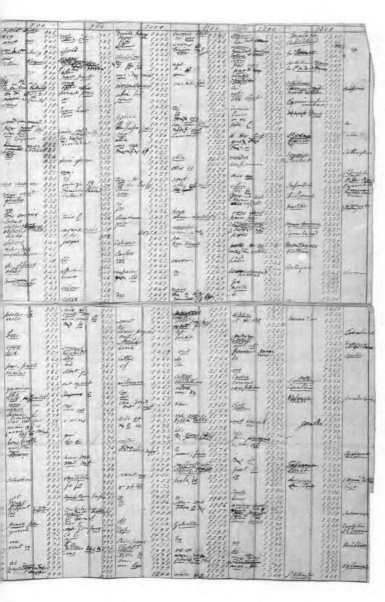

1812년 조지 스코벨이 나폴레옹의 '위대한 파리 암호'를 푼 해법의 일부.
이는 19세기 영국의 암호해독이 거둔 최대의 쾌거였다.

를 기념하는 우표가 발행되기도 했다.

바르클라이의 스코틀랜드계(系) 조상들은 17세기 중엽 발트 해에 정착했었다. 웰링턴처럼 그도 전장에서 군사정보의 중요성을 직접 체득한 경험 많은 사령관이었다. 전쟁장관으로서 그가 처음으로 제안하고 황제가 수용한 것 중 하나는 특별사무국(Special Chancellery)의 창설이었다. 특별사무국은 해외의 주요 러시아대사관에 처음으로 무관(당시에는 군사 요원으로 불렸다)을 임명한 데서 출발한 정보기관이었다(프랑스 주재 대사관에는 1820년대까지 무관이 파견되지 않았다). 창설을 완료하기까지 2년이 걸린 특별사무국의 존재는 후일의 정보용어로 I급 비밀이었다. 그 활동은 국방부 연감에 언급된 적이 없으며, 나폴레옹도 그 존재를 몰랐을 것이다.

나폴레옹이 러시아에도 활동적인 '검은 방'이 있다고 의심했다는 증거는 없는바, 최근의 사학자들 다수도 의심하지 않았다. 19세기가 시작될 때, 수도 상트페테르부르크의 외무부는 러시아의 주요 암호전문가들로 구성된 '암호화위원회'를 설립했다. 이 위원회의 임무는 새 암호 시스템 도입, 낡은 암호의 단계적 폐지, 암호화·복호화 활동 등에 관해 외무부와 황제에게 보고하는 것이었다. 1800년 3월 외무장관 니키타 페트로비치 파닌(Nikita Petrovich Panin)은 베를린 주재 러시아 대사에게 다음과 같은 서한을 보냈다.

우리는 [프로이센] 왕과 대리대사 간 서신에 쓰이는 암호를 보유하고 있습니다. 만일 당신이 [프로이센 외무장관] 크리스티안 폰 하우크비츠(Christian von Haugwitz)의 배신을 의심할 경우, 적당한 구실을 붙여 그 문제 건에 관해 그가 여기로 [대리대사에게] 보내는 편지를 쓰게 만들면 됩니다. 그러나 왕의 발송물을 해독하자마자 그 내용을 당신에게 꼭 알려드리겠습니다.

나폴레옹이 러시아에 침공하기 한참 전이었겠지만, 차르의 '검은 방'은 상트 페테르부르크 주재 영국 대사관이 사용하는 암호도 풀 수 있었다. 프로이센도 적어도 간헐적으로는 프랑스의 외교 암호를 풀 수 있었다. 1806년 8월 프리드리히 빌헬름(Frederick William) 3세는 해독된 프랑스 발송물을 통해 나폴레옹이 영국과 협상을 벌이고 있으며, 큰 틀의 평화협정 일환에서 프로이센에 대한 조약상 의무를 위반해 하노버 공국을 영국에 돌려주는 안을 은밀히 제시했다는 것을 알게 되었다. 9월 빌헬름 3세는 참모들의 압력에 못 이겨 비난으로 가득 찬 편지를 나폴레옹에게 썼으며, 나폴레옹은 다음과 같이 조롱하는 답장을 보냈다.

귀하로 하여금 그런 종잇장에 서명하게 만들어 대단히 유감입니다. 나는 그 종잇장에 포함된 모욕을 귀하 탓으로만 돌리지 않을 것임을 분명히 하려고 이 편지를 씁니다. … 나는 동시에 그런 글을 쓴 작성자를 경멸하고 동정합니다. … 잘 들으십시오. 나는 귀하의 모든 군대가 영원히 나의 승리를 부인할 수 없을 만큼 강력한 군대를 보유하고 있습니다! 그러나 왜 그토록 많은 피를 흘립니까? 무슨 목적으로? … 폐하를 완패시킬 겁니다! 귀하는 노년의 평화와 귀하 백성들의 목숨을 내팽개치게 될 것입니다. 조금도 봐주지 않을 것입니다![11]

나폴레옹은 프로이센 군대와 정부를 매우 경멸했기 때문에 영국과의 비밀 협상을 빌헬름 3세에게 노출한 정보 출처에 대해서는 거의 주목하지 않았다. 또다시 순전히 군사적인 힘이 프로이센의 우월한 정보력이 끌어낸 이점을 압

---

11    클라크의 탁월한 역사서 『철의 왕국(Iron Kingdom)』에는 프로이센의 암호해독에 관해 이 사례 하나만 들어 있다.

도했다. 1806년 10월 나폴레옹은 예나(Jena)에서 생애 최대의 승리 가운데 하나를 거두었으며, 오늘날 파리 센(Seine) 강의 이에나(Iéna) 다리가 그 승리를 기리고 있다.

나폴레옹은 프로이센 왕보다 차르 알렉산드르를 훨씬 더 존중했지만, 프랑스에 관한 알렉산드르의 정보가 러시아에 관한 자신의 정보보다 훨씬 더 우월했다는 사실은 꿈에도 생각하지 못했다. 프랑스-러시아 동맹은 1807년 황제와 차르가 틸지트의 네만 강에서 정교하게 장식된 뗏목에 올라 회동한 이후 5년 동안 지속되었는데, 그 기간 동안 알렉산드르가 프랑스에 관해 가졌던 정보는 파리에 주재하는 스파이와 협조자들이 보낸 것이었다. 바르클라이 데 톨리가 설립한 '특별사무국'에서 복무한 무관들 가운데에는 차르의 시동 출신 전속부관 알렉산드르 체르니셰프(Alexander Chernyshev)가 가장 성공적이었는데, 그는 나폴레옹 궁정에 파견된 차르의 개인 대표로서 이미 파리에 주재하고 있었다. 젊고 잘생긴 체르니셰프(1808년 차르가 나폴레옹에게 메시지를 보내기 위해 처음 그를 고용했을 때, 그의 나이는 겨우 22세였다)는 황제의 집으로 들여졌고 십중팔구 황제의 누이 폴린 보르게즈(Pauline Borghese)의 침대로도 들여졌을 것이다. 보르게즈는 이탈리아 조각가 안토니오 카노바(Antonio Canova)를 위해 나체 모델을 한 유명한 미인이었다. 체르니셰프는 오스트리아 대사관저에서 무도회 도중 불이 났을 때 프랑스 원수들의 부인 둘을 구출한 후 파리에서 로맨틱한 영웅이 되었다. 프로이센 외교관들은 제국의 궁정과 행정부 내에서 체르니셰프가 접촉하는 범위를 따라갈 수 없다고 베를린에 불평했다. 체르니셰프의 유급 협조자 망에는 적어도 세 명의 제국 관리가 들어 있었는데, 그중 전쟁부의 핵심부서에서 근무한 암호명 '미셸(Michel)'이 가장 중요했을 것이다. '미셸'은 1804년 처음으로 러시아대사관에 첩보를 제공했지만, 체르니셰프는 전보다 더 성공적으로 그를 운용했다. 매월 전쟁부가 프랑스군의 연대별 규모, 이동, 배치 등 세부사항에 관해 인쇄된 비밀보고서를 생산할 때마다 '미셸'은 신속하게 체르니셰프에게 이 보고서를 전달했고, 체르니셰프는 이를 밤새 복사해서 상트페테르부르크로 보냈다. 이렇게 해서 바르클라이 데 톨리는 나폴레옹 군대의 동쪽 배치 상황을 월별로 파악할 수 있었다. 그는 모든 것이 프랑스의 러시아 침공 준비를 가리키고 있다고 차르에게 알렸다. 1811년 말 파리를 떠나기 전에 체르니셰프는 자신의 모든 출처가, 특히 나폴레옹을 좋아하지 않는 '대단한 실적과 지식을 자랑하는 장교들'이 그의 러시아 원정 전략이 큰 전투와 빠른 승리에 입각할 것이라는 데 동의했다고 바르클라이에게 보고했다. 체르니셰프는 러시아군이 전투를 피하되, 대신 가볍게 움직이는 부대를 활용해 '대육군'을 괴롭혀야 한다고 주장했다. 프랑스군의 침공 이후 러시아군은 이러한 주장의 대부분을 정확히 그대로 실행했다.

나폴레옹보다 경무장관 사바리가 훨씬 더 체르니셰프의 활동을 의심했지만, 체르니셰프가 파리에 주재하는 동안 그의 주요 출처를 밝혀내지 못한 것으로 보인다. 사바리는 허위정보를 지닌 제보자를 체르니셰프에게 보냈는데, 체르니셰프는 그 제보자에게 기만당하지 않았다. 체르니셰프는 1811년 12월 상트페테르부르크로 돌아가기 전에 모든 정보 파일을 소각했지만, '미셸'이 보낸 한 보고서를 간과했다. 그 보고서는 체르니셰프가 떠난 후 경찰 수색으로 카펫 밑에서 발견되었다. 그 수기 보고서에 의해 정체가 발각된 '미셸'이 처형되었는데, 그는 역사상 단두대로 보내진 유일한 러시아 스파이일 것이다.

체르니셰프의 친구 카를 폰 네셀로데(Carl von Nesselrode) 백작은 1808년 불과 28세의 나이에 파리 주재 대사관의 차석이 되었다. 그도 프랑스가 침공하기 이전에 유사한 러시아 정보망을 운용했는데, 외교적 출처에 집중된 망이었다. 1809년부터 네셀로데는 러시아 대사를 경유하지 않고 자신이 좋아하는 수석

보좌관 미하일 스페란스키(Mikhail Speransky)를 통해 정보보고서를 직접 차르에게 보냈다.[12] 그는 자신의 출처가 노출될까 두려워서 나폴레옹의 개인적 습관과 기행에 관해 자신이 입수한 비밀 내용이 러시아 궁정에서 절대 언급되어서는 안 된다고 스페란스키에게 신신당부했다. 네셀로데가 유급 스파이로부터 입수한 가장 중요한 단일 문서는 나폴레옹의 요청으로 1810년 3월 16일 외무장관 장-밥티스트 드 샹파니가 제출한 장래 외교정책에 관한 비밀 메모였다. 샹파니의 결론은 러시아와 영국이 자연스러운 동맹국으로 서로 협력할 것 같으며, 따라서 프랑스는 러시아의 자연스러운 적들, 즉 폴란드·스웨덴·터키를 지원해야 한다는 것이었다. 샹파니는 러시아와 전쟁할 경우 오토만 제국이 프랑스와 동맹하도록 프랑스 스파이들이 이미 공작하고 있다고 보고했다. 또 그는 러시아에 대한 승리에 힘입어 '폐하의 천재성에 더 부합하는 더욱 거창하고 결정적인' 정책을 추진할 수 있을 것으로 보았으며, 그리하여 러시아의 국경을 드네프르(Dnieper) 강 너머로 밀어내고 폴란드 왕국을 완전하게 복원할 수 있을 것이라고 예상했다. 샹파니의 메모는 나폴레옹에게 제출되었고 수주 내에 차르의 책상 위에도 올려졌다.

　파리에서 네셀로데의 최고위 협조자는 찰스 모리스 드 탈레랑-페리고르(Charles Maurice de Talleyrand-Périgord)였는데, 그는 하나의 정권에서 다른 정권으로 충성심을 옮기는 변신의 귀재였을 뿐 아니라 당대의 가장 세련된 외교관이었다. 구체제의 귀족 집안에서 태어난 탈레랑은 처음에는 무신론자였다가 주교로 경력을 시작했으며, 이후 차례차례 저명한 혁명가, 나폴레옹의 외무장관, 나폴레옹 몰락 이후의 부르봉 왕조 복구자, 그리고 마지막으로 런던 주재

---

12　1812년 차르는 스페란스키의 자유주의적 개혁 계획에 대한 반대파의 점잖은 요구에 굴복해 그를 국내 유배지로 보냈다.

프랑스 대사가 되었다. 나폴레옹은 탈레랑이 믿을 수 없는 인물이라는 것을 알았으며, 바이에른과 뷔르템베르크 군주들로부터 그가 너무 많은 뇌물을 요구한다는 항의가 들어온 후 1807년 그를 외무장관직에서 해임했다. 또 다른 유명한 일화도 있다. 하루는 나폴레옹이 화가 나서 탈레랑이 모든 사람을 배신한다고 비난하면서 그를 "실크 스타킹 속의 똥"이라고 부르고 튈르리 궁의 철제 난간에 매달아버리겠다고 위협하고는 뛰쳐나갔다. 나폴레옹이 뛰쳐나간 뒤, 탈레랑은 유감스럽게 말했다. "애석하도다. 저 위대한 양반이 매너가 형편없다니!" 탈레랑의 고칠 수 없는 불충에도 불구하고, 나폴레옹은 여전히 그의 지성과 위트, 외교적 전문성에 매료되어 그를 계속 자신의 핵심그룹 안에 두었다.[13]

황제는 1808년 에르푸르트(Erfurt, 독일 중부 튀링겐 주의 중심도시_옮긴이) 회의 기간에 차르와 회동하는 자리에 탈레랑을 데려갔다. 그 회동에서 나폴레옹은 프랑스와 오스트리아 간 전쟁에 대비해 러시아의 지지 약속을 받아내려고 했다. 에르푸르트 회의 기간 동안 매일 저녁 탈레랑은 나폴레옹 모르게 알렉산드르와 비밀리에 만나 나폴레옹이 바라는 대로 약조하지 말라고 촉구했다. 탈레랑의 전기 작가로서 20세기 가장 유명한 더프 쿠퍼(Duff Cooper)는 에르푸르트에서 탈레랑이 한 행동은 '반역'이지만 프랑스 국익에 대한 우려에서 비롯된 '웅대한 규모의 반역'이라고 말하고 있다. 그러나 탈레랑은 반역행위에서 개인적 이익도 취했는데, 그 돈을 자신의 엄청나게 호화로운 생활에 보탰다. 그는 시골에 호화로운 성을 보유하고 파리에도 여러 채의 큰 저택을 유지했는데, 그중에서 특히 튈르리 궁의 정원 모서리에 있는 호화저택과 콩코르드(Concorde) 궁

---

은 빼어난 서재뿐 아니라 프랑스 최고의—따라서 세계 최고의—식탁을 갖추었다고 한다. 탈레랑이 외국 권력자들에게서 자주 얻어낸 큰 금액들은 그의 국내 사치를 보조하는 데 쓰였다. 한번은 그가 자신의 빚을 갚기 위해 차르에게 150만 프랑을 비밀리에 요구했으나 실패한 적이 있었다. 탈레랑은 "당신에게 편지를 쓰는 나의 마음은 감사와 애정, 헌신, 그리고 존경으로 가득합니다"라고 선언했다. 탈레랑은 그 편지를 읽고 소각하라고 썼으나 알렉산드르는 소각하지 않았는데, 그 편지는 탈레랑의 사후 여러 해 동안 세상에 드러나지 않았다. 탈레랑에게서 그러한 요구를 받은 수신자들은 대부분 편지를 소각했겠지만, 그런 편지가 얼마나 많았는지는 알 길이 없다.

또 탈레랑은 클레멘스 폰 메테르니히(Klemens von Metternich) 공(公)을 위해 나폴레옹을 배신했는데, 나중에 오스트리아의 재상이 된 메테르니히는 당시 파리 주재 대사(1807~09년)였다. 탈레랑은 메테르니히에게 오스트리아가 프랑스와의 전쟁에 대비해야 한다고 말했다. 메테르니히는 자신의 외교 서신이 틀림없이 나폴레옹의 지시에 따라 '검은 방'에 의해 개봉된다는 것을 알고 있었다. 한번은 메테르니히가 우체국장에게 자신의 발송물을 재봉인하는 데 쓰인 복제 봉인의 잘못된 부분을 지적하고 앞으로 잘못된 부분이 눈에 띄지 않도록 복제 봉인을 개선하라고 요구하는 내용을 담은 익살스런 편지를 쓰기도 했다. 메테르니히는 빈으로 보내는 발송물에서 탈레랑을 'X'라고 부르기 시작했다. 그는 프란츠(Francis) 황제에게 나폴레옹이 주도권을 잡고 선전포고하도록 놔두지 말고 선제공격하라는 것이 'X'의 조언이라고 보고했다. 탈레랑은 1809년 1월 자신의 협조에 대한 금전적 보답으로 '수십만 프랑 정도'를 기대한다고 밝혔다. 메테르니히는 탈레랑에게 40만 프랑을 지급할 것을 프란츠 황제에게 건의했다. "이 금액이 아무리 커 보이더라도 우리가 늘 하는 희생에 비하면 훨씬 작으며, 결과는 엄청날 수 있습니다. 더구나 'X'와 내가 이처럼 새로운 성격의 관계를 정립한 이후 'X'가 얼마나 큰 도움이 되었는지는 다 말씀드릴 수가 없습니다. 폐하께서 통 크게 판단하시기를 간청드립니다."

메테르니히는 그 건의에 대한 답장을 받기 전에 1809년 2월 탈레랑으로부터 받은 새 정보를 보고했다. 니콜라 우디노(Nicolas Oudinot) 원수가 바이에른으로 진군하라는 명령을 받았다는 그 보고에 따르면, "X는 우리가 우디노의 진군을 '개전 이유(casus belli)'로 삼아야 한다고 생각합니다. 우리는 시간을 허비해서는 안 됩니다. 나폴레옹에 대해 환상을 키우는 것은 죄악일 것입니다. 그는 분명 전쟁을 원합니다". 오스트리아 외무장관 요한 폰 스타디온(Johann von Stadion)은 그 정보의 중요성을 인정했지만, 메테르니히가 건의한 40만 프랑에 대해 일차적으로 10만 프랑만 보냈다. 메테르니히는 답장에서 "장관 각하께 내가 언급한 금액으로 높이기를 간청드립니다"라고 썼다. X는 나폴레옹 사무실에서 나온 '엄청 흥미로운' 두 개의 문건을 제공했는데, 메테르니히는 그 문건이 너무 중요해서 외교행낭으로 빈으로 보내는 것도 주저했다. 그 문건으로 나폴레옹이 오스트리아뿐 아니라 러시아와도 전쟁을 계획하고 있음이 입증되었다.

나폴레옹이 러시아 원정을 감행하기 직전, 러시아의 해외 정보활동은 유럽에서 최고 수준이었다. 파리 주재 영국 대사관의 부재는 프랑스 내 영국 스파이망이 체르니셰프와 네셀로데의 스파이망과 견줄 수 없다는 것을 의미했다. 또 상트페테르부르크의 '검은 방'도 7년전쟁 기간과 비교해 실적이 많이 떨어진 런던의 암호부서보다 더 성공적으로 활동했다. 나폴레옹은 자신의 암호를 풀 수 있는 러시아인들의 능력을 과소평가했는데, 그 정도는 웰링턴의 암호해독가들을 과소평가했을 때보다 훨씬 더 심했다. 대부분의 러시아 원정 기간에 그는 이베리아 반도로 보내는 발송물에 사용했던 '위대한 암호' 대신에 비교적 단순한 '작은 암호'를 사용했다.

1810년 8월 이후, 차르와 그의 핵심 참모들 대부분은 나폴레옹이 대대적인 러시아 침공을 계획하고 있다는 것을 분명히 깨달았다. 1812년 1월 프랑스 전쟁장관은 '대육군'의 전쟁 준비가 이번처럼 잘된 적이 없었다고 자랑했다. "우리는 15개월 이상 준비해 왔다." 그가 자랑했을 때 러시아 협조자가 가까이서 듣고 있었다는 것을 그는 꿈에도 생각지 못했을 것이다. 러시아 침공을 준비하는 대부분의 프랑스군 부대는 프로이센에 주둔하거나 프로이센을 통과했다. 베를린 주재 러시아대표부에서 크리스토프 리펜(Christoph Lieven, 후일 런던 주재 대사로 장기 재직했다)은 프랑스군 부대의 이동에 관해 상세한 정보를 보고했다. 반대로, 나폴레옹은 정보 부족에 시달렸으며 휘하의 장군과 부하들은 반갑지 않은 뉴스를 그에게 전하기를 꺼렸다. 원정 기간 내내 나폴레옹의 사령관들은 휘하 병력의 건강 상태와 식량 보급에 관해 그에게 거짓말하는 경우가 빈번했다. 나폴레옹은 휴대용 식량이 다 떨어진 부대에 대해 아직 10일분 식량을 보유하고 있다는 보고를 받은 적도 더러 있었다.

차르와 바르클라이 데 톨리, 그리고 1812년 8월 총사령관에 임명된 미하일 쿠투조프(Mikhail Kutuzov) 공은 나폴레옹보다 한 수 위였으며 궁극적으로 나폴레옹과 싸워 이겼다. 9월 7일의 보로디노(Borodino) 전투를 제외하면, 나폴레옹이 당시 거의 비어 있던 도시인 모스크바에 입성하기 전 일주일 동안 쿠투조프는 정형화된 전투를 피했으며, 2,000년 전의 로마 장군 퀸투스 파비우스 막시무스(Quintus Fabius Maximus)가 했던 것처럼 코사크(Cossack) 기병대를 활용한 소모·교란 전략을 통해 '대육군'을 약화시켰다. 나폴레옹이 후일 인정했듯이, 그는 모스크바에 입성할 때 원정을 시작한 '대육군'의 절반을 잃었음에도 '소기의 성과를 달성했다고 생각'했는데, 이는 달리 말하면 러시아군을 패배시켰다고 생각했던 것이다. 또 나폴레옹은 겨울의 첫눈이 내리기 전에, 그리고 돈(Don) 강 유역에서 쿠투조프의 코사크 연대가 도착하기 전에 스몰렌스크(Smolensk, 모스크바 서쪽 360km에 있는 도시_옮긴이)까지 후퇴할 시간을 벌기 위해서는 "두 주 이상 모스크바에 머물지 말았어야 했다"라고 인정했다. 그는 6주 동안 출발을 늦추는 치명적인 실수를 저질렀다. 이 재앙적인 오판에 대한 책임을 인정하기 싫었던 나폴레옹은 차르가 곧 강화조건을 제시할 것이라는 암시 때문에 "매일 기만당했다"라고 후일 주장했다. 실제로 알렉산드르는 그럴 의향이 전혀 없었다. 약 6,000명의 '대육군'만 프랑스로 돌아갔다. 나폴레옹 자신도 간신히 탈출했다. 모스크바에서 96km 떨어진 곳에서 그는 타타르족 창기병들에게 사로잡힐 뻔했다. 이후 나폴레옹은 목에 독약 병을 달았는데, 붙잡히면 삼킬 요량이었다.

모든 입수 정보에 대한 차르의 이해도가 프랑스 황제보다 훨씬 더 높았음이 러시아 침공 기간에 점차 분명해졌다. 알렉산드르는 '대육군'에 관한 정보를 추구했을 뿐 아니라 러시아군에 관한 외국인 견해의 객관성을 제대로 평가했다. 알렉산드르는 영국의 군사 평론가 로버트 윌슨(Robert Wilson) 경의 견해를 특별히 중시했다. 윌슨은 1811년 『러시아군대의 성격과 구성에 관한 단평 및 1806년과 1807년의 폴란드전쟁 소묘(Brief remarks on the character and composition of the Russian army, and a sketch of the campaign in Poland in 1806 and 1807)』를 출간했다. 1812년 여름 윌슨은 바르클라이 데 톨리 휘하의 러시아군 사령부에 도착해 때마침 8월 16일의 스몰렌스크 전투에 참여했다. 3주 뒤 그는 상트페테르부르크에서 차르를 알현하도록 초대받았다. 이후 윌슨은 철수하는 나폴레옹 군대를 괴롭힌 러시아군에 영국 연락관으로 합류해 런던에 보고한 것은 물론이고 상트페테르부르크와 콘스탄티노플 주재 영국 대사관에도 보고했다. 차르는 러시아군대와 장군들의 성과에 대한 윌슨의 독립적인 평가를 높게 보았으며, 이 전쟁에 관한 그의 견해도 보내달라고 당부했다. 윌슨과 영국 대사관이 런던에 보낸 암호 발송물을 해독한 것에 힘입어, 알렉산드르는 윌슨과 영국 외교관들이 자신에게 솔직하게 말했었는지를 판단할 수 있었다. 윌슨은 나폴레옹전쟁에서 프랑스가 대패한 것이 영국을 너무 강력하게 만들 것으로 보는 쿠투조프의 견해를 런던에 보고했는데(아마 해독되었을 것이다), 윌슨이 그런 내용을 차르에게 그대로 반복하기 꺼린 것은 당연하다. 쿠투조프는 다음과 같이 주장했다. "나폴레옹 황제와 군대의 총체적 파멸이 세계에 그리 큰 이득이라고 결코 확신할 수 없다. 나폴레옹의 후계 자리는 러시아나 다른 대륙의 강대국 차지가 아니라 이미 바다를 호령하고 있는 강대국 차지가 될 것이다. 이후에는 그 강대국의 패권을 견딜 수 없게 될 것이다." 런던에서 윌슨은 러시아군대뿐 아니라 프로이센과 오스트리아 군대에 관해서도 중요한 정보 출처가 되었다. 1813년 빈 주재 영국 대사 애버딘(Aberdeen) 경은 외무장관 캐슬레이(Castlereagh) 경에게 다음과 같은 서한을 보냈다. "윌슨은 러시아와 프로이센 군대에 관해 해박한 지식을 갖고 있으며, 러시아 황제와 프로이센 왕이 변함없이 그를 매우 존경하고 있다는 점에 비추어, 그는 누구도 할 수 없는 1,000가지 일을 할 수 있다."

놀랍게도 1813년 봄 나폴레옹은 20만 병력의 새 군대를 조직했다. 그러나 이제 그는 러시아와 영국뿐 아니라 과거 동맹국이었던 프로이센과 오스트리아까지 적으로 마주했다. 나폴레옹은 1813년 10월 라이프치히에서 벌어진 '열국의 전투(Battle of Nations)'—당시까지의 세계 전쟁사에서 최대의 전투—에서 패배함으로써 라인 강을 건너 프랑스 쪽으로 철수해야 했다. 동맹군은 1814년 최후의 공세를 벌여 파리를 함락하고 나폴레옹을 전복시켰는데, 러시아 경기병대가 가로챈 프랑스의 비밀 발송물은 그 동맹군의 전략에 강한 영향을 미쳤다. 3월 22일 러시아군의 코사크기병대가 나폴레옹의 편지를 지닌 전령을 붙잡았는데, 그 편지에 따르면 나폴레옹이 '적군을 가능한 한 파리에서 멀리 밀어내기 위해' 마른(Marne) 강을 향해 가고 있었다. 다음날 동맹군 작전회의에서는 그 편지가 논의되었다. 3월 23일 러시아 기병대가 추가로 포획한 적 발송물에 의해 장군들을 포함한 프랑스군의 사기가 저하되었고 파리의 무기고와 병기창들이 거의 비었다는 사실이 드러났다. 경무장관 사바리의 절취된 발송물에 따르면, 사바리는 적군이 접근할 경우 더는 수도의 충성심을 믿을 수 없다고 나폴레옹에게 보고했다. 3월 24일 알렉산드르가 소집한 고위 지휘관 회의에서는 작전계획을 결정하기에 앞서 절취된 프랑스 발송물에서 나온 최신 정보를 논의했다.

절취된 프랑스 발송물 대부분은 암호화되어 있었다. 알렉산드르는 당대 최고의 교육을 받은 군주이자 암호 원리를 일부 이해한 유일한 군주로서 암호해독관들의 성공을 치하했는데, 나폴레옹과 그의 장군들은 그런 일이 있으리라고 의심한 적이 결코 없었다. 워털루 전투 후 몇 년 지난 뒤 차르는 모스크바를 방문한 프랑스 원수들을 위해 베푼 국빈 만찬에서 나폴레옹전쟁 기간에 러시아가 프랑스 발송물을 해독했다고 처음으로 공개적으로 밝혔다. 손님들 가운데 나폴레옹 침공 시에 '대육군'의 한 부대를 지휘한 자크 마크도날(Jacques Macdonald) 원수는 망명한 프랑스 장군 하나가 러시아인들에게 프랑스 암호를 넘긴 것이 틀림없다고 여겼다. 마크도날이 차르에게 말했다. "폐하가 암호를 풀 수 있었다는 것은 놀랍지 않습니다. 누군가 폐하께 열쇠를 드렸겠지요." 알렉산드르는 가슴에 손을 얹고 부인하면서 맹세코 러시아의 암호해독관들 덕분이라고 말했다.

1814년 초 나폴레옹이 승산 없는 싸움을 눈부시게 펼쳤지만, 3월 30일 동맹국 군대가 러시아 황제 알렉산드르와 프로이센 왕 프리드리히 빌헬름을 선두로 하여 파리에 입성했다. 이는 1415년 이후 처음으로 외국군이 파리를 점령한 것이었다. 같은 날 파리에서 탈레랑이 푸셰를 포함한 임시정부를 수립했으며, 임시정부는 신속하게 동맹국들과 평화협상을 시작했다. 4월 2일 상원이 루이 16세의 동생을 왕으로 추대했는데, 그는 어린 루이 17세가 죽은 후 루이 18세로 자처했었다. 나폴레옹은 4월 6일 퇴위했다. 프랑스와 동맹국들 간의 퐁텐블로(Fontainebleau) 조약에 따라 4월 11일 나폴레옹이 엘바(Elba) 섬으로 추방되었지만, 황제라는 경칭은 유지하도록 허용되었다. 엘바 섬으로 떠나기 전인 13일 새벽 그는 모스크바에서 철수하다가 간신히 생포를 모면한 후 목에 매달고 다녔던 독약을 마셨다. 그러나 이미 독약의 효능이 상실되어 살았다. 그는 5월 4일 엘바 섬에 도착했다.

9개월 뒤 1815년 2월 26일 나폴레옹은 엘바 섬을 탈출했으며, 권좌를 되찾기 위해 3월 1일 지지자 600여 명을 이끌고 프랑스 남부에 상륙했다. 그 탈출이 가능했던 것은 프랑스 내 스파이망 덕분이었다. 나폴레옹은 그 간부인 그르노블(Grenoble) 출신의 외과 의사 조제프 에메리(Joseph Emmery)에게 매우 감사해했으며, 유언으로 10만 프랑을 그에게 남겼다. 그러나 나폴레옹이 군대를 모으는 데 성공한 것은 스파이들 덕분도 아니었고 미리 계획했기 때문도 아니었다. 나폴레옹이 파리로 가는 도중 내내 그를 체포하러 파견된 부대들이 나폴레옹 편에 합류했다. 3월 19일 루이 18세가 벨기에 국경 너머로 도주했다. 다음날 나폴레옹은 영웅적 환영을 받으며 파리에 입성했다. 복원된 나폴레옹 제국의 100일 천하는 6월 18일 브뤼셀 남쪽 워털루에서 갑작스러운 종말을 맞이했다. 그 전투는 웰링턴의 표현대로 '아주 박빙의 승부'였지만, 전쟁이 계속되었더라도 수적으로 우세한 동맹군이 승리했을 것이다. 웰링턴과 프로이센군 사령관 게프하르트 레베레히트 폰 블뤼허(Gebhard Leberecht von Blücher)의 군대는 분산되었으나 나폴레옹 군대를 20만 9,000명 대 12만 명으로 수적으로 압도했다.[14]

웰링턴군의 정보수장은 부관 참모보 계급의 콜커훈 그랜트(Colquhoun Grant)

---

14    1814년 프랑스를 침공한 러시아와 오스트리아 군대는 떠나고 없었다.

였다. 워털루 전투 3일 전, 그가 한 프랑스 스파이로부터 받은 첩보에 따르면, 나폴레옹은 6월 18일 그랜트의 워털루 수비진을 공격하려고 계획하고 있었다. 그랜트는 반도전쟁에서 매우 성공적인 정보장교로서 자신의 입지를 구축했었다. 1811년 그랜트가 포로가 되었을 때, 웰링턴은 그가 붙잡힌 것이 1개 대대의 손실과 맞먹는 큰 타격이라고 말했다. 하지만 그랜트는 순진한 프랑스 장군에게 자신이 미군 장교임을 납득시켜 탈출했다. 그러나 6월 15일 그랜트가 입수한 나폴레옹의 1815년 6월 18일 전투계획에 관한 정보는 뜻하지 않게 전달이 지체되었으며, 워털루 전장에서 그가 직접 웰링턴 장군에게 전달했다.

전투 개시 직전에 나폴레옹은 최후의 중요한 정보를 무시했다. 그는 아침을 먹으면서 동생 제롬(Jérôme)으로부터 제나프(Genappes)의 식당 웨이터(영어를 하는 사람으로 추정된다)가 엿들었다는 제보 내용을 보고받았다. 그 제보에 따르면, 이틀 전 웰링턴이 그 식당에서 식사할 때 그의 전속부관이 프로이센 군대가 수안(Soignes) 숲에서 영국군에 합류할 예정이라고 웰링턴에게 말했다. 그 정보가 정확했지만, 나폴레옹은 양국 군대가 합류하려면 이틀이 더 걸릴 것이라고 주장했다. 만일 나폴레옹이 웰링턴을 지원할 프로이센 군대가 이른 오후부터 도착할 가능성을 심각하게 받아들였더라면, 당연히 그는 오전 11시가 아닌 동틀 녘에 공격을 개시했을 것이다.[15] 저녁때까지는 나폴레옹이 이기고 있는 것으로 보였다. 나폴레옹이 패배한 주된 원인은 폰 지텐(von Zieten) 장군의 프로이센 1군단이 오후 7시에 도착한 것이었다. 웰링턴은 후일 "나는 최대한 인내하면서 그들의 도착을 기다리고 있었다"라고 말했다. 후일 나폴레옹이 워털루 전투에 대해 "이해할 수 없는 날"이라고 말했는데, 이는 '그 전투를 완전히 이해하지 못했다'고 인정한 것이었다. 그가 웰링턴이 프로이센군의 지원에 기대고

---

15    그러나 그가 새벽에 공격했어도 비로 더 진창이 된 땅에서 싸웠을 것이다.

있다는 첩보를 심각하게 받아들였더라면, 그 전투를 더 잘 이해했을 것이다. 그러나 나폴레옹은 세인트헬레나 섬으로 유배된 후 "나는 조언에 휘둘리는 나 자신을 용납하지 않는다"라고 말했는데, 그러한 조언에는 자신의 의견에 어긋나는 정보도 포함되었다.

# 제18장

# 반혁명 관련 정보활동(1)

## 빈 회의부터 1848년 혁명까지

1814~15년 나폴레옹 이후의 유럽 지도를 다시 그리기 위해 열린 빈 회의(Congress of Vienna)는 유럽 역사상 최대 규모로 각국의 군주와 외교관들이 모인 회의였다. 1814년 9월 25일 일요일 러시아 황제 알렉산드르 1세와 프로이센 왕 프리드리히 빌헬름 3세가 말을 타고 빈으로 입성하는 의식을 치른 후, 오스트리아 황제 프란츠(Franz) 1세가 추가로 환영식을 개최했다. 기타 회의 참석자들은 세 명의 소군주(바이에른·덴마크·뷔르템베르크 왕), 두 명의 왕세자(프로이센과 뷔르템베르크), 컴벌랜드(Cumberland) 공작인 영국의 어니스트(Ernest) 왕자를 포함한 일군의 다른 왕자들, 32명의 독일 군소 왕족, 세 명의 대공부인 등이었다.

무대 뒤에서는 과거의 어느 외교 회의보다 더 많은 제보자와 스파이들이 활동했다. 오스트리아가 최대 규모로 그들을 파견했다. 독일 태생으로 나중에 재상이 된 오스트리아 외무장관 메테르니히(Metternich) 공(公)은 빈에서 회의가 개최되면, 자신의 협상 영향력과 다른 대표단에 대한 염탐 기회가 모두 제고될 것이라고 정확히 계산했었다. '경찰·검열청장'이라는 공식 직책을 가진 프란츠 폰 하거(Franz von Hager) 남작이 메테르니히의 정보수장이었는데, 그는 승마 사고로 촉망받던 군 경력을 그만둔 인물이었다. 하거와 메테르니히가 입수한 정보의 세 가지 유형은 가로챈 서신[1]과 훔친 문서, 스파이 보고서, 그리고 외국 정책결정자와 관리들로부터 직접 획득한 정보였다. 카우니츠(Kaunitz, 18세기 후

---

1    빈의 공공기관·궁정·국가 서고에 있는 방대한 분량의 절취물은 여전히 역사 연구의 대상이다.

반의 오스트리아 재상_옮긴이) 시대와 마찬가지로 가장 중요한 정보 출처는 '검은 방'이 해독한 외교 서신이었으며, 메테르니히는 '검은 방'의 규모를 늘렸다. 메테르니히는 아이헨펠트(Eichenfeld)라는 암호해독관이 혼자서 83개의 암호를 풀었다고 사석에서 자랑했다. 빈에서 근무한 한 프랑스 대사는 자신의 암호 가운데 오스트리아 암호해독관들이 한 달 이상 걸려 푼 것은 없을 것이라고 동료에게 털어놓았다. 찢어버린 공문서 조각들(chiffons, 넝마)을 찾아 대사관과 기타 쓰레기통을 샅샅이 뒤진 저급 스파이들이 '검은 방'의 업무를 보조했다. 검은 방의 활동에 매료된 황제는 매일 새벽 미사 후 선별된 최신 절취물을 열심히 탐독했다. 그러나 프란츠 1세는 메테르니히가 자신의 일부 사적 서신과 황실 가족의 서신도 절취하도록 지시한 것을 몰랐다.

1814년 7월 1일 하거는 빈 경찰국장 질버(Silber)에게 다음과 같이 지시했다.

외국 군주들의 도착이 임박했기 때문에 우리는 감시를 강화하는 특별조치를 취해야 합니다. 또 군주의 귀인과 직속 수행원들, 군주에게 접근하려는 모든 개인에 관해, 그리고 이 걸출한 손님들의 출현에서 비롯되는 계획, 프로젝트, 사업 등에 관해서도 모든 것을 매일 아주 상세히 알아야 합니다.

식사 시중들기부터 요강 비우기까지 외국 대표단에 필요한 1,500명의 하인이 '강화된 감시' 기회를 수없이 제공했다. 하인으로 채용된 경찰 요원들은 필요하면 닫힌 문에 귀를 대서 대화를 엿듣고, 몰래 복사하기 위해 편지와 문서를 잠시 '빌리며', 열쇠를 경찰서로 가져오거나 현장에서 왁스로 본을 뜨고, 주머니와 휴지통을 뒤지며, 심지어 벽난로에서 타다 남은 문서를 찾으라는 지시를 받았다. 황제의 궁전인 호프부르크(Hofburg)에 머문 왕실 손님과 그 수행원들도 그와 비슷한 감시를 받았다. 경찰 요원들이 수집한 넝마 중에서 종종 아주 흥미로운 것들은 하거가 황제와 메테르니히에게 보냈다.

회의 대표단들의 지출을 추적하는 것은 '강화된 감시'의 또 다른 수단이 되었다. 하거는 유대인 감시를 담당하는 경찰서장에게 외국 대표단의 금융 거래를 감시하기 위해 [유대인] 은행장들이나 그들의 가장 똑똑한 아들 중에서 잠재적 제보자를 찾아보라는 지시를 내렸다. 늘어나는 유대인공동체는 시민권의 제한을 받았기 때문에 경찰의 호의에 의지했으며, 하거의 생각대로 유대인 은행가들에게 행사할 수 있는 경찰의 영향력에 힘입어 '쉽게' 제보자를 찾았다. 은행가들이 제보한 회의 대표단들의 재정 문제는 하거가 스파이를 포섭하는 데 도움이 되었다. 1814년 10월 빈의 한 경찰 간부가 보고한 바에 따르면, "군소 국가에서 온 대부분의 대표단이 높은 생활비 때문에 고초를 겪고 있으며 이미 주머니가 비었다". 그 경찰 간부는 대표단들의 재정적 필요가 절박해질 때까지 그들을 빈에 붙들어두는 것이 중요하다고 주장했다. 그때쯤 그들에게 금전적 '사례'를 제공하면 틀림없이 '그들의 입이 쉽게 열릴' 것이기 때문이었다. 황제가 직접 관여한 덕분에 하거는 그렇게 할 수 있는 수단을 확보했다. 하거의 기록에 따르면, "지금이 우리나라 정치경찰로서는 가장 중요한 순간이다. 따라서 폐하께서 친히 모든 필요한 자원을 내 마음대로 쓰도록 일임했다".

감시에 대한 메테르니히의 집착은 워낙 유명해서 그의 주된 표적이 된 일부 인사는 예방조치를 취했다. 러시아대사관에는 한 오스트리아 요원이 잡부로 빠르게 취업했지만, 프랑스의 경우는 달랐다. 1814년 10월 한 경찰 간부는 프랑스 전권대사 탈레랑 공이 카우니츠 궁의 숙소를 '요새화'해 신임하는 직원만 들이고 있다고 하거에게 불평했다. 그러나 탈레랑이 완전히 성공한 것은 아니었다. 경찰은 늙은 하인과 시종을 설득해 탈레랑의 사무실에서 일부 문서를 훔치게 했다. 프랑스 대사관은 카우니츠 궁보다 덜 안전했으며, 그 서신도 자주 절취되었다. 그러나 1814년 11월 프랑스 대사관의 한 수신인이 봉투의 대사관

봉인이 뜯긴 것을 발견했다. 하거는 앞으로는 '검은 방'이 더욱 주의를 기울여 발각되지 않도록 하겠다고 황제에게 다짐했다.

영국 대사관과 외무장관 캐슬레이(Castlereagh) 경의 숙소에 침투하려는 빈 경찰국의 시도는 처음에 실패했다. 질버 경찰국장은 영국인들이 오스트리아 정부의 도움을 받지 않고 두 하녀를 채용했다고 하거에게 불평하면서, 이 신중한 조치에 대해 '지나치게 조심'한다고 터무니없이 비난했다. 질버가 화가 난 것은 영국인들이 미리 선발된 경찰 스파이들을 하녀로 채용하지 않는 바람에 그 바쁜 시기에 불필요한 일에 관여했기 때문이었다. "따라서 나로서는 영국 사무실에서 찢어서 휴지통에 던진 서류들을 확보하려면 그전에 이들 두 여자에 관해 조사해서 믿을 수 있는 사람들인지 알아봐야 합니다." 10월 4일 한 스파이는 캐슬레이의 서신을 절취하는 것이 '거의 불가능해' 보인다고 하거에게 보고했다. "[캐슬레이] 경은 모든 것을 전속 전령을 시켜 보내며, 그의 비서들도 서류를 사용한 후에는 모두 수거해 소각합니다." 이 보고서는 너무 비관적인 것으로 드러났다. 열흘 뒤 하거는 영국 외교 서신을 절취하는 데 성공했다. 10월 15일 하거는 캐슬레이가 이틀 전 전령을 통해 받은 영국발 서신을 해독해서 동봉한다고 자랑스럽게 황제에게 보고했다. 그러나 영국 측도 나름대로 정보 성공을 거두었다. 1814년 12월 메테르니히는 영국 대사 찰스 스튜어트(Charles Stewart) 경(나중에 제3대 런던데리 후작이 되었다)의 비밀 요원이 자신의 관저에서 비밀 서류를 '약탈'한 것을 알고 충격을 받았다. 스튜어트의 전임 대사 애버딘(Aberdeen) 경은 그 서류를 본 뒤 메테르니히가 자신을 속이려고 했다는 성급한 결론을 내리고 그의 부정직함을 비난했는데, 이 경우에는 잘못된 결론이었을 것이다. 스튜어트의 대사관 서기 조지 잭슨(George Jackson)이 한마디 했다. "지금까지의 내 경험에 비추어 볼 때, 무엇보다도 이런 업무와 관련해 사술(詐術)과 공작이 난무했으며 여전히 진행 중이다."

하거가 황제와 메테르니히에게 올린 정보보고서는 유난히 솔직했으며 '권력자에게 진실 말하기'를 꺼린 흔적이 거의 없다. 그는 메테르니히에 대한 심한 비난을 주저 없이 보고서에 포함했다. 빈 회의가 열리기 전에 덴마크 전권대사가 코펜하겐에 보낸 발송물이 절취되었다. 그 대사의 보고에 따르면, 메테르니히는 "자신이 기대하고 있던 캐슬레이 경의 외교적 지지를 확보하지 못했기 때문에 엄청나게 당황했다". 스파이들의 보고서에 따르면, 나폴레옹에 반대하는 동맹국 파트너들의 '폭풍 같은' 비난이 그에게 쏟아지려는 참이었다. 교황 대사는 "메테르니히에 대한 분노를 참을 수 없었다". 러시아 차르의 '최대 희망'은 메테르니히의 오스트리아 외무장관이 해임되는 것이라는 말이 돌았다. 또 하거의 보고서에는 메테르니히의 이성 관계에 관한 당황스러운 정보도 포함되었다. 가장 당황스러운 것은 메테르니히의 과거 정부이자 1810년 그의 혼외 딸을 낳은 예카테리나 바그라티온(Catherine Bagration) 공주에 관한 정보였다. 러시아 전쟁 영웅의 미망인으로서 젊고 활달했던 바그라티온 공주는 남편과 사별한 후 차르 알렉산드르 1세의 정부가 되었다. 바그라티온이 속이 비치는 가운을 입었기 때문에 빈 사람들이 그녀에게 '벌거벗은 천사'라는 별명을 붙여주었다. 알렉산드르는 빈에 도착하자마자 그녀를 방문했다. 공주의 심복에 따르면, 차르는 메테르니히와 뿌린 염문에 관한 '모든 역사'를 그녀에게 캐물었으며, 어떻게 메테르니히가 그녀 다음에 사간(Sagan, 옛 슐레지엔 지방의 일부로서 현재는 폴란드 영토_옮긴이) 공작부인 빌헬미네(Wilhelmine)와 관계를 시작했는지도 물었다. 알렉산드르가 그녀에게 말했다. "메테르니히는 당신이나 사간을 결코 사랑하지 않았어 … 그는 냉혈 인간이야." 가장 당황스러운 스파이 보고서는 바그라티온이 메테르니히에게서 받은 많은 편지를 모두 차르에게 보여주었다는 것이었다. 그 스파이에 따르면, 결과적으로 "메테르니히의 적들은 너무 행복해했다". 메테르니히가 사간 공작부인에게 보낸 편지(다수가 출간되었다)와 마찬가지로, 바그라티온과 주고받은 서신도 틀림없이 정치과 국제관계에 관한 상세한 논평으로 가득했을 것이다.

또 다른 스파이 보고서에 따르면, 바그라티온은 메테르니히에게 복수하고 싶은 일념에서 그에 관한 당혹스러운 비밀을 러시아 대표단장 네셀로데와 다른 여러 러시아 정치인에게 털어놓았다. 빈 회의 기간 동안(1814년 9월~1815년 6월_옮긴이), 러시아 차르가 바그라티온 공주의 유일한 연인은 아니었다. 한 경찰 스파이 보고에 따르면, 한번은 알렉산드르가 공주 저택에 도착했을 때, 그녀가 단정치 못한 옷차림으로 계단에서 그를 맞았다. 그녀 방에서 한 남성 모자가 그의 눈에 띄었다. 바그라티온은 그 모자가 다음날의 무도회를 위해 저택 장식 일을 하던 인부의 것이라고 주장했지만, 왜 그 인부가 그녀의 사적인 공간에 있었는지는 설명하지 않았다. 그 스파이 보고서의 맺음말은 이러했다. "차르가 두 시간 반을 공주와 보냈다. 나쁜 생각을 하는 자에게 화가 있으리라!(Honi soit qui mal y pense!)"[2]

바그라티온 사례처럼, 빈 회의 기간 수집된 정보는 베갯머리송사에서 많이 나왔다. 프란츠 황제와 메테르니히에게 올라간 경찰 보고서로 보아, 빈 회의는 외교사에서 가장 성적으로 문란한 회의였다. 잘생기고 방탕한 영국의 젊은 외교관 프레더릭 램(Frederick Lamb, 후일 빈 주재 대사가 되었다)은 메테르니히의 애첩인 사간 공작부인과 불륜을 시작했다. 그는 런던에 보고하기 위해 오스트리아 재상에 관한 첩보를 사간으로부터 빼내려고 했다. 메테르니히가 공작부인과 주고받은 솔직하고 방대한 서신으로 보아, 램이 그녀에게서 들을 이야기가 많았을 것이다. 메테르니히는 매일같이 올라오는 경찰 보고서를 통해 1815년 봄

---

[2]  빈에서 바그라티온의 다른 연인들로는 한 바이에른 귀족과 뷔르템베르크의 왕자가 있었고, 차르의 동생인 콘스탄틴(Constantine) 대공도 포함되었을 것이다.

공작부인이 영국 대사 로버트 스튜어트(Robert Stewart)와 불륜관계였으며 나중에는 캐슬레이 경과도 불륜을 벌이고 있다는 것을 알았을 때, 그의 자존심에 큰 상처를 받았을 것임은 쉽게 상상이 된다. 스튜어트 대사는 빈에서 겉치레를 중시하는 화려한 의상으로 '황금 공작'이라는 별명을 얻었다. 그와 시간 공작부인이 밤을 함께 보낸 장소는 통상 빈에 있는 시간의 저택이었지만, 스위스 의사의 절취된 편지에 따르면 그들은 락센부르크(Laxenburg) 인근의 여관도 이용했다. 하거는 스튜어트가 시간의 집뿐 아니라 유곽에도 빈번히 출입했다고 정확히 보고했다. 경찰 보고서에 따르면, 캐슬레이 외무장관이 런던으로 돌아간 뒤, 영국 전권대사 관저와 슈타렘베르크(Stahremberg) 궁내의 영국 대사관은 '유곽과 선술집'을 합친 형태로 변해 여배우들과 객실 청소부들이 창녀로 일하는 장소가 되었다. 러시아대사관(시종 한 명이 러시아 스파이였다)의 행태에 관한 경찰 보고서는 훨씬 더 비판적이었다. 11월 9일 하거에게 전달된 '요원 D'의 보고서에 따르면, "호프부르크 궁에 묵은 러시아인들은 불결한 청소상태에 불만을 품고 아주 거칠게 행동하며 끊임없이 아가씨들을 불러들이고 있다". 차르의 수행원에 포함된 한 관리는 러시아인들이 나쁘게 행동한 이유를 '[오스트리아] 하층계급 여성들의 믿을 수 없는 타락' 탓으로 돌렸다.

황제와 메테르니히에게 올라간 보고서에 따르면, 다수의 주요국 대표단이 상당히 젊은 정부들을 빈에 데려왔다. 러시아 왕자 볼콘스키(Volkonsky)는 가족에게서 버림받은 19세 정부를 쾰른에서 데려왔다. 감시 보고서에 따르면, 그녀는 호프부르크 궁으로 거의 매일 그를 찾아왔으며, 가끔 남자 복장으로도 변장했다. 프로이센의 빈 회의 수석대표 카를 아우구스트 폰 하르덴베르크(Karl August von Hardenberg) 공은 쥐빌(Jubille)이라는 파리의 젊은 여배우를 데려왔다고 한다. 탈레랑은 미모의 현재 정부 도로테 드 페리고르(Dorothée de Périgord)를 카우니츠 궁의 접대부로 심었는데, 21세의 그녀는 탈레랑보다 서른아홉 살이나 어렸으며 그의 과거 정부 쿠를랑(Courland) 공작부인의 딸이었다. 도로테의 역할은 탈레랑이 영향을 미치고 싶어 하는 사람들을 유혹하는 것이었다. 프랑스 작가 생트-뵈브(Sainte-Beuve)에 따르면, 그녀는 '밤에 빛나는, 지옥처럼 영롱한 눈'을 가졌다. 그러나 그녀는 빈에 머무는 동안 젊고 늠름한 기병대 장교 카를 클람-마르티니치(Karl Clam-Martinic) 백작과 연애를 시작했는데, 그는 메테르니히의 심복으로서 나중에 오스트리아 전쟁장관이 된 인물이었다. 클람-마르티니치는 과거 러시아 군사령부의 상황에 관한 정보보고서를 빈으로 보낸 적이 있었다. 그의 보고서에 따르면, 차르는 "자신의 아이디어를 아주 달변으로 칭찬하는 모든 사람에게 쉽게 넘어갔다". 그가 도로테와 벌인 베갯머리 송사는 틀림없이 탈레랑이 빈에서 벌인 외교공작의 소산이었다.

빈 회의 기간의 정보활동으로 기록적인 물량의 고위급 추문이 수집되었는데, 아마 그 대부분은 수취인에게 첩보라기보다는 기분전환용이었을 것이다. 또 정보활동은 승리한 동맹국들 사이에서의 불신의 수준을 어느 정도 증가시켰는데, 예를 들어 애버딘 경은 메테르니히 관저에서 훔친 서류를 읽고서 그를 배신자라고 비난했다. 그러나 빈에서 때때로 추문과 정보가 뒤섞인 이국적인 풍경이 벌어졌어도, 회의 결과는 별 영향을 받지 않았다. 동맹국 승리자들은 나폴레옹 이후의 유럽의 장래를 협상하고 서로의 음모와 사생활을 추적하는 동안, 나폴레옹을 시야에서 놓치고 말았다. 그들은 유배지에서 나폴레옹이 하는 행동에 관해서 아무런 정보수집 노력을 기울이지 않았다. 1815년 3월 나폴레옹이 엘바 섬에서 탈출했다는 소식이 빈에 전해졌을 때, 협상가들이 모두 대경실색했다. 탈레랑은 그 소식을 도로테 드 페리고르에게서 들었는데, 마침 그가 아직 자고 있을 때 그녀가 그의 아침 서신을 읽었던 것이었다. 도로테가 그 소식에 개인적 관심을 가진 이유는 자신의 현재 연인인 카를 클람-마르티니치가 약 1년 전에 나폴레옹을 유배지 엘바 섬으로 호송했기 때문이었다.

동맹국 대표들이 빈에 모여 있었기 때문에 그들은 나폴레옹의 프랑스 귀환 소식에 재빨리 대응할 수 있었다. 3월 13일 그들은 탈레랑이 작성한 성명을 발표하고 나폴레옹을 '시민사회의 울타리를 넘은' 범법자로 규정했다. 나폴레옹이 워털루에서 패배하기 9일 전인 1815년 6월 9일, 빈 회의의 유일한 공식회의에서 채택된 '빈 최종의정서(Vienna Final Act)'는 러시아·프로이센·오스트리아의 집권 왕조에 유리하게 유럽의 지도를 다시 그렸다. 또 '빈 최종의정서'는 소멸한 신성로마제국(1806년 나폴레옹이 없앴다)을 대체하기 위해 오스트리아와 39개 독일 주들의 느슨한 연합체인 독일연방(Deutscher Bund)을 창설했다. 빈 회의가 끝나자 메테르니히의 명성이 엄청나게 높아졌다. 경찰 보고서에 따르면, 독일 각 주의 대표들이 "계속해서 메테르니히 공을 칭송하고 있었다".[3] 워털루 전투 이후, 탈레랑은 다소 덜 만족스러웠다. 1815년 11월 20일 타결된 제2차 파리조약은 1814년 제1차 파리조약에 비해 더 가혹했는데, 프랑스는 영토를 이웃 군소 국가에 할양하고 7억 프랑의 배상금을 지불하되 5년간의 북부지방 점령을 감수해야 했다.

승자인 러시아·프로이센·오스트리아 통치자들의 목적은 평화협정을 이용해 자국의 영토를 확장하는 동시에 혁명파나 나폴레옹 지지파가 소생해 기존 질서를 위협할 가능성에 대비해 자국 안보를 강화하는 것이었다. 제2차 파리조약 체결일과 같은 11월 20일 이들 세 강대국과 영국이 '4국동맹(Quadruple Alliance)'을 체결해 빈 회의에서 수립된 새로운 현상(現狀)을 유지하기로 약속하고, 정기적으로 외무장관 회의를 개최해 현재의 위협을 평가하고 그 대응 방안을 검토하기로 약속했다. 1822년까지 유럽 여러 도시에서 열린 4국동맹 회의

---

3    빈 회의 초기의 경찰 보고서가 메테르니히에 대한 심한 비난을 주저 없이 보고했었기 때문에 빈 회의가 끝날 무렵 작성된 그에 대한 칭송 보고서 역시 신빙성이 있다.

는 '현상 유지에 전념하는 일종의 안전보장이사회'로 비유되었다. 승리한 네 강대국은 '유럽의 경찰'을 자처했다.

황제 프란츠 1세와 그가 1821년 오스트리아 재상에 임명한 메테르니히는 둘 다 음모와 혁명에 대해 거의 강박적인 두려움을 갖고 있었다. 빈 회의 이후, 그들은 주된 혁명 위협이 프랑스에서 온다고 믿었는데, 사실 1789년 이후 줄곧 그랬었다. 그들이 생각하기에 기존 정치 질서에 대한 모든 위협은 (존재하지 않는) 파리의 중앙혁명위원회가 꾸민 음모였다. 메테르니히는 스파이 보고와 '검은 방'의 활동을 통해 이러한 가상의 음모를 모니터하려고 했다. 그러나 그의 모니터링 역량은 현실의 음모에 대해서도 아주 제한적이었다. 1846년 유럽 역사상 마지막 농민반란인 갈리시아(Galicia, 현재는 폴란드 지방_옮긴이) 폭동이 몇 달의 준비를 거쳐 발생해 약 1,000명의 귀족을 죽인 후 잔인하게 진압되었지만, 메테르니히의 유명한 정보망도 그 발단을 전혀 포착하지 못했다.

빈의 '검은 방'은 외국의 외교 발송물을 절취·해독하는 데 절정의 능력을 발휘했다.[4] 그러나 1818년부터 1825년까지 메테르니히가 런던 주재 러시아 대사의 부인인 도로테아 리벤(Dorothea Lieven) 공작부인(나중에 대공비가 되었다)과 연애할 때, 그는 자신의 서신 일부가 프랑스인들에 의해 절취되는 줄 몰랐다. 메테르니히는 엑스라샤펠(Aix-la-Chapelle, 현재 독일의 아헨_옮긴이) 회의 기간인 1818년 11월 15일 자정 리벤에게 "이 순간부터, 내일 그리고 영원히 당신의 온 마음으로 나를 사랑해 주오. 그리고 후회를 두려워 마시오"라고 구애 편지를 썼다. 메테르니히는 자신들의 서신이 사적이기 때문에 외교 암호를 사용하지

---

4    메테르니히는 트로파우(Troppau, 현재 체코의 오파바_옮긴이)와 라이바흐(Laibach, 현재 슬로베니아의 수도 류블랴나_옮긴이)에서 열린 프랑스 포함 5국동맹 회의 기간에 외교통신을 절취·해독하기 위해 특별 우체국(Postloge)을 설치했다. 1822년 회의가 열린 베로나(Verona, 이탈리아 북부의 도시_옮긴이)에는 이미 우체국이 있었다.

는 않았지만, 그 대신 절취되지 않도록 정성을 많이 들였다. 그는 리벤이 런던에서 그에게 보내는 편지가 영국 외교행낭을 통해 파리 주재 오스트리아 대사관의 서기관 프란츠 폰 빈더(Fraz von Binder) 남작에게 배달되도록 조치했다. 빈더가 받은 공작부인의 봉인된 봉투 속에는 역시 빈더가 수신자로 된 또 다른 봉투가 들어 있었다. 그 속에 든 세 번째 봉인된 봉투에는 수신자가 없었지만, 빈더는 이미 지시받은 대로 그 봉투를 오스트리아 외교행낭을 통해 빈에 있는 메테르니히의 비서에게 보냈다. 이 세 번째 봉투 속에는 또다시 수신자 없는 봉인된 봉투가 들어 있었는데, 이것을 비서가 메테르니히에게 직접 전달했다. 메테르니히는 그 봉투 속에 든 리벤 공작부인의 편지가 도중에 파리 '검은 방'에 의해 비밀리에 절취·복사된 후 재봉인된 것을 까마득히 몰랐다.

이렇게 해서 프랑스 외무부는 몇 년 동안 메테르니히의 최신 연애뿐 아니라 영국의 정책에 관한 그의 은밀한 언급도 정기적으로 즐겼다. 리벤 공작부인은 국왕 조지 4세를 특별히 경멸했다. 그녀는 국왕이 국사보다 현재의 정부에게 훨씬 더 관심을 쏟는 '위험한 미치광이'라고 메테르니히와 (의도치 않게) 프랑스인들에게 말했다. 리벤이 메테르니히의 정부임을 잘 알고 있는 캐슬레이는 메테르니히와 소통하기 위해 리벤을 밀사로 활용했다. 캐슬레이는 몇 가지 문제에 대해 '너무 공식적인 조치라고 생각할 동료들 때문에' 메테르니히와 직접 소통할 수는 없지만, 자신을 대리한 리벤을 통해 개인적으로 "당신을 분명하게 이해시키고 싶다"라고 메테르니히에게 설명했다. 공작부인은 캐슬레이의 정책뿐 아니라 변덕스러운 기분까지 생생히 보고했다. 1820년 영국 각료를 암살하기 위한 케이토 스트리트(Cato Street) 음모가 실패했을 때, 리벤은 캐슬레이와 저녁을 같이 먹은 후 그가 '반바지 주머니에 장전된 권총 두 자루'를 넣고 다닌다고 메테르니히에게 편지를 썼다. 1822년 초여름 캐슬레이는 알 수 없는 이유로 엄청난 스트레스를 받고 있었다. 6월 10일 리벤이 메테르니히에게 보낸 편지에 따르면, "[캐슬레이개] 귀신같이 보인다. 그는 지난주 동안 5년은 늙어버렸다. 사람들은 그가 실성한 사람이라고 생각할 것이다". 캐슬레이는 모든 동료를, 심지어 오랜 친구인 웰링턴까지 불신하게 되었다. 8월 캐슬레이는 주머니칼로 목에 있는 경동맥을 끊어 자살했다. '크게 상심한' 리벤은 메테르니히에게 "나뭇잎처럼 떨린다"라고 썼다. 평소보다 너그러워진 메테르니히는 캐슬레이에 대해 "대체할 수 없는 … 그의 나라에서 외교 경험을 가진 유일한 인사"라고 추모했다.

빈 회의 이후, 이른바 국제적인 혁명 위협에 관한 메테르니히의 음모론에 새로운 요소가 등장했다. 프랑스혁명에서 학생들은 아무런 역할을 하지 못했다. 그러나 메테르니히는 유럽에서 대학생 수가 가장 많은 독일에서 학생들이 혁명 위협을 제기한다고 확신하게 되었다. 그의 음모론을 부채질한 것은 '부르셴샤프트(Burschenschaft)', 즉 독일 민족주의대학생회에 관한 경찰 보고서였다. 오스트리아 경찰 수장으로서 하거의 후임자인 세들니츠키(Sedlnitsky) 백작은 부르셴샤프트가 '학생들뿐만 아니라 선생들 사이에서도 정치적·종교적 광신주의를 고취하기 위해 용의주도한 계획을 수립했으며, 그 광신주의의 명백한 목적은 독일 민족의 선동적·대의적 자유와 통일을 위해 모든 군주제도를 혁명적으로 전복시키는 것'이라고 확신했다.

기우 같은 이러한 정보 평가는 학생혁명의 위협을 괴이하게 과장한 데서 비롯되었다. 그러나 1817년 10월 18일 주로 예나(Jena), 킬(Kiel), 빈, 베를린 등에서 온 수백 명의 학생이 바이마르 대공국(Grand Duchy of Weimar)의 바르트부르크(Wartburg) 성에서 대회를 개최하자, 그러한 정보 평가가 독일연방 내 보수층에서 힘을 얻었다. 그 학생 대회는 종교개혁 300주년과 나폴레옹을 이긴 라이프치히 전투 4주년을 기념하기 위해 소집되었지만, 일부 학생들은 그 기회를 이용해 독일 각 주의 비민주적인 정부 형태와 오스트리아의 독일 내정 간섭을 규탄했다. 일부 기술에 따르면, 메테르니히의 인형이 화형에 처해졌다. 학생들의 정치 적극주의(political activism)는 매우 새로운 현상이었기 때문에 대부분의 독일 통치자들과 마찬가지로 베를린 주재 영국 대사 조지 로즈(George Rose)도 큰 충격을 받았다. 그는 캐슬레이에게 다음과 같은 서신을 보냈다.

혁명적 기운이 넘치고 혁명적 견해가 일치하는 해괴망측한 광경이 이달 18일 바르트부르크에서 벌어졌습니다. … 이것은 특별히 불길한 징조로서 독일 대학 사회를 상당히 지배하는 정신을 가리키고 있습니다. …

대회에 이어진 식사 자리에서 교수들이 선동적인 연설을 했으며, 군주를 위한 건배는 없었으나 작센 바이마르(Saxe Weimar) 대공을 위한 건배가 있었습니다. 혁명 교리에 반대해 저술된 여러 서적이 아주 엄숙하게 큰 모닥불 화염 속에 던져졌습니다. … 정확한지는 모르겠습니다만, 빈 회의 의정서가 그와 똑같은 운명을 겪었다고 합니다. 그들은 프로이센, 오스트리아 및 헤센카셀(Hesse Cassel, 현재 독일의 헤센 주_옮긴이)의 정부와 정규군을 모독하기 위해 프로이센군의 코르셋 한 벌(그들의 주장대로 프로이센 군대의 장교들이 입는 것), 오스트리아 상병의 지팡이, 그리고 헤센의 군인 가발을 불태웠습니다. 그리고 그들은 하노버 군대의 체벌용 아홉 가닥 채찍도 불태웠다고 하는데, 그 채찍은 그 군대에서 사용되지 않고 있는 것으로 압니다.

1819년 3월 23일 부르셴샤프트 회원 출신으로서 신학을 공부한 24세의 카를 잔트(Karl Sand)가 만하임(Mannheim)에 있는 유명한 극작가 아우구스트 폰 코체부(August von Kotzebue)의 집을 방문했다. 당시 독일에서 코체부의 작품이 괴테와 실러의 작품보다 훨씬 더 빈번히 공연되었지만, 그는 보수적인 반민족주의 견해로 인해 부르셴샤프트 내에서 인기가 전혀 없었으며 바르트부르크 축제에서 그의 독일 역사서가 모닥불 속에 던져졌다. 잔트는 코체부의 따뜻한 환영을 받은 후 소매 속에서 단검을 꺼내 그를 "조국의 배신자"라고 규탄하고 찔러 죽였다. 이후 잔트는 자살을 시도했으나 성공하지 못했다. 잔트는 아마 정신병자였을 테지만, 메테르니히는 그 살인이 예나대학교 비밀 학생회로부터 지시를 받았음을 "절대적으로 확신한다"라고 말했다. 그는 교수들의 사악한 영향 탓이 가장 크다고 비난했다. "우리가 악을 견제하지 못하면 교수들이 한 세대 전체를 혁명가로 만들 수 있다."

'한 세대 전체'의 혁명파 학생들에 대한 메테르니히의 두려움은 음모론에서 비롯된 것인데, 그 음모론이 정보수집을 왜곡시켰다. 그는 정보의 목적이 큰 혁명 음모의 증거를 제시하는 것이라고 믿었으며 그러한 음모가 실재한다는 것을 의심하지 않았다. 메테르니히에게 올라가는 어떠한 정보보고서도 감히 음모의 범위를 축소했을 가능성은 거의 없다. 메테르니히는 긴급 조치의 필요성에 대해 독일연방 각료회의를 설득하기 위해 독일 대학교 내의 전복 활동에 관한 기우(杞憂, alarmist) 정보를 사용했다. 로즈 영국 대사는 프로이센 외무장관 베른슈토르프(Bernstorff) 백작과 면담한 후, 캐슬레이에게 서한을 보냈다.

메테르니히 공은 말투에 활기가 넘치며 능력도 보여주고 있는바, 그는 독일 주들을 위협하는 위험을 느끼고 그 위험을 회피할 필요성에 전념하고 있는 것처럼 보입니다. … 공은 회의에 참석한 각료들 앞에 그 위험, 즉 혁명가들의 계략의 효과가 예상보다 훨씬 더 임박했다는 것을 입증하는 진짜 첩보를 제시했습니다.

메테르니히는 프로이센의 지지를 얻어 독일 대학교 내의 감시와 검열을 새롭게 강화하는 카를스바트(Carlsbad, 현재 체코의 도시_옮긴이) 포고령 초안을 작성했다. 1819년 9월 20일 독일연방 전체가 비준한 이 포고령의 내용은 다음과 같다.

1. 각 대학교에 각 주 통치자의 특별대표가 임명되어 … 기존 법률과 징벌 규제가 가장 엄격히 시행되도록 조치하고 대학교수들이 공개 강의와 정규 수업에서 보이는 정신을 예의주시한다. …

2. 연방에 속한 각 주 정부는 선생들이 자신의 의무를 명백히 벗어나거나, 자신의 역할 한계를 초과하거나, 젊은이들의 정신에 미치는 자신들의 합법적인 영향력을 남용하거나, 공공질서에 반하거나 기존 정부 기관을 전복하는 유해 교리를 전파함으로써 자신들에게 맡겨진 중요한 직책에 합당치 않다고 틀림없이 판명될 경우, 그들을 모두 대학교 등 공공 교육기관에서 추방하기로 서로 약속한다. …

3. 대학교 내 비밀·미승인 단체를 오랫동안 금지해 온 법률들을 엄격히 시행하되, 몇 년 전 '총학생회(Allgemeine Burschenschaft)'라는 이름으로 설립된 단체에 특별히 적용한다. …

메테르니히는 오스트리아와 관련해서는 이처럼 가혹한 포고령으로도 부족하다고 보았다. 메테르니히는 1825년 혁명 오염을 차단하기 위해 독일연방에 소속된 각 주에서 온 학생들을 포함해, 모든 외국인 학생을 오스트리아 대학교에서 추방했다. 1829년에는 오스트리아 학생들이 외국의 대학교에 다니는 것이 금지되었다.

메테르니히와 마찬가지로 차르 니콜라이 1세도 혁명 위협을 감시해야 한다는 생각에 사로잡혀 있었다. 그는 1825년 11월 후사가 없는 형 알렉산드르 1

세를 계승했다. 니콜라이의 경우에는 그 위협이 진짜였다. 12월 26일 니콜라이 1세 대신에 내켜 하지 않았으나 덜 독재적이라는 콘스탄틴(Constantine) 대공을 차르로 옹립하기 위해 '데카브리스트(Decembrist, 12월 당원)의 반란'이 발생했다. 이 실패한 반란의 시초는 1816년 러시아 최초의 비밀 정치결사인 '구원 동맹(2년 뒤 복지동맹으로 계승되었다)'의 창설로 거슬러 올라간다. 1825년 반란은 신속하고 잔인하게 진압되었다. 다섯 명의 반란 지도자가 처형되고 120여 명이 시베리아로 유배되었다. 귀족과 군 장교들이 그 반란을 주도했다는 사실을 알고 충격을 받은 니콜라이 1세는 직접 심문에 참여하고 그들에 관한 보고서를 세심히 살펴보았다. 그는 수사를 진행하면서 심한 충격을 받은 나머지 데카브리스트의 반란이 모든 세습군주제를 파괴하려는 범유럽 차원의 훨씬 더 큰 음모의 일환이라는 잘못된 결론을 내리고, 프로이센 경무장관 카를 알베르트 폰 캄프츠(Karl Albert von Kamptz)에게 그 반란을 국제적인 비밀결사 네트워크의 소행으로 돌리는 기고문을 쓰도록 위촉했다. 1826년 4월 니콜라이는 과거에 전복단체의 회원이었던 모든 사람에게 완전히 자백하라는 명령을 내렸다.

7월 3일 차르는 정치경찰을 담당하는 제3부 내각 신설에 대한 칙령을 공포하고, 그 수장에 44세의 알렉산드르 크리스토포로비치 본 벤켄도르프(Aleksandr Kristoforovich von Benckendorff) 장군을 임명했다. 니콜라이는 제3부를 '조국 러시아'의 통증을 치유할 선한 힘으로 보는 견해를 가지고 출발했으나 현실적인 가망이 없었다. 차르는 벤켄도르프를 임명할 때 손수건을 들고 그에게 다음과 같이 말했다고 한다. "여기에 당신의 지침이 있소. 당신이 이 손수건으로 더 많은 눈물을 닦아낼수록 그만큼 더 충실하게 나의 목적에 봉사하는 것이오." 이번에는 벤켄도르프가 신입 직원들에게 말했다. "나의 조직을 통해 고통받는 인간의 목소리를 폐하께 가져가서 무방비 상태에서 침묵하는 시민을 즉각 차르의 보호를 받도록 하는 관리가 여러분 중에서 나올 것입니다." 불가피하게도 현실은 아주 달랐다. 제3부는 광범위한 감시활동으로 가장 유명했다. 벤켄도르프 휘하의 집행국장 막심 야코벨레비치 본 보크(Maksim Yakovelevich von Vock)가 빠르게 5,000명의 제보자 망을 구축했다. 보크는 '한 시간 동안 주인에게 들키지 않고 … 남의 집에서 재채기하는 것은 불가능하다'는 생각이 퍼지고 있음을 사적으로 인정했다.[5] 또 다른 경찰기관들은 제3부를 위협으로 인식했는데, 그들도 정치전복에 대응하기 위한 자신들의 결의를 보여주려고 했다. 제3부 설립 후 두 달 만에 보크는 자신이 상트페테르부르크 시(市) 경찰에 의해 감시를 받고 있다고 벤켄도르프에게 하소연했다. 그는 시 경찰이 자신이 가는 데마다 따라다닌다면서 "양식과 예절을 모두 무시한 채 감시 자체가 감시의 대상이 되고 있다"라고 말했다.

또 제3부는 산업적 규모의 편지개봉 업무를 담당했다. 벤켄도르프에 따르면, '열성적이고 꼼꼼하기로 유명한' 우체국장들이 러시아 전역에 걸쳐서 그 업무를 수행했다. 아마도 편지개봉의 주된 목적은 러시아 최초로 (비밀) 여론조사를 시행하는 것이었을 것이다. 1827년 벤켄도르프가 처음으로 러시아 여론을 개관한 결론은 메테르니히가 독일 대학교의 전복 활동을 평가한 결과와 흡사했다. 벤켄도르프의 결론에 따르면, 주된 전복 위협은 귀족 청년들을 통해 '괴저(壞疽)'를 퍼뜨리는 교육시스템에서 비롯되었다. "우리 청년들, 즉 17~25세의 젊은 귀족들은 하나의 그룹으로서 제국의 가장 암적인 요소가 되고 있다. 이처럼 무분별한 청년들 속에서 우리는 자코뱅주의(Jacobinism) 세균, 즉 혁명적 개혁주의 정신을 볼 수 있다." 보크는 "감염된 우리 청년들을 방심하지 않고 지

---

5   보크가 1831년 콜레라로 죽자, 또 다른 민간인 모르드비노프(A. A. Mordvinov)가 1839년까지 그의 직책을 승계했다.

속 감시할 필요가 있다"라고 주장했다. 메테르니히의 오스트리아와 마찬가지로, '자코뱅주의 세균'에 대한 공포는 정보수집을 왜곡시켰다. 보크는 감염되지 않은 청년들에 관한 보고에는 아무런 관심이 없었다.

부르봉 왕조가 복원된 프랑스는 메테르니히 등 주요 반(反)혁명주의자들이 예상했던 것보다 덜 위험한 혁명 음모의 온상임을 입증했다. 1824년 샤를(Charles) 10세가 후사 없이 죽은 형 루이 18세의 뒤를 이어 왕위에 올랐을 무렵, 파리 경찰은 최근 수년간 비밀결사의 수가 감소했다고 보고했다. 2년 뒤 메테르니히는 프랑스 자체에 더는 혁명 위험이 없다는 결론을 내렸다. 그러나 그는 프랑스가 전복적 문학 발간을 허용함으로써 유럽 전역에 '도덕의 독'을 퍼뜨리고 있다고 불평했다. 그의 비위에 거슬린 책 제목 가운데에는 당대 유럽의 최대 베스트셀러인 라스 카즈(Las Cases)의 『세인트헬레나의 회상(Mémorial de Sainte-Hélène)』이 있었는데, 1823년 출간된 그 책에서 나폴레옹은 자신을 인민주권 원칙의 옹호자로서 프랑스혁명을 계속하는 사람으로 묘사하고 있었다.

프랑스 의회의 토론 내용이 보도된 기사에도 '도덕의 독'이 들어 있었는데, 그 토론에서 저명한 자유주의자들은 정부 정책에 반론을 제기할 수 있었다. 1818년부터 매년 프랑스 의회는 유럽에서 유일하게 감시와 스파이활동에 쓰이는 '비밀기금(fonds secret)' 예산(용도는 제외)을 승인해야 했다. 소수파인 자유주의자들이 그 예산 승인을 막을 수는 없었지만, 정부의 정보수집에 대한 그들의 공격은 격렬할 때가 많았으며 때로는 의회 내 소동을 일으켰다. 1819~30년 기간 동안 하원 의석을 지킨, 위대한 자유주의 정치 사상가 뱅자맹 콩스탕(Benjamin Constant)이 대정부 비판 대열의 선두 그룹에 속했다. 아이제이아 벌린(Isaiah Berlin)은 후일 콩스탕에 대해 "자유와 사생활의 모든 수호자 가운데 가장 설득력이 있었다"라고 칭송했다. 1822년 콩스탕은 정부 스파이들이 "자유주의 의원들과 접촉하는 사람을 모두 매수해 그들 사이의 거래에 관해 보고서를 작성할 뿐 아니라 의원들 문서도 훔쳐서 범죄를 유도한 사람(스파이들)에게 넘기도록 설득하는 시도를 거듭하고 있다"라고 규탄했다. 또 다른 자유주의 의원 알렉상드르-에듬 메솅(Alexandre-Edme Méchin)은 스파이들의 비열한 행위의 증거로서 "우리의 편지를 전달하고 우리 방문객을 기록하는" 자들의 일상적 부패뿐 아니라 자신의 아버지에 관해서도 제보하도록 설득당한 '불효자' 사건을 들었다. 또 메솅은 내정 담당 신임 각료들이 모두 경찰 정보보고서에 매료되어 있고 혁명 음모를 과도하게 두려워한다고 비웃었다. "새 권력자들은 경찰을 사랑한다. 그들은 모든 것에 놀라 걱정한다. 두려움이 유행을 타는 걱정처럼 되고 있다." 이처럼 기우(杞憂) 정보에 대한 공개적인 비판은 빈이나 상트페테르부르크에서라면 용납되지 않았을 것이다.

샤를 10세의 통치 기간 중에는 체제에 대한 위협 조짐이 없었다. 각 부처와 경찰 수장들은 '완전한 고요함'과 '군주제에 대한 헌신'이 만연한 국가적 분위기 속에서 선거가 없는 철에는 사람들이 정치에 관심이 거의 없다고 보고했다. 샤를 정부는 혁명 전문가들의 음모에 의해서가 아니라 그 자신의 정책에 의해 약화되었다. 1829년 4월 샤를 10세가 극단적인 왕정주의자 쥘 드 폴리냐크(Jules de Polignac) 공을 수상으로 임명하면서부터 분위기가 바뀌기 시작했다. 샤를은 1830년 7월 25일 서명한 4개 칙령을 통해 의회를 해산하는 친위쿠데타를 시도하면서 얼마 되지 않는 유권자 수를 75% 감축하고 의원들의 권한을 제한했으며, 출판에 대한 정부 허가제를 도입했다. 메테르니히는 "국왕께서 자유주의자들에게 태형을 내리셨다"라고 편지를 썼다. 샤를이나 각료들은 친위쿠데타에 대한 저항에 대처할 긴급사태 대책을 마련하지 않았다. 다음날인 7월 26일 샤를은 자신이 파리 시민들 사이에 분노를 불러일으킨 것을 의식하지 못하고 사냥을 떠났다. 이어진 7월 27, 28, 29일(훗날 '영광스러운 3일'로 칭송되었다) 폭도들은 바리케이드(1789년 시작된 혁명 시에는 등장하지 않았다)를 설치하고 군대와 충돌해 1,000여 명이 죽었다. 7월 30일 샤를이 퇴위하고 잉글랜드로 달아났다.

7월은 혁명보다는 정권교체를 가져왔다. 부르봉 왕조가 오를레앙(Orléans) 왕조로 대체되었고 그 우두머리인 루이 필리프(Louis Philippe)는 더욱 자유주의적인 헌법에 동의했다. 샤를 10세와 폴리냐크는 자신들의 전복을 설명하기 위해 음모론을 원용했는데, 그들은 혁명 '지도위원회(comité directeur)'가 반란을 계획했고 노동자들에게 돈을 나누어주어 단검을 제작했으며 총기를 매입했다고 거듭 주장했다. 차르 니콜라이 1세도 그와 비슷한 음모론에 사로잡혔는데, 특히 11월 러시아령 폴란드에서 일어난 반란에 깜짝 놀란 후 더욱 심해졌다. 니콜라이 1세의 형이자 비공식 폴란드 총독인 콘스탄틴은 실패한 암살 시도의 표적이 된 후 12월 13일 니콜라이 1세에게 "나의 모든 감시 조치가 소용없게 되었다"라고 편지에 썼다. 중대한 정보 실패가 있었다.

1831년 초 니콜라이 1세는 '일루미나티(Illuminati, 광명회)'라는 보잘것없는 한 비밀결사에 관해 보고를 받고 일시적으로 공황 상태에 빠졌다. 그 보고에 따르면, 거대한 음모론의 주체가 된 일루미나티는 제3부를 포함한 러시아 행정부의 최고위층에 이미 침투해서 차르 암살을 계획하고 있었다. 음모론이 계속해서 러시아 정보 평가의 품질을 얼마나 떨어뜨렸는지 잘 보여주는 것은 4년 뒤에 발생한 루코프스키(Lukovsky) 사건이었다. 1835년 폴란드인으로 추정되는 루코프스키라는 한 제보자가 잉글랜드에서 상트페테르부르크로 건너와 제3부에 제보했다. 그 제보에 따르면, 잉글랜드에 있는 한 러시아-폴란드인 비밀결사가 러시아를 침공해 군주제를 전복하려고 준비하고 있으며, 그 침공군은 영국령 인도에서 출발해 페르시아, 조지아, 아스트라한(Astrakhan) 등을 거쳐 진격할 계획이었다. 루코프스키가 이 터무니없는 침공 계획에 관여한 인물을 밝히거나 기타 세부사항을 제시하지 못했기 때문에 니콜라이 1세는 정보가 '불분명'하다고 규정했지만, 그래도 후속 조치를 명령했다. 니콜라이 1세는 "우리

시대에는 무시해도 될 일이 없다"라고 주장했다.

이에 따라 러시아를 방문하는 서방 여행객들은 실제로는 스파이가 아니더라도 잠재적인 스파이나 불순분자로 깊이 의심받게 되었다. 프랑스의 퀴스틴(Custine) 후작은 1839년 상트페테르부르크에 도착하자마자 심문을 받았다.

러시아에서 뭐 하시렵니까?

이 나라 구경이요.

그건 여행할 동기가 아닙니다.

달리 특별한 것은 없는데….

공적인 외교 임무가 있나요?

아니요.

비밀임무는?

없어요.

무슨 과학적인 목적은?

없어요.

이 나라 사회·정치 상태를 관찰하라고 당신 정부에서 보냈습니까?

아니요.

상사에서 보냈나요?

아니요.

니콜라이 1세의 러시아는 감시 사회가 되었다. 퀴스틴의 기록을 보면, "차르는 제국에서 제보자를 걱정하지 않고 말할 수 있는 유일한 사람이다"라고 적혀 있다. 퀴스틴은 자신의 집으로 보내는 편지를 다음과 같이 마무리했다.

내 편지가 당신에게는 아주 결백하게 보이더라도 나를 시베리아로 보내기에는 충분할 것이기 때문에 나는 내 편지지를 숨기기에 바쁘오. 내가 편지를 쓸 때는 아주 조심하는데, 배달원이나 우체국 사람이 문을 두드리면 문이 열리기 전에 편지지를 덮고 독서하고 있는 척을 한다오. 지금 나는 이 편지를 모자 꼭대기와 안감 사이에 끼우려고 하오.

냉전 초기 소련에 주재한 다수의 서방 외교관과 정보관들에게는 퀴스틴의 일기가 예언처럼 된 것 같다. 월터 베델 스미스(Walter Bedell Smith)는 1946~49년 모스크바 주재 미국 대사를 지내고 1950~53년 중앙정보부(CIA) 부장을 역임한 인물인데, 그는 퀴스틴의 일기가 "우리가 러시아와 러시아인들을 감싸고 있는 신비를 부분적으로나마 파헤칠 수 있도록 가장 큰 도움을 준 단일 문건"임을 발견했다. 스미스가 모스크바에 주재하는 동안 기록한 바에 따르면, "소련 주재 외교관으로서 나와 직원들의 처지는 한 세기 전 차르 궁정에 신임장을 제정한 우리 선배들의 처지와 별반 다르지 않았다. 양 시대 모두 똑같은 제약, 똑같은 감시, 똑같은 의심을 받았다". 베델 스미스는 연속성을 과장했는데, 제3부 시대에는 스탈린 시대의 강제수용소(Gulag, 굴라크)와 비교될 만한 것이 전혀 없었다. 그러나 러시아 최초의 사회주의자 알렉산드르 게르첸(Aleksandr Herzen)은 니콜라이 1세가 통치하던 러시아의 감시와 의심 분위기를 환기한 퀴스틴의 책이 눈을 뗄 수 없을 만큼 흥미롭다는 사실을 발견했다. "외국인이 러시아에 관해 쓴 책 중에서 의문의 여지없이 가장 즐겁고 지성적이다."

루이-필리프의 7월 왕정이 들어선 후, 1830년대 스파이와 제보자들에게 지급하는 '비밀기금'을 승인하기 위해 프랑스 의회 토론이 열렸는데, 이 토론은 복원된 부르봉 왕정 시대 못지않게 활기가 넘쳤다. 1838년 3월 13일 특별히 시끌벅적했던 토론에서 내무장관 몽탈리베(Montalivet) 백작이 기금 증액을 요구하다가 연단에서 실신했다. 그러나 1839년 파리에서 공화파가 봉기한 여파로 인해 의회에서는 일종의 경찰 감시가 필요하다는 점을 수용한 것으로 보인다. 7월 왕정을 주도한 정치인 가운데 한 사람인 내무장관 샤를 마리 탄기 뒤샤텔(Charles Marie Tanneguy Duchâtel)이 1841년 2월 의회에서 발언했다. "우리는 비밀기금이 불필요하거나 부도덕하다는 주장에 대응해 이제 비밀기금을 옹호할 필요가 없다고 생각합니다."[6]

1839년 봉기를 조직한 '계절협회(Société des Saisons)'는 2년 전에 베테랑 혁명가 오귀스트 블랑키(Auguste Blanqui)가 창설한 비밀결사였다. 블랑키는 이론상 안전한 세포 구조로 '계절협회'를 조직했다. 현실에서는 더욱 혼란스러운 경우가 더러 있었지만, 아홉 명의 공화주의 혁명가로 구성되는 각 세포의 명칭은 주별 요일에 따라 붙여졌다. 4주가 합쳐져 한 달이 되었고 그 리더에게는 그달의 이름이 주어졌다. 석 달이 합쳐져 4계절의 하나가 되었다. '계절협회'가 1839년 5월 12일 파리 봉기를 일으키는 데 성공하고 몇 시간 동안 국민의회(National Assembly), 시청, 대법원 등을 점령할 수 있었다는 사실은 경찰 스파이를 협회 고위층에 침투시키려는 시도가 실패했음을 강하게 시사한다. 그러나 회원 수가 약 1,500명(봉기에 참여한 인원은 상당히 더 많았다)을 넘은 적이 없는 비밀조직이 반란에 성공할 수 있다는 데 대한 블랑키와 그의 추종자들의 믿음은 혁명가의 환상이었다. 이러한 환상을 집약적으로 보여주는 그들의 선언문 '무기를 들라, 시민들이여!(Aux armes, citoyens!)'가 1839년 5월 12일 선포되었다. "인민들이여, 봉기하라! 그러면 여러분의 적들이 태풍 앞의 먼지처럼 사라질 것이다." 그

---

6 카릴라-코헨(Karila-Cohen)의 중요한 연구는 1839년의 파리 봉기와 의회의 '비밀기금' 수용 분위기를 연결 짓지 않는다.

선언문에서 봉기 '총사령관'으로 불린 블랑키를 보필한 사람은 29세의 아르망 바르베(Armand Barbès)와 다른 세 명의 이른바 '공화국군의 사단 사령관들'이었다. 그 봉기는 실패작이었지만, 혁명가들은 용감하게 싸웠다. 77명이 죽었으며 그들을 패퇴시킨 군대는 28명이 죽었다.

1848년 혁명 이전에 유럽 정치체제에 반대한 대중시위 가운데 단연 최대 규모이자 가장 잘 조직된 것은 비(非)혁명적인 영국에서 일어난 차티스트(Chartist, 인민헌장주의자) 시위였다. 차티스트들은 모든 성인 남자의 투표권, 비밀투표, 매년 총선, 평등한 선거구, 하원의원 세비 지급과 입후보 자격의 재산 제한 철폐 등을 요구하는 인민헌장(People's Charter)에 찬성하는 여러 단체를 광범위하게 규합했다. 블랑키파(Blanquist)의 파리 봉기가 실패하고 몇 주 지난 1839년 6월, 128만 명의 서명을 받은 '헌장을 위한 국민청원(National Petition for the Charter)'이 하원에 제출되었다. 1842년의 제2차 청원은 332만 명의 서명을 받았는데, 이는 영국에 등록된 전체 유권자보다 많은 수였다. 그러나 두 청원은 모두 50명 미만의 하원의원 찬성을 얻었다. 차티스트들이 엄청난 언론의 관심을 받았기 때문에 그들을 추적하는 것은 유럽 대륙에서 '계절협회'와 '카르보나리당(Carbonari, 이탈리아 급진 공화주의자들의 결사_옮긴이)' 같은 비밀 혁명 단체를 추적하는 것보다 훨씬 더 쉬웠다. 영국 언론이 전례 없이 확장된 덕분에 차티스트들에 관해 공개적으로 얻을 수 있는 정보가 과거 어느 대중운동보다 많았다. 인지세를 내는 신문 판매가 1833년에는 3,300만 부 미만이었으나 '인민헌장'이 작성된 1838년에는 5,300만 부 이상으로 늘었다. 리즈(Leeds)에 본사를 둔 차티스트 신문 ≪노던 스타(Northern Star)≫의 주간 판매 부수는 1839년 무려 5만 부에 이르렀는데, 이는 영국에서 두 번째로 많은 발행 부수였을 것이다. 그리고 그 20배에 달하는 사람들이 선술집과 집회 장소에서 그 신문을 큰 소리로 읽는 것을 들었을 것이다.[7]

1842년 북부와 중부 지방 전역에 걸쳐 파업과 폭동의 물결이 일었다. '플러그 음모(Plug Plot)' 기간에 5만 명의 파업자들이 보일러에서 플러그를 뽑아 증기기관 가동을 중단시키는 바람에 공장들이 문을 닫아야 했다. 차티스트운동의 지지세가 확산되는 데 대한 정부의 우려와 그 운동이 심각한 폭력으로 귀결될 것이라는 두려움 때문에 정부가 광범위하게 제보자들을 활용했다. ≪노던 스타≫지는 차티스트 집회에 정부 스파이가 있다고 독자들에게 정기적으로 경고했다. 1842년 국민청원의 발기인 중 하나인 에이브럼 덩컨(Abram Duncan)은 뉴캐슬어폰타인(Newcastle upon Tyne)에서 차티스트 시위대 10만 명에게 '독재 정부에서 고용한 도의적 암살자들, 즉 악당 상놈들'이 시위대에 관해 제보하려고 파견되었다고 말했다. 그러나 혁명전쟁과 나폴레옹전쟁 기간에 국내정보 수집의 중심 역할을 담당했었던 내무부는 더 이상 그런 기능을 수행하지 않았다. 영국에도 수많은 제보자가 있었지만, 대륙의 주요 강대국들처럼 중앙집권적인 경찰의 정치정보 시스템은 없었다. 1850년대 찰스 디킨스(Charles Dickens)가 편집한 주간지 ≪일상 언어(Household Words)≫는 다음과 같이 자랑하고 있다. "우리는 정치경찰이 없으며, 의견에 대한 경찰 기능이 없다. 자유로운 이 나라에서는 가장 극단적인 선동가도 원하는 만큼 말할 수 있다. … 그는 조직적인 스파이 시스템을 두려워하지 않고 연설한다." 1829년 로버트 필(Robert Peel) 경이 창설한 런던 경찰청(Metropolitan Police Force: Met)에는 애초에는 사복 경관이 전혀 없었다. 1842년 설치된 형사과는 4반세기가 지나서도 여전히 과원이 15명에 불과했다.

차티스트들에 관한 제보자들은 대부분 프리랜서였다. 런던에서 제보자들

---

7    1833년 신문에 붙는 인지세가 4페니에서 1페니로 인하되었다. ≪노던 스타≫는 본사를 처음의 리즈에서 1844년 런던으로 옮겼다.

을 주로 고용한 사람은 런던 경찰청장이었다. 런던 이외의 지역에서 다양한 수의 제보자를 활용한 사람은 치안판사, 주지사, 군사령관, 지서장, 지역 유지 등이었다. 디즈레일리(Disraeli) 수상의 친구이자 토리당의 공장 개혁주의자인 페런드(W. B. Ferrand)는 '차티스트 브래드퍼드(Bradford) 지부' 사무국장인 마이클 플린(Michael Flynn)을 설득해 제보자로 만들었다. 그러나 페런드는 예외적이었다. 19세기 중엽의 범죄 수사와 마찬가지로, 차티스트들에 대한 대부분의 감시도 신뢰도가 천차만별인 자발적 제보자에게 의존했다. 사학자 벨첨(J. C. Belchem)의 기술에 따르면, "사면, 보상 등 다수 인센티브가 제공됨으로써 진취적인 일반 제보자는 수지맞는 일을 하게 되었고, 급진파 외에 강도범, 절도범, 횡령범, 살인범 등도 공범자를 배신하고 동지들을 정탐하도록 고무되었다". 제보자들의 증거가 신빙성이 없는 경우가 흔했지만, 배심원들 대부분이 그 점을 문제 삼지 않았다.

메테르니히는 차티스트 혁명 전망보다 대륙 혁명가들에게 피난처가 된 잉글랜드의 역할을 더 우려했다. 그가 가장 우려한 혁명 망명객은 이탈리아 민족주의자 주세페 마치니(Giuseppe Mazzini)였는데, 메테르니히는 마치니가 유럽에서 가장 위험한 인물이라고 말했다. 메테르니히는 이탈리아 민족주의자들의 음모를 모니터하기 위해 80여 명의 인원으로 구성된 경찰 부서를 설치했다. 마치니는 로맨틱한 영웅이었으나, 실제로는 무능한 혁명가였다. 마치니는 1837년 런던으로 도피한 후 10년 동안 이탈리아 여러 주에서 여덟 차례의 반란 시도를 계획하거나 고무했지만 모두 실패로 끝났다.

그러나 메테르니히는 런던 주재 오스트리아 대사를 통해 1841년 집권한 로버트 필(Robert Peel) 경의 보수당 정부에 압력을 가해 마치니의 서신을 가로채도록 했다. 1844년 봄 마치니는 자신의 편지가 개봉되고 있다고 의심했다. 그는 자신의 의심을 확인하기 위해 편지 봉투 속에 모래알과 양귀비 씨를 넣었는데, 이것들은 목적지에 도착했을 때 사라지고 없었다. 토머스 칼라일(Thomas Carlyle)은 ≪더 타임스(The Times)≫ 지 독자란에서 다음과 같이 포효했다.

국외자인 오스트리아 황제와 추하게 늙은 교황 키메라가 이탈리아에 그대로 있을지 아니면 서둘러 떠날지는 영국인들에게 조금도 중요한 문제가 아니다. 그러나 봉인된 편지가 영국의 우체국에서—우리 모두 당연시하듯이—신성한 물건으로 존중되는 것은 우리에게 중요한 문제다. 남의 편지를 개봉하는 것은 남의 주머니를 터는 것과 유사한 짓거리로서 그보다 훨씬 더 불쾌하고 치명적인 형태의 악당 짓거리인바, 최후의 극한적인 경우를 제외하고는 영국에서 용납될 수 없다.

≪더 타임스≫ 지 논설위원이 여기에 동의했다. "가면, 독약, 속에 칼이 든 지팡이, 비밀 서명과 결사, 기타 악성 발명품 등과 마찬가지로 그런 일 처리는 영국에서 있을 수 없다."

≪노던 스타≫ 지는 편지개봉에 항의하는 사람들의 주된 표적이 된 내무장관 제임스 그레이엄(James Graham) 경을 '영국의 푸셰(Fouché)'라고 규탄했다.

폭정의 블러드하운드(bloodhound, 후각이 발달한 추적용 개_옮긴이)에 의해 외국에서 쫓겨난 자유의 옹호자들이 종래 영국에서 피난처를 찾은 것은 항상 영국의 자랑이었다. 따라서 다른 모든 나라의 망명객들이 떼 지어 우리 해변으로 몰려온다. 제임스 그레이엄 경이 도입한 스파이활동 시스템이 의회에서 승인되거나 간과된다면, 더는 이런 광경을 보지 못할 것이다.

주간지 ≪펀치(Punch)≫는 그레이엄을 "우체국의 꼬치꼬치 캐기 좋아하는 사람"으로 묘사했다.

핀즈베리(Finsbury) 선거구의 급진파 하원의원 토머스 던콤(Thomas Duncombe)
은 1842년 차티스트 청원을 하원에 제출했던 인물인데, 그는 1844년 6월 14일
마치니 외 다수의 청원을 하원에 제출했다. 그 청원에서 그들은 자신들의 편지
가 개봉됨으로써 '외국의 혐오스러운 스파이 시스템', 즉 '영국 헌법의 모든 원
칙에 심하게 어긋나는' 시스템이 영국에 도입되었다고 항의했다. 던콤은 다음
과 같이 발언했다. "이러한 시스템이 용인된 것은 자유국가로서 수치스러운 일
입니다. 러시아에서는 아직 그럴 수 있고 프랑스에서도 가능합니다. 또는 오스
트리아의 각 영지나 사르디니아(Sardinia) 왕국에서도 그럴 수 있지요. 그러나
자유로운 이 나라의 자유로운 분위기에는 맞지 않습니다." 우편 서비스 개혁의
주요 주창자인 하원의원 로버트 월리스(Robert Wallace)는 하원에서 '런던 우체
국에서 편지를 뜯고 접어서 재봉인하는 방법을 배우기 위해 푸셰의 학교로 유
학을 간 사람들이 있다는 [잘못된] 소신'을 발표했다.

마치니 사건에 의해 촉발된 6월 24일 토론에서 가장 주목할 만한 연설을 한
사람은 위대한 사학자이자 30년 가까이 휘그당 하원의원으로 있던 토머스 배
빙턴 매콜리(Thomas Babington Macaulay)였다. 매콜리는 서신 절취, 경찰 스파이
및 (다소 논란이 있었지만) 고문을 통해 유용한 정보를 획득할 수 있다고 인정했지
만, 셋 다 비(非)영국적이라고 매도했다.


편지를 열어보는 것에 이점이 있다는 데에는 의심의 여지가 없을 것입니다.
이를 부인한 사람이 아무도 없었습니다. 그러나 그렇다면 그런 일이 옳습니까?
마찬가지로 경찰 스파이가 이점을 가지고 있다는 것을 의심할 사람이 있습니
까? 그러나 우리나라는 경찰 스파이를 승인하지 않았습니다. 프랑스는 경찰 스
파이의 이점을 누렸습니다. 프랑스가 스파이 시스템이 없었더라면 빠져나갔

을 사람들을 그 시스템에 힘입어 대거 사법적으로 처리할 수 있었다는 사실을 아무도 의심하지 않습니다. 고문에 대해서도 마찬가지입니다. 영국인들이 고문 사용을 승인한 기간에 고문에 의해 아주 많은 범죄를 탐지해 냈다는 사실에는 의심의 여지가 없을 것입니다. 고문 역시 나름의 이점이 있습니다. ['아니야, 아니야'라는 고함소리] 그렇습니다. 가이 포크스(Guy Faukes)에게 고문 틀을 보인 순간 화약음모 사건의 전모가 즉각 튀어나왔습니다. 스파이 시스템뿐 아니라 이러한 고문조차 나름의 이점이 있습니다. 그러나 우리나라는 이런 짓이 국가 제도를 유지하는 방식에서 치명적이고 품격을 떨어뜨리는 위험한 방식이라고 오래 전에 결론지었습니다.[8]

휘그당 지도자이자 하원의원으로서 2년 뒤 필을 승계해 수상이 될 존 러셀(John Russell) 경은 영국 내무부가 영국 내 정치적 망명자의 서신을 절취해서 공급한 독재체제가 오스트리아에만 국한되지 않는다고 주장했다. "존경하는 준남작(Baronet) 님[제임스 그레이엄 경]에 따르면, 러시아도 똑같이 요구합니다. 우리나라에 망명한 폴란드인들이 수신한 편지는 불행히도 뜯겼습니다. 폴란드는 고립무원입니다. 폴란드는 손발이 묶인 상태에서 차르의 군화가 목을 짓누르고 있습니다. …" 던콤과 같은 핀즈베리 선거구 출신의 하원의원인 토머스 와클리(Thomas Wakley)는 '방방곡곡 가가호호에서 서신 절취를 규탄'하고 있다면서 하원에서 다음과 같이 발언했다.

바로 지난 토요일 한 정치인 신사한테서 들은 말입니다. 그는 항상 스파이를 고용한 정부가 세상에 존재할 수 있는 가장 혐오스러운 정부라고 생각했었

---

8    매콜리는 30년 가까이 휘그당 하원의원이었지만 여러 번 당적을 바꾸었다.

습니다. 그러나 마침내 그는 더 나쁜 정부를 발견했습니다. 그것은 스스로 스파이가 된 정부입니다. 그리고 현 정부는 분명히 그러한 스파이 정부가 되고 있습니다.

마치니 사건을 둘러싸고 대중적으로 벌어진 큰 논란에 대응해, 하원은 '일반 우체국의 편지 억류·개봉과 관련된 법적 실태 및 그러한 억류·개봉 권한이 행사된 방식을 조사하기 위한' 비밀위원회(Committee of Secrecy)를 구성했다. 8월 동 위원회는 116쪽 분량의 보고서를 생산했다. 존 러셀 경은 동 위원회가 우편 역사에 대해 '고고학적 조사'까지 했다는 점에서 그들이 셰익스피어의 서술을 검토하지 않은 사실에 경악을 표시했다. 셰익스피어는 햄릿(Hamlet)이 자신의 처형을 잉글랜드 왕에게 요구하는 밀서를 개봉한 후 어떻게 자기 대신 로젠크란츠(Rosencrantz)와 길덴스턴(Guildenstern)이 처형되도록 조치할 수 있었는지 서술한 바 있다.

마치니 사건은 영국 정보 역사에서 일대 전환점이 되었다. 비밀위원회의 보고서가 나온 후, 필 정부는 암호해독 부서와 우체국의 비밀 사무실을 모두 폐쇄할 것을 결정했다. 에드워드 윌리스 주교가 세운 암호분석관들의 '윌리스 왕조'에서 최후의 인물이던 프랜시스 윌리스(Francis Willes)는 연간 700파운드의 연금을 받았으며 1년 뒤 죽었다. 그의 조수 '러벨 씨(Mr Lovell)'는 매년 200파운드를 받는데, 그는 프랜시스의 조카 윌리엄 윌리스 러벨(William Willes Lovell) 신부였음이 거의 확실하다. 1844년 암호해독 부서가 폐쇄된 결과, 영국은 17, 18세기에 치른 주요 전쟁과는 달리 암호해독관 없이 제1차 세계대전을 맞이했다.

1830년대 혁명 이전과 마찬가지로, 1840년대 유럽 대륙의 4대 강대국 정권 또한 여전히 체제 존속에 대한 주된 위협은 혁명가들에게서 비롯된다고 믿었다. 프랑스 공화주의 혁명가들에 대한 감시는 1839년 파리 봉기가 실패한 후 그 이전보다 훨씬 더 효과적으로 이루어졌다. 그 봉기의 지도자들, 특히 오귀스트 블랑키, 아르망 바르베, 마르탱 베르나르(Martin Bernard) 등은 1848년 혁명 시까지 수감되었으며, '감옥의 양들(moutons des prisons, 끄나풀)'로부터 면밀한 주시를 받았다. 또 감옥 밖의 공화파 단체에는 파리 경찰청장 가브리엘 델레세르(Gabriel Delessert)를 위해 일하는 스파이들이 침투했다. 델레세르의 주요 스파이 중 하나인 뤼시앵 델라오드(Lucien Delahodde)는 나중에 프랑스 비밀결사의 역사에 관해 아주 비판적으로 저술했는데, 이 저술은 신빙성이 천차만별인 경찰 자료에 근거한 것으로 보인다. 델라오드 역사서의 영어 번역본을 낸 뉴욕의 출판사는 책 속표지에서 그를 '반짝이는 재치가 넘치는 프랑스 작가'이자 '형사경찰 요원'이라고 소개했다. "이 작품을 번역한 목적은 비밀결사 관행에서 비롯되는 위험한 결과를 사회와 정부에 보여주는 것이다." 1848년 혁명 전후로 공화파 계열 내에서 그들 중 일부가 경찰 제보자로 채용되었다는 소문이 돌았다. 그렇게 지목된 사람들 가운데 가장 저명한 사람은 프랑스의 주요 직업혁명가 오귀스트 블랑키였다. 1848년 4월 블랑키는 자신의 오명을 일소하려는 시도에서 자신의 무고함을 항변하는 소책자를 발간했다. 7월 왕정의 고관 출신인 쥘 타셰로(Jules Taschereau)가 주동이 되어 그에게 씌운 혐의는 근거가 없었던 것이 거의 확실하지만, 1939년 실패한 반란 시 동료였던 아르망 바르베가 그 혐의를 믿고 공개적으로 그를 비난했다.[9] 루이-필리프 1세 치하에서 수감된 또 다른 공화파 요인 알루아시위스 위베(Aloysius Huber)가 경찰 스파이 겸 교사 공작원으로 변신했는지의 여부에 대해서는 아직도 논란이 이어지고 있다.

---

9  타셰로는 1848년 4월 제헌의회 의원으로 선출되었다.

진짜 경찰 스파이인 델라오드는 1864년 저술에서 공화주의 혁명가들의 무능함을 경멸했다. "지난 60년 동안 우리나라 혁명 가운데 음모자들의 작품인 것은 하나도 없다. 이 주장이 불평꾼 무리에게 아무리 모독적으로 들리더라도, 우리는 논박할 수 없는 진실로서 이 주장을 견지한다." 7월 왕정을 전복시킨 1848년의 2월혁명을 초래한 주범은 공화주의 음모자들이 아니라 경제 위기로 고조된 정치개혁 운동에 무능하게 대응한 루이-필리프였다. 파리 시청이 군중의 수중에 들어가고 성난 군중이 튈르리 궁으로 진격하자, 루이-필리프가 2월 24일 퇴위했다. 그는 자신의 호사스러운 구레나룻을 서둘러 면도한 후, 옆문으로 궁을 빠져나와 잉글랜드로 불명예스럽게 도망쳤다. 그때 그는 짙은 안경과 모자를 쓰고 스카프를 둘렀으며 자신의 신원을 빌 스미스(Bill Smith)로 속인 가짜 여권을 소지했는데, 실제의 빌 스미스는 르아브르(Le Havre, 프랑스 서부의 항구 도시_옮긴이) 주재 영국 부영사의 숙부였다.

1848년 혁명을 사전 경고한 정보보고서는 유럽 각국의 수도 어디에도 없었다. 감시활동은 혁명단체 또는 그 유사 단체에 집중되었다. 그러나 1789년과 마찬가지로, 혁명가가 혁명을 낳은 것이라기보다 혁명이 혁명가를 낳았다. 파리에서는 정치 시위와 정치 클럽이 확산했고 보편적 남성 참정권이 선언되었다. 보수파에서 공화파로 변신한 임시정부 수반 알퐁스 드 라마르틴(Alphonse de Lamartine)은 프랑스 지도자가 된 최초의 주요 서정 시인이었다. 그는 제2공화국은 평화를 원하며 제1공화국의 전쟁을 답습하지 않을 것이라고 하면서 유럽 각국을 빠르게 안심시켰다.

메테르니히와 프리드리히 빌헬름(Frederick William) 4세는 스파이들과 '검은 방'이 올린 정보보고서를 유심히 읽었지만, 파리의 2월혁명 뉴스에 더해 그 혁명이 빈과 베를린에서 일으킨 열광적인 반응을 보고 깜짝 놀랐다. 1848년 3월 프리드리히 빌헬름과 그의 군대는 폭도들로 인해 베를린 밖으로 도망쳐야 했다. 여러 달 동안 '점잖지 못하고 난폭한' 군중이 수도를 지배했다. 지적 장애가 있는 오스트리아 황제 페르디난트(Ferdinand) 1세는 빈의 쇤브룬(Schönbrunn) 궁전 앞의 혁명 시위대를 보고 메테르니히에게 물었다. "그런데 저 사람들, 허락받고 이러는 겁니까?" 그들이 시위를 계속하자 페르디난트는 조카 프란츠 요제프(Franz Joseph)에게 양위했는데, 요제프는 이후 68년 동안 오스트리아를 통치했다. 페르디난트가 분명히 안도하며 썼을 일기에는 다음과 같이 적혀 있다. "나중에 나와 사랑하는 아내는 미사가 진행되는 소리를 들었다. … 그 후 나와 사랑하는 아내는 우리 가방을 꾸렸다." 메테르니히는 3월 13일 빈에서 도망쳤으며, 힘든 여정 끝에 4월 20일 런던에서 혁명 피난처를 찾았다. 1848년 차티스트운동의 부활에도 불구하고, 대부분의 영국 국민은 혁명이 오로지 외국인들에게만 해당하는 일이라고 생각했다.

# 제19장

# 반혁명 관련 정보활동(2)

### 1848년부터 키를 마르크스 사망까지

궁극적으로 1848년 등장한 혁명가 중에서 단연코 가장 영향력 있는 사람은 프로이센의 카를 마르크스와 프리드리히 엥겔스(Friedrich Engels)였다. 파리의 2월혁명 당시 두 사람 다 브뤼셀에서 망명 중이었다. 그 2년 전 [1846년] 브뤼셀에서 마르크스와 그의 처 제니(Jenny), 그리고 엥겔스는 '공산주의자 통신위원회(Communist Correspondence Committee)'의 18인 창설 회원이었는데, 현대의 모든 공산당은 이 위원회의 후예다. 엥겔스는 2월혁명 뉴스를 듣자마자 신이 나서 ≪독일-브뤼셀신문(Deutsche-Brüsseler Zeitung)≫에 매우 낙관적인 글을 기고했다. "튈르리 궁의 불꽃은 프롤레타리아의 새벽이다. 이제 곳곳에서 부르주아의 통치가 무너지거나 산산이 부서질 것이다."[1] 파리의 2월혁명과 중부유럽에서의 그 반향으로 인해 베를린에 불안한 분위기가 조성된 가운데, 일부 프로이센 관리들은 엥겔스의 예측을 실제보다 심각하게 받아들였다. 브뤼셀에 주재하는 프로이센의 경찰 스파이는 ≪독일-브뤼셀신문≫에 다음과 같이 기고했다.

이 해로운 신문이 무지한 대중 구독자들을 가장 타락시키는 영향력을 행사하고 있는 것이 명백하다. 부(富)를 분배한다는 매혹적인 이론이 공장 노동자들과 일용직 노무자들에게 타고난 권리로 전파되었으며, 통치자와 공동체 구성원들에 대한 깊은 증오가 그들에게 주입되고 있다.

---

1    마르크스와 엥겔스는 1847년 4월 ≪독일-브뤼셀신문≫에 기고하기 시작했다.

3월 초 브뤼셀에서 추방된 마르크스는 파리로 이동해 거기서 한 달 동안 머물렀다. 그는 알렉시 드 토크빌(Alexis de Tocqueville)과 마찬가지로 2월혁명 및 7월 왕정을 계승한 제2공화국에 대해 1789년 이후 사태에 대한 사람들의 낭만적인 추억에 고취되어 일어난, '추억으로 이루어진 혁명'이라고 보았다. 후일 마르크스의 기술에 따르면, "헤겔이 모든 위대한 세계사적 사실과 인물은 말하자면 두 번 나타난다고 어디선가 언급하고 있는데, 그는 '첫 번째는 비극으로, 두 번째는 희극으로'라는 말을 빼먹었다". 마르크스는 제2공화국이 희극이 될 것이라고 믿었다. 제1공화국과 마찬가지로 제2공화국도 보나파르트의 수중으로 들어갔다. 1848년 12월 나폴레옹의 조카 루이 나폴레옹(Louis Napoleon)이 대통령으로 선출되었는데, 선거인단 대부분이 그에 관해 이름밖에 몰랐다. 1851년 12월 2일 루이 나폴레옹은 쿠데타를 일으켰는데, 마르크스는 이 쿠데타가 그의 숙부를 제1집정관에 이어 효과적으로 독재자로 만든 1799년 쿠데타의 '캐리커처'라고 보았다. 1804년의 나폴레옹처럼 1년 뒤 루이 나폴레옹도 황제가 되고 제2제국을 수립했다.

마르크스는 1848년 봄 한 달 동안 파리에 머문 후, 쾰른(Cologne)으로 가서 6월 1일 창간된 ≪신라인강신문(Neue Rheinische Zeitung)≫의 편집인이 되었다. 엥겔스가 사적으로 인정했듯이, 신문사 경영은 마르크스의 '순전한 독재체제'였다. 그 신문은 일일 5,000부를 발행하는 빠른 성과를 거두었는데, 이는 당시 기준으로 매우 많은 발행 부수였으며 불가피하게 경찰의 주목을 받았다. 7월 마르크스는 '검찰총장에 대한 모욕이나 명예훼손' 등의 위법행위를 조사한 치안판사 앞에 출두하도록 두 차례 소환되었다. 8월 독일의 혁명적 격변이 한창일 때, 마르크스는 프로이센 정부에 반대하는 시위를 조직화하기 위해 쾰른에서 회의를 소집했다. 프로이센 경찰은 회의 참석자가 제공한 보고서를 받고 쾌재를 불렀다. 마르크스는 평소처럼 자신의 이념적 무오류성을 확신하고 회의를 비참할 정도로 잘못 진행했다. 혁명적 학생 참석자 가운데 본(Bonn)대학교에서 온 카를 슈르츠(Carl Schurz)는 '유명 인사의 입에서 나오는 지혜의 말씀을 듣고 싶은 열망에서' 참석했다. 그는 대단히 실망했다.

마르크스의 발언은 의미심장하고 논리적이며 분명했지만, 나는 그처럼 태도가 도발적이고 견디기 힘든 사람은 처음 보았다. 그는 자신과 다른 견해에 대해서는 아예 거들떠보지도 않았으며, 자신에게 반대하는 모든 사람을 극도로 경멸했다. 그가 자신이 좋아하지 않는 모든 주장에 대해 대답하는 방식은 그런 주장을 내놓게 된 불가해한 무지를 통렬하게 멸시하든가 아니면 그런 주장을 개진한 사람의 동기를 모욕적으로 비난하는 것이었다. 나는 그가 '부르주아'라는 단어를 발음할 때 남의 가슴을 찌르듯이 업신여기는 그의 어조를 매우 뚜렷하게 기억한다. 그는 감히 자신의 의견에 반대하는 모든 사람을 '부르주아'라고—즉, 가장 심한 정신적·도덕적 타락의 가증스러운 본보기라고—맹비난했다. 물론 그 회의에서는 마르크스가 제기하거나 옹호한 제안들이 부결되었는데, 그것은 그의 행동으로 마음의 상처를 받은 모든 사람이 마르크스가 좋아하지 않는 것은 무엇이든 지지하고 싶었기 때문이었다. 아주 분명한 사실은 그가 어떤 신봉자도 확보하지 못했을 뿐 아니라 태도를 달리했더라면 자신의 추종자가 되었을 많은 사람을 쫓아버렸다는 것이다.[2]

마르크스는 ≪신라인강신문≫의 인쇄실 근무자들을 성공적으로 해고하기도 했는데, 이 근무자들이 프리드리히 빌헬름(Frederick William) 4세의 라인란트

---

[2]    카를 슈르츠는 1852년 미국으로 이주해 나중에 최초의 독일계 미국 상원의원이 되고 내무장관이 되었다.

(Rhineland) 방문을 경축하기 위해 하루 쉬는 바람에 신문이 하루 휴간되었기 때문이었다.

그 무렵 빈과 베를린의 구체제는 용기를 회복하고 전통적 권위와 군대의 근본적 힘을 되찾고 있었다. 1848년 10월 말 정부군이 빈을 탈환했으며, 그 과정에서 2,000명이 목숨을 잃었다. 막후에서는 프리드리히 빌헬름 4세가 프로이센에서 혁명을 끝내자고 결심한 보수파 일당을 주변에 끌어모았다. 11월 프로이센 군대가 같은 해 5월에 선출된 프로이센 국민의회를 베를린 의사당에서 쫓아냈다. 1849년 4~7월 독일 각 주에서 새로운 반란의 물결이 일어났다. 쾰른 회의에서 마르크스가 소외시켰던 카를 슈르츠를 포함한 4만 5,000명의 혁명군이 프로이센 군대와 총력전을 펼쳤으나 패배했다. 1849년 5월에는 마르크스가 1년 전 창간한 ≪신라인강신문≫이 폐간되었는데, 붉은 잉크로 반항적으로 인쇄된 마지막 호에서 편집진의 '마지막 말은 영원히 노동자 계급의 해방'이라고 선언했다.

1848년의 여러 혁명이 진압된 후, 대륙에서 영국으로 망명한 혁명가들의 수가 늘어나자 런던 경찰청이 망명자(émigré) 활동에 더 큰 관심을 보이기 시작했다. 런던 경찰청의 4대 주요 정보 출처는 ① 평소의 다른 업무에서 차출된 소수의 형사가 벌인 수사, ② 대중의 자발적인 제보(종종 기우에 불과했다), ③ 외무부로부터 전달받은 외국의 경찰 스파이들 보고서, ④ 많지 않은 유급 협조자들이었다. 런던 경찰청의 가장 믿음직스러운 협조자는 존 히친스 샌더스(John Hitchens Sanders)였을 것이다. 프랑스어를 할 줄 아는 그는 자신을 망명자로 위장할 수 있었다. 1849~50년 샌더스는 정치적 망명자들의 집회에 참석해 상세한 보고서를 런던 경찰청과 외무부에 보냈다. 1851년 1월 런던 경찰청에 입사한 그는 'A(화이트홀)' 부서에 근무하면서 8년 동안 망명자 활동에 관해 청장 리처드 메인(Richard Mayne) 경에게 직접 보고했다. 샌더스가 썼을 한 흥미로운 보고서에 따르면, 3월 런던에서 주로 프랑스 공화파 망명자들 600명이 연회를 열었는데, 여기저기서 큰소리로 다투면서 '서로 계속해서 상대방을 상놈, 도둑놈, 강도, 악당, 망나니 등으로 지칭하는 욕설'이 난무했다고 한다.

런던에 모인 정치적 망명자 중에서 궁극적으로 가장 영향력이 큰 사람은 카를 마르크스였다. 그는 1849년 8월 런던에 도착해 '독일노동자교육협회' 건물에 새로운 '공산주의 동맹(Communist League)' 본부를 설립했다. 런던은 그가 여생을 보낸 고향이 되었다. 1849년 초 마르크스는 자신의 아내에게 농담을 던졌다. "당신 오라버니[페르디난트 폰 베스트팔렌(Ferdinand von Westphalen)]는 너무 바보 같아서 프로이센의 장관이 꼭 될 거야!" 그 대화를 기록한 동료 혁명가의 기술에 따르면, "너무 노골적인 이 표현에 얼굴이 붉어진 마르크스 부인이 화제를 다른 데로 돌렸다".[3] 1년 뒤 우파인 베스트팔렌이 프로이센의 내무장관이 됨으로써 마르크스의 예언이 적중했다. 1850년 5월 23일 베를린 철도역에서 막시밀리안 요제프 세펠로거(Maximilian Joseph Sefeloge)라는 전직 군인이 프리드리히 빌헬름 4세를 암살하려던 시도가 실패한 후, 프로이센의 반체제인사에 대한 단속이 강화되었다.[4] 대체로 베스트팔렌 덕분에, 프로이센 정부는 외국수도, 특히 런던으로 이주한 혁명가들을 추적하기 위해 경찰 스파이와 교사 공작원을 파견하는 일에 타국 정부보다 더 적극적이었다. 표적 리스트 꼭대기에는 베스트팔렌의 매부 카를 마르크스가 있었다.

1850년 6월 14일 런던의 시사주간지 ≪더 스펙테이터(The Spectator)≫ 지는 마르크스가 소호(Soho) 거리의 자택 아파트에서 작성해 엥겔스와 또 다른 프로

---

3  마르크스의 농담과 그의 아내의 반응을 기록한 사람은 보른(Born)으로도 알려진 시몬 부터밀히(Simon Buttermilch)였다.
4  후일 마르크스는 세펠로거가 '유명한 미치광이'였으며 '혁명가가 아니라 극단적인 왕정주의자'였다고 주장했다.

이센 혁명가 아우구스트 빌리히(August Willich)와 함께 서명한 항의서를 공개했다. 그것은 프리드리히 빌헬름 4세에 대한 암살이 시도된 이후, 자신들에 대한 '프로이센 스파이들과 영국인 협조자들'의 감시가 심해진 데 대해 항의하는 내용이었다.

선생님, 정말이지 우리는 이 나라에 그렇게 많은 경찰 스파이들이 있으리라고는 생각지도 못했습니다만, 다행히도 1주일이라는 짧은 기간에 그들의 존재를 알게 되었습니다. 의심스러운 눈초리를 가진 사람들이 우리가 사는 집 대문을 면밀하게 주시하기 때문만은 아닙니다. 그들은 항시 집을 드나드는 모든 사람을 아주 차분하게 기록합니다. 우리가 어디를 가든 그들이 뒤따르지 않고는 한 발짝도 움직일 수 없습니다. 우리는 이 모르는 친구들 가운데 적어도 한 사람을 동행하지 않고서는 합승 마차를 타거나 다방에 들어갈 수 없습니다. 우리는 이 고마운 직업에 종사하는 신사들이 '여왕 폐하를 위해 봉사하는' 사람인지 아닌지 알지 못합니다. 그러나 우리가 아는 한 가지는 그들 대다수가 결코 깨끗하고 존경스럽게 보이지 않는다는 사실입니다.

이제 다수의 비참한 스파이들이 이렇게 긁어모은 빈약한 첩보가 누구에게 무슨 소용이 있겠습니까? 이들 대부분이 평민 계급의 협조자들 가운데 뽑혀서 일의 대가를 받는 하류의 남창 아닙니까? 이것이 틀림없이 매우 믿을 만한 첩보입니까? 영국인들은 대륙에서는 한 나라도 빠짐없이 가지고 있는 스파이 시스템을 자기 나라에서는 도입하지 않았다고 오랫동안 자랑했습니다만, 이것이 도대체 그런 자랑거리를 희생시킬 만큼 가치가 있는 첩보입니까?

선생님, 이러한 환경에 처한 우리는 사건 전모를 대중 앞에 밝혀야만 한다고 봅니다. 우리는 출신 국가와 정당을 가리지 않고 모든 난민에게 가장 안전한 망명지라는 영국의 오랜 명성에 다소간의 영향을 미칠 이 사건에 대해 영국인들이 관심을 기울이리라 믿습니다.

　영국이 대륙의 '스파이 시스템'을 지원하고 격려하고 있다는 마르크스의 불평은 6년 전 마치니의 다소 비슷한 불평에 비해 아주 미미한 대중적 관심을 불러일으켰다. 《더 스펙테이터》 지가 그 항의서한을 공개한 지 2주가 지난 9월 1일 화를 잘 내는 공동서명자 아우구스트 빌리히가 마르크스에게 결투를 청했으나 마르크스가 거절했다. 빌리히는 거창하게 '바덴(Baden) 반란군의 대령'이라고 자칭했으며 명사수라는 평판이 자자했었다.

　마르크스 등 이주 혁명가들에 관해 보고하도록 1850년 런던에 파견된 프로이센의 경찰 스파이들 가운데 으뜸은 빌헬름 스티버(Wilhelm Stieber)였다. 그는 나중에 비스마르크(Bismarck)의 정보수장이 된 인물로서 슈미트라는 기자 행세를 했다. 스티버는 마르크스와 동료 혁명가들이 유럽의 국왕들을 암살하려는 음모를 꾸미고 있다고 주장하면서 사기성 기우(alarmist) 보고서를 베스트팔렌에게 보냈다.

　내가 지원하고 [독일 공산주의자] 빌헬름 볼프(Wilhelm Wolff)와 마르크스가 주재한 엊그제 집회에서 한 연사가 다음과 같이 외쳤다. "백치[빅토리아 여왕]도 마찬가지로 자신의 운명을 피하지 못할 것이다. 영국의 철강 제품은 품질이 최고로서, 특히 도끼날이 잘 들며 단두대는 모든 왕의 목을 기다리고 있다." 이렇게 버킹엄 궁에서 불과 몇백 야드 떨어진 곳에서 독일인들이 잉글랜드 여왕 살해를 공언했다. … 집회 종료 직전 마르크스는 일꾼들이 곳곳에 자리를 잡고 있다면서 청중들에게 마음을 푹 놓아도 좋다고 말했다. 파란만장한 순간이 다가오고 있으며, 처형될 유럽 군주들이 한 사람도 빠져나갈 수 없도록 절대로 실수 없는 조치들이 취해지고 있다.

독일사를 연구하는 주요 영국인 사학자 리처드 에번스(Richard Evans) 경의 기술에 따르면, "스티버는 이후 수십 년 동안 프로이센 경찰이 악명을 떨치게 된 다수의 기법을 개발했다. 고의적 도발, 뇌물, 기만, 서류 절취, 위조, 위증 등 이 모두 그가 일하는 방식이었다".[5] 베스트팔렌은 마르크스 등의 혁명가들이 빅토리아 여왕 등 군주들의 암살을 계획하고 있다는 스티버의 보고서에 현혹되어 그 보고서를 영국 정부에 전달했다. 영국 외무장관 파머스턴(Palmerston)은 현명하게 그 보고서를 무시했다.

대륙 각국 정부는 1851년 5월 1일 개막 예정인 '대영 박람회(Great Exhibition)'에 참석할 엄청난 군중의 잠재적 혁명 역량을 두려워했다. 그 개최 장소인 런던 하이드파크(Hyde Park)에 유리와 철로 건축한 '수정궁(Crystal Palace)'은 세상을 놀라게 했는데, 그 길이가 세인트 폴 대성당의 4배였다. 한 외국 경찰의 보고서(런던 경찰청은 기우에 불과한 이 보고서를 무시했다)에 따르면, 일부 혁명가들은 자신들을 나무로 위장하기로 계획했다.[6] 4월 독일 드레스덴(Dresden) 주재 영국 공사의 보고를 보면, "대영 박람회와 거기서 벌어질 음모에 관해 보편적인 공포가 있었다". 다른 유럽 각국의 수도에서도 비슷한 경고음을 울렸다. 박람회 개막 직전, 외무장관 파머스턴 경이 프랑스 정부에 만일 망명자 음모가 걱정되면 그들을 감시하기 위해 '똑똑한 과장급 몇 사람'을 런던에 파견하라고 제안하면서, "우리 경찰은 그런 목적에는 거의 소용없는 데다가 외국어도 모른다"라고 그 이유를 덧붙였다. 그러나 4~5월 런던 경찰청은 대륙 국가의 경찰 스파이들

---

5   스티버의 다른 터무니없는 주장을 보면, 그가 1860년대 말 비스마르크의 정보수장으로 있을 때 프랑스에서 3만 명의 스파이망을 운용했다고 자신의 회고록에서 말하고 있다. 그 회고록의 진위에 대해 의문이 제기되었지만, 리처드 에번스 경의 견해에 따르면, "스티버가 기량이 뛰어난 정말 전문적인 거짓말쟁이였기 때문에, 그의 책 속의 명백한 거짓들 자체가 그가 직접 책을 쓰지 않았음을 시사하고 있는 것은 아니다".

6   그 의도는 아마 혁명가들이 하이드파크의 숲속에 숨을 것임을 경고하는 데 있었을 것이다.

과 협력해 망명자 집회에 관해 보고할 협조자들을 채용했다. 9월 차티스트 신문 ≪노던 스타≫ 지가 최근 잉글랜드 경찰이 외사부를 설치했다는 소문을 보도했다. 아마도 그 소문은 대영 박람회를 계기로 대륙 경찰과의 정보협력이 증가한 것을 가리킨 것으로 보인다.

독일의 정치적 통일보다 20년 앞선 1851년, 독일의 주요 주와 오스트리아는 정보를 교환하고 정치전복 대응 활동을 조정하기 위해 경찰동맹을 수립했다. 이후 15년 동안 이 동맹은 연례회의를 개최하고 압수한 불온 문서를 교환했으며 혁명가 수배자, 민주주의 성향의 정당, 종교단체, 언론 등에 관해 정보를 공유했다. 함부르크 태생의 런던 주재 프로이센 경찰 스파이인 빌헬름 히르슈(Wilhelm Hirsch)에 따르면, 1851년 대영 박람회 기간 동안 '경찰 삼총사', 즉 프로이센의 스티버, 오스트리아에서 온 헤르 쿠베슈(Herr Kubesch), 브레멘(Bremen) 경찰청장 훈텔(Huntel)이 독일과 오스트리아 망명자들에 대한 감시활동을 현장에서 조정했다. 그들은 수정궁에서 혁명적 무질서의 조짐을 발견하지 못했는데, 대신 영국 자본주의와 국민적 자부심이 의기양양하게 전시된 것을 목격했다. 5월 1일 대규모 합창단이 「할렐루야 합창곡」을 부르는 가운데 박람회를 개막한 빅토리아 여왕은 "우리 역사에서 가장 위대한 날이자 내 생애에서 가장 행복하고 대단한 날"이라고 선언했다. 박람회가 열린 6개월 동안 영국 인구의 1/3인 600만 명이 방문했는데, 이는 사상 최대의 실내 군중이 가장 질서정연하게 운집한 것이었다. 매콜리는 "잉글랜드에서 혁명이 발생할 확률은 달이 지구에 떨어질 확률과 거의 같다"라고 적었다.

그러나 런던에서 프로이센 경찰의 감시활동은 완화되지 않았다. 후일 빌헬름 히르슈는 프로이센 망명자들을 정탐할 요원들을 '늙은 수탉 선술집(Ye Olde Cock Tavern)'에서 어떻게 포섭했는지 기술했다. 당시 그 선술집은 지금처럼(비록 길 건너편으로 이전하긴 했지만) 런던 선술집 중에서 건물 정면이 가장 좁았다.

플리트(Fleet) 가(街) 템플 바(Temple Bar, 런던의 서쪽 관문_옮긴이) 부근에 있는 '수탉 집'은 아주 수수해서 입구를 가리키는 황금 수탉만 없으면 무심한 행인들은 그냥 지나치기 마련이다. 나는 이 오래된 잉글랜드 선술집의 좁은 입구를 지나 안으로 들어가 찰스 씨를 찾았다. 그러자 한 뚱뚱한 인사가 친근한 미소를 띠고 나에게 자신을 소개했는데, 남들 눈에는 우리가 오랜 친구로 보였을 것이다. 그 대사관 요원(그의 실제 신분)은 매우 기분이 좋아 보였는데, 물 탄 브랜디를 마시고 훨씬 더 기분이 좋아졌다.

'찰스 씨'는 자신의 실명은 앨버츠(Alberts)이며 프로이센 대사관 비서라고 신분을 밝혔다. 앨버츠는 브루어(Brewer) 광장에 있는 자기 집에서 히르슈를 두 번째 만났을 때 히르슈를 그리프(Greif) 경위에게 소개했는데, 그리프도 앨버츠처럼 처음에 '찰스 씨'라고 자신을 소개했다.

그리프는 진짜 경찰관 같았다. 중간 키, 검은 머리카락, 단정하게 자른 검은 턱수염, 구레나룻에 닿는 콧수염, 그리고 면도한 볼. 그의 두 눈은 결코 지성적으로 보이지 않았지만 사납게 튀어나온 눈동자가 쏘아보는 눈빛이었는데, 이는 분명히 도둑과 범죄자들을 자주 대면한 탓일 것이다.

이후의 한 회동에서 그리프는 히르슈의 초기 감시활동에 만족을 표시한 후, '마르크스 일당의 비밀 회동'에 관한 보고에 우선순위를 두라고 언명했다. "신뢰의 한계를 넘지 않는 한, 당신 하고 싶은 대로 하세요."[7]

---

7  히르슈는 '마르크스 일당'에 관한 보고서를 작성할 때, 그리프의 부하인 플러리-클로즈(Fleury-Klause)의 지시를 받았다.

1852년 마르크스의 신뢰를 얻는 데 가장 성공한 프로이센 경찰 스파이는 헝가리 기자 야노시 방야(Jànos Bangya)였다. 방야는 자신이 '능력 있는 유일한 독일 사람'임을 마르크스에게 확신시키고 마르크스 부부에게 만찬을 베풀었다. 마르크스가 엥겔스 등에게 보낸 서신을 보면, 1852년 봄 그는 방야를 완전히 신뢰해 '공산주의 동맹'에 가입하도록 초청했다. 방야는 마르크스가 런던으로 망명한 주요 혁명가들에 관해 약술한 일련의 풍자적인 글을 칭찬했으며, 그 얇은 선집에 대해 한 베를린 출판사가 25파운드를 지급하고 익명으로 출판할 것이라고 마르크스에게 말했다.[8] 방야는 그 선집을 출판사 대신 베를린 경찰 본부를 보낸 것이 거의 확실하다. 20세기 공산주의 지도자로서 가장 중요한 두 인물 레닌과 스탈린도 마르크스와 비슷하게 충성스러운 동지로 행세하는 경찰 스파이들에게 2월혁명(1917년 제정 러시아를 붕괴시킨 혁명_옮긴이) 직전에 기만을 당했다. 레닌처럼 마르크스도 처음에는 자신이 속았다는 것을 인정하지 않았다. 방야는 나중에 나폴레옹 3세의 스파이로도 활약했다.

1852년 가을 런던 주재 프로이센 정치경찰이 마르크스에 관한 스파이(방야로 추정된다) 보고서를 베를린으로 송부했다. 그 보고서는 마르크스의 아내 제니(Jenny)에 대해 칭찬 일색이었다. "프로이센 장관 폰 베스트팔렌의 누이, 교양과 매력이 넘치는 여인은 남편을 사랑해서 그의 보헤미안적 생활에 자신을 적응시키고 이제는 이러한 가난에 완벽히 편안함을 느끼고 있다." 그러나 그 스파이는 마르크스에 대해서는 너무 긍정적으로 보고해 프로이센 당국의 심기를 건드리는 일이 없도록 노심초사했음이 분명하다. "사생활 면에서 그는 지극히 무질서하고 냉소적인 인간이며 나쁜 주인(host)이다. 그는 진정으로 보헤미안

---

8  방야는 풍자 글에 대해 마르크스에게 18파운드만 지급했는데, 이는 과거 그에게 빌려준 7파운드를 뺀 것이었다.

적인 지식인 생활을 영위하고 있다. 몸 씻기, 머리 빗질하기, 속옷 갈아입기는 그가 좀처럼 하지 않는 일이며, 음주를 좋아한다." 그러나 보고서 후반부에서 그 스파이는 스스로 모순되게 마르크스 부부가 '나쁜 주인'이기는커녕 자신을 따뜻이 환대했다고 인정했다.

> 그들은 가장 상냥하게 당신을 맞이한다. 그리고 다정하게 파이프와 담배를 권하고, 그밖에 마침 자신들에게 있는 것이라면 뭐든지 다 진심으로 권한다. 그리고 결국 집안의 부족함을 보상하기 위해 활기차고 기분 좋은 대화가 이어지고, 이렇게 해서 불편함을 참을 수 있게 된다. 마침내 당신은 그들과 함께 있는 것에 익숙해지면서 재미있고 독특함을 느낀다.

마르크스는 여전히 자신의 이념적 무오류성을 극도로 확신했지만, 4년 전 쾰른 회의에서 혁명 동조자들을 소외시킨 이후 사교술을 다소 익힌 것이 분명하다.

1852년 런던의 마르크스는 정부 전복을 음모한 혐의로 기소된 11명의 '공산주의 동맹' 회원들을 대상으로 10월 쾰른에서 열린 공개재판에 깊이 휘말리게 되었다. 마르크스는 비밀 중개인들을 통해 피고 측 변호인단에 증거를 보냈지만, 중개인 가운데 한 사람인 헤르만 에브너(Hermann Ebner)가 오스트리아 스파이인 줄은 몰랐다. 그 재판의 스타 중인인 빌헬름 스티버는 공산주의 반란 계획에 대해 머리카락이 쭈뼛해지도록 상세히 설명했으며, 그 증거로 자신의 스파이가 런던의 프로이센 망명자들에게서 훔친 위조문서와 진본 문서가 뒤섞인 것을 제출했다. 그는 어떤 음모자들을 체포하는 프랑스 경찰을 지원하면서 파리 자택 아파트에서 망명 혁명가 조제프 셔발(Joseph Cheval)의 공격을 받았으며, 이어진 격투에서 프라우 스티버(Frau Stieber)가 부상을 입었다고 주장했다.

실제로는 셔발은 스티버가 고용한 교사 공작원이었다. 1852년 11월 피고인 일곱 명이 징역형을 선고받았다. 마르크스와 그의 런던 추종자들은 가까운 장래에 효과적인 정치 행위를 할 수 있는 가능성이 모두 사라졌다는 데 동의하고 '공산주의 동맹'을 해체했다. 런던 주재 프로이센 경찰이 감시를 계속할 '마르크스 일당'은 이제 없었다. 1858년 마르크스의 기록에 따르면, "나는 1852년 이후 어느 단체와도 관련되지 않았으며, 내가 대륙에서 지금까지 전성기를 누린 단체에 참견하는 것보다 나의 이론적 연구가 더 노동자 계급에 도움이 된다고 확신했다". 그의 우선순위는 『자본론(Das Kapital)』을 저술하는 것이었으며 대영 박물관 독서실이 그의 주된 일터였다.

1850년대 중엽에는 프로이센 정치체제 내에서 제보자들의 위상이 최고조로 정립되었다. 프로이센 궁정 내 경쟁 파벌들이 서로 상대를 정탐하기 위해 스파이들을 고용했다. 1850~58년 총리대신(수상)을 지낸 오토 폰 만토이펠(Otto von Manteuffel)은 프리드리히 빌헬름 4세의 측근인 극보수파의 음모에 대해 깊이 의심했다. 그는 육군 중위 출신의 카를 테헨(Carl Techen)을 매수해 주요 극보수파, 특히 왕의 부관참모 레오폴트 폰 게를라흐(Leopold von Gerlach)와 왕의 비서 마르쿠스 니부어(Marcus Niebuhr)의 집에서 비밀문서 사본을 훔치게 했다. 1855년 11월 2일 경찰은 게를라흐와 니부어 하인들을 상전의 서신과 일기를 복사해서 팔았다는 혐의로 체포했다. 추가 수사를 통해 이 사본들을 건네받은 테헨이 1856년 1월 29일 체포되었다. 빌헬름 스티버와 베테랑 경찰 수사관 프리드리히 골트하임(Friedrich Goldheim)이 그에게서 서명된 자백서를 받아냈다. 테헨은 "나는 오랫동안 총리대신 폰 만토이펠 남작의 비밀 요원으로 고용되었다"라고 인정했다. 만토이펠은 '끊임없이 자신에게 불리한 음모를 꾸미는' 자들 중심에 게를라흐와 니부어가 있다고 믿었다. 테헨은 스파이활동의 대가로 총리대신에게서 받는 돈이 적다고 생각해 훔친 문서 사본을 베를린 주재 프랑스 대사관에도 판 사실이 드러났다(비스마르크는 만토이펠이 테헨에게 지급한 액수가 정말 '프로이센 사람들의 근검절약이었음을 알아냈다). 최근 한 사학자가 '프로이센의 워터게이트(Prussian Watergate)'라고 부른 이 사건의 추가 수사를 통해, 정탐 대상이었던 게를라흐 자신도 스파이를 고용해 왕의 동생인 빌헬름 공에 관해 보고를 받았음이 드러났다.[9]

프로이센 궁정의 만토이펠 등과 마찬가지로, 프랑스의 루이 나폴레옹도 가로챈 서신에 깊은 개인적 관심을 기울였다. 그가 황제로서 정기적으로 읽은 편지들 가운데에는 스페인 출신 황후 외제니(Eugénie)가 스페인 궁정으로 보낸 것도 있었다. 그는 마음에 들지 않는 편지는 없애버리는 습관을 들였다. 나폴레옹을 가장 신랄하게 비판한 작가로서 세계적으로 찰스 디킨스보다 훨씬 더 유명한 빅토르 위고(Victor Hugo)는 건지(Guernsey, 영국해협에 있는 섬_옮긴이)에서 망명 생활을 할 때 프랑스로 보내는 자신의 서신이 매번 절취된다는 것을 잘 알고 있었다. 그는 편지개봉을 금지하는 형법 조항을 인쇄한 편지 봉투를 사용했다. 그래도 아무런 효과가 없자, 위고는 봉투에 '가족 문제로서 읽을 가치가 없음'이라고 썼지만 역시 소용이 없었다. 내무부 '검은 방' 요원은 중요한 인사들의 수위, 시종, 하녀 등에게 뇌물을 주어 그들의 서신에 접근했다. 주요 정치인 아돌프 티에르(Adolphe Thiers)는 루이 나폴레옹의 강력한 정적의 하나로서 후일 제3공화국의 초대 대통령이 된 인물인데, 그는 내무장관이 절취된 자신의 편지 하나를 인용하는 것을 듣고 자신의 시종을 해고했다.

루이 나폴레옹은 러시아를 제외한 동시대 다른 나라 통치자들보다 훨씬 더 정보에 큰 개인적 관심을 쏟았다. 이러한 관심은 부분적으로 7월 왕정 기간에 감시를 받은 자신의 경험에서 비롯되었다. 그는 1836년과 1840년 두 차례 형

---

9    테헨은 1855년 10월 처음 체포되었으나 증거 부족으로 석방되었다.

편없이 어수룩하게 쿠데타를 시도했었다. 1846년 그가 수감생활을 하던 솜(Somme) 지방의 암(Ham) 요새에서 잘 기획된 탈출에 성공했을 때, 그는 턱수염과 콧수염을 면도하고 가발을 쓴 후 노동자 복장에 널빤지 한 장을 어깨에 메고 요새를 걸어 나왔다. 프랑스 통치자로서 루이 나폴레옹은 자신의 숙부와 마찬가지로 프랑스 국민 여론에 관한 정보보고서에 심취했지만, 대부분의 다른 독재자들과 달리 '권력자에게 진실 말하기' 문제에 사로잡혔다. 1852년 1월 22일 그는 경무부를 신설했는데, 그 초대 장관인 샤를마뉴 드 모파(Charlemagne de Maupas)는 1951년 12월 2일 쿠데타를 일으켰을 때 주도적인 역할을 한 인물이었다. 루이 나폴레옹은 모파에게 그의 역할이 '권력자에게 너무 흔히 차단되는 진실'을 자신이 듣도록 확실히 하는 것이라고 당부했다.

1852년 여름과 가을 경무부가 프랑스 전국 86개 도(道, department)의 지사들을 평가했는데, 루이 나폴레옹이 의도한 대로 그 평가는 아무런 제약을 받지 않은 것 같다. 몇몇 도지사만 "매우 헌신적이고 매우 지혜롭다"라는 칭찬을 받았다. 다섯 명의 도지사는 너무 '무능해서' 해임될 만하다는 평가를 받았다. 그리고 18명은 태만하다거나 아둔하다는 등의 다양한 결격 사유로 전직을 권고받았다. 아니나 다를까 경무부는 단 17개월만 존속했다. 경무부는 수많은 도지사뿐 아니라 경쟁 부처인 내무부와 전쟁부의 분노를 불러일으킨 탓에 1853년 6월 폐지되었다. 1852년 12월 나폴레옹 3세 황제로 스스로 즉위한 루이 나폴레옹은 경무부가 초래한 분규가 경무부의 유용성을 잠식했다는 결론을 내렸을 것이다. 제2제국 기간에 루이 나폴레옹이 가장 큰 관심을 보인 국내정보보고서는 전국 각 도의 검사장들 보고서였다. 검사장들은 여론뿐 아니라 도지사들의 성과도 모니터했다. 검사장들의 역할에 관한 최근의 상세한 연구에 따르면, 그들은 '정치경찰' 기능을 수행했다.

제2제국 최대의 정보 실패는 네 명의 이탈리아 공화파 민족주의자가 시도한 황제암살 미수 사건을 사전에 경고하지 못한 것이었다. 펠리체 오르시니(Felice Orsini, 나폴레옹의 러시아 원정군에서 살아남은 자의 아들)가 주도해서 거의 성공할 뻔했던 그 시도는 황제 부부가 1858년 1월 파리 오페라(Paris Opéra) 극장에 도착할 때 암살할 계획이었다. 나폴레옹 3세와 외제니가 탄 마차에 폭탄이 투척되었다. 그들은 살아남았으나 구경꾼 8명이 죽고 약 150명이 다쳤다. 파리 주재 영국 대사관은 프랑스 경찰이 암살 음모를 가리키는 정보에 대응하지 못했다고 믿었다. 그러나 프랑스 정부와 그 지지자들은 영국이 런던으로 망명한 위험한 외국 혁명가들을 감시하지 못했다고 모든 비난을 퍼부었다. 그 폭탄 공격은 오르시니와 다른 공범자들의 정치적 망명지인 잉글랜드에서 계획되었다. 정치적 망명자들을 담당하는 런던 경찰청의 수사반장 존 샌더스(John Sanders) 형사는 1856년과 1857년 청장에게 이탈리아인과 프랑스인 망명자들의 음모가 '정말로 위험'해지고 있으며 나폴레옹 3세의 목숨을 노리는 시도를 적극적으로 준비하고 있다고 경고했었다. 그러나 샌더스의 경고는 후속 조치가 없었던 듯하다. 나중에 드러난 사실이지만, 오르시니 일당이 사용한 폭탄의 원형은 세필드(Sheffield) 채석장에서 실험되었으며 실험자 조지 홀리오크(George Holyoake)는 차티스트 출신으로서 의회 선거에 출마한 인물이었다.

외무장관인 제4대 클라렌든(Clarendon) 백작은 개인적으로 '암살범들이 여기에서 누린 보호에 대해 부끄러움'을 느꼈다. 수상 파머스턴 경은 프랑스 국민의 반응이 "아주 당연하며, 같은 종류의 시도와 잔학행위가 파리에서 온 범죄자들에 의해 런던에서 다시 발생했었다면 우리도 그 정도 반응을 보였을 것"이라고 동의했다. 파머스턴은 무언가 행동을 취하고 있다는 것을 프랑스 국민에게 보여주기 위해 '살인음모' 법안에 대한 의회의 지지를 얻으려고 시도했지만, 이는 섣부른 판단이었다. 하원이 그 법안을 부결시키자 내각이 총사퇴했다. 영국 내 오르시니의 방조자들은 대부분 체포를 피해 달아났지만, 프랑스인 폭탄 제조자 시몽 베르나르(Simon Bernard)는 재판에 회부되었다. 베르나르의 현란한 변호인 에드윈 제임스(Edwin James)는 전직 배우 출신으로 나중에 사기와 부패 혐의로 변호사 자격을 박탈당한 인물인데, 그는 이 사건에 '외국 경찰의 스파이'가 개입되었다고 비난하면서 배심원들에게 다음과 같이 말했다. "기소가 외국의 요구에 따라 이루어짐으로써 외국 정부에 굴종하는 사태가 벌어졌으며, 이 나라 행정부는 외국의 강력한 통치자를 만족시키기 위해 … 기소 전에 하원의 승인을 거치는 용기를 내지 못했다." 판사의 분명한 지침과는 반대로 베르나르는 무죄 평결을 받았으며, 법정 밖에서는 '우리나라에 수치스럽게도, 파렴치한 시위대'(클라랜든의 표현)가 그를 영웅으로 환호하며 맞이했다. 존 샌더스 형사는 1859년 8월 고작 35세의 나이에 '뇌졸중'으로 죽었는데, 런던 경찰청은 정치적 망명자들의 활동에 관해 전문가였던 그를 다른 사람으로 대체하지 않은 것으로 보인다.

마르크스는 1858년 2월 파리에서 열린 오르시니와 공범들의 재판을 지켜보면서, 깊은 (그러나 대상이 잘못된) 의문을 품었다. "처음으로 제국의 사법부에서 죄수가 온당한 처우를 받았다. 목격자의 전언에 따르면, '괴롭힘, 협박이나 윽박지르기가 전혀 없었다'. 따라서 지독히 표리부동한 작태가 여기서 벌어진 것이 분명하다." 오르시니와 공범 한 명이 사형선고를 받아 3월 단두대로 향했지만, 마르크스는 오르시니가 비교적 좋은 처우를 받은 것은 그가 '폭로할 것이 있었지만' 폭로하지 않기로 동의했기 때문이었다는 잘못된 결론을 내렸다. 마르크스가 생각한 '폭로할 것'은 일찍이 루이 나폴레옹이 이탈리아의 비밀 혁명 단체인 '카르보나리당(Carbonari)'에 연루된 것이었다. 1년 뒤 마르크스는 스위스로 망명한 독일의 좌파 과학자 카를 포크트(Karl Vogt)와의 심한 상호비난전에 휘말리게 되었다. 마르크스는 포크트가 나폴레옹 3세의 돈을 받는다고 거듭 주장했고, 그 후 영장 발부 소동이 벌어진 가운데 포크트는 책을 저술해 응답했다. 마르크스를 "귀족들과 어울리면서 염치없이 노동자들을 뜯어먹은 돌팔이 혁명가"로 매도한 그 책은 즉각 독일어 베스트셀러가 되었다. 마르크스는 1860년 내내 『포크트 씨(Herr Vogt)』라는 제목의 상세한 답변서를 썼는데, 그 책에서 포크트를 "튈르리 궁의 괴상한 복화술사(腹話術師)를 외국어로 대변하는 수많은 주둥아리의 하나"라고 비난했다. 그 책을 출판하려는 독일 업자가 없었기 때문에 마르크스는 영어판을 내기 위해 돈을 구걸하고 빌려야 했다. 제니 마르크스가 오랜 친구에게 편지를 썼다. "이 일이 우리에게 얼마나 많은 걱정거리와 불면의 밤을 초래했는지 너는 상상할 수 없을 거야." 1870년 나폴레옹 3세가 전복된 후 발견된 문서에 의해, 포크트가 1859년 한 해에만 프랑스 당국으로부터 5만 프랑을 받은 사실이 드러났다.

마르크스는 "지금까지 존재한 모든 사회의 역사는 계급투쟁의 역사"라는 『공산당 선언(The Communist Manifesto)』의 주장에서 벗어난 적이 없다. 계급투쟁은 비밀 음모에 의존하지 않았다. 그러나 마르크스는 그토록 많은 비밀 요원들의 표적이 되는 바람에 엉뚱한 곳에서도 스파이를 발견하게 되었다. 가장 엉뚱한 곳은 다우닝 가(街) 10번지였다. 크림 전쟁 기간에 그는 15년 동안 외무장관을 역임한 수상 파머스턴 경이 현재 러시아와 전쟁 중임에도 불구하고 오래된 유급 러시아 스파이라고 확신했다. 대영 박물관 독서실에서 추가로 조사한 결과, 마르크스는 런던과 상트페테르부르크의 양 내각 사이에 지속된 비밀 협력이 표트르 대제 시대로까지 거슬러 올라간다는 이상한 확신에 도달했다.

1864년 런던에서 후일 '제1인터내셔널(First International)'이라고 불린 '국제노동자협회(International Working Men's Association)'가 창설되면서 마르크스는 대륙의 경찰 정보활동에 새삼 관심을 가지게 되었다. 1865년 마르크스의 공식 직책은 단순히 '독일 담당 연락 서기'였지만, 그는 '제1인터내셔널'의 실질적인 지도자였다. 그러나 '인터내셔널' 초창기는 독일에서 발생한 중대한 변화와 비교되어 존재감이 사라졌다. 1866년 여름 프로이센이 오스트리아와의 전쟁에서 승리한 결과, 독일연방이 해체되고 프로이센이 지배하는 새로운 북독일연방이 창설되었으며 프로이센이 다수의 인접 주를 병합했다. 1851년 창설된 독일 경찰동맹은 오스트리아-프로이센 전쟁의 유탄을 맞아 1866년 활동을 중단했는데, 그 동맹은 오스트리아와 독일의 주요 주들이 경찰의 대전복 활동을 조정하기 위해 결성한 것이었다. '인터내셔널' 지도자인 런던의 마르크스는 대영박람회 때보다 프로이센 경찰의 관심 대상에서 멀어졌다. 대영 박물관으로 마르크스를 따라가서 그가 1867년 독일에서 출판된 『자본론』 제1권 작업을 마무리하고 있는 모습을 지켜본 어느 나라 스파이가 있었을 가능성은 매우 희박하다. 파머스턴이 오랜 러시아 스파이라는 마르크스의 거듭된 공개 주장에 대해 파머스턴이 주목하거나 알았을 가능성도 똑같이 매우 희박하다.

프랑스가 프로이센과의 전쟁에서 패배하고 제2제국이 무너진 후, 마르크스는 악명을 되찾았고 다시 유럽 대륙 정보기관의 진지한 관심 대상이 되었다. 1871년 3월에는 전쟁 패배를 받아들이고 싶지 않은 파리 코뮌의 애국적 과격파와 프랑스 정부군이 충돌해 19세기 최악의 내란이 발생했다. 당시 새로 선출된 프랑스 정부를 이끈 아돌프 티에르는 마르크스가 "괴물 같은 땅속 요정"이라고 부른 인물이었다. 1790년대 파리 코뮌을 기념해 그 이름을 이은 코뮌의 선출직 지도자 92명 가운데 17명이 '인터내셔널' 회원이었지만, 대다수는 오랜 혁명 전통을 되돌아보았다. 그러나 티에르 정부로서는 코뮌을 비난하면서 마르크스와 '인터내셔널' 탓으로 돌리는 것이 적절했으며, 위조문서를 이용해 그 연계를 입증하려고 시도했다. 마르크스는 위조문서가 경찰 스파이들의 작품이라는 결론을 내린 것으로 보이는데, 맞는 결론일 것이다.

경찰 풍의 부르주아 마인드라면 당연히 '국제노동자협회'가 비밀 음모 방식으로 행동하면서 가끔 중심부에서 각국에 폭동 지령을 내린다고 스스로 판단할 것이다. 사실 우리 협회는 문명 세계 여러 국가의 가장 선구적인 노동자들 간의 국제 연대에 불과하다.

≪팔 말 가제트(Pall Mall Gazette)≫ 지가 마르크스를 코뮌의 잔혹 행위에 책임이 있는 '거대한 음모의 우두머리'라고 비난하자, 마르크스는 그 신문 편집인에게 결투하자고 위협했다. 그러나 여러 해 동안 영국 언론이 대체로 자신을 무시했었기 때문에 마르크스는 속으로 '런던에서 가장 비난받는 사람'이 된 것을 기뻐했다. "습지대 전원에서 20년이나 지겨운 시간을 보냈으니 정말 좋은 일이다."

마르크스는 파리 코뮌이 노동자 이익만큼이나 중산층 이익을 수호하려고 애쓴 것을 잘 알고 있었으며, 나중에 파리 코뮌이 '프랑스은행(Bank of France)'의 자산을 몰수하지 못했다고 비판했다. 그러나 '피의 주간(la Semaine Sanglante)'에 프랑스 정부군이 참혹한 폭력으로 파리 코뮌을 박살 낸 후, 마르크스는 소논문 「프랑스 내전(The Civil War in France)」에서 코뮌을 방어하는 쪽으로 돌변했다. 역사상 가장 유창한 정치평론에 속하는 이 소논문은 처음에는 '인터내셔널' 총회에서 회원들에게 연설하기 위해 작성되었다.

노동자들의 파리는 파리 코뮌과 더불어 새로운 사회의 영광스러운 전령으로서 영원히 기념될 것이다. 그 순교자들은 노동자 계급의 큰 가슴속에 새겨질 것이다. 역사는 파리 코뮌을 몰살시킨 자들을 이미 영원한 형틀에 못질했으며, 그들 사제의 모든 기도로도 그들을 그 형틀에서 구원하지 못할 것이다.

코뮌의 배후에 마르크스가 있다는 주장은 그를 다시 한번 경찰 스파이들의 표적으로 만들었는데, 이번에는 갓 통일된 독일 스파이들의 표적이 되었다. 1872년 헤이그(The Hague)에서 열린 다음번 '인터내셔널' 총회에서 마르크스는 참석자를 소속 협회의 신임장을 가진 회원으로 제한하고 모두 면밀하게 검증함으로써 전부는 아니라도 대부분의 스파이를 노련하게 따돌린 것으로 보인다. 회의에서 쫓겨난 후 도청을 시도한 독일 경찰의 한 스파이는 '열린 창문을 통해 안에서 벌어지는 대화를 한마디라도 들으려고 하는 시도'조차 불가능하다고 베를린에 보고했다. ≪더 타임스≫ 지 특파원이 성취한 것은 그보다 약간 나았는데, 그는 열쇠 구멍을 통해 들었지만 성난 목소리들이 아우성치는 가운데 간간이 울리는 의장의 벨 소리만 들을 수 있었다. 스파이들이 엿들을 수 있는 범위를 벗어난 마르크스는 '인터내셔널'의 이사회 본부를 뉴욕으로 이전하자는 동의안(일부 '성난 목소리들'을 유발한 요인임이 틀림없다)을 추진했다. 그 추진 동기는 불분명하지만, 이사회 본부가 유럽에 남아 있을 경우 경찰의 감시와 괴롭힘에 대한 두려움, 자신의 건강 악화로 '인터내셔널'의 실질적인 지도자 지위를 유지하기 어려울 것이라는 우려, 『자본론』의 나머지 저술로 돌아가고 싶은 욕망 등이 작용했을 것이다. 마르크스도 예견했겠지만, 일단 뉴욕으로 옮긴 '인터내셔널'은 급속히 쇠퇴해 1876년 자진 해산했다.

파리 코뮌이 진압된 후, 영국 내무부는 각국 정부로부터 런던으로 망명한 이른바 '공산주의자들'에 관해 정보를 달라는 일련의 긴급한 요청에 직면했다. 처음에 내무부는 어떻게 대처할지에 대한 뾰족한 방안이 없었다. 그러나 내무장관 애버데어(Aberdare) 경이 비서를 시켜 마르크스에게 서한을 보내는 묘안을 냈는데, 마르크스는 마지못해 인터내셔널의 활동에 관한 문헌과 『프랑스 내전』 한 부를 보내 응답했다. 런던 경찰청은 자체적으로 직접 조사했으나 성과가 그보다 적었다. 1872년 5월에는 런던 이즐링턴(Islington) 구의 캐넌베리 암스(Canonbury Arms)에서 열린 프랑스인 '공산주의 망명자' 집회를 조사하기 위해 한 경사가 파견되었다. 그 경사는 집회에 들어가려고 할 때 공산주의자냐는 질문을 받고 공산주의자는 아니나 집회에 참석할 권리가 있다고 고집했다. "그러자 한 사람(나는 그 사람을 식별할 수 있다)이 나를 붙잡고 여러 사람 도움을 받아 나를 방 밖으로 끌어내고는 내가 돌아오면 머리를 부수겠다는 뜻을 넌지시 알렸다. 나는 평화를 깨는 일이 발생하지 않도록 돌아가지 않았다." 한 달 뒤 그 경사는 다시 시도했다. 이번에는 그가 머무를 수 있었지만, 공산주의자들이 모두 떠나버렸다.

경찰의 괴롭힘이 없어지자 마르크스는 1874년 네 명의 영국 태생 신원보증인을 붙여 아주 자신만만하게 영국 시민권을 신청했다. 그러나 내무부는 그 신청을 거부했는데, 이는 내무부가 앞서 런던 경찰청으로부터 신원 보증인들이 '존경할 만한 집주인들'이긴 하지만 마르크스는 '악명 높은 독일인 선동가이며 인터내셔널 협회의 우두머리로서 공산주의 원칙의 옹호자다. 그는 자신의 조국과 왕에게도 충성하지 않는 인물'이라는 보고를 받았기 때문이었다. 이후 런던 경찰청은 마르크스와 런던 내 극소수 추종자들에 대해 관심을 잃은 것 같다. 1883년 3월 14일 마르크스가 죽은 후, 엥겔스는 하이게이트(Highgate) 공동묘지의 무덤 옆에서 낭독한 추도사에서 그를 '이름과 작품이 여러 시대에 걸쳐 존속할' 혁명의 천재로 묘사했다. 그러나 장례식에 참석한 조문객은 11명에 불과했다. 『자본론』의 영어판은 1887년까지 나오지 않았다. 런던 경찰청은 한 부도 구매하지 않은 것이 거의 확실하다. 『자본론』 영어판은 빅토리아 왕조 때 쓰인 걸작 중에서 가장 적게 읽힌 책이었을 것이다. 옥스퍼드대 교수 출신으로서 영국 최고의 교육을 받은 20세기 노동당 당수 해럴드 윌슨(Harold Wilson)은 『자본론』을 두 페이지 이상 넘긴 적이 없다고 수상이 된 후 자랑했다.

그러나 일부 외국 정부는 1870년대와 그 이후에도 런던의 반체제 망명자들에 관해 관심을 유지하면서 영국 당국으로부터 정보를 얻으려고 했다. 하지만 대체로 별 성과가 없었다. 1878년 러시아 대사는 런던에 거주하는 러시아인 정치적 망명자들에 관해 첩보를 얻고자 런던 경찰청에 도움을 요청했다. 런던 경찰청장 에드먼드 헨더슨(Edmund Henderson) 경은 과거 1850년대에 그런 정보가 대륙 국가의 경찰에 전달된 것을 모른 채 '이 나라에서 어떤 공공연한 범죄가 자행되어 기소하는 데 자료가 필요한 경우를 제외하고는' 그러한 지원이 제공된 적이 결코 없다고 잘못 주장했다. "오르시니 사건에서도 경찰의 조치는 대다수 국민 사이에서 당시 정부에 대한 반감을 불러일으켰습니다." 헨더슨은 런던 경찰청이 러시아인 정치적 망명자를 수사하는 것은 어쨌거나 "백해무익하다"라고 부언했다. 1877년 '범죄수사단(Criminal Investigation Department: CID)'이 창설되긴 했으나, 1880년 어돌퍼스 '돌리' 윌리엄슨(Adolphus 'Dolly' Williamson) 경정은 런던 경찰청 내에서 여전히 형사 업무가 인기가 없다고 불평했다.

… 임무의 불확실성과 불규칙성은 … 틀림없이 많은 경우에 … 우수한 경찰직 인재들에게 매우 역겹고 불쾌하다. 왜냐하면 임무로 인해 그들은 끊임없이 최하층 사람들과 접촉해야 하고, 자주 불필요한 음주를 해야 하며, 때때로 자신들이 싫어하는 교활한 수법을 어쩔 수 없이 써야 하기 때문이다.

# 제20장

# 전신, 19세기 중엽의 전쟁, 그리고 '그레이트 게임'

빅토리아(Victoria) 여왕의 통치 초기에 처음으로 시연에 성공한 전신(電信)의 발명으로 '인쇄술의 발달 이후 최대의 통신 혁명'이 시작되었다. 워털루 전투 이후 강대국 간의 첫 전쟁인 크림 전쟁(Crimean War, 1853~56년)은 전신이 대단한 역할을 한 첫 전쟁이기도 했다. 1854년 9월 크림반도에서 전개된 영·프 연합작전 초기에는 런던에 소식을 전하는 데 최소 5일이 걸렸다. 발라클라바(Balaklava, 흑해 연안의 우크라이나 항구도시_옮긴이)에서 오늘날 흑해 연안의 불가리아 항구 바르나(Varna)까지 증기선으로 이틀, 다시 부쿠레슈티(Bucharest, 루마니아 수도_옮긴이)에 있는 가장 가까운 전신망까지 파발마로 사흘이 걸렸다. 프랑스가 1854년 겨울 흑해 연안까지 전신망을 연장했을 때에는 소식을 전하는 데 이틀이 걸렸다. 영국이 1855년 4월 바르나에서 크림반도까지 해저 케이블을 가설한 후에는 소식이 몇 시간 만에 런던에 닿을 수 있었다.

사상 처음으로 영국 각료들은 화이트홀 집무실에서 사령관들과 외교관들이 보낸 공식 발송물을 읽기 전에 자기 집에서 집사가 가져온 ≪더 타임스≫의 갓 인쇄된 신문에서 전쟁 보도를 보고 주요 사건에 관해 알게 되었다. 런던뿐 아니라 각국 수도에서도 신문 독자들이 영국의 군사작전을 그토록 상세하고 즉각적으로 따라갈 수 있었던 적은 종래 없었다. 영국군 총사령관 래글런(Raglan) 경(1854년 11월 육군 원수로 승진했다)은 ≪더 타임스≫ 덕분에 러시아는 스파이를 둘 필요가 없으며 "비밀정보부(Secret Service) 수장의 휘하 조직이 할 일이 없다"라고 불평했다. 1855년 1월 래글런은 전쟁부 장관 뉴캐슬 공작에게 보낸 서한에서 ≪더 타임스≫의 종군기자 윌리엄 러셀(William Russell)이 반역자라고 실질적으로 고발했다.

그 기자가 불만과 기강 해이를 부추기기 위해 아무리 계산된 혹평을 하더라
도 모든 일과 사람에 관해 들추어내는 잘못에 대해서는 무시하겠습니다. 그러
나 러시아 황제의 유급 스파이가 유럽 최대의 발행 부수를 자랑하는 신문의 특
파원보다 그 주군에게 더 잘 봉사할 수 있는지 검토하시라는 요청을 드립니다.
… 통신이 엄청 빨라진 요즈음, 영국군이 강력한 적군 앞에서 오래 버틸 수 있
을지 매우 의문입니다. 특히 적군 사령부가 영국 언론을 통해서 그리고 런던에
서 자신들의 본부로 보내는 전신을 통해서 우리 군의 병력 규모, 상태, 장비 등
에 관해 필요한 모든 상세 내용을 갖고 있다는 점에서 그렇습니다.

그러나 영국군이 크림반도에 상륙한 후 ≪더 타임스≫가 일으킨 문제는 정
보 부족으로 인한 문제에 비하면 별것 아니었다. 래글런의 마지막 전투 경험은
약 40년 전의 워털루 전투였는데, 거기서 그는 자신의 오른쪽 팔을 잃었었다.
그는 웰링턴 밑에서 복무하면서 군사정보의 중요성을 체득했었다. 1813년 래
글런은 프랑스군 수비대 사령관이 니콜라 술(Nicholas Soult) 원수에게 보낸 메시
지를 절취해 직접 해독함으로써 웰링턴의 팜플로나(Pamplona, 스페인 북부의 도시
_옮긴이) 포위 공격이 성공하는 데 공헌했었다. 반도전쟁에서의 그러한 경험과
는 대조적으로, 래글런이 1854년 크림반도에 도착했을 때 그에게는 적군에 관
해 비밀정보는커녕 기본정보조차 많지 않았다. 그는 세바스토폴(Sevastopol, 우
크라이나 남부의 군항 도시_옮긴이)을 향해 출항하면서 3,000년 전 그리스 신화의
이아손(Jason)이 아르고(Argo) 호 선원들을 이끌고 황금 양털을 찾아 나섰을 때
처럼 수수께끼뿐이라고 불평했다.

크림반도에 관한 기본정보의 부족은 주로 전쟁부의 책임이었지만 래글런

자신의 잘못도 일부 있었다. 봄베이(Bombay, 현재 뭄바이의 옛 이름_옮긴이) 공병대 출신으로서 인도를 조사하면서 대부분의 군대 시절을 보낸 토머스 베스트 저비스(Thomas Best Jervis) 소령은 1853년 초 브뤼셀에서 터키에 관한 오스트리아 참모부의 지도뿐 아니라 최신 크림반도의 지도도 한 부를 발견했는데, 이는 러시아군 참모용 비밀지도였다. 저비스는 흥분해서 그 지도가 '돈으로 살 수 없는 문서'라고 표현했다. 그는 그 지도를 전쟁부에 넘기기 위해 서둘러 런던으로 귀환했지만 뉴캐슬 장관과 래글런 장군은 놀랍게도 시큰둥한 반응을 보였다. 알고 보니 래글런은 이미 그 비밀 러시아 지도 한 부를 가지고 있었지만 '상형문자 같은' 키릴 문자를 읽을 수 없어서 한쪽으로 치워놓은 상태였다. 저비스는 그 지도에 대한 래글런과 뉴캐슬의 관심을 조금이나마 다시 불러일으켰으며 (후일 그의 표현에 따르면) '인색한 제안'을 받았다. 그 제안은 저비스가 자비를 들여 그 지도를 프랑스어로 번역하고 다색 석판 인쇄본 10부를 생산하면 전쟁부가 2부를 구매하겠다는 것이었다. 그는 그 프로젝트 비용을 충당하는 데 필요한 850 파운드를 마련하기 위해 자신이 소장한 도서를 대거 팔아야 했다. 저비스가 번역한 러시아 지도가 일단 크림반도에 도착하자 영국군과 프랑스군 사령관들에게 매우 귀중한 것임이 빠르게 판명되었으며, 저비스는 추가 생산을 요청받았다. 이 지도는 영국에서 인쇄된 지도 가운데 해양은 청색으로, 고지대는 갈색으로, 나머지는 흑색으로 등고선을 표시한 최초의 지도였을 것이다.

영·프 연합작전은 9월 20일 알마(Alma) 전투에서 러시아군에 승리(후일 파리 센 강의 다리 이름으로 기념되었다)를 거두면서 좋은 출발을 보였다. 그러나 크림반도에 관한 정보 부족으로 인해 래글런은 그 승리 여세를 몰아 남쪽에서 세바스토폴을 곧장 공격하지 않는 치명적인 실수를 저질렀다. 역시 기본정보가 부족했던 러시아군 사령관들은 연합군이 이듬해 봄까지는 크림반도를 침공하지 않을 것이라고 예상했었다. 결과적으로 '러시아군은 혼란에 빠졌으며' 세바스토폴은 사실상 무방비 상태였다. 연합군이 9월 21일 공격했다면 십중팔구 러시아 군에 대한 기습이 성공해 희생자를 비교적 적게 냈을 것이다. 래글런의 지체로 인해 거의 1년 동안 포위 공격을 퍼부었으며 수만 명의 목숨을 대가로 치렀다.

　10월 25일 러시아군이 발라클라바의 영국군 기지와 세바스토폴 사이에 있 는 영국군 최전방을 향해 진군하면서 발라클라바 전투가 벌어졌는데, 이 전투 는 오늘날 '경기병대(輕騎兵隊)의 돌격'으로 가장 유명하다. 경기병대가 후일 테 니슨(Tennyson)이 명명한 '죽음의 계곡' 속으로 처절하지만 영웅적으로 돌격한 것은 래글런과 휘하 지휘관들 간의 의사전달에 혼선이 생긴 탓이었다. 래글런 은 터키 동맹군에 대여된 코즈웨이(Causeway) 고지의 영국군 총들이 러시아군 에 넘어가는 것을 경기병대가 막아주기를 바랐다. 웰링턴 공작은 한 자루의 총 도 적군에 빼앗기지 않았는데, 크림반도에서 영국군 총이 러시아군에 빼앗겼 더라면 대단한 굴욕이었을 것이다. '적군의 총기 노획을 막으라는' 래글런의 명 령은 지휘계통을 내려가면서 속절없이 왜곡되었다. 기병대 사단장인 제4대 루 칸(Lucan) 백작 조지 빙엄(George Bingham)에게 보낸 그 메시지는 루이스 놀란 (Louis Nolan) 대위에 의해 전달되었다. 그 두 사람은 서로 혐오하는 사이였다. 메시지를 읽은 루칸이 놀란에게 물었다. "공격하라고? 뭘 공격해? 무슨 총 말이 냐?" 어쩌면 모호하게 팔을 흔들었을 놀란이 대답했다. "저기, 각하, 적이 있습 니다. 각하의 총들도 있습니다." 그리고 루칸은 경기병대 여단장인 제7대 카디 건(Cardigan) 백작 제임스 브루드넬(James Brudenell)에게 엉뚱한 표적을 공격하 라고 명령했는데, 그 두 사람은 좀처럼 말을 섞지 않는 사이였다. 잘못된 방향 으로 돌격한 경기병대의 661명 대원 가운데 113명이 죽고 134명이 다쳤다. 오 로지 프랑스 기병대가 돌진해서 그 여단을 전멸에서 구해냈다. 그 공격에서 놀 란이 죽었다는 소식을 들은 루칸은 연민이 없는 특유의 태도로 공언했다. "그 는 응당한 벌을 받아 개죽음을 당했다. 개처럼 시궁창에 묻어라."

래글런과 휘하 지휘관들 사이의 의사전달 혼선은 개인적인 반감에 의해 더욱 악화되어 불가피하게 정보 배포에 영향을 미쳤다. 그러나 약간의 교훈이 학습되었다. 크림반도에서 영국의 군사정보 개선을 담당한 주 책임자는 찰스 캐틀리[Charles Cattley, 일명 캘버트(Calvert)]였는데, 그는 크림반도 동부의 무역항 케르치(Kerch) 주재 부영사 출신으로 1854년 8월 말 래글런 참모부에 민간 요원으로 합류했다. 러시아어와 프랑스어, 이탈리아어를 구사하는 캐틀리는 처음에 통역관으로 채용되었지만, 군사정보 파트를 만들어 운용했다. 그는 영사 연봉 200파운드에 더해 하루 1기니씩 받으면서 식비와 출장비를 보조받았다. 캐틀리의 일부 정보는 러시아군에서 탈주한 폴란드인에게서 나왔다. 또 그는 이슬람교도인 크림 타타르족(Crimean Tatars)에서 스파이를 채용했는데, 그들은 동맹군의 침입을 해방으로 간주했다. 래글런이 모르는 크림반도에 관한 기본정보도 마찬가지로 중요했을 것이다. 1854년 10월 21일 캐틀리는 다음 달부터 '찬바람, 폭우, 진눈깨비와 눈'이 가을 햇볕을 대체할 것이라고 경고하는 메모를 래글런에게 보냈다. 몇 년마다 반복되는 것이지만 '러시아 추위'가 크림반도를 덮칠 위험도 있었는데, 그 기간에는 '맨손으로 금속을 잡으면 피부가 달라붙을' 만큼 추웠다. 래글런은 이틀 뒤 캐틀리의 메모를 동봉해 뉴캐슬 전쟁부 장관에게 편지를 썼다. "우리는 습한 추위나 극한 추위에 대비해야 합니다. 어느 경우에도 우리 군대는 텐트 속에서 버틸 수 없을 것입니다. … 이 나라에는 음식을 조리할 나무 생산이 충분하지 않습니다." 뉴캐슬은 래글런이 '크게 잘못 알고' 있다고 답했다. 크림반도의 기후는 "세계에서 가장 온화하고 좋은 기후에 속합니다". 전쟁부가 자신들의 무지를 인정하지 않았기 때문에 영국 군대는 따뜻한 옷과 겨울 숙소를 마련하지 못했다.

캐틀리의 정보는 작전 기획에서 점점 진가를 발휘했다. 아마 그의 정보에 힘입어 동맹군이 크림반도의 서쪽 항구 예프파토리아(Eupatoria) 주둔군을 증강하기로 결정했을 것이다. 그리하여 동맹군은 1855년 2월 1일 차르 니콜라이 1세의 명령에 따라 대대적으로 공격한 러시아군을 패퇴시켰다. 2주 뒤 니콜라이가 죽은 데에는 그 패배로 인한 상심이 작용했을 것이다. 또 캐틀리의 정보에 큰 영향을 받은 동맹군은 아조프(Azov) 해에서 육·해 합동작전을 전개해 5월 이후 대량의 러시아군 보급품을 파괴하고 다수의 러시아군 부대를 묶어놓았다. 래글런이 죽고 2주 지난 1855년 6월 28일 캐틀리도 발라클라바 영국군 진지에서 콜레라로 죽었다. 래글런의 후임 중장 제임스 심슨(James Simpson) 경은 "그를 잃은 것을 만회할 수 없구나!"라고 적었다.

래글런처럼 심슨도 러시아군이 전신을 이용한 ≪더 타임스≫의 전쟁 보도에서 정보를 획득하고 있다고 몹시 불평했다. "우리의 적은 정보활동에 한 푼도 쓰지 않지만 우리는 모든 종류의 스파이 보고서를 [돈을 주고] 받는다. 우리의 적은 5페니짜리 런던 신문에서 모든 정보를 얻는다." 그러나 보도의 주된 피해자는 영국군이 아니라 영국 정부였다. 전신과 신종 직업인 종군기자가 결합함으로써 전쟁 실태와 영국군의 고초가 생생하게 대중에게 전달되었는데, 이는 전에 없던 일이었다. 1855년 1월 30일 수상 애버딘(Aberdeen) 경이 하원의 신임 투표에서 패배한 후 사임했다. 뉴캐슬 공작은 "정부를 쫓아낸 것은 바로 당신"이라면서 ≪더 타임스≫ 종군기자 윌리엄 하워드 러셀(William Howard Russel)을 비난했다. 70세의 파머스턴이 뉴캐슬의 전쟁장관직을 승계해 전쟁을 승리로 이끌었다.

1855년 9월 거의 1년 동안 포위된 끝에 세바스토폴이 함락된 이후, 러시아는 기울어진 전세를 만회하지 못했다. 3월 니콜라이 1세를 승계했던 알렉산드르 2세는 유럽에서 고립되어 연말에 평화를 간청했다. 1856년 3월 전쟁을 종식한 파리조약에 의해, 러시아는 오스만 제국(Ottoman Empire) 분할 계획을 저지당하고 흑해함대 유지도 금지되었다. 알렉산드르 2세는 러시아가 크림반도에서 당한 굴욕적인 패배에서 벗어나려면 대대적인 개혁이 필요하다고 믿었다. 가장 유명하고 광범위한 개혁조치는 농노제 폐지였다. 그는 1856년 3월 농노제 폐지를 1차 선언했지만 5년 동안 시행하지 않았다. 차르의 군사 정보활동 개혁은 훨씬 더 신속했다. 크림 전쟁 시 러시아의 군사 정보활동은 나폴레옹전쟁 기간보다 성과가 미미했는데, 래글런과 심슨을 분노케 했던 ≪더 타임스≫지의 검열되지 않은 기사에서 별다른 이득을 끌어내지 못했다.

1856년 6월 10일 알렉산드르 2세는 런던, 파리, 빈 및 콘스탄티노플 주재 무관을 임명하면서 외국 군대의 전력, 조직, 무기, 수송, 통신, 의식구조, 사기 등 15개 항목의 정보수집을 지시했다. 오늘날의 러시아 해외정보기관인 SVR과 군사 정보기관인 GRU는 이날이 '러시아 정보 역사에서 획기적인 날'로서 근대 군사정보의 토대가 되었다고 간주한다. 아마 차르가 원용한 사례는 나폴레옹 전쟁 말기 상트페테르부르크에서 창설되어 무관들을 활용한 비밀 '특별사무국 (Special Chancellery)'의 정보활동이었을 것이다. 신임 무관들 가운데 가장 영향력이 큰 인물은 니콜라이 이그나티예프(Nikolai Ignatiev)였다. 24세의 나이에 런던에 부임한 그는 러시아의 크림 전쟁 패배에 대해 복수할 것을 결심했다. 영국 외무부에 의해 '영리하고 교활한 녀석'으로 빠르게 낙인찍힌 그는 인도 아대륙의 북서 변경에서 벌어진 영국-러시아 간의 '그레이트 게임(Great Game)'에서 중요한 역할을 했다. 그리고 그는 나중에 소설 『플래시맨(Flashman)』(1969년 처음 나온 조지 프레이저의 연작 소설_옮긴이) 두 권에서 영국의 영웅을 고문하고 암살하려고 시도하는 같은 이름의 음흉한 악당 모델이 되었다. 1857년 인도에서 반란이 일어나자 이그나티예프는 러시아가 '외국인의 지긋지긋한 굴레에서 벗어나려는 인도의 의지'를 이용해야 한다고 확신하게 되었다.

인도의 외국인 굴레는 여전히 공식적으로는 영국 정부가 아니라 동인도회사

(East India Company: EIC)가 씌운 굴레였다. 런던에 본사가 있는 동인도회사는 점차 화이트홀(영국의 행정관청이 밀집한 중심지구_옮긴이)과 다우닝 가(수상 관저가 있는 거리_옮긴이)의 간섭을 받게 되었다. 인도의 영국인 지배자들은 자민족 중심주의에도 불구하고 자신들이 정복한 땅에 관해 전 시대의 무굴제국 사람들보다 훨씬 더 호기심이 많았으며 인도의 지리와 역사에 관해 훨씬 더 많은 것을 알아냈다. '삼각측량에 의한 인도 토지조사사업'이 동인도회사의 주관으로 1802년 시작되어 70년 동안 진행되었다. 노동자, 안내인, 학자 등 수만 명의 인도인이 동원된 이 사업을 통해 과학적으로 정밀하게 인도 아대륙 전체 지도를 작성하는 데 성공했으며, 에베레스트산과 다른 히말라야 봉우리들의 높이를 처음으로 계산할 수 있게 되었다.

영국은 토지조사에는 성공했으나 인도인의 생활을 문화적으로 이해하지 못했으며, 이는 1857~58년의 반란(후일 인도인 저자들은 '제1차 독립전쟁'으로 불렀다)을 앞두고 심각한 정보 실패로 이어졌다. 이른바 '차파티(chapatti) 이동'에서 비롯된 반란이 실제로 발생할 때까지 몇 달 동안 영국인 관리들 사이에 벌어진 혼란은 그러한 이해 부족을 여실히 보여주는 사례였다. 이스트를 넣지 않은 둥글 넓적한 빵 차파티는 예나 지금이나 인도인 식단의 주식이다. 1857년 2월 초 아그라(Agra) 부근 작은 읍의 영국인 치안판사 마크 손힐(Mark Thornhill)은 어느 날 아침 사무실에 들어서면서 넉 장의 차파티를 발견했다. 그는 자기 책상에 걸터앉아 차파티에 대해 '비스킷 정도의 크기와 두께를 지닌, 아주 거친 밀가루로 만든 더럽고 작은 케이크'라고 경멸조로 표현했다. 손힐은 한 현지인 경찰관이 차파티를 거기에 가져다놓았고 그 경찰관은 어리둥절한 표정의 한 마을 파수꾼(chowkidar)으로부터 그 차파티를 건네받았다는 사실을 알아냈다. "한 사람이 정글에서 나와 파수꾼에게 차파티를 주면서 그것처럼 네 장을 만들어 다음 마을의 파수꾼에게 전달하고 똑같은 말을 하도록 당부했다." 비슷한 보고가 수없이 이어졌다. 손힐의 상관인 아그라의 조지 하비(George Harvey)는 차파티가 가장 빠른 영국의 우편 서비스보다 더 빠르게 하룻밤에 100~200마일 속도로 자신의 관할 지역을 가로지르고 있다고 계산했다. 사학자 킴 와그너(Kim Wagner)의 서술을 인용하면, "영국인들은 자신들이 이해할 수 없는 인도인들의 여하한 소통 방식에 대해서도 피해망상에 가까운 깊은 의심의 눈초리로 보았다". 무해한 차파티가 설명 없이 순환되는 것조차 사악하게 보였으며 반란이 일어난 후에는 훨씬 더 사악하게 보였다. '차파티 이동'은 몇 년까지는 아니더라도 몇 달 전에 반란을 계획하기 시작한 교활한 음모자 단체의 작품이라고 생각되었다. 사실은 돌아다니는 차파티는 반란과 무관했다. 킴 와그너가 입증했듯이, 차파티 순환은 콜레라 전파를 막기 위한 시도로서, 잘못된 착상이었지만 좋은 의도에서 시작되었고 신종 (행운의) 연쇄 편지—여기에 관련된 사람들은 미신적으로 끊기를 두려워했다—로 발전했다.

동인도회사 군대에 신형 엔필드(Enfield) 소총이 도입됨으로써 의도치 않게 자극을 유발한 것이 반란의 직접적인 원인이 되었는데, 그 근저에는 인도인들의 감수성을 이해하지 못한 영국인들의 실패가 작용했다. 세포이(sepoy, 인도인 군인)들이 입으로 뜯어 열어야 했던 소총 탄창에 (이슬람교도들에게 불결한) 돼지비계 기름과 (힌두교도들에게 신성한) 암소 기름이 묻어 있다는 믿음이 퍼졌다. 실제로는 기름칠한 탄창이 인도 군인들에게 전혀 지급되지 않았지만, 자신들을 더럽히려는 영국인 음모가 있었다는 일부 세포이들 사이의 믿음은 반란의 직접적인 도화선이었다. 메루트(Meerut) 지방의 뱅골 군대 세포이들이 영국인 장교들을 사살하고 델리(Delhi)를 향해 진군했다. 전신(電信) 사용법을 훈련받은 다수의 반란군은 전신의 군사작전 용도를 잘 알고 있었으므로 점령한 지역의 전신선을 끊었다. 그러나 그 이전에 델리 전신국이 다른 전신국에 경고를 타전했었다. 그 경고 덕분에 펀자브(Punjab) 지방의 당국자들이 메루트의 반란 소식을 듣기 전에 인도인 연대의 무장을 해제시킬 수 있었다. 펀자브 지방의 중심도시 라호르(Lahore)의 당시 사법 책임자 로버트 몽고메리(Robert Montgomery)는 "전신이 인도를 구했다"라고 극적으로 주장했다. 나중에 구(舊) 델리에 그의 말이 새겨진 6m 높이의 화강암 오벨리스크 '전신 기념비(Telegraph Memorial)'가 '사건이 발생한 1857년 5월 11일 델리 전신국 직원들의 충성스러운 헌신적 봉사를 기념하기 위해' 세워졌다. 알라메인(Alamein, 이집트 북부의 해안 도시로 제2차 세계대전 격전지_옮긴이) 전투의 육군 원수 몽고메리 백작의 조부인 몽고메리는 델리 전신국으로부터 경고를 받은 후, 라호르의 세포이 수비대 무장을 해제시킨 공로로 기사 작위를 받았다.

종전에는 세포이 반란을 생각할 수도 없었다. 대부분의 영국인 장교들은 원주민 군인에 대해 '그들은 자신의 팔자가 좋다고 매우 행복해하며, 쾌활하고 온순한 사람인 데다 단순하고 믿음직하다'고 확신했다. 반란 이후 화이트홀에 신설된 인도청(India Office)의 외무국장 존 케이(John Kaye) 경의 후일 기록에 따르면, "이 나라 귀부인들 가운데 세포이 경비원이 자신의 집을 지킨다고 생각할 때 무한히 안전하다고 느끼지 않는 사람이나 세포이의 호위 없이 그 넓은 인도 전역을 여행할 사람은 하나도 없었다". 반란 기간에 일부 귀부인이 세포이들의 공격에 희생되었는데, ≪더 타임스≫ 지는 이렇게 보도했다.

그 공격은 너무 끔찍해서 서술하기조차 민망하다. … 우리는 이 서술을 공개하기가 너무 역겨워 지면에 실을 수 없다. 우리는 냉혹하게 살해된 가족에 대해 말해야 한다. 그리고 단순 살해가 오히려 자비로웠으니! 영국인 부인들을 남편과 부모, 자식들이 보는 앞에서 욕을 보인 후 일가족을 살해한 것도 말해야 한다.[1]

종래 세포이들의 충성심을 당연하게 여겼던 영국인 관리들은 반란이 시작된 후 원주민 군인들이 실제로는 가장 교활한 음모자라는 잘못된 결론—인종주의 고정관념이 정보 평가를 왜곡할 수 있음을 예시하는 결론—을 내렸다. 인도 내 영국인 선교사들을 대표하는 알렉산더 더프(Alexander Duff) 신부는 세포이들의 '아시아인' 사고방식을 비난했다.

여러 시대에 걸쳐 아시아인은 이중성과 교활함, 위선, 배반으로 유명했으며, 이와 함께 실로 탁월한 간계를 부리는 데 필수요소인 비밀주의와 은폐로도 유명했다. … 거의 모든 경우에 세포이들은 오래 품고 깊이 생각한 살해 계획을 가장 경계하는 장교들로부터 마지막 순간까지 은폐하는 데 성공했다.

토머스 배빙턴 매콜리(Thomas Babington Macaulay)는 20년 전 캘커타에서 교육·형사 개혁에 몰두했을 때 영향력 있는 인사였다. 그는 영국의 힘이 최고조에 이른 벵골 지방의 원주민을 훨씬 더 현란한 문체로 비난했다.

물소에게 뿔이 있듯이, 호랑이에게 발톱이 있듯이, 벌에게 침이 있듯이, 그리고 옛 그리스 노래에 따라 여자에게 아름다움이 있듯이, 벵골인들에게는 기만성이 있다. 큰 약속, 부드러운 변명, 상황에 따른 교묘한 거짓투성이, 속임수, 위증, 위조 등은 갠지스 강 하류 사람들에게 공수를 겸하는 무기다.

---

1    마르크스의 ≪뉴욕 데일리 트리뷴(New York Daily Tribune)≫ 지 기고문을 보면 "영국인들의 잔인성은 활기찬 전투행위로 이야기되면서 역겨운 구체적인 내용에 대한 숙고 없이 간단하고 빠르게 언급되는 반면, 원주민들의 잔혹성은 충격적이기는 하지만 의도적으로 과장되고 있다"라고 쓰고 있다.

반란을 진압하는 문제로 인해서 정보활동이 중요한 우선순위를 차지했다. 로버트 몽고메리와 영국군 정보과장으로 갓 임명된 36세의 호드슨(W. S. R. Hodson) 소령은 1857년 여름 델리를 점령한 반군 세포이들과 그 지지자들에게 대응하는 정보활동을 조정했다. 그들의 스파이망은 점차 입지가 좁아지고 있는 반군에 관해 꾸준히 상세하고 낙관적으로 보고했지만, 스파이들은 몽고메리와 호드슨이 듣고 싶어 한다고 믿는 것을 말하는 경향이 있어서 보고가 다소 편향되었다. '시민들이 영국의 공권력 회복을 위해 간절히 기도하고 있다'고 아첨하는 주장이 규칙적으로 반복되었다.

호드슨은 두 세기 전의 조지 다우닝(George Downing) 경 이후 가장 파렴치한 영국의 고위 정보장교였다. 반란이 일어나기 전, 그는 연대 공금, 동료 장교의 봉급 및 망명 기금을 횡령한 혐의를 받았는데, 아마 사실이었을 것이다. 1855년 그는 지휘권을 일시적으로 박탈당했다. 반란 기간에 그는 인도인 장교 비샤라트 알리(Bisharat Ali)를 죽였는데, 그가 알리에게 돈을 빚지고 있었기 때문이라고들 했다. 델리를 탈환한 직후, 호드슨은 무굴제국의 마지막 통치자 바하두르 샤(Bahadur Shah)를 추적해 체포했다. 영국으로부터 델리의 왕 칭호를 부여받았던 그는 나중에 살해를 공모한 죄가 밝혀져 자신의 아내와 함께 유배되었다. 호드슨은 한 병사의 총을 빌려 바하두르의 세 아들을 즉결 처형하고 그들 몸에서 반지와 검을 빼앗았다. 그는 '티무르(Timur) 왕조 마지막 인물의 검을 차면 특별할 것'이라고 자랑했다.

반란은 영국의 인도통치 성격을 바꾸었다. 인도통치법에 이어 1858년 11월 1일 칙령에 따라 동인도회사의 통치가 영국 왕의 통치로 대체되었으며, 캘커타—여름 혹서기에는 심라(Simla)—를 수도(1911년까지)로 삼은 총독이 영국 왕을 대리했다. 새로운 인도 군대가 창설되었는데, 병력의 1/3이 영국인이었으며(반란 전의 10%와 비교된다) 정보부서도 강화되었다. 런던보다 캘커타에서 정보활동에 더 높은 우선순위가 주어졌다. 1844년 런던에서 암호해독 부서가 폐쇄되었음에도, 인도 식민정부는 독자적으로 메시지를 절취하고 해독하는 자체 시스템을 유지했다. 1836년 이후 치안판사가 관할 지역의 우체국장을 겸직하면서, 영국 관리들은 모든 인도인의 편지를 개봉·검사하도록 조치하라는 지시를 받았다. 반란 기간에 당국이 극소수의 분명히 '반역적인' 편지를 절취하긴 했지만, 백인 통치에 대한 적대적인 서술의 증거라고 찾아낸 내용은 "흰 밀이 아주 귀해졌으나 이 나라에서는 아주 풍부하게 생산된다"라거나 "거의 모자를 볼 수 없었으나 흰 터번은 많았다"라는 식이었다.

반란으로 인해 영국의 고위 관리들 가운데 적어도 일부는 자신들이 인도 아대륙의 지방 사정에 관해 얼마나 무지한지 처음으로 알게 되었다. 1853년 봄베이의 수석판사는 "우리 거대한 인도제국의 고위 행정가들은 주변에서는 가장 명백한 사실에 관해서도 완전히 모르는 경우가 간혹 있다"라고 불평했다. 펀자브 지방에서 로버트 몽고메리는 '수배된 범죄자'의 소재를 폭로한 제보자에게 거액의 포상금을 지급했다. 체포된 범죄자들은 공개적인 태형을 당했다. 1860년 「시골 경찰에 관한 보고서」가 내린 결론에 따르면, "북서지방의 경찰은 시골에서 무슨 일이 일어나는지 거의 몰랐다". 이후 20년 동안 지방 관리들과는 완전 별개로 현지 사정을 잘 아는 지방경찰 시스템을 구축하는 노력이 이루어졌다. 그러나 반란이 오래 준비된 세포이 음모의 결과였다는 착각이 남아 있었다. 아이러니하게도 20세기 초 인도 민족주의자들은 잘 정립된 영국인들의 음모론을 이어받아 반란이 인도를 영국의 압제에서 해방하기 위해 용의주도하게 계획된 독립전쟁이라고 보았다. 그 50주년 기념식에서 사바르카르(V. D. Savarkar, 인도의 독립운동가_옮긴이)는 어떻게 거대한 (실제로는 존재하지 않은) '혁명조직'이 반란을 준비하기 위해 인도 아대륙 전역의 세포이들에게 비밀 요원을 파견했는지 설명하고, '폭발이 일어날 때까지 매우 교활한 영국인들조차 무슨 일이 벌어지고 있는지 그다지 눈치 채지 못할 정도로' 성공을 거두었다고 강조했다.

인도 반란에서처럼, 1861~65년 미국 남북전쟁에서도 전신이 중요한 역할을 담당했다. 에이브러햄 링컨(Abraham Lincoln) 대통령은 백악관 밖에서는 대체로 전쟁부의 전신국과 암호국 옆방에 있었는데, 거기서 그는 전쟁에 관해 다른 출처보다 더 상세하고 최신의 정보를 제공하는 지시·보고 전문의 흐름을 파악했다.[2] 젊은 전신·암호 기사 데이비드 호머 베이츠(David Homer Bates)의 후일 기록에 따르면, "링컨의 각료들과 개인 비서들을 제외하면, 암호 기사들보다 더 그와 가깝고 은밀한 관계에 있는 사람은 없었다". 또 베이츠와 그의 동료 아서 챈들러(Arthur B. Chandler), 찰스 틴클러(Charles A. Tinkler)는 링컨을 신기한 암호해독술에 입문시켰다. 남북전쟁 발발 시 각각 17세, 20세, 22세였던 그들은 자신들을 거창하게 '성삼(聖三, Sacred Three)'이라고 자칭했는데, 이들은 아마 미국 역사상 가장 젊은 암호분석관들이었을 것이다. 링컨 대통령에게 특별한 인상을 심어주었던 암호해독의 쾌거는 1863년 그들이 개인 서신을 해독해 반군 화폐를 인쇄할 도판이 뉴욕에서 제작되고 있음을 밝힌 것이었다. 한 절취된 서신에서 남부 연합의 재무장관은 "도판에 새긴 도안이 대단히 훌륭하다"라고 열광했다. 도판 업자가 남부 맨해튼에서 체포된 후, 도판과 새로 인쇄된 수백만 달러의 남부 연합 지폐가 연방 집행관에 의해 압수되었다. 양측이 모두 전신선을 도청했지만, 대부분의 메시지 절취는 전신국을 장악한 결과였으며, 전신국을 장악한 측은 적에게 거짓 메시지를 보낼 수도

---

2    1862년 링컨은 전쟁장관 에드윈 스탠턴(Edwin M. Stanton)에게 자신의 사무실을 통과하는 전신선을 깔라고 지시했다.

있었다. 남부 연합의 장군 로버트 리(Robert E. Lee)는 부하 장교들에게 "이동에 관해 전신으로 발송하지 말라"라고 지시하면서 "전신으로 발송하면 이동이 노출될 것"이라고 강조했다.

링컨은 공중 정찰에 관심을 보인 최초의 대통령이었는데, 그 공중 정찰은 한 세기 뒤 영상정보(imagery intelligence: IMINT)를 수집하기 위한 첩보기와 첩보위성 사용으로 이어졌다. 링컨이 깊은 감명을 받은 것은 1861년 6월 18일 28세의 열기구 조종사이자 자칭 교수인 새디어스 로우(Thaddeus S. C. Lowe)가 보인 놀라운 시연에서였다. 로우는 워싱턴 시의 150m 상공에 있는 열기구에서 지상과 연결되는 케이블을 통해 '합중국 대통령에게' 메시지를 전송했다. "이 관측점에서는 지름 약 80km의 지역을 내려다봅니다. 주거지로 둘러싸인 워싱턴 시는 정말 장관입니다." 이 열기구 실험은 세 가지 측면에서 사상 최초를 성취했다. 바로 '최초의 공대지(空對地) 전기통신, 최초로 미국 대통령에게 보낸 공대지 통신, 최초로 공중 플랫폼에서 보낸 '실시간' 정찰 데이터'였다. 링컨의 열광적인 지원을 받아 두 달 뒤 열기구 부대가 창설되었는데, '수석 조종사' 로우가 일곱 개의 열기구와 아홉 명의 조종사를 지휘했다. 1862년 초여름 버지니아 반도를 따라 전개된 북부 연방군의 공세가 최고조에 이른 페어 오크스(Fair Oaks) 전투를 앞두고, 로우는 대규모로 집결해 공격을 준비하는 남부 연합군을 탐지하는 데 성공했다. 그러나 초기의 영상정보 실험은 헛된 기대였다. 비록 로우가 일부 군사적 변환을 만들어냈지만, 다루기 힘든 열기구 행렬과 크고 무거운 가스 발생기는 달팽이 속도로밖에 움직일 수 없다는 이유에서 심한 비판을 받았다. 열기구 부대는 1863년 6월 해체되었다.

링컨은 신호정보와 영상정보에 관심을 보였음에도 불구하고 남북전쟁 기간 동안 북부 연방에서는 정보의 중앙 집중이나 분석을 충분히 확립하지 못했다. 정보보고서가 대통령, 전쟁장관, 참모총장, 위협받는 주의 지사, 군사령관과 사단장 등 매우 다양한 수취인 가운데 한두 군데로 보내짐으로써 그 목적지가 예측할 수 없이 중구난방이었다. 1863년 게티즈버그(Gettysburg) 전투가 벌어지는 동안, 북부 연방에서는 군사철도부 외에도 주요 사령부가 모두 독자적으로 자체 정보활동을 벌였다.

　남북전쟁에서 가장 잘 운영된 정보기관은 후일 미국 육군 군사정보국의 전신인 군사첩보국(Bureau of Military Information)이었다. 1863년 이 기관을 창설한 사람은 포토맥(Potomac) 연방군의 신임 사령관 '싸움꾼 조' 후커(Joe Hooker) 장군이었다. 군사첩보국은 후커의 정보수장이자 뉴욕 변호사인 조지 샤프(George G. Sharpe) 대령의 지휘 아래 신문부터 스파이에 이르는 다양한 출처에서 공개·비공개 첩보를 수집했으며, 대체로 신뢰할 만한 정보보고서를 정기적으로 작성했다. 그러나 후커는 군사첩보국의 정보를 효과적으로 활용하지 못한 인물이었다. 1863년 5월 챈슬러스빌(Chancellorsville) 전투 이전과 도중에 샤프는 로버트 리의 남부 연합군에 관해 상세하고 정확한 정보를 제공했다. 챈슬러스빌 전투를 연구한 제이 루바스(Jay Luvaas)에 따르면, "후커는 그러한 정보를 활용하지 못하고 오히려 그것에 압도된 것 같았다". 리는 6만 병력으로 13만의 연방군을 패배시킴으로써 최대의 승리를 거두었다. 후커는 열세인 적군에게 패배했다는 사실을 받아들이지 않았다. 헌병감 마시나 루돌프 패트릭(Marsena Rudolph Patrick)은 자신의 일기에 이렇게 기록했다.

　우리는 [군사첩보국에서] 정확한 첩보를 받지만 후커는 이를 활용하지 않을 것이다. 그는 자신과 의견이 다른 사람을 모두 모욕한다. 후커는 적군이 10만 명이 넘는다고 공언했다. 이는 적의 병력이 자신의 병력보다 많은 것으로 보이게 만드는 그의 자구책에 불과하다. 이는 모두 거짓이며 후커도 알고 있다. 그는 리를 자신의 사부로 알고 있으며 정정당당한 전투에서 리와 부딪치는 것을 두려워하고 있다.

링컨이 6월 27일 후커를 해임하고 포토맥 연방군 사령관을 조지 미드(George G. Meade) 장군으로 교체한 후, 군사첩보국의 운세가 급격히 좋아졌다. 오늘날의 미국 신호정보 기관인 국가안보국(NSA) 본부는 그의 이름을 따서 명명되었다. 미드는 승리한 게티즈버그 전투(7월 1~3일)를 앞두었을 때나 그 전투 도중에 남부 연합군에 관한 군사첩보국의 정확한 정보를 활용하는 면에서 챈슬러스빌 전투의 후커보다 훨씬 나았다. 이와 대조적으로, 리는 이전의 전투에 비해 북부 연방군에 관한 정보가 적었다. 제이 루바스에 따르면, "리는 정보 없이 전투를 벌여야 했다". 그것이 리의 패배 원인 중 하나였다.[3]

게티즈버그 전투 결과로 군사첩보국의 명성이 높아지자 샤프가 연방군의 신임 참모총장 율리시즈 그랜트(Ulysses S. Grant)의 정보참모로 임명되었다. 이후 군사첩보국은 그랜트와 미드 두 장군에게 봉사했다. 그랜트가 다음 1년 동안 소모전을 벌여 성공을 거둔 것은 주로 북부의 병력과 자원이 우세한 데 기인했지만 좋은 정보도 일조했다. 샤프 자신은 리가 1865년 4월 애퍼매톡스(Appomattox, 버지니아 주 중부의 도시_옮긴이)에서 항복하기 전 몇 달 동안 군사첩보국이 거둔 성공을 대부분 한 스파이망의 공으로 돌렸다. 남부 연합의 수도 버지니아 주 리치먼드(Richmond)에서 그 스파이망을 운용한 엘리자베스 밴 루(Elizabeth Van Lew)는 열렬한 노예제 폐지론자로, 자신의 어머니를 설득해 가족 노예들을 해방했다. 리가 항복하기 전 1년 동안 밴 루는 리치먼드 주변에 다섯 개의 정보 '수수소(depot)'를 유지했는데, 거기에 그녀의 요원들이 보고서를 갖

---

3   게티즈버그 전투와 동시에 율리시즈 그랜트 장군이 빅스버그(Vicksburg) 포위 공격에 성공한 것
    이 남북전쟁의 흐름을 바꾸었다.

다놓으면 북부 연방의 전령이 남부 연합군 전선을 몰래 통과해서 수거해 갔다. 그녀의 아프리카계 하인들도 요원으로 활약했는데, 그들은 재봉사가 종이를 이어붙인 형태의 메시지를 달걀 껍질 속에 숨겨 생달걀과 섞어놓았다. 밴 루는 자신의 요원들이 리치먼드에서 전후 응징당하는 것을 방지하려고 전쟁부에 요청해 돌려받은 정보보고서들을 없앴다. 결과적으로 세부 증거는 현존하지 않지만, 그녀는 19세기 중엽 가장 성공적인 여자 스파이였을 것이다. 자신의 주머니를 털어 스파이망 자금을 댄 '미스 리지(Miss Lizzie, 엘리자베스의 애칭_옮긴이)'는 재산을 거의 탕진했다. 전후 그랜트는 그녀가 북부 연방을 위해 비밀리에 지출한 1만 5,000달러를 보상하자고 의회를 설득했으나 실패했다. 4년 뒤 대통령이 된 그랜트는 그녀에게 소득을 주기 위해 그녀를 리치먼드 우체국장으로 임명했는데, 이는 당시 여성이 오를 수 있는 연방 최고위직의 하나였다. ≪리치먼드 조사(Richmond Enquirer and Examiner)≫ 지가 '연방 스파이'를 임명한 것은 '우리 국민에 대한 고의적 모욕'이라고 선언했다. 그랜트의 후임 대통령 러더퍼드 헤이즈(Rutherford B. Hayes)는 그녀를 재임용하지 못했다. 밴 루는 나중에 워싱턴에서 몇 년간 근무했지만 '전염병처럼 기피당해' 은둔자로 살다가 리치먼드에서 죽었다.

미국 최초의 전문 정보기관으로서 정보를 수집하고 분석했던 군사첩보국은 남북전쟁 이후 해체되었다. 이와 비슷하게 크림 전쟁 이후 영국의 군사 정보활동도 축소되었다. 1855년 2월 전쟁부가 '지형·통계국(T&S)'을 설치했는데, 그 책임자인 지도제작자 토머스 저비스 소령(나중에 중령으로 진급했다)은 크림 전쟁 직전에 크림반도에 관한 러시아의 비밀지도를 입수했던 인물이다. 저비스는 T&S를 전쟁부의 첫 정보국으로 전환하려고 했으나 진척이 거의 없었으며, 1857년 그가 죽은 후에는 T&S의 지도 제작도 쇠퇴했다. 1860년대 중엽

T&S는 육군 복장 규정을 위한 도안을 작성하는 등 사소한 임무를 맡고 있었다. 1870년 4월 1일 찰스 윌슨(Charles Wilson) 대위(나중에 소장까지 진급했다)가 T&S 국장이 되었다. 그는 T&S의 외국 지도 수집이 '매우 불충분'하고 외국 군대에 관한 정보도 턱없이 부족하며 '해외정보를 공급받는 수단'이 없다고 보고했다. 크림 전쟁 이후 처음으로 베를린, 파리, 상트페테르부르크, 토리노와 빈에 무관이 (파리에는 유일하게 해군 무관과 함께) 파견되었다. 그러나 7월 프랑스-프로이센 전쟁이 발발하자 영국의 군사정보가 부족하다는 증거가 더욱 드러났다. 후일 윌슨의 진술에 따르면, "만일 프랑스와 복잡한 일어 벌어져 … 우리 국에 정보 요청이 들어왔더라면, 우리는 프랑스군에 관해 우리가 직접 작성하는 것보다 나은 독일 문건을 번역해야 했을 것이다".

프랑스 전쟁장관 르뵈프(Leboeuf) 원수는 프로이센에 선전포고하면서 입법부에 자랑했다. "우리의 준비태세가 완벽해 전쟁을 2년간 지속하더라도 각반 단추 하나 부족하지 않을 것이다." 실제로는 군대 편성과 정보 활용 양면에서 프로이센의 준비태세가 프랑스 제2제국보다 더 완벽했다. 프로이센 기병대와 달리, 프랑스 기병대는 전선 뒤에 머무르면서 적군 정찰을 거의 시도하지 않았다. 1870년 7월 30일 한 종군기자가 경멸조의 기사를 썼다. "현재 프랑스군은 이보다 더 비공격적일 수 없다. 국경 지역 주민들은 프로이센군의 규칙적인 방문은 익히 보았지만 10일 동안 프랑스 용기병(龍騎兵) 하나 보지 못했다." 라인 강 군(Army of the Rhine) 참모총장이 된 르뵈프는 다음날 메스(Metz)에서 불평했다. "북쪽이나 남쪽의 부대 이동에 관한 정보 부스러기 하나 없이 24시간이 지나갔다." 르뵈프와 황제 나폴레옹 3세는 정보를 대부분 스위스, 벨기에, 영국 등의 종군기자가 쓴 신문 기사에서 얻었다. 그들은 종군기자의 해설이 붙은 신문 기사를 오려서 두꺼운 파일 속에 넣어두었는데, 그 파일에는 '정보자료'라는 낙천적인 제목이 붙어 있었다.

8월 4일 프랑스 변경 비상부르(Wissembourg)에서 프로이센이 거둔 첫 승리는 프랑스 측 정보 실패의 도움을 받았다. 그 전날 두에(Douay) 장군이 비상부르를 조사했을 때, 그는 프로이센과 바이에른의 8만 병력이 북서쪽에서 빠르게 접근하고 있는 줄 몰랐다. 몇 주 동안 프로이센군이 니더발트(Niederwald) 언덕에 숨어 있었지만, 라우터(Lauter) 강 양안의 소나무 숲이 그들의 진군을 가렸다. 나중에 프랑스 보병 장교들은 자신들이 알기로는 프랑스 기병순찰대가 적을 찾으러 숲속에 들어간 적이 한 번도 없었다고 불평했다. 프로이센과 그 동맹군은 비상부르 함락에 힘입어 강을 건너 프랑스로 진격했다. 다음 해에도 전쟁이 계속되었지만, 그 결과를 결정한 것은 9월 2일 프랑스가 스당(Sedan) 전투에서 패배하고 나폴레옹 3세가 사로잡힌 것이었다.

1873년 영국의 전쟁 담당 국무장관이자 개혁적인 에드워드 카드웰(Edward Cardwell)이 프랑스-프로이센 전쟁으로 또다시 한계가 드러난 지형·통계국(T&S)을 '진정한 정보국'인 정보부(Intelligence Branch: IB)로 개편한다고 발표했다. 그 수장으로 임명된 육군 소장 패트릭 맥두걸(Patrick MacDougall) 경은 캠벌리(Camberley) 참모대학의 초대 학장 출신이었으며, 가장 우수한 장교 윌슨 대위가 차석으로 임명되었다. IB의 규정된 임무는 단지 군사정보를 수집·분석하는 것뿐만 아니라 그러한 정보의 견지에서 전쟁을 기획하는 것이었다. IB는 전쟁부의 문관들 사이에서 빠르게 지지를 얻었지만, 육군 총사령부(Horse Guards)의 고위 지휘관들, 특히 육군 원수 케임브리지 공작은 의심하는 눈초리로 IB를 보았다. 빅토리아 여왕의 사촌인 케임브리지는 카드웰의 개혁에 강력히 반대했으며, 1856~95년 총사령관으로 재직한 인물이다. 한 IB 장교의 후일 회고에 따르면, 참모대학 회식이 벌어지면 "육군에서 추앙받는 케임브리지 공작이 항상 매우 경멸적으로 '찐보(Pwogress, 進步)'라고 발음했으며 늘 환호성이 울렸다".

유럽 대륙으로부터 '영광의 고립'이 계속되는 동안, 빅토리아 여왕의 군인과 정치가들의 우선순위는 유럽적이라기보다 제국적인 모습이었는바, 팽창하는 러시아 제국이 인도의 북서 변경을 위협하는 것이 최우선 순위였다. 1860년대 중엽 러시아는 카프카스(Caucasus) 지역의 이슬람교도 종족들을 격파한 뒤 중앙아시아의 독립 국가들을 하나씩 병합하거나 보호국으로 만들기 시작했는데, 1865년 타시켄트(Tashkent), 1868년 사마르칸트(Samarkand), 1873년 히바(Khiva), 그리고 1881~85년 카스피 해 동쪽의 나머지 지역을 차례로 정복했다. 러시아의 남진을 가속화한 것은 영국인들이 중앙아시아에 지배권을 확립해 러시아인들의 교역을 막으려고 한다는 일련의 기우 정보보고서였다. 나중에 러시아 주재 영국 대사가 된 로드릭 브레이스웨이트(Rodric Braithwaite)의 기술에 따르면, 이러한 믿음이 "상트페테르부르크와 오렌부르크(Orenburg, 우랄 강에 면한 러시아 도시_옮긴이)의 정책 결정에 영향을 미치고 그러한 결정을 왜곡시켰다. 이는 러시아인들이 아프가니스탄을 통해 인도 진출을 도모한다는 믿음 때문에 런던과 델리의 정책 결정이 영향을 받고 왜곡된 것과 똑같다. 피해망상이 네 개 도시에서의 판단에 영향을 미쳤다". 영국과 러시아 양대 제국 간의 장기화된 정보활동 대결은 '그레이트 게임(Great Game)'으로 근사하게 묘사되었다. 러디어드 키플링(Rudyard Kipling)의 소설 『킴(Kim)』을 보면, '인도 전역에서 밤이나 낮이나 그치지 않는 그레이트 게임'이 현지 주민 중에서 충원된 다수의 행상, 말 장수, 전도사 등에 의해 영국의 인도통치(Raj)를 위해 진행되고 있었다.

그러나 킴은 펀자브 지방 최고의 말 장사꾼으로 알려진 마버브 알리(Mahbub Ali)가 인도 조사부의 비밀 장부에 요원 'C.25.1B'로 등록되었으리라고 의심한 적이 없었다. 마버브 알리는 깊은 오지 중의 오지로 자신의 대상(隊商)을 보내는, 부유하고 진취적인 상인이었다. 'C.25'가 1년에 두세 번 제출하는 작은 이야기는—'R.17'과 'M.4'의 진술에 의해 확인되었다—단도직입적이면서도 아주 흥미롭고 대체로 아주 진실했다. 그 이야기는 외진 산악지방의 공국들, 영국 이외 국적의 탐험가들과 총기 거래에 관해 모든 것을 다루었다. 요컨대 인도 정부의 행동에 준거가 되는 거대한 '접수된 첩보' 덩어리의 작은 일부였다.

고아인 킴 오하라(Kim O'Hara)는 마버브 알리에 의해 '비밀정보부'에 포섭된 뒤 러시아 스파이로부터 중요한 문서를 훔치는 데 일조했다.

실제로 그레이트 게임이 키플링이 묘사한 규모로 수행되지는 않았지만, 인도 육군과 인도총독부의 정무부는 비밀 임무를 부여한 산골 사람들을 파견했는데, 그들은 종종 불교 순례자나 이슬람교 성직자로 가장했다. 산골 사람들을 활용하는 아이디어는 인도 아대륙의 지도를 작성하는 동안 인도조사국(Survey of India)에서 나왔지만, 그 소속 장교를 북쪽의 아프가니스탄, 투르케스탄(Turkestan), 티베트 등으로 보내는 것은 너무 위험하다고 본 총독에 의해 금지되었다. 산골 사람들을 채용하기 시작한 인도조사국의 주무 장교는 영국 공병대의 토머스 몽고메리 대위였다. 몽고메리는 후일 왕립지리학회로부터 '창설자 훈장(Founders' Medal)'을 수여받는 자리에서 말했다. "나는 라다크(Ladakh)에 있을 때, 인도 원주민들이 라다크와 중국령 투르케스탄 지역의 야르칸드(Yarkand) 사이를 자유로이 왕래하는 것을 알았다. 따라서 그런 수단에 의해 탐험이 가능할 것이라는 생각이 내 머리에 떠올랐다."

몽고메리와 그의 동료들이 채용한 원주민 탐험가는 '판디트(pandit)'라고 불렸는데, 산스크리트어로 '지식 소유자'를 뜻하는 이 말은 영어 단어 'pundit(전문가)'의 어원이 되었다. 판디트들이 위험을 감수하고 있었기 때문에 그들의 신원과 임무는 비밀에 부쳐졌다. 인도조사국 내부에서조차 그들은 단지 숫자나 암호명으로 알려졌다(소설 『킴』에서처럼). 몽고메리가 직접 그들을 훈련한 데라

둔(Dehradun)은 히말라야 산록에 있는 인도조사국 본부였지만 지금은 인도 육군사관학교가 들어서 있다. 몽고메리는 판디트들에게 오르막을 걷든 내리막을 걷든 아니면 평지를 걷든 간에 항상 똑같은 길이의 걸음을 유지하라고 가르쳤다. 그다음으로 몽고메리는 하루 행진하는 동안 걸은 걸음 수를 정확하고 신중하게 세고 기록하는 방법을 가르쳤다. 이렇게 해서 그들은 엄청난 거리를 측정할 수 있었는데, 그 정확도가 놀라웠으며 의심을 불러일으키지도 않았다.

몽고메리는 판디트들에게 데라둔의 인도조사국 작업실에서 제작한 비밀 장비를 공급했는데, 이는 그들이 걸은 거리를 측정하고 방향과 고도를 계산하며 도중에 관측치를 기록하기 위한 장비였다. 고대 실크로드(Silk Road)에는 불교 성지를 방문하기 위해 산길을 가로지르는 불교 순례자들이 많았다. 몽고메리는 불교에서 기도 횟수를 세는 데 쓰이는 108 염주와 전경기(轉經器, 티베트 불교에서 기도 때 돌리는 바퀴 모양의 경전_옮긴이)를 개조했다. 그는 108 염주에서 눈에 띄지 않게 8개 구슬을 제거하고 계산하기 편리하도록 100개를 남겼다. 판디트는 100보마다 구슬을 하나씩 넘긴다. 이리하여 염주가 한 바퀴 돌아가면 1만 보를 걸은 것이었다. 전경기(일부가 인도 국가기록원에 보존되어 있다)의 구리 원통 속에는 통상의 기도문 대신 백지 두루마리가 숨겨졌는데, 거기에 매일 걸은 총 거리와 도중의 관측치가 함께 기록되었다. 전경기의 뚜껑 속에 숨긴 것은 판디트가 여행하면서 정기적으로 방위를 잴 수 있는 나침반이었다. 고도를 계산하는 데 도움이 되는 온도계는 순례자 지팡이의 손잡이 속에 숨겼다. 육분의(六分儀, 각도와 거리를 측정하는 광학기계_옮긴이)를 읽는 데 쓰이는 수은은 개오지조개 껍질 속에 숨겨 필요할 경우 순례자의 동냥 그릇에 부었다. 대부분의 원주민 여행자들이 가지고 다니는 상자에 이중 바닥을 만들어 그 속에 육분의를 숨길 수 있었다. 판디트들은 여행 시 자신들의 가장 신분을 유지하기 위해 가짜 전경기를 돌리면서 전통적인 산스크리트어 주문(mantra) "옴 마니 파드메 훔(Om mani padme hum, 오, 연꽃 속의 보석)"을 외었다.

몽고메리의 판디트들 가운데 가장 유명한 이는 히말라야 산골학교의 교장인 나인 싱(Nain Singh)이었는데, 그는 '판디트 1호' 또는 '수석 판디트'로 불렸다. 나인은 불교 성직자로 가장해 여행을 시작한 지 1년 만에 유럽인들에게 금지된 도시, 티베트 수도 라사(Lhasa)에 도착했다. 나인은 거기서 머문 석 달 동안 달라이라마를 접견하고 라사에 관한 정보를 수집했으며, 라사의 고도와 지리적 위치를 계산했다. 나인 싱은 허가 없이 라사에 들어온 한 중국인이 공개 참수되는 것을 목격한 데다 자신의 정체가 두 이슬람교도 상인에게 드러난 뒤 신변의 위험을 느꼈다. 그는 라사에 함께 입성한 대상에 다시 포함되어 1866년 4월 라사를 떠났다. 18개월 뒤 인도에 도착한 그가 조사한 거리는 약 2,000km에 달했다. 그의 데이터로 인해 인도조사국의 티베트 지도가 전면 개정되었다. 다른 판디트들은 그처럼 운이 좋지는 않았다. 적어도 두 명이 임무를 마치고 귀환하지 못했으며, 노예로 팔려 갔다가 결국 탈출한 판디트도 있었다. 1868년과 1877년 사이에 몽고메리와 그의 상관인 제임스 워커(James Walker) 대령은 판디트들이 비밀 임무를 수행하면서 수집한 지리학적 데이터를 왕립지리학회의 저널과 회의록에 공개적으로 실었다. 그러나 그들이 입수한 정보는 대체로 생략되었다. 예를 들어, 바다흐산(Badakhshan, 아프가니스탄 북동부에 있는 주_옮긴이)의 통치자가 "술독에 빠져 하급 관리들이 제멋대로 하도록 내버려 두었으며, 그 결과 그에 대한 평판이 매우 나쁘다"라는 한 판디트 보고에 관해서는 아무런 공개 언급이 없었다. 1877년 나인 싱은 '우리 시대의 다른 어느 개인보다 더 많은 긍정적인 지식을 아시아 지도에 이바지'한 공로로 왕립지리학회로부터 금메달을 수여받은 최초의 아시아인이 되었다.

1863~93년 그레이트 게임이 최고조에 이른 30년 동안, 판디트들의 임무 수행으로 지도상에 없는 수백만 제곱킬로미터 지역이 탐험되었다. 그러나 때때

로 비범했던 그들의 성취에도 불구하고, 인도 정부가 북서쪽 변경 넘어 일어나고 있는 일에 대해 아는 바는 실제와 큰 차이가 있었다. 솔즈베리(Salisbury) 경은 빅토리아 여왕 말기에 정보수집에 높은 우선순위를 부여한 소수의 정치인 가운데 한 사람이었다. 그는 1874년 인도 담당 국무장관이 되자 당시 총독 노스브룩(Northbrook) 백작이 이끄는 인도 정보기관의 실태를 강도 높게 비판했다. "노스브룩의 정보부서는 아주 형편없다. 그는 비밀활동자금의 사용을 업신여기는데, 그러한 종류의 조사 자금을 마음껏 쓰지 않고서는 아프가니스탄에서 무슨 일이 벌어지고 있는지 알아내는 것이 불가능하다." 솔즈베리는 러시아인들과 아프간 군주(Amir) 셰르 알리(Sher Ali) 간 거래를 모르고 있었지만 깊이 의심하고 있었다. 그는 유럽에서는 외교 서신 절취를 시도하지 않았겠지만, 아프가니스탄에 대해서는 그러한 절취를 주장했다. 솔즈베리는 노스브룩에게 "당신은 아프간 군주와 러시아 스파이들 사이에 오가는 모든 서신을 확보해야 한다"라고 말했다. 그러나 노스브룩은 인도 사람이든 아프간 사람이든 '원주민'을 스파이로 쓰는 것에 대해서는 그들이 인종적으로 열등하다는 이유에서 회의적이었다. 그는 원주민들이 "거짓말 보따리만 수집할 것"이라고 주장하면서 "어쩌면 우리가 몰라도 되는 약간의 진실도 포함해서"라고 아리송한 말을 보탰다.

1876년 노스브룩의 후임으로 총독에 취임한 초대 리턴 백작 에드워드 불워 −리턴(Edward Bulwer-Lytton)은 인도총독부가 이웃 국가들에 관해 '너무 무지한 상태'임을 알았다. 그는 1877~78년 펀자브 지방 변경의 조와키스(Jowakis) 부족 지역을 원정하는 동안 "우리는 아프리카 중심부보다 인도 내륙에 관해 더 깜깜하게 모른다"라고 불평했다. 리턴은 아프가니스탄에서 입수한 정보에 관해서도 마찬가지로 비판적이었다. 그는 러시아가 아프간 군주 셰르 알리의 궁정에서 훌륭한 정보를 얻고 있다고 믿었다. "인도총독부는 셰르 알리의 심중에 관해 단지 추측에 의존하지만, 러시아 내각은 우리가 그에게 주는 돈을 1루피까지 알며 우리가 그에 관해 적거나 말하는 것을 단어까지 모두 안다." 알리가 1878년 9월 카이버 고개(Khyber Pass, 파키스탄과 아프가니스탄을 잇는 산길_옮긴이)에서 리턴이 파견한 사절단을 돌려보내면서 수도 카불(Kabul)에서 러시아 사절단을 영접했을 때, 리턴은 인도의 안보뿐 아니라 강대국으로서의 대영제국의 위신도 위험에 빠졌다고 생각했다. 그리고 리턴은 러시아인들에게 세력권을 보호하려는 대영제국의 의지와 능력을 보여주고 아프간 군주에게는 인도총독부 외에 동맹이 없다는 것을 보여주기 위해 무력시위가 필요하다고 생각했다. 리턴은 셰르 알리가 빠른 시일 내에 쉽게 '무릎을 꿇을 것'이라고 확신했다.

리턴은 조와키스 지역을 원정했을 때와 마찬가지로 인도군의 위력이 정보 부족을 상쇄하고도 남을 것이라고 확신했다. 1878년 그는 총독 재직 중 유명해진 사건, 즉 아프간 침공을 개시했다. 애초 단순한 무력시위로 의도된 그 침공은 카이버 고개와 볼란(Bolan) 고개를 넘어 제2차 영국-아프간 전쟁이 되었다. 개전 초부터 인도군은 파죽지세로 진군해 제1차 영국-아프간 전쟁(1839~42년) 이후 처음으로 카불에 입성했다. 셰르 알리는 도망을 가야 했고 1879년 2월에 망명지에서 사망했다. 그 침공 기간에 셰르 알리와 카슈미르 군주 마하라자(Maharajah of Kashmir) 사이의 서신이 미상의 수단에 의해 영국 수중에 떨어졌다. 리턴은 "서신 일부가 암호로 되어 있어 그것을 풀 열쇠를 찾아야 한다"라고 기록했다. 이 사실은 런던에서와 달리 캘커타에서는 암호 서신을 절취하고 해독하려는 시도가 계속 이루어졌음을 시사한다. 육군 소령 루이스 카바나리(Louis Cavagnari) 경은 '오만할 정도로 자신만만하고 무모할 정도로 대담한' 인물인데, 그는 자신을 영국의 카불 주재관이라 자임했으며, 새로운 군주이자 셰르 알리의 아들인 야쿠브 칸(Yakub Khan)을 영국의 인도통치(Raj)에 순종하는 고객으로 만들 수 있으리라 믿어 의심치 않았다.[4]

카바나리는 반란군에 가까운 아프간 군인들(몇 달 치 봉급이 체불되었다) 6개 연대가 카불에 입성했다는 불길한 보고 때문에 자신의 과신이 무너지는 것을 허락하지 않았다. 카바나리는 그들의 봉급을 지급할 권한이 있었지만 그러지 않았으며, 아프간 군인들이 자신에게 가할 폭력적 위협에 관한 파슈툰(Pathan)족 가이드의 보고를 일축하면서 "짖는 개는 물지 않는다"라고 건방지게 주장했다. 그 가이드가 "나리, 이 개들은 반드시 뭅니다"라고 대답했으나 카바나리는 아무런 주의를 기울이지 않았으며, 자신의 군대에 대한 아프간 사람들의 '지지'와 군대의 힘으로 카불에 회복된 '평온'에 관해 정기적으로 리턴에게 타전했다. 그는 봉급이 체불된 여러 연대가 '물어뜯을' 태세라는 정보에 대해 주의를 기울이지 않음으로써 재앙을 맞이했는데, 그 원인을 가장 단순하게 설명하는 것은 열등 민족을 다루고 있다는 그의 믿음이었다. 이 경우에는 가장 단순한 설명이 정확할 것이다. 카바나리가 봉급이 체불된 연대의 고충을 처리하고 카불에 강력한 방어 태세를 확보할 의지가 있었다면 그는 당연히 생존했을 것이다. 그러나 그는 그럴 필요가 없다고 생각했다. 그는 자신의 관사 대문을 닫는 수고조차 하지 않았다. 1879년 9월 2일 카바나리는 페샤와르(Peshawar, 파키스탄 북서부의 중심도시_옮긴이)에 '카불 대사관 모두 잘 있음'이라고 타전했다. 다음 날 그와 부하들은 모두 봉급이 체불된 연대에 의해 학살당했으며 대규모 반란이 시작되었다.

리턴은 그 재앙에 대응해 새로운 침공군을 파견했다. 여러 가지 복수행위를 자행한 침공군은 특히 폐허가 된 카바나리의 관사 터에 교수대를 세우고 그의 살해에 가담했다는 혐의로 49명의 아프간 사람을 처형했다. 그러나 카불 밖에

---

4    카바나리는 야쿠브 칸을 믿을 수 없다는 정보보고서를 기각했다. 1979년 8월 30일 그는 리턴에게 다음과 같이 타전했다. "저는 개인적으로 야쿠브 칸이 아주 좋은 동맹이 될 것이며, 우리는 그가 약조에 충실하도록 만들 수 있을 것이라고 생각합니다."

서는 아프간 사람들의 저항이 계속되었다. 영국군은 부족한 정보 때문에 제약을 받았으며, 현지 부족들의 적개심을 초래할까 봐 두려워하는 정치적인 인도인 장교들 때문에 정찰대 파견도 단념했다. 1880년 7월 마이완드(Maiwand)에서 아프간 비정규군이 영국 야전군을 대체로 압도했으며 영국군 1,000명이 전사했다. 카불의 정보 지원이 빈약했으며, 이 약점을 더 악화시킨 것은 러시아의 아프가니스탄 구상에 관해 쓸데없이 우려하는 보도였다.[5]

제2차 영국-아프간 전쟁은 영국의 승리로 끝났으며 새로운 제국의 영웅을 탄생시켰다. 그 영웅은 카불을 재정복해 마이완드 전투의 패배를 설욕한 육군 대장(나중에 원수로 승진했다) '밥스' 로버츠('Bobs' Roberts)였다. 그러나 그 전쟁은 너무 많은 희생을 치르고 얻은 승리였다. 카바나리의 후임자는 없었다. 영국은 압둘 라만(Abdur Rahman)을 군주로 인정해야 했는데, 그가 11년 동안 망명 생활을 한 타슈켄트(Tashkent, 우즈베키스탄의 수도_옮긴이)에서 러시아의 보호를 받았다는 사실은 알았으나 그 외에는 그에 관한 정보가 거의 없었다. 압둘 라만은

---

[5]  추리소설 작가 아서 코넌 도일(Arthur Conan Doyle) 경이 나중의 작품에서 왓슨(Watson) 박사를 등장시켰다. 그는 북서 변경 마이완드에서 외과 의사 조수로 복무하다가 몸을 다쳤다는 인물이다. 셜록 홈스(Sherlock Holmes)는 왓슨 박사를 처음 만났을 때 "제 짐작에 당신은 아프가니스탄에 있었지요?"라고 말해 그를 놀라게 했다. 홈스는 어떻게 이러한 결론에 이르렀는지 나중에 왓슨에게 설명했다.
"추리 기차가 달렸습니다. '여기 의사 풍의 신사가 있어요. 하지만 군인 분위기도 풍깁니다. 그렇다면 분명히 군의관. 그는 방금 열대지방에서 돌아왔습니다. 왜냐하면 그의 얼굴이 검으니까요. 그리고 그것은 자연스러운 피부색이 아닙니다. 왜냐하면 손목이 희니까요. 그가 고생과 병환을 겪은 것은 그의 초췌한 얼굴이 분명히 말해주고 있습니다. 그는 왼팔을 다쳤습니다. 그의 왼팔이 부자연스럽고 경직되어 보이니까요. 한 영국 군의관이 갖은 고생을 하고 팔을 다칠 수 있는 곳이 열대지방 어디겠습니까? 분명 아프가니스탄입니다.' 생각의 기차가 달리는 데는 1초도 걸리지 않았습니다. 그다음 내가 당신이 아프가니스탄에서 왔다고 말하자 당신은 놀랐지요."(코넌 도일, 『주홍색의 연구』 2장)
이번에는 홈스의 추리에 결함이 있었다. 아프가니스탄은 열대지방이 아니다. 홈스의 실수는 당시 아프가니스탄에 관한 무지를 반영했으며, 그런 무지는 인도제국과 그 변경에 관해 일반적으로 잘 안다는 식자층에도 널리 퍼져 있었다.

카이버 고개를 인도 관할로 넘겼지만, 영국인이 카불에 상주하는 것은 받아들이지 않았다. 그러나 아프가니스탄이 러시아 측에 붙을 것이라는 우려가 거듭 제기되었음에도 금전적 회유, 위협, 인접국에 대항하는 지원 약속 등을 혼용함으로써 아프가니스탄은 러시아 영향권을 벗어나 인도 영향권 내에 머물렀다. 아프가니스탄 내에서 단연코 가장 성공적인 정보활동은 압둘 라만이 펼친 것이었다. 그는 로드릭 브레이스웨이트(RodricBraithwaite) 경이 표현한 '무자비하고 어디에나 있는 비밀경찰'에 의해 권력 장악을 공고히 했다. '철의 군주(Iron Amir)'라는 비호감 별명이 붙은 그는 두 차례의 대규모 반란을 분쇄하고 약 10만 명의 자신의 백성을 죽였다.

1880년대에 전신(電信) 사용이 증가하면서 외교업무의 관행이 근본적으로 바뀌었다. 암호 전문은 가장 빈번히 쓰이는 외교통신 형태가 되었다. 오랫동안 발송물에 일련번호를 매긴 영국 외무부는 1878년 전문에도 일련번호를 매기기 시작했다. 전신의 사용은 외교통신의 절취를 크게 단순화시킴으로써 정보 역사에서 일대 전환점이 되었다. 구체제 '검은 방'들의 가장 큰 문제, 즉 어떻게 타국의 외교통신에 손을 댈 것인가의 문제가 대체로 해결되었다. 각국 정부는 마음만 먹으면 자국 수도의 전신국을 통과하는 전문에 언제든지 접근할 수 있었다. 이에 따라 주된 문제는 전문 작성에 사용된 암호를 해독하는 것이었다.

그러나 영국은 1844년 암호부서를 폐지했기 때문에 특히 프랑스나 러시아와 달리 제1차 세계대전 때까지 외교 전문을 해독할 수 없었다. 해외 통신의 절취를 포기했기 때문에 영국의 일부 정치인은 자신들의 서신이 해외에서 절취되는 것에 관해 무척 순진했다. 아마 가장 순진한 정치인은 윌리엄 이워트 글래드스턴(William Ewart Gladstone)이었을 텐데, 그가 네 번 수상(1868~74년, 1880~85

년, 1886년 및 1892~94년)에 오른 기록은 아직 깨지지 않고 있다. 두 번째 수상으로 재임 중이던 글래드스턴이 칸(Cannes)에서 휴가를 즐기던 어느 날, 그는 외무장관 그랜빌(Granville) 백작에게 보내는 편지 겉봉에 주소를 써달라고 한 친구에게 부탁했다. 그는 프랑스 당국이 겉봉을 보고 자신이 쓴 편지가 아님을 안다면 굳이 개봉하지 않을 것이라고 자신만만하게 그랜빌에게 썼다. 조금 화가 난 그랜빌은 칸에서 보낸 편지에 영국 외무부가 수신인으로 적힌 것 자체가 충분히 '검은 방'의 주목을 끌었다는 답장을 보냈다. "당신은 수상이 안 되었으면 훌륭한 성직자, 일류 변호사, 또는 가장 위대한 장군이 되었을 것입니다. 그러나 우체국 관련 일에는 그저 그런 푸셰(Fouché, 나폴레옹 황제 시대의 프랑스 경무부 장관_옮긴이)가 되었을 것입니다." 20년 뒤, 외무장관 랜스다운(Lansdowne) 경이 글래드스턴만큼이나 순진한 모습을 보였는데, 그는 파리 주재 대사 에드먼드 몬슨(Edmund Monson) 경에게 보내는 서한들을 외교행낭이 아닌 우편으로 발송했다. 1902년 몬슨은 편지에 이렇게 썼다. "당신이 우편으로 보낸 최근 서한들이 검은 방에 의해 개봉되었다는 명백한 사실을 말씀드리는 것이 옳겠지요."

미국 국무장관들은 대부분 적어도 글래드스턴만큼 순진했다. 1866년 아메리카와 유럽을 연결하는 대서양 횡단 케이블이 개통된 후, 파리 주재 공사 존 비글로(John Bigelow)는 국무장관 윌리엄 시워드(William Seward)에게 미국 암호를 개선할 필요가 있다고 경고했다.

문명 세계가 일제히 이 현대과학의 개가를 축하하는 대열에 본인도 동참하면서, 국무부가 즉시 새로운 암호를 공급하도록 건의하는 것이 본인의 의무라고 생각합니다. 당 공사관에 보내는 정부 전문을 먼저 프랑스 당국이 읽는 것이 본래의 목적은 아닐 것입니다. 그러나 프랑스 내무부로 연결되는 전신선을 우회할 길이 없다는 것을 당신도 잘 알고 있습니다.

시워드는 이 경고를 무시했다. 그는 어리석게도 60년 된 국무부 암호가 '여태 발명된 암호 중에서 가장 해독할 수 없는 것'이라며 비글로를 안심시켰다. 시워드는 암호보안에 관해 개념이 없는 사람이었다. 그가 처음으로 대서양을 횡단하는 암호화된 외교 전문을 발송했을 때, 그는 평문 텍스트를 언론에도 배포했다. 이리하여 프랑스 암호분석관들은 그 둘을 비교할 수 있었다.

그러나 유럽의 강대국들은 굳이 '검은 방'을 시켜 가장 중요한 대부분의 미국 외교 서신에 접근할 필요가 없었다. 남북전쟁 기간에 링컨 행정부는 외교 관계에 관한 의회의 정보 요청을 만족시키기 위해 주요 외교 서신을 『미국의 외교 관계(Foreign Relations of the United States: FRUS)』라는 제목의 연감으로 출간하기 시작했다. 이후의 평시 행정부도 계속 그렇게 함으로써 해외 주재 사절을 당황하게 만들기도 했다. 예를 들어 1870년 이탈리아 정부가 로마의 교황령을 접수하려고 했을 때, 미국 공사 조지 마시(George P. Marsh)는 워싱턴에 보낸 비밀 암호 전문에서 이탈리아인들의 '변덕, 변절과 이중성'을 비난했다. 국무부는 이 전문을 『1870년 FRUS』에 실었다. 그 공개된 전문은 1년여 동안은 이탈리아 언론의 눈에 띄지 않았다. 그러나 1872년 1월 어느 날 저녁 마시가 이탈리아 외무장관과의 만찬을 위해 정장을 입고 있을 때, 그의 하인 하나가 자신의 전문에서 발췌한 내용을 대서특필한 신문 한 부를 가져왔다. 마시는 충격으로 거의 실신했다고 한다. 마시는 이탈리아 수상·외무장관과 친분이 있었고 그의 비난이 주로 이전 정부에 해당하는 내용이었기 때문에 그는 로마에 더 머무를 수 있었다. 마시와 그의 부하인 일등서기관은 국무부가 이탈리아 주재 공사관에서 현직 공사가 더는 버틸 수 없게 만들려는 악의적인 목적에서 그 전문을 모략적으로 『FRUS』 연감에 실었다고 믿었다. 아마도 그들의 생각이 옳았을 것이다. 율리시즈 그랜트(Ulysses S. Grant) 대통령과 해밀턴 피시(Hamilton Fish) 국무장관을 강력하게 후원하는 그들의 친구이자 공화당 하원의원인 존 빙엄(John Bingham)

이 로마에 근무하기를 원했다. 한 국무부 사학자는 최근 연구에서 "빙엄에게 길을 터주기 위해서는 이탈리아 사람들을 격분시킬 마시의 전문을 노출하는 것보다 더 좋은 방안이 있었을까?"라는 결론을 내리고 있다.

이와 비슷하게 황당한 일들이 계속 일어났다. 10년 뒤, 페루 리마(Lima) 주재 미국 공사 출신의 아이작 크리스천시(Isaac P. Christiancy)는 자신의 '사적이고 개인적인' 편지가 『FRUS』연감으로 공개되자 분노했다. 그는 1881년 국무장관 제임스 블레인(James G. Blaine)에게 보낸 그 편지에서 페루 국민의 타락상을 비난했다. "노동계층은 타락해 구제 불능이며, 너무 부정직한 지배계층은 합당하고 정직한 정부 운영에 필수적인 자기희생적 애국심에 관해 아무런 개념도 가지고 있지 않습니다." 그는 블레인에게 당부했다. "이 편지는 당신과 대통령만 볼 수 있도록 완벽하게 기밀로 취급해야 합니다. 만일 이 편지가 공개된다면 언젠가 여기서 나의 목숨이 온전치 못할 것입니다." 다행히도 크리스천시의 편지가 신문 헤드라인을 장식한 것은 그가 이미 페루를 떠난 뒤였다. 오늘날에는 미국 행정부가 '위키리크스(Wikileaks)' 등 기밀 공문서를 공개한 매체에 대해 비판하지만, 19세기 말에는 그 역할이 정반대였다. 뉴욕 ≪헤럴드 트리뷴(Herald Tribune)≫ 지는 다음과 같이 국무부를 공격했을 때 광범위한 지지를 받았다. "기밀 전문이 국무부처럼 매우 중요한 기관에 의해 누설되는 일이 가능하다면, 결과적으로 공사들은 그런 전문을 보내지 않을 것이며 대신 그 내용을 구두로 전하게 될 것이다." 1886년 전직 그리스 주재 미국 공사인 유진 스카일러(Eugene Schuyler)는 "우리나라 공사들은 국무장관에게 자신들의 진솔한 의견을 편하게 개진하지 않는다. 왜냐하면 그들은 항상 자신들의 전문이 공개될 가능성이 있다고 보기 때문이다"라고 주장했다. 독일 주재 공사 애런 사전트(Aaron A. Sargent)는 자신의 공개된 전문으로 인해 독일 언론에서 난리를 일으킨 당사자로서 더는 쟁점에 관해 솔직한 보고서를 국무부에 보내지 않겠다고 공식적으로 통보했다.

1898년 스페인과 전쟁이 벌어졌을 때에도 국무부는 암호보안이나 문서보안 조치를 심각하게 추진하지 않았다. 스페인과의 전쟁 전에 외교적 위기가 고조되었을 때, 국무부는 마드리드가 미국의 주된 외교암호, 즉 1876년 도입된 '적색 암호(Red Code)'를 보유하고 있다는 신빙성 있는 보고를 받았다. 미국 외교가 이로 인해 영향을 받은 것 같지는 않다. 스페인 주재 미국 공사는 종전과 다름없이 협상을 계속했다. 한 국무부 사학자의 최근 연구에 따르면, "마드리드 주재 공사가 스페인 사람들이 자신의 전문을 읽고 있다는 것을 안 뒤에도 워싱턴과의 통신에서 의미 있는 변화가 없었다". 남북전쟁부터 제1차 세계대전에 이르는 기간 동안 국무장관들은 자신들이 어느 정도로 '공개 외교(open diplomacy, 후일 우드로 윌슨 대통령이 명명한 것으로 유명하다)'를 수행하고 있는지 순진하게 몰랐거나 거의 관심을 두지 않았다.

# 제21장

# '암살의 황금시대'(1890~1914년)

## 무정부주의자, 혁명가와 검은 손

제1차 세계대전 이전의 한 세대 동안, 유럽은 후일 '암살의 황금시대'라고 불리는 시기를 겪었다.[1] 그 '황금시대'는 1878년 러시아의 비밀 테러 단체 '인민의 의지(People's Will)'—정치적 목적을 위해 테러를 체계적으로 사용한 최초의 단체—가 창설되면서 시작되었다. 1년 뒤 그 집행위원회는 '인민에 반하는 범죄' 혐의로 차르 알렉산드르 2세에게 사형을 선고했다. 1880년 '인민의 의지'는 겨울궁전의 본관 식당을 폭파하는 데 성공했다. 이 사건으로 11명이 죽고 55명이 다쳤지만, 만찬에 늦은 차르는 화를 면했다. 1881년 3월 상트페테르부르크에서는 차르의 썰매 밑으로 폭탄이 투척되었다. 알렉산드르 2세는 다치지 않았으나, 그가 자신을 호위하는 코사크 기병대의 부상을 살피러 썰매에서 내렸을 때 또 다른 '인민의 의지' 테러리스트가 던진 두 번째 폭탄에 의해 치명적인 부상을 입었다. 앞서 겨울 궁전에서의 공격과 마찬가지로, 그의 암살을 가능하게 만든 것은 스웨덴 화학자 알프레드 노벨(Alfred Nobel)의 다이너마이트 발명이었다. 특히 1871년 더 부드럽고 강력한 젤리 형태의 다이너마이트(젤리그나이트)가 발명되어 5년 뒤 '인민의 의지'에 의해 채택되었다. '인민의 의지' 제1의 폭탄 제조자 니콜라이 키발치치(Nikolai Kibalchich)는 선구적인 로켓 과학자이기도 했다. 소련 시대에 달의 어두운 이면에 있는 한 분화구는 그의 이름을 따서 명명되었다.

---

1    첫 황금시대는 아니었다. 기원전 4세기 초 인도의 마우리아 제국을 세운 시조는 암살을 너무 두려워해 매일 밤 침실을 바꾸었다고 전해진다. 로마 황제의 약 3/4은 암살되거나 권좌에서 쫓겨났다.

1881년 차르 암살을 예방하지 못해 위상이 실추된 제국 내각의 제3부(1825년 니콜라이 1세가 창설한 정보부)는 경무부 내의 더 큰 정보·보안기관인 오크라나 (Okhrana)로 대체되었다. 오크라나는 상트페테르부르크의 본부에서 19세기 말 약 2만 명이 넘는 스파이와 협조자 네트워크를 운용했으며 러시아 제국 전역의 우체국에서 수만 통의 편지를 개봉해 반체제 서신을 찾았다. 암살사건 발생 후 2년 만에 오크라나는 '인민의 의지' 활동을 분쇄하는 데 성공했다. 이후 19세기 말까지 러시아에서는 더 이상 정치적 암살이나 성공적인 폭탄 공격이 없었다.

오크라나는 해외의 반체제인사 활동을 감시·분쇄하기 위해 해외국(Foreign Agency)을 설치하고 그 본부를 이주자들의 중심지인 파리 주재 러시아 대사관 에 두었다. 프랑스 보안기관 쉬르테(Sûreté)의 기록에 따르면, 해외국은 1882년 파리에서 수수한 규모로 활동을 개시했다. 1884년 무렵 해외국은 무시무시한 표트르 라치코프스키(Pyotr Rachkovsky)의 지휘 아래 본격적인 활동을 벌였다. 라치코프스키는 경력 초기에 혁명에 동조했다가 제3부의 협조자가 된 것으로 보인다. 이후 그는 오크라나 해외정보관 중에서 가장 영향력 있는 인물로 성장 했다. 쉬르테는 프랑스 땅에서 벌어지는 오크라나의 비밀공작을 반대하기는 커녕 환영했다. 쉬르테는 오크라나 해외국과의 비밀협력을 30년 동안 경험한 후 다음과 같은 결론을 내렸다. "객관적으로 평가할 때, 파리에서 활동하는 러시아 경찰이 유용함을 부인할 수 없다. 러시아 측 활동이 공식적이든 아니든 그 목표는 러시아 혁명가들의 활동을 지속 감시하는 것이다." 소련 시대에 파리에 있던 KGB 주재관들(거점장들)과 달리, 라치코프스키는 비밀공작을 수행하는 인물임에도 불구하고 파리 상류사회의 명사가 되었다. 그는 증권거래소에서 투기로 재산을 모으고 생클루(Saint-Cloud)의 자기 저택에서 흥청망청 접대했으 며, 이 손님들 가운데 쉬르테 국장들, 총재들, 장관들과 주요 외교관들에게 일 련번호를 매겼다. ≪에코 드 파리(Écho de Paris)≫ 지의 한 기자는 1901년 그에 관해 다음과 같은 기사를 썼다.

당신이 사교계에서 그를 만난다면, 그에 관해 조금의 의혹도 느끼지 않을 것
이라고 확신한다. 왜냐하면 그의 겉모습에서는 그가 하는 사악한 일이 전혀 드
러나지 않기 때문이다. 뚱뚱하고 가만히 있지 못하며 항상 입술에 미소를 머금
은 그는 홍청거리는 좀 유쾌한 친구처럼 보인다. … 그는 다소 눈에 띄는 한 가
지 약점을 가지고 있는데, 그가 우리의 어린 파리 아가씨들을 너무 좋아한다는
점이다. 그러나 그는 유럽의 10대 수도에서 가장 기량이 뛰어난 공작관이다.

오크라나 자체가 사실상 법이 된 러시아를 제외한 대부분의 유럽 국가들은
20세기처럼 특화된 보안기관(예컨대, 영국의 MI5)을 설립하는 것이 아니라 늘어
나는 19세기 경찰 인력에게 책임을 확대하는 방식으로 점증하는 안보 위협에
대응했다. 19세기 초 나폴레옹의 경무장관 푸셰는 '매춘, 도둑, 가로등' 등의 문
제에 관한 '저급' 경찰과 국가안보의 문제에 관한 '고급' 경찰을 구분해 전자 업
무는 기꺼이 위임했으나 후자 업무에 대해서는 직접 관심을 쏟았다. 19세기 말
'암살의 황금시대'에는 '고급' 경찰에 부여된 우선순위가 높아졌다.

알렉산드르 2세가 암살된 이후 몇 해 동안 폭탄 공격이 가장 많이 발생한 유
럽의 수도는 런던이었다. 1881~85년 '다이너마이트 전쟁' 기간에 아일랜드와
미국의 페니언(Fenian) 단원들은 폭탄테러 공세를 통해 영국의 아일랜드 통치
를 종식하려고 했다. 1883~85년 런던에서는 한 세기 뒤 아일랜드공화군(IRA)
의 공세 때보다 더 많은 폭탄이 터졌다. 또 그것은 시한장치가 붙은 최초의 테러
폭탄이었다. 페니언 단원들은 화이트홀의 지방정부 감독원(Local Government
Board), 국회의사당, 런던탑, 더 타임스 사옥, 주요 기차역, 런던 지하철, 경찰청
등에 성공적으로 폭탄 공격을 가했다. 1883년 3월 ≪더 타임스≫ 지는 "마치 가

이 포크스 음모 사건의 전야가 재연된 것처럼 국회의사당을 수색하고 있다"라고 보도했다. 5월 내무장관 윌리엄 버논 하코트(William Vernon Harcourt) 경은 윌리엄 글래드스턴 수상에게 이런 편지를 썼다. "이것은 임시방편이 필요한 일시적 비상이 아닙니다. 페니언 운동은 영국의 아일랜드 통치에 반대하는 항구적 음모로서 내가 죽은 다음에도 계속될 것입니다. 그리고 그 운동을 탐지하고 억제하는 항구적 조직을 통해 대응해야 합니다." 하코트가 창설한 '항구적 조직'의 핵심으로 런던 경찰청 내에 새로운 정보부서, 즉 아일랜드특수부(Special Irish Branch)가 1883년 3월 설립되었다. 그 사무실은 별다른 생각 없이 런던 경찰청 본관 2층에 자리 잡았는데, 바로 밑에 공중화장실이 있었다. 본관 앞에서 근무 중이던 순경이 '화장실 출입자들에게서 수상한 점을 발견하지 못했지만', 페니언 단원들은 대형 시한폭탄을 심는 데 성공했다. 1884년 5월 30일 저녁 폭탄이 터져 아일랜드특수부 사무실이 무너졌다(다행히 당시 사무실은 비어 있었다).

전략적으로 배치된 다른 공중화장실들을 수색한 후 윈저(Windsor) 성 부근의 화장실이 폐쇄되었으며, 국회의사당 전체 위생시설을 아일랜드 인부들이 점검하고 있다는 사실이 알려진 후 온갖 경보가 난무했다. 빅토리아 여왕은 '종합적 상황에 대해 큰 관심'을 보이면서 밸모럴(Balmoral) 성(스코틀랜드에 있는 영국 왕실의 별궁_옮긴이)으로 가는 길에 자신의 전용 열차가 폭탄 공격을 받을 수 있겠다고 두려워했다.

그러나 20명의 페니언 단원들이 체포된 후 '다이너마이트 전쟁'은 1885년 초 갑자기 끝났으며 런던 경찰청이나 공중화장실에 더 이상 피해가 발생하지 않았다. 후속 페니언 단원들은 1887년 빅토리아 여왕 즉위 50주년을 망치려고 웨스트민스터 대성당과 국회의사당에 폭탄을 터뜨리는 '불꽃놀이 대회'를 기획했으나 무위로 끝났다. 런던 경찰청은 그 폭탄 음모에 관해 협조자로부터 사전 제보를 받아 아일랜드계 미국인 폭파범들이 미국을 떠나는 순간부터 그들을 감시했다. 두 명의 폭파범이 영국에 도착하자마자 체포되었으며 또 다른 한 명은 경찰에 체포되기 전에 죽었다. 아일랜드특수부와 기타 페니언 대응군의 남은 조직이 통합되어 새로운 기구, 즉 런던 경찰청 '특수부(Special Branch)'가 탄생했다. 이 특수부는 모든 정치적 범죄를 담당했다.

1880년대 후반 가장 유명한 테러 공격은 1886년 11월 제네바의 한 인쇄소가 폭파된 사건이었다. 망명한 러시아 인민주의자(Populist)들이 그 인쇄소를 이용했으며 그들 중 일부는 '인민의 의지' 회원 출신이었다. 라치코프스키가 의도한 대로 인민주의자들은 그 폭파 사건이 자신들의 혁명 라이벌인 마르크스주의자들의 소행이라고 비난했다. 그러나 그 폭파의 실제 주범은 라치코프스키 자신이었다. 그가 오크라나 본부에 보고한 암호 전문을 보면 "나는 토요일 밤 제네바에 있는 인민의 의지 인쇄소를 모든 혁명 출판물과 함께 파괴해서 기뻤다"라고 밝히고 있다. 인민주의자들은 파리에 새 인쇄소를 설립했는데, 그것 역시 1887년 2월 폭파되었다. '해외국'으로부터(어쩌면 라치코프스키로부터 개인적으로) 돈을 받은 주요 인민주의 선전가 레프 티코미로프(Lev Tikhomirov)가 인쇄소 폭파에 대해 마르크스주의자들을 비난하는 팸플릿을 작성했다. 라치코프스키가 흑색선전(black propaganda)을 통해 이룬 최대의 개가는 차르 알렉산드르 3세를 암살하려는 가짜 음모에 일단의 인민주의 망명자들을 끌어들인 것이었다. 그의 스파이 아브람 란드젠(Abram Landezen)은 인민주의자 그룹에 침투한 뒤 라치코프스키에게서 비밀리에 받은 자금을 파리 근교 숲속에 폭탄 제조 공장을 세우는 데 제공했다. 폭탄 제조 작업이 순조롭게 진행되고 있을 때, 라치코프스키는 러시아 대사 모렌하임(Morenheim) 남작에게 그 음모를 보고했다. 그 음모가 오크라나 '해외국'에 의해 자신의 대사관에서 조종되는 줄 몰랐던 모렌하임은 프랑스 경찰에 음모자들에 대한 체포를 요청했다. 1890년 두 명이 3년 징역형을 선고받았다. 도망친 주모자 란드젠은 궐석재판에서 3년 형을 선고받았다. 라치코프스키의 선전 공작은 프랑스 매체와 국민에게 러시아 '허무주의 (nihilist)' 망명자들이 제기하는 위협이 현실임을 납득시켰다. 몇 년 뒤 파리에 다시 나타난 란드젠은 아르카디 하르팅(Arkady Harting)이라는 이름을 쓰는 '해외국' 수장이 되어 있었다.

'암살의 황금시대' 기간 동안 희생된 사람의 합계는 21세기 테러 기준으로 보면 그리 대단하지 않았다. 1880~1914년 기간 동안 약 150명이 죽고 500명 가까이 부상했다. 그러나 사망자들 가운데에는 전례 없이—이 기록은 아직 깨어지지 않았다—많은 수의 국가·정부 수반이 포함되었는데, 러시아 차르 알렉산드르 2세(1881년), 오스트리아의 엘리자베트 황후(1898년), 이탈리아 왕 움베르토(Umberto) 1세(1900년), 포르투갈 왕 카를로스(Carlos) 1세와 그의 세자(1908년), 그리스 왕 요르요스(George) 1세(1913년), 프랑스 대통령 사디 카르노(Sadi Carnot)(1894년), 미국 대통령 윌리엄 매킨리(William McKinley)(1901년), 스페인 수상 안토니오 카노바스 델 카스티요(Antonio Cánovas del Castillo)(1897년), 러시아 수상 표트르 스톨리핀(Pyotr Stolypin) (1911년) 등이었다. 간신히 암살을 모면한 사람은 훨씬 더 많았다. 예를 들어 1906년 스페인 왕 알폰소(Alfonso) 13세와 왕비 빅토리아(Victoria)는 결혼식 날 폭탄 공격을 받고도 살았으나 31명의 군인과 구경꾼들이 죽었다.

대다수 공격은 무정부주의자들의 소행이었다. 무정부주의자들 대부분은 비폭력적이었지만, 유럽과 미국에서 활동한 무정부주의 운동의 폭력적인 일파는 국가권력의 한계를 보여주고 국가권력에 대한 민중의 봉기를 고무하도록 설계된 '행동에 의한 선전(propaganda of the deed)'으로서 통치자 암살을 신봉했다. 무정부주의자들의 암살 시도는 기술적으로 저급한 경향을 보였다. 예를 들어 1890년대 프랑스의 무정부주의 테러범들은 10년 전 러시아의 '인민의 의지'나 잉글랜드의 페니언 단원들과 비교해서 고성능 폭탄의 제조나 사용에 관한 전문 지식이 없었다. 프랑스에서 최초로 다이너마이트를 사용한 테러범은 염색업자 조수 프랑수아 클로뒤 라바숄(François Claudius Ravachol)이었다. 그는 다른 무정부주의자들과 함께 1892년 2월 파리 남동쪽의 한 채석장에서 상당한 양의 다이너마이트를 훔쳤다. 라바숄은 한 달 뒤 그 막대형 다이너마이트 일부를 사용해 한 프랑스 치안판사를 폭사시키려고 두 차례 시도했으나 모두 실패했다. 두 번 다 치안판사는 다치지 않았으나 다른 여덟 사람이 부상했다. 프랑스 최초로 다이너마이트를 사용한 테러범이 그 사용에 서툴렀음에도 불구하고, 1893년 센(Seine) 지방의 어떤 걱정 많은 도지사가 내린 결론에 따르면, 런던에 본부를 둔 (가공의) 국제 무정부주의자 위원회, 이른바 '다이너마이트 클럽'이 대륙에서 테러 공격을 지시하고 조정했으며, 그 클럽에는 프랑스 무정부주의자 샤를 말라토(Charles Malato)와 루이 마르타(Louis Martha) 외에 러시아인 표트르 크로포트킨(Pyotr Kropotkin)이 가담했다.

1890년대 프랑스 무정부주의자들의 테러 공격 가운데 가장 유명한 두 사건, 즉 공화국 대통령과 국민회의(Chamber of Deputies)를 공격한 것도 라바숄 사건 못지않게 어설펐다. 1893년 12월 9일 절도와 구걸 행위로 네 차례 수감된 적이 있는 실직자 오귀스트 바이양(Auguste Vaillant)이 의사당 출입증을 획득해 국민회의 방청석 둘째 줄에 앉아 본회의 진행을 지켜보았다. 그가 바지 속에 감춘 폭탄은 화약, 황산, 작은 못과 압정 등을 채워 집에서 만든 조잡한 것이었다. 토론 중간에 그는 폭탄을 회의장으로 투척했으나 경상자만 발생했으며, 의장은 토론을 정상적으로 진행한다는 유명한 선언을 남겼다. "의원 여러분, 회의를 계속합니다." 의사당 보안이 너무 허술했던 탓에 바이양은 자신이 던진 폭탄에 의해 부상했음에도 불구, 탈출해 병원 치료를 받을 수 있었다. 그가 체포된 것은 병원 직원이 그의 손에서 화약 흔적을 발견했기 때문이었다. 바이양은 19세기 프랑스 역사에서 살인미수의 유죄판결을 받고도 단두대를 면한 최초의 인물이 되었다.

대부분의 대륙 국가들과 마찬가지로, 프랑스에서도 무정부주의자들에 대한 경찰의 감시와 수사가 증가했음에도 그들의 공격으로부터 정치 지도자들을 보호하는 일에는 심각하게 주의를 기울이지 않는 매우 대조적인 현상이 나타났다. 바이양이 체포되고 3주가 지난 1894년 1월 1일 새벽부터 프랑스 경찰이 552개의 이른바 전복 활동 주소를 뒤지기 시작했다. 이후 두 달 동안 경찰은 248명의 무정부주의자를 용의자로 체포했다. 프랑스 등 유럽 국가에서 이러한 체포는 다수의 비폭력적인 반체제인사를 포함한 것이 틀림없지만 일부 잠재적 암살범들의 출몰을 제거한 것도 사실이다. 예를 들어 1894년 이탈리아에서 체포된 인물 가운데에는 살인적 무정부주의자 가에타노 브레시(Gaetano Bresci)가 있었다. 그는 지중해 람페두사(Lampedusa) 섬에 1년간 감금된 후 미국 뉴저지로 이주했다. 1900년 이탈리아로 돌아온 브레시는 미국제 리볼버 권총으로 움베르토 국왕을 암살했다.

1894년 2월 파리 경찰청은 정보수집 기능을 전직 내무부 고관인 루이 퓌바로(Louis Puibaraud) 휘하에 집중시키고 그에게 '조사총국장(directeur-géneral des recherches)' 직책을 부여했다. 그의 정보 제국에 포함된 100여 명의 형사 '여단(brigade, 런던 경찰청 특수부의 몇 배 규모였다)'은 무정부주의자들의 활동을 감시하고 그들의 이름과 주소를 모아 상세한 인명록을 작성했다.[2] 그러나 퓌바로에게는 무정부주의자들의 공격에 대항하는 이른바 '경호 보안(protective security)'을 감독할 책임이 없었다.

1894년 6월 25일 사디 카르노(Sadi Carnot) 프랑스 대통령 암살은 한 무정부주의자가 공격한 결과였는데, 그의 공격은 바이양보다 성공적이긴 했어도 훨

---

2    퓌바로는 1894년부터 1903년까지 조사총국장으로 재직했다.

씬 더 어설펐다. 이탈리아인 암살범 산테 카세리오(Sante Caserio)는 바이양의 복수를 위해 카르노를 죽이기로 작정한 무정부주의자였다. 오직 단검 한 자루로 무장한 그는 프랑스어를 거의 몰랐으며 프랑스 땅에서는 현지 무정부주의자들의 도움에 의존해 길을 갔다. 카세리오는 재판정에서 이렇게 진술했다. "나는 리옹으로 가는 도중에 40~50km마다 소그룹의 동지들[동료 무정부주의자들]을 만났다. 그들은 모두 프랑스인이었지만 매우 친절했으며, 다른 동지들을 환영하고 도움을 베풀었다." 카세리오는 리옹에 도착한 후에도 틀림없이 현지 무정부주의자들의 지원을 받아 카르노 대통령이 택할 이동로를 알아내고 그에게 가장 취약할 지점을 찾았을 것이다. 불과 6개월 전에 국민회의가 폭탄 공격을 받았음에도 대통령 주변의 경호 보안은 너무 허술해 카세리오는 그저 카르노의 이동로를 따라 자리만 잡으면 충분했다. 화려하게 치장한 대통령의 호위 기병대는 순전히 의전용이었으며 카세리오가 대통령의 무개 마차에 올라타는 것을 막는 데는 무력했다.

나는 '마르세예즈(Marseillaise, 프랑스 국가)'와 "카르노 만세!" 하는 소리를 들었고 기병대가 다가오는 것을 보았다. 나는 기다리던 순간이 왔음을 직감하고 준비태세를 갖추었다. 대통령의 마차를 보자마자 내 단검을 뽑고 칼집은 던져버렸다. 그리고 마차가 바로 내 앞을 지나갈 때 발판에 뛰어올라 왼손으로 마차를 붙잡고 몸을 지탱하면서 오른손으로 대통령 가슴에 단검을 꽂았다.

이렇게 경호 보안이 기본적으로 실패했기 때문에 다른 무정부주의자들도 3년 사이에 스페인 수상, 오스트리아 황후, 이탈리아 국왕을 암살할 수 있었다. 1897년 7월 이탈리아 무정부주의자 미켈레 안졸릴로(Michele Angiolillo)가 스페인 수상 안토니오 카노바스 델 카스티요(Antonio Cánovas del Castillo)를 암살하기 위해 온천 휴양지 산타 아구에다(Santa Águeda)에 도착했다. 안졸릴로는 카노바스가 혼자 온천 벤치에 앉아 있는 것을 보고 외투 안주머니에서 권총을 꺼내 그를 쏘아 죽였다. 1년 뒤 또 다른 이탈리아 무정부주의자 루이지 루케니(Luigi Lucheni)가 오스트리아의 엘리자베트 황후(오스트리아 귀족 부인으로 가볍게 변장했다)가 경호원 없이 시녀만 데리고 제네바의 산책로를 걷고 있는 것을 발견했다. 루케니는 프랑스 왕이라고 참칭하는 오를레앙(Orléans) 공작을 암살하기 위해 제네바에 왔었다. 그는 오를레앙이 떠나버린 것을 알았을 때, 날카로운 10cm 바늘로 만든 수제 단검으로 공작 대신 황후를 죽일 뜻밖의 기회를 포착했다. 루케니는 나중에 이렇게 말했다. "나는 고통 받는 사람들과 아무런 사회적 지위 향상 노력을 기울이지 않는 사람들에게 본보기를 보이려는 목적에서 군주를 죽이려고 제네바로 갔다. 내가 죽여야 하는 군주가 누구인지는 나에게 중요하지 않았다."

영국은 다른 주요 강대국들보다 무정부주의자의 테러 위협이 덜했을 것이다. 1892년 잉글랜드 중부의 월솔(Walsall)에서는 어설픈 폭탄 제조자 몇 명이 체포되었는데, 현지 경찰은 지금도 그들이 만든 폭탄 하나를 보유하고 있다. 프랑스 무정부주의자 미셸 부르댕(Michel Bourdin)은 1894년 그리니치 천문대(Greenwich Royal Observatory)를 폭파하려고 시도하다가 부주의로 자신이 폭사했다. 그는 조지프 콘래드(Joseph Conrad)에게 소설 『비밀 요원(Secret Agent)』의 창작 영감을 불어넣은 사람으로 가장 유명하다. 런던 경찰청 특수부는 수사할 테러 사건이 거의 발생하지 않자, 모호한 형태의 전복 활동에 의해 제기되는 위협으로 관심을 돌렸다. 예를 들어, 특수부는 사생아에 대한 차별을 종식하기 위해 캠페인을 벌이는 '합법화 동맹(Legitimation League)'의 활동 배후에 불순한 목적이 있다고 의심하기 시작했다. 특수부 형사 존 스위니(John Sweeny)는 무정부주의자들이 자유연애를 촉진하고 사회질서를 전복하기 위해 '합법화 동맹'

을 이용하고 있다고 확신하게 되었다. 스위니는 '합법화 동맹' 사무국장 조지 베드버러(George Bedborough)로부터 해블록 엘리스(Havelock Ellis)가 쓴 『섹스 심리학(Psychology of Sex)』 한 권을 구입하고는 곧바로 그 책을 판매했다는 이유로 베드버러를 체포했다. 베드버러가 1898년 외설물에 의한 명예훼손 혐의로 유죄판결을 받고 사무실이 경찰 수색을 받은 후, 그 '동맹'이 해체되었다.

카세리오, 안졸릴로, 루케니 등과 같은 무정부주의자들은 국경을 넘었지만, 무정부주의자들이 저지른 대부분의 암살 또는 암살미수 사건은 개인이나 소그룹의 소행이었다. 그러나 프랑스 대통령, 스페인 수상, 오스트리아 황후가 잇달아 이탈리아 무정부주의자에 의해 살해됨으로써 일부 국가의 정부와 경찰은 거대한 국제적 무정부주의 음모가 있다고 믿게 되었다. 엘리자베트 황후가 암살된 뒤, 이탈리아 수상 루이지 펠룩스(Luigi Pelloux) 장군은 각국 정부와 '우리 해외 요원들'이 '모든 국가원수, 특히 이탈리아 국왕의 목숨을 노리는 거대한 음모'에 관해 경고를 보내왔다고 법무장관에게 알렸다.

이탈리아 정부는 1898년 11월 24일부터 12월 21일까지 로마에서 열린 '무정부주의자로부터 사회를 방어하기 위한 국제회의'를 비밀리에 소집하는 데 앞장섰다. 이는 테러를 방지하기 위해 소집된 최초의 국제 회동이었다. 이는 또한 범유럽 차원에서 열린 유일한 반(反)무정부주의 회의였는데, 유럽 21개국 가운데 한 나라를 제외하고 모두 자국 외교관과 경찰 수장을 참석시켰다(유일하게 대표단을 보내지 않은 몬테네그로는 러시아가 대표했다). 1890년대 중엽 프랑스에서 일련의 무정부주의자 공격이 발생했음에도 불구하고, 프랑스 보안기관인 쉬르테 국장 레오폴 비기에(Léopold Viguié)는 로마 회의에서 프랑스 내의 모든 무정부주의 용의자들은 끊임없이 감시받고 있으며 쉬르테는 모든 잠재적 위험인물에 관해 정면·측면 얼굴 사진을 포함한 파일을 갖고 있다고 자랑스럽게 발표했다. 실제로는 비기에는 쉬르테의 최고 협조자들이 보내는 일부 보고서에 대해서조차 그 신빙성을 속으로 의심하는 경우가 잦았다. 프랑스 제3공화국의 단명 정부 내무장관들은 경험이 적었고 대체로 단기간 재직했으며 스파이들의 기우 보고서를 더 심각하게 받아들이는 경향이 있었다.

로마 회의에서 기권한 영국을 제외한 다른 모든 나라의 대표단은 각국 기관이 국내 무정부주의자들을 면밀하게 감시하고 그들에 관한 정보를 서로 교환하자는 독일의 제안에 동의했다. 로마 회의 이후, 강화된 감시와 경찰의 국제 협력을 비판하는 무정부주의자들이 많았다. 런던의 무정부주의 신문 ≪자유(Freedom)≫ 지는 1899년 3월 다음과 같이 보도했다.

이른바 반(反)무정부주의 회의의 비밀이 조금씩 새어 나오기 시작했다. 석공 일을 하는 한 이탈리아인 동지가 3주 전 헝가리 회의에서 용감하게 발언했는데, 그는 체포되어 이탈리아 경찰에 넘겨졌다. 영국에서는 런던 경찰청이 이탈리아인 동지들을 체계적으로 겁박하고 있다.

그러나 로마 회의는 왕족과 각료들을 암살 시도로부터 보호하는 경찰 활동을 개선하는 것으로 거의 이어지지 않았다. 1900년 2월 4일 장차 에드워드 7세가 될 영국 왕세자가 브뤼셀 노르드(Nord) 철도역에서 아슬아슬하게 암살을 모면하고 덴마크 출신의 세자빈 알렉산드라(Alexandra) 공주와 함께 코펜하겐으로 가는 왕실 열차에 겨우 올랐다. 노르드 역의 보안이 너무 허술해서 열다섯 살 된 벨기에 무정부주의자 장-밥티스트 시피도(Jean-Baptiste Sipido)가 왕실 마차 발판에 오를 수 있었다. 그는 열린 창문으로 손을 넣어 불과 2m 거리에서 에드워드를 향해서 두 발을 쏘았다. 에드워드는 후일 이렇게 기술했다. "그가 엉터리 사수가 아니었다면 어떻게 나를 맞추지 못했을까 이해가 안 된다." 충분한 경찰 보호가 없었기에 시피도를 땅바닥에 쓰러트리는 것은 역무원 몫이었다. 에드워드는 내내 냉정을 유지했다. 그의 마차에 동승한 샬롯 놀리스(Charlotte Knollys)에 따르면, "버티(Bertie, 에드워드의 애칭_옮긴이)는 얼굴색 하나 바꾸지 않았으며 공주도 똑같이 행동했다". 에드워드와 알렉산드라는 열차가 움직이기 시작하자 열린 창문으로 몸을 내밀어 플랫폼에서 환송하는 군중에게 답례했다. 주변에 또 다른 암살범이 있을 수도 있었기 때문에 이 용감한 몸짓 역시 보안상의 기초적인 실수였다. 에드워드는 코펜하겐에 도착하자 아내 몰래 자신의 정부 앨리스 케펠(Alice Keppel)에게 전보를 보내 자신은 다치지 않았다고 안심시켰다.

그러나 에드워드는 시피도를 본보기로 처벌하지 않았다고 벨기에 법원과 자신의 사촌인 국왕 레오폴드 2세에게 화를 냈다. 시피도 재판의 배심원단은 '그의 나이에 비추어 식견을 가지고 행동한 것이 아니며' 따라서 법적 책임성이 조각된다는 이유에서 그에게 무죄를 평결했다. 시피도는 즉시 프랑스로 달아났다.

로마 회의뿐만 아니라 브뤼셀에서 영국 왕세자가 간신히 목숨을 건진 사건도 이탈리아의 경호 보안을 개선하는 구실을 하지 못했다. 과거 두 번의 암살미수 사건에서 살아남은 움베르토 국왕이 1900년 7월 몬차(Mosca)에서 암살당한 것은 카르노 프랑스 대통령 암살사건에서처럼 무개 마차로 여행하는 국가원수를 기본적으로 보호하지 못했기 때문에 가능했다. 그를 암살한 무정부주의자 가에타노 브레시(Gaetano Bresci)는 국왕 마차에서 약 3m 떨어진 거리에서 여러 번 연습했던 리볼버 권총으로 세 발을 움베르토에게 쏘았다. 부검 결과, 두 발이 치명적이었다. 1889년 이탈리아에서 사형제도가 폐지되었으므로 브레시는 유럽 최초로 처형되지 않은 국왕 시해범이 되었다. 그는 1년 뒤 감옥에서 죽었는데, 자살했다고 하지만 간수들 손에 죽었을 가능성이 더 크다.

브뤼셀에서 왕세자 암살미수 사건이 발생한 뒤, 왕세자의 해외여행 시 동행한 윌리엄 멜빌(William Melville) 경정은 런던 경찰청 특수부의 우두머리였다. 에드워드가 1870년대 이후 영국인 경호원 없이 대개 신분을 숨기고 파리로 여러 번 여행하는 동안 파리 경찰의 신중한 감시를 받은 사실을 멜빌도 알았을 것이다. 파리 경찰이 에드워드를 감시한 것은 부분적으로는 페니언 단원이나 무정부주의자의 공격 가능성 때문이었고 부분적으로는 그의 정치적·사교적 접촉을 관찰하기 위해서였다. 에드워드의 일부 귀족 친구들은 프랑스의 공화국 체제에 대해 반감을 품었다. 파리 경찰도 그가 방돔(Vendôme) 광장의 브리스톨(Bristol) 호텔 스위트룸에서 만나는 정부들이 영향력 있는 왕정주의자 요원인지 아닌지 알려고 했다. 그들은 에드워드가 만나는 정부들의 신원을 파악하려고 무진 애를 썼는데, 미행 감시와 더불어 그들의 이웃 사람, 하인, 건물 수위 등에게 캐물었으며, 에드워드의 취향이 키가 크고 화려한 옷을 입은 금발미인임을 감지했다. 에드워드의 사생활에 관해서는 런던 경찰청이 파리 경찰청보다 더 몰랐다.

멜빌은 1900년 에드워드의 신변경호를 담당했을 뿐 아니라 1901년 빅토리아 여왕의 장례식 때 보안 활동(당대 기준으로 수수한 규모였다)도 책임졌다. 그 장례식에는 외국 왕실에서 약 50명이 참석했다. 빅토리아의 손자로서 세 명의 상주 가운데 하나인 독일 황제 빌헬름(Kaiser Wilhelm) 2세가 전직 베를린 경찰청장 구스타프 슈타인하우어(Gustav Steinhauer)를 개인 경호원으로 데려왔다. 시카고의 핑커턴 탐정 회사(Pinkerton Agency)에서 사립 탐정 훈련을 받은 슈타인하우어는 미국인 억양의 영어가 유창한 인물이었다. 멜빌은 황제를 위한 보안 활동과 관련해 슈타인하우어와 긴밀히 협력했으며, 스트랜드(Strand) 거리에 있는 심프슨 끽연식당(Simpson's Grand Cigar Divan)에서 시가와 '포도주 한두 병'을 곁들여 그에게 저녁을 대접했다. 나중에 슈타인하우어는 믿기 힘든 과장된 이야기를 들려주었는데, 자신은 살인 성향을 지닌 러시아인 허무주의자 세 명을 추적하다가 멜빌을 만나게 되었으며, 그 러시아인들은 특수부의 한 여자 협조자를 죽이고 달아나는 길이었다는 것이었다. 멜빌은 슈타인하우어의 정보 활동 전문성에 감명을 받았다고 황제에게 말했다. "맞아요. 슈타인하우어는 대단한 사람입니다!"라고 황제가 대답했다. 또 멜빌은 런던을 정기적으로 방문하는 표트르 라치코프스키와 다른 오크라나 해외국 장교들과도 자주 회동했다(일부 회동은 런던 경찰청에서 이루어졌다). 라치코프스키는 1902~03년 처음 런던에 체류한 레닌(Lenin) 등 망명한 러시아 혁명가들의 활동을 조사하는 동안 사보이 호텔 스위트룸에 머물면서 상당히 풍족하게 지냈다.

빅토리아 여왕 장례식 이후 한 달이 지난 1901년 3월 브레멘(Bremen)에서 독일 황제가 '정신이상자'라는 한 노동자의 공격을 받아 오른쪽 눈 밑에 영구적인 흉터가 생겼다. 이후 빌헬름 2세는 유럽에서 최고의 경호를 받는 군주가 되었는데, 그가 베를린 바깥으로 여행할 때는 경호원이 60명 이상으로 증원되었다. 그가 영국을 방문하는 동안에는 멜빌이 계속 그의 신변경호를 지원했다. 황제는 멜빌에게 금시계와 줄, 반지, 시가 갑 등을 여러 차례 선물했다. 1903년 멜빌이 특수부에서 공식으로 은퇴할 때, 그는 국내외에서 왕의 안전을 지킨 공로를 인정받아 로열 빅토리아 훈장(Royal Victorian Order)을 수여받았다. ≪더 타임스≫ 지는 런던 경찰청이 '당대 최고로 유명한 형사'의 복무를 잃었다고 보도했다. 그러나 멜빌은 전쟁부의 정보업무에 비밀리에 관여했으며 나중에 MI5(보안부)의 '수석 형사'가 되었다.

주요 강대국 가운데 국가원수가 가장 큰 위험에 처한 나라는 미국이었다. 세 명의 대통령, 즉 에이브러햄 링컨, 제임스 가필드, 윌리엄 매킨리가 제1차 세계대전 이전 반세기 동안 암살되었다. 후일 존 케네디(John F. Kennedy) 대통령 암살사건을 조사한 워런(Warren) 위원회는 주된 책임이 보안 실패에 있다는 결론을 내렸다. 1865년 4월 14일 저녁 존 윌크스 부스(John Wilkes Booth)는 워싱턴의 포드 극장에서 대통령 칸에 들어가 직사거리에서 링컨을 저격할 수 있었다. 부스는 대통령 칸에서 무대로 뛰어내리다가 다리가 부러졌음에도 아수라장을 빠져나갔다(14일 뒤 그는 체포·사살되었다). 그날 저녁 대통령 경호를 맡은 순찰 경관 존 파커(John F. Parker)는 대통령 칸 밖에서 보초를 서도록 지시를 받았으나 돌아다니며 연극을 구경하다가 근처 술집에서 한잔 마시기 위해 극장을 먼저 떠났었다. 남북전쟁 이후의 대통령들은 경호원을 아예 두지 않았다. 가필드 대통령은 워싱턴 철도역에서 망상적 불만을 가진 한 총잡이에 의해 치명상을 당했다.

오늘날의 대통령은 현재 국토안보부(Department of Homeland Security) 소속의 미국 비밀경호실(US Secret Service)의 보호를 받고 있다. 1865년 설립된 비밀경호실의 애초 역할은 전혀 달랐다. 비밀경호실은 재무부 소속으로, 주된 담당업무는 3년 전 지폐가 도입되면서 빈발했던 위조범죄를 다루는 것이었다. 그러나 1908년 법무부 수사국(FBI의 전신)이 설립될 때까지 비밀경호실은 유일한 연방 법집행기관이었기 때문에 가끔 다른 목적에도 동원되었다. 1894년 비밀경호실이 그로버 클리블랜드(Grover Cleveland) 대통령에 대한 음모를 발견한 이후 비밀경호실은 대통령 경호에 동원되었는데, 처음에는 그때그때 임시 동원이었다. 비밀경호실이 영구적으로 대통령 경호를 맡게 된 것은 1901년 9월 버펄로(Buffalo)에서 개최된 범미(汎美) 엑스포에서 윌리엄 매킨리 대통령이 대중과 접견하다가 암살된 이후였다. 당시 세 명의 비밀경호실 요원, 네 명의 버펄로 형사, 네 명의 군인이 대통령 경호를 분담했었다. 무정부주의자를 자칭하는 암살범 프랭크 촐고츠(Frank Czolgosz)는 사람들의 긴 행렬 속에서 매킨리와 악수하기 위해 기다리고 있었다. 촐고츠는 자기 차례가 오자 손수건 속에 감춘 총으로 두 발을 대통령에게 쏘았다. 훈련이 허술했던 비밀경호실 요원들은 다른 여러 사람과 함께 즉각 촐고츠를 덮쳤는데, 그들의 그런 행동은 매킨리를 무방비상 태로 방치해 제2암살범에 의한 공격 가능성에 취약하게 만든 문제점이 있었다. 촐고츠가 무장 해제된 후 체포에 저항하지 않았음에도 비밀경호실 선임 요원 조지 포스터(George Foster)가 '일어선 그의 양미간을 쳐서' 쓰러뜨렸다.

비밀경호실이 매킨리에 대한 공격에 대처할 당시 보인 전문성 부족에도 불구하고, 1902년 백악관은 비밀경호실에 전적인 대통령 경호 책임을 부여했다. 그 주된 이유는 경호 역량을 가진 다른 연방 수사기관이 없었기 때문이었다. 그러나 비밀경호실은 다시 4년이 지나서야 의회로부터 공식 승인과 재정지원을 받았다. 1901~02년 비밀경호실 기록에 들어 있는 무정부주의 용의자에 관한 초기 파일은 당시 유럽 주요국 경찰 기준에서 볼 때 원시적이었다. 그 파일에는 용의자들의 이름과 거주지(대개 정확한 주소 없이)를 '매우 위험함' 등 약간의 논평과 함께 기록했을 뿐, 신상명세나 신체적 특징에 관한 기록은 없었다.

제1차 세계대전 이전의 유럽에서 국내외적으로 단연코 가장 활동적이었던 정보기관은 러시아의 오크라나였다. 오크라나는 그 권력의 크기와 활동 범위 면에서 독보적이었다. 다른 유럽 국가의 경찰은 법 아래에 있었으나, 오크라나는 그 자체가 법이었다. 정치적 범죄와 관련해, 오크라나는 자체적으로 수색·투옥·추방할 권한을 가졌다. 그러나 차르 체제의 러시아가 완전한 경찰 국가가 되지는 않았다. 추후 소련의 기준에서 보면, 오크라나의 엄청난 권력은 그저 수수한 규모로 행사되었다. 1880년대의 탄압 기간에도 단 17명만 정치적 범죄—모두 암살범이거나 암살 미수범이었다—로 처형되었다. 교수대로 간 테러범들 가운데 알렉산드르 울리야노프(Alexander Ulyanov)는 알렉산드르 2세의 암살 6주기인 1887년 3월 1일 알렉산드르 3세를 살해하려다 실패한 음모에 가담한 혐의로 사형을 선고받았다. 당시 열일곱 살이던 울리야노프의 동생 블라디미르(후일 다른 이름인 레닌으로 더 유명하다)가 차르 체제에 대한 복수를 맹세했다고 한다. 1901년 4,113명의 러시아인이 정치범으로서 국내 유배 생활을 하고 있었으며, 그중 180명은 중노동에 시달렸다.

러시아 제국에서 가장 박해받은 그룹은 유대인이었다. 알렉산드르 3세 (1881~94년)와 니콜라이 2세(1894~1917년) 치하에서 대중적인 반유대주의, 국가 주도의 집단학살, 자격 제한 법규, 여러 형태의 차별 등으로 인해 수백만 명의 유대인이 주로 미국으로 대거 탈출했다. 차르부터 말단까지 러시아 정권은 유대인들을 대중의 불만을 전가할 편리한 희생양으로 삼았다. 오크라나는 국가가 후원하는 반유대주의를 시작하지는 않았으나, 그 실행을 도왔다. 오크라나 간부 코미사로프(M. S. Komissarov)는 경무부 출판국에서 인쇄된 팸플릿으로 반유대인 폭동을 선동한 공로로 1만 루블의 공식 포상금을 받았다. 오크라나 해외국 수장인 표트르 라치코프스키는 악명 높은 반유대주의 위조문서 『시온 장로 의정서(The Protocols of the Elders of Zion)』를 제작한 책임자였을 것이다. 유대인의 세계 지배를 위한 비밀음모를 드러내려는 목적으로 만들어진 그 의정서는 제1차 세계대전 이전에는 큰 영향력이 없었지만, 나중에 나치와 파시스트의 반유대주의에 핵심 문건으로 활용되어 20세기 가장 영향력 있는 위조문서가 되었다.

'인민의 의지' 그룹에 의해 알렉산드르 2세가 살해되고 20년이 지나 러시아가 다시 한번 정치적 암살의 주된 경연장이 되었다. 그 직접적인 원인은 정치적 집회·시위의 제한에 반대하는 학생들의 항의였다. 1901년 2월 14일 퇴학당한 대학생 표트르 카르포비치(Peter Karpovich)가 반동적인 교육장관 보골레포프(N. P. Bogolepov)를 저격해 치명상을 입혔다. 카르포비치를 영웅시한 학생들이 많았다. 3월 4일 코사크 기병대가 상트페테르부르크의 카잔(Kazan) 대성당 앞에서 벌어진 대규모 학생 시위를 잔인하게 해산시키자 학생들은 더욱 과격해졌다. 카르포비치를 가장 강력하게 지지한 사람들은 갓 결성된 사회주의혁명당(SR)의 학생 당원들이었다. SR은 러시아 농촌의 공동체적 전통을 기반으로 하는 사회주의 국가 건설을 지향했다. 1902년 SR 창당 멤버로서 카리스마 있는 그리고리 게르슈니(Grigory Gershuni)가 테러 공격을 수행하기 위한 '전투대(Combat Organization)'를 창설했다. 경찰 보고서는 그를 '테러의 예술가'로 묘사했다. 한 오크라나 장교에 따르면, 게르슈니는 '경험이 없고 쉽게 휩쓸리는 젊은이들을 장악하는 놀라운 재능'을 지녔다. 한 동료 SR 당원은 그가 '남의 영혼에 침투하는 눈'을 가지고 있다고 말했다. '전투대'의 첫 주요 표적은 내무장관 시피아진(S. N. Sipiagin)이었다. 1902년 4월 2일 '전투대'의 학생 대원 스테판 발마쇼프(Stepan Balmashov)가 전속부관 제복을 입고 마린스키(Marinsky) 궁에 들어가 시피아진에게 봉투를 건네고는 직사거리에서 두 발을 쏘았다. 나중에 드러났지만, 그 봉투 속에는 시피아진에게 내려진 사형선고문이 들어 있었다. 그 암살 이후 SR 지도부는 '전투대'가 당의 일부이며 테러 사용이 평화적 시위와 양립한다고 처음으로 공식 선언했다. 정치적 암살이 '잠자는 속물들도 일깨워 그들의 의지와 상관없이 정치적으로 생각하게 만들 것'이라는 주장이었다. 그러나 '전투대'는 당 중앙위원회로부터 공식적인 통제를 받았음에도 표적을 독자적으로 선정했다.

SR 당원들에 관한 오크라나의 주된 정보 출처는 스파이 침투였다. 오크라나의 모범 스파이 예브노 아제프(Evno Azev)는 1890년대 초 오크라나 파일에 '유대인 혁명가'로 처음 등장하는 인물이다. 1893년 그는 유급 스파이를 자원했다. 오크라나가 틀림없이 기뻐했을 일이지만, 1902년 아제프는 SR 중앙위원회와 '전투대'의 양쪽 멤버가 되었고 나중에는 지도자로 성장했다.[3]

---

3    1905년 12월 SR 중앙위원회가 다섯 명으로 축소되었을 때, 아제프는 그 위원직을 유지했다.

'전투대'의 표적에는 잔인한 반유대주의 내무장관 플레베(V. K. Plehve)가 들어 있었는데, 오크라나도 그의 관할이었다. 아제프가 플레베 암살 음모를 오크라나에 알렸지만, 아제프의 가장 신분이 탄로 날까 봐 두려워한 오크라나가 충분한 예방조치를 취하지 않았다. 1904년 7월 28일 플레베는 상트페테르부르크 철도역으로 가는 도중에 그가 탄 마차 밑으로 투척된 폭탄에 의해 죽었다. 더욱 충격적인 사건은 1905년 1월 17일 차르의 숙부이자 모스크바 총독인 세르게이(Sergei) 대공이 또한 마차에 투척된 폭탄에 의해 암살된 사건이었다. 세르게이는 아내가 톨스토이의 장편소설 『안나 카레니나(Anna Karenina)』를 읽으면 '불순한 호기심과 폭력적인 감정'이 생길까 봐 읽지 못하게 했을 정도로 반동적인 인물이었다. '전투대'의 다음 주요 표적은 수상 표트르 스톨리핀(Pyotr Stolypin)이었다. 1906년 8월 12일 '전투대'는 스톨리핀의 저택에 침투해 여러 개의 폭탄을 터트렸다. 스톨리핀의 아이를 포함해 10여 명이 부상했지만, 그는 다치지 않았다.

　이러한 암살사건들이 일어난 기간에 아제프는 상트페테르부르크의 오크라나 수장 게라시모프(A. V. Gerasimov)와 정기적인 회합을 가졌다. 게라시모프는 아제프의 정보에 따라 행동하기가 매우 어려웠음에도 불구하고 아제프가 '전투대'에 침투하지 않았더라면 암살의 파고가 훨씬 더 높았을 것이라는 견해를 취한 것으로 보인다. 1905년 혁명의 파장이 확대됨으로써 대(對)테러 활동이 더욱 복잡해졌는데, 당시 '전투대' 테러 요원 보리스 사빈코프(Boris Savinkov)는 '제복 입은 자는 누구나' 표적이라고 선언했다. 1905년 혁명에서 로마노프 왕조가 살아남은 것은 오크라나 덕분이 아니라 적이 충성심을 유지했기 때문이었다.

　사회주의혁명당(SR)의 지도자인 동시에 최고의 오크라나 스파이였던 아제프의 이중 경력은 1908년 극적인 종말을 맞이했다. 그의 이중생활을 폭로한 주인공 블라디미르 부르트세프(Vladimir Burtsev)는 SR 당원으로서, 그의 임무는 혁명가 대열에 침투한 경찰 스파이들을 추적하는 것이었다. 부르트세프는 1906년 아제프가 상트페테르부르크에서 공공연하게 돌아다니는 것을 보고 자문했다. "나는 멀리서도 아주 쉽게 아제프를 알아보았는데 왜 그를 확실히 아는 형사들은 상트페테르부르크에 수상쩍게 나타난 그를 알아보지 못할까?" 그는 아제프가 틀림없이 오크라나를 위해 일하고 있다는 결론을 얻었다. 이후 2년 동안 아제프는 자신의 무고함을 성공적으로 항변했지만, 1908년 말 주요 SR 당원들이 (상트페테르부르크보다 더 안전한 조사 장소인) 파리에서 조사한 결과, 아제프의 유죄가 입증되었다. 아제프는 24시간 내에 자백하도록 요구받았으며, 그를 처형할 준비도 진행되었다. 아제프는 다음날 새벽 파리에서 도망쳤다. 러시아 의회 두마(Duma)가 아제프 사건에 대한 조사를 요구했다. 1909년 2월 스톨리핀 수상은 그 스캔들에 공식 대응하여 전복단체에 스파이를 침투시키는 것을 드물게 공개적으로 정당화했다. "혁명적 테러가 존재하는 한, 경찰 공작은 항상 필요한 법이다." '전투대'의 대장이 오크라나 스파이였다는 폭로로 인해 굴욕을 당한 사회주의 혁명가들은 암살을 포기했다. 그 이후 아제프의 진정한 충성심이 어느 쪽에 있었는지를 놓고 논란이 이어졌다. 확실한 답은 없겠지만, 그의 이중생활은 SR이든 차르 정권이든 어느 한쪽에 대한 헌신 때문이 아니라 돈과 흥분감 때문이었을 가능성이 크다. 아제프는 오크라나에서 두둑한 보수를 받았으면서 '전투대' 자금(대부분 은행 강도로 획득했다)도 횡령했다. 그는 증권거래소와 카지노에서 종종 전직 상송 여가수를 동반해 도박을 즐기면서 나름 멋있게 살았다.

스톨리핀은 스파이의 혁명단체 침투를 공개적으로 정당화한 지 2년 만에 그 자신도 충성심이 불투명한 오크라나 스파이에게 희생되었다. 1911년 9월 1일 차르와 스톨리핀은 러시아 농노해방 50주년을 기념하기 위해 키예프(Kiev) 오페라극장에서 열린 저녁 경축 행사에 참석했다. 24세의 오크라나 스파이 드미트리 보그로프(Dmitri Bogrov)도 그 행사에 참석했다. 그는 일찍이 테러범들의 폭발물 제조와 공급에 관한 정보를 제공해 키에프 오크라나 수장의 신임을 획득했었다. 경축 행사의 중간휴식 시간에 스톨리핀이 오케스트라석 옆에 서서 담소하고 있을 때, 보그로프가 권총 두 발을 그에게 쏘았다. 목격자에 따르면 스톨리핀 수상은 "흰색 프록코트의 단추를 풀고 피에 젖은 조끼를 보면서 마치 '모든 것이 끝났다'라고 신호하는 것처럼 손을 흔들었다. 그리고 그는 의자에 풀썩 쓰러져 가까이 있던 모든 사람이 들을 수 있는 목소리로 '차르를 위해 죽는 나는 행복하다'라고 분명하고 또렷하게 말했다". 부상을 입은 스톨리핀은 5일을 더 살다가 죽었다. 보그로프는 9월 12일 사형장으로 끌려가면서 한 간수에게 말했다. "내 생애에서 유일하게 행복했던 순간은 스톨리핀이 죽었다는 것을 알았을 때였다." 그러나 그는 장기간 수사를 받으면서 범행 동기에 대해 엇갈린 진술을 내놓았다. 보그로프가 범행을 저지른 주된 동기는 자신이 무정부주의자들을 오크라나에 밀고한 데 대한 회한이었던 것으로 보인다. 보그로프의 주장에 따르면, 자신의 밀고를 알아낸 혁명가들이 자신에게 고관을 죽여야 스스로 '명예를 회복'할 수 있을 것이라고 강요했다고 한다.

오크라나가 침투하기에는 마르크스주의자들의 러시아사회민주노동당(RSDLP)—1903년 볼셰비키(Bolshevik, 다수의 과격 좌파)와 멘셰비키(Menshevik, 소수의 온건 우파)로 양분되었다—이 인민주의자들의 사회주의혁명당(SR)보다 더 수월했는데, 왜냐하면 부분적으로 전자가 테러 위협을 제기하지 않았기 때문이었다. 레닌(Lenin)은 비(非)볼셰비키 혁명가들을 깊이 의심했음에도 불구하고 오크라나의 침투 위험에 대해서는 이상하게도 순진했다. 아제프의 정체가 충격적으로 드러난 후에도 레닌은 베를린의 볼셰비키 대표인 야코프 지토미르스키(Yacov Zhitomirsky) 박사가 1902년부터 오크라나 스파이로서 해외로 망명한 자신의 동정에 대해 정기적으로 보고했었다는 사실을 꿈에도 생각지 못했다. 1907년 베를린에서 추방된 지토미르스키는 그해 런던에서 열린 RSDLP 5차 전당대회에 참석했으며, 파리로 근거지를 옮겨 거기서 오크라나 해외국에 계속 보고했다. 경찰청장 벨레츠키(S. P. Beletsky)의 후일 회고에 따르면, 제1차 세계대전 이전에는 그 자신의 '모든 정책적 목적'이 어떤 희생을 치르더라도 러시아 사회주의운동의 통합을 막는 데 있었다고 한다. 그는 "분할 통치(divide and rule)의 원칙에 따라 일했다"라고 말했다. 벨레츠키가 보기에 러시아 사회주의자들을 분열시킬 확률이 가장 높은 사람은 레닌이었다. 다수의 볼셰비키가 멘셰비키와 재결합하기를 바랐지만, 레닌은 단호하게 반대했다.[4] 오크라나는 RSDLP의 분열로 사회주의운동이 약화할 것이라고 믿었지만, 레닌은 그와 반대로 분리된 볼셰비키 당의 존재가 승리의 관건이라고 확신했다. 오직 강고한 혁명가들로 구성되어 규율이 서 있고 이념적으로 순수하며 '획일적인' 엘리트만이 러시아 인민을 약속된 땅으로 인도할 수 있다는 것이었다.

오크라나가 볼셰비키에 가장 성공적으로 침투시킨 스파이는 로만 말리노프스키(Roman Malinovsky)였는데, 범죄 전과가 있는 모스크바 노동자로서 1910년 포섭된 그는 2년 뒤 두마(Duma) 의원으로 선출된 여섯 명의 볼셰비키 가운데 한 명이었다. 흥분한 레닌은 "처음으로 우리는 두마에서 우리를 대표하는 노동자 출신의 걸출한 지도자를 갖게 되었다"라고 적었다. 프롤레타리아 혁명을 지향하나 아직 프롤레타리아 출신 지도자들이 없는 정당에서, 레닌은 말리노프스키를 매우 중요한 인물로 보고 볼셰비키 중앙위원회에 편입시켰다. "이런 사람이 있으면 노동자들의 정당을 건설하는 것이 엄청난 난관이 닥치더라도 현

---

4    1912년 벨레츠키는 멘셰비키와의 재통합을 주창한 볼셰비키 간부 알렉세이 리코프(Alexei Rykov)를 시베리아로 추방한 책임자였을 것이다.

실적으로 가능하다!" 1912년 선거 이후 볼셰비키와 멘셰비키 의원들은 두마 내에서 단일한 RSDLP 그룹을 형성했다. 그러나 1913년 이 그룹은 분열되었고 말리노프스키는 볼셰비키 '파'의 원내대표가 되었다.

1912년 무렵 레닌은 오크라나 침투의 잠재적 심각성을 늦게나마 파악했다. 레닌의 주도로, 볼셰비키 중앙위원회는 그 문제를 검토하기 위한 3인 '도발위원회'를 구성했다. 그 3인 중의 하나가 말리노프스키였다. 1913년 7월 레닌은 말리노프스키와 다른 두 명의 볼셰비키 간부 레프 카메네프(Lev Kamenev), 그리고리 지노비예프(Grigory Zinoviev) 등과 회동한 자리에서 침투 문제를 논의했다. 그들은 여섯 명의 볼셰비키 의원 '측근에' 오크라나 스파이가 있는 것이 틀림없다는 결론을 내렸는데, 원내대표인 말리노프스키만 그 결론의 아이러니를 알았다. 그는 경찰의 침투 위협을 최소화하기 위해 '되도록 음모적'이 되라는 지시를 받았다. 거의 같은 시기에 말리노프스키는 레닌을 설득해 자신의 동료이자 오크라나 스파이인 미론 체르노마조프(Miron Chernomazof)를 ≪프라우다 (Pravda)≫ 지 편집인으로 임명하게 했다. 아제프 발각과 마찬가지로, '도발위원회'의 활동에 의해 레닌은 오크라나의 효과적인 공작 활동을─말리노프스키의 역할에까지는 생각이 미치지 못했더라도─더욱 의식하게 되었다. 레닌은 '보안경찰과 마찬가지로 고도의 훈련과 경험을 쌓은 소수 전문가'가 운영하는 혁명 정당의 경우, 알아낼 것이 많다고 적었다.

벨레츠키는 말리노프스키를 '오크라나의 자랑'이라고 묘사했지만, 정작 그의 이중생활 스트레스는 결국 과도했던 것으로 드러났다. 말리노프스키를 가장 강력하게 후원한 볼셰비키 레닌조차 그의 과음을 걱정하게 되었다. 1914년 5월 신임 내무차관 주노프스키(V. F. Dzhunovsky)는 말리노프스키가 주전자로 보드카를 마시고 있다는 보고를 받고 그를 제거할 것을 결심했다. 아마 그는 말리노프스키가 점차 엉뚱한 행동을 하다가 두마 내 오크라나 스파이로 고용된 사실이 드러날 경우의 공개 스캔들을 우려했을 것이다. 말리노프스키는 두마 의원직을 사퇴한 뒤 6,000루블을 가지고 상트페테르부르크를 탈출했다. 그 돈은 해외에서 새 생활을 시작하는 데 쓰라고 오크라나가 준 퇴직금이었다. 그가 오크라나 스파이였다는 소문은 빠르게 퍼졌다. 멘셰비키 지도자 율리 마르토프(Yuli Martov)가 1914년 6월 쓴 글을 보면 "우리 모두 그가 앞잡이라는 것을 조금도 의심하지 않고 확신한다. 그러나 우리가 그것을 입증할 수 있을지는 별개 문제다"라고 적혀 있다. 이와 대조적으로 레닌은 말리노프스키가 '정치적 자살' 을 저질렀다고 인정하면서도 그에 대한 혐의를 일축했다.

레닌은 많은 세월을 해외 망명지에서 보냈기 때문에 그에 대한 오크라나의 감시는 대체로 러시아 국내에 거주한 스탈린―본명은 이오시프 주가슈빌리(Iosip Dzhugashvili)―에 대한 감시보다 허술했다. 레닌은 1905년 혁명 기간에 (제1차 세계대전 이전의 다른 다섯 사건 때와 마찬가지로) 런던에 있었으며 1917년 2월 혁명 (그에게는 완전히 뜻밖의 사건이었다) 때는 취리히(Zurich)에 있었다. 스탈린에 관한 오크라나 파일은 역대 정보기관이 반체제인사에 관해 작성한 파일 가운데 가장 상세한 파일일 것이다. 100권이 넘는 그 파일은 현재 사학자 스베틀라나 로코바(Svetlana Lokhova)에 의해 조사가 진행되고 있다. 볼셰비키 혁명 이후, 스탈린은 그 전체 파일을 자신의 개인 서고에 두고 여러 해 동안 숙고하면서 그 파일에 수많은 주석과 간헐적인 낙서를 남겼다. 지금까지 알려지기로는, 역대 세계지도자 가운데 스탈린처럼 자신의 과거 생활에 관한 정보기록을 숙고하면서 그토록 많은 시간을 보낸 지도자는 없다.

로코바의 조사에 따르면, 그 파일에는 스탈린의 사생활부터 혁명가 경력에 이르기까지 스탈린이 숙고할 것이 많았다. 스탈린은 자신이 감시 대상이었다는 것을 알았지만, 방대한 자신의 파일 속에서 아주 심층적으로 침투당한 것까지 발견하고는 틀림없이 놀랐을 것이다. 한 예로, 1912년 당시 35세의 스탈린이 친구의 16세 약혼녀에게 '뜨거운' 키스를 약속하면서 해외에서 보낸 에로틱한 우편엽서—왜냐하면 그것이 키스를 보낼 유일한 방법이었기 때문이다—도 그 파일에 포함되어 있었다. 1902~16년 기간 동안 스탈린은 자유로운 시간보다 감옥과 국내 유배지에서 보낸 시간이 더 많았다. 하지만 여섯 번 유배지에서 탈출했다. 1906년 그는 오크라나의 감시를 피해 스톡홀름에서 개최된 제4차 러시아 사회민주노동당(RSDLP) 전당대회—레닌이 숙적 멘셰비키에 대한 볼셰비키의 공격을 주도했다—에 참석할 수 있었다. 1907년 스탈린은 다시 오크라나에 들키지 않고 런던에서 열린 제5차 RSDLP 전당대회에 참석하는 데 성공했다. 훨씬 더 격렬했던 제5차 전당대회에서 레닌은 볼셰비키 대표들의 지도자였다.

제1차 세계대전 발발 직전 여러 해 동안 대부분의 유럽에서는 정치적 암살의 '황금시대'가 시들해진 것 같았다. 그 주요한 예외는 발칸 지역이었다. 이 지역에는 세르비아를 지배하는 두 왕가, 즉 오브레노비치(Obrenovic) 왕가와 카라조르제비치(Karadjordjevic) 왕가가 있었는데, 이들은 서로를 죽이는 오랜 숙적 관계였다. 게다가 일부 세르비아 정보관들은 암살을 하나의 정책 수단으로 간주했다. 암살의 황금시대 기간에 일어난 가장 끔찍한 국가수반 살해는 세르비아의 알렉산다르 오브레노비치(Alexander Obrenovic) 국왕과 드라가(Draga) 왕비가 베오그라드(Belgrade) 왕궁에서 살해된 사건이었다. 오브레노비치 왕조에 대한 폭력적 전복 음모는 1901년 시작되었는데, 그 음모를 주도한 건장한 체격의 중위 드라구틴 디미트리예비치(Dragutin Dimitrijevic)는 세르비아 총참모부 소속이었다. 그의 추종자들이 그를 '아피스(Apis, 이집트 신화에 나오는 신성한 소_옮긴이)'라고 부른 것은 그가 고대 이집트의 어깨가 넓은 성우(聖牛)와 닮았기 때문이었다. 1903년 봄 무렵 음모자들의 수가 120명 이상으로 늘었는데, 그 가운데에는 왕궁 경호대 장교와 왕의 전속부관도 들어 있었다.

1903년 6월 11일 이른 아침 28명의 세르비아 반란군 장교들은 오브레노비치 통치를 보다 유순한 숙적 카라조르제비치 왕가로 교체하기로 결심하고 왕궁에 침입했다. 아피스는 스스로 암살조 일원으로 가담했으나 왕궁 입구에서 충성파 경호대의 총에 맞아 부상을 입었다. 나머지 암살 조원들이 왕의 침실 뒤편 왕비 시녀의 작은 다리미 방에서 웅크리고 있는 알렉산다르와 드라가를 발견했다. 그들은 국왕 부부에게 총을 쏘고 총검으로 찔렀으며 얼굴을 못 알아보게 난도질하고 칼로 그들 몸에서 내장을 꺼내기도 했다. 그리고 그들은 훼손된 시체를 왕궁 창을 통해 마당으로 던졌다. 암살 조원들은 또한 수상 드미트리예 신카르-마르코비치(Dmitrije Cincar-Markovic)와 전쟁장관 밀로반 파블로비치(Milovan Pavlovic) 집에도 침입해서 둘 다 죽였다. 내무장관 벨리미르 테오도로비치(Belimir Theodorovic)도 총에 맞았지만 죽은 것으로 방치되었다가 부상에서 회복했다. 베오그라드 주재 영국 공사 조지 본햄(George Bonham) 경은 '애석함이라고는 조금도 없는' 잔인한 암살에 충격을 받았다. 경축하는 공휴일로 선포된 다음 날 베오그라드 거리는 온통 깃발로 장식되었다. 부상한 아피스는 국민적 영웅이 되었다. 당시 제네바에서 망명 중이던 카라조르제비치 왕가의 우두머리 페타르(Peter) 1세가 귀환해 이후 20년 동안 군부의 지지를 받으며 입헌군주로서 세르비아(및 장래의 유고슬라비아)를 통치했다.[5]

이후 아피스와 세르비아 암살단의 음모는 점차 오스트리아의 발칸 지역 통치를 주된 표적으로 삼았는데, 특히 1908년 이웃한 보스니아(Bosnia)와 헤르체고비나(Herzegovina)가 오스트리아-헝가리 제국으로 병합된 후에 더욱 그랬다. 과거 오스만 제국의 일부였던 보스니아와 헤르체고비나에는 세르비아계

---

5　페타르 1세는 1918년부터 1921년 죽을 때까지 세르비아, 크로아티아 및 슬로베니아(나중의 유고슬라비아)의 초대 왕이었다.

주민이 많았다. 세르비아 육군사관학교의 교수로 임명된 아피스는 1911년 이른바 비밀군사단체인 '통일 아니면 죽음(Unification or Death)'을 창설한 7인 가운데 하나였다. '검은 손(Black Hand; Crna Ruka)'으로 더 유명한 그 단체는 발칸반도의 모든 세르비아인으로 구성된 대(大) 세르비아 건설을 지향했다. '검은 손'의 폭력적 수단을 잘 보여주는 것이 해골과 엇갈린 뼈, 칼, 독약 및 폭탄으로 구성된 그 휘장이었다. 나중에 그처럼 으스스한 상징을 선택한 데 대해 이견이 제기되자 아피스는 '폭탄과 칼, 총으로 세르비아 민족을 구하는 것'이 모든 세르비아 민족주의자들의 임무라고 대답했다. 그는 또한 '검은 손'이 '공격 수단으로서 그리고 적의 수중에 떨어진 사람의 자구(달리 말하면 자살) 수단으로서' 독약을 사용하는 것을 옹호했다. 베오그라드 다방에서는 '검은 손'의 존재가 공공연한 비밀이었다. '검은 손' 회원들은 장교단과 외무부에 침투했다. 1912년 세르비아가 당시 오스만 제국의 일부였던 마케도니아를 침공해 제1차 발칸전쟁을 일으키기 전, 세르비아 육군은 마케도니아에서 비밀공작을 수행하기 위해 아피스를 파견했다. 1913년 세르비아가 오스만 제국의 알바니아를 대부분 점령했을 때, 베오그라드 외무부는 알바니아 족장들과 협상하기 위해 '검은 손'을 활용했다.

제1차 세계대전이 발발하기 1년 전인 1913년 8월 아피스는 총참모부 정보참모 직위로 승진했다. 전전(戰前) 유럽에서 그처럼 정치적 통제로부터 자유로웠던 정보수장은 없었다. 1904~18년 대부분의 기간 세르비아 인민급진당의 당수이자 수상으로 재직한 니콜라 파시치(Nikola Pašić)는 아피스를 국가안보에 대한 위협으로 간주했으며 그의 동료들 다수도 같은 견해를 가졌다. 내무장관 밀란 프로티치(Milan Protic)는 아피스를 "민주주의에 대한 위협"이라고 불렀다. 다수의 세르비아 육군 장교들과 마찬가지로 아피스도 급진당을 경멸했다. 1914년 봄 파시치는 '검은 손'을 '국가 내 국가'로 불렀다고 한다.

오스트리아가 지배하는 보스니아·헤르체고비나 내에서 '검은 손'과 더 오래된 세르비아 민족주의단체인 '나로드나 오드브라나(Narodna Odbrana)'가 친(親)세르비아 운동가들과 긴밀히 협력했다. 그중 가장 중요한 운동가들은 '젊은 보스니아(Young Bosnia; Mlada Bosna)' 회원들이었다. 1910년 6월 보스니아 의회 개원식에서 한 '젊은 보스니아' 회원인 보그단 제라지치(Bogdan Žerajic)가 오스트리아 총독을 향해 다섯 발을 발사했다. 그는 다섯 발 모두 과녁을 빗나가자 여섯 번째 총알을 자신의 머리에 쏘았다(오스트리아 경찰이 섬뜩하게도 이 머리를 범죄박물관에 전시했다). 제라지치는 베오그라드에서 민족주의 언론의 영웅이 되었으며 머리 없는 그의 시신을 안치한 무덤은 '젊은 보스니아' 회원들의 성지(聖地)가 되었다. 그의 오스트리아 총독 공격은 오스트리아 지배에 대한 정치적 테러가 체계적으로 사용될 것임을 알리는 서막이었다. 제라지치의 죽음 이후 1914년 6월 28일 사라예보(Sarajevo)에서 오스트리아 황태자 프란츠 페르디난트(Franz Ferdinand) 대공이 암살될 때까지 4년 동안 오스트리아 제국의 남슬라브 지방에서는 7건의 암살 공격과 12건의 실패한 음모가 발생했다.

사라예보 암살을 수행한 핵심 인물은 1912~14년 베오그라드에 살면서 더욱 급진적으로 된 세 명의 '젊은 보스니아' 학생, 가브릴로 프린치프(Gavrilo Princip), 네델리코 차브리노비치(Nedeljko Čabrinovic), 트리프코 그라베츠(Trifko Grabež)였다.[6] '검은 손'은 이들에게 브라우닝 반자동 권총과 폭탄을 공급하고 베오그라드 근처 숲에서 무기 훈련을 시켰으며, 나중에는 세르비아 국경을 넘어 밀입국시켰다. 1913년 결정된 애초의 암살 표적은 오스트리아-헝가리 제국의 독재적

---

6    팀 부처(Tim Butcher)는 『방아쇠(The Trigger)』에서 가브릴로 프린치프를 매우 인상적으로 해석하지만, 그의 급진화가 베오그라드 유학 시절과 '검은 손'의 영향과 아무런 관련이 없고 보스니아의 모든 남슬라브 사람들이 겪은 가난과 압박에 대한 직접적인 반응이라는 부처의 주장은 설득력이 없다.

인 보스니아 총독 오스카르 포티오레크(Oskar Potiorek) 장군이었다. 1914년 봄 사라예보에서의 주된 표적이 포티오레크에서 오스트리아–헝가리 제국의 황태자 프란츠 페르디난트 대공으로 바뀐 것은 대공이 1914년 6월 28일 황태자비 조피(Sophie)와 함께 보스니아 수도를 공식 방문하기로 결정한 후였다. 아피스는 대공 부부가 6월 28일 사라예보를 방문할 예정임을 라데 말로바비치(Rade Malobabic)를 통해서 처음 알았을 것이다. 오스트리아 태생의 세르비아 사람인 말로바비치는 세르비아 전방 장교로 있는 '검은 손' 회원들에게 오스트리아 군사정보를 제공하는 인물이었다. 전방 장교들은 그 정보를 받아 아피스와 세르비아 군사정보 기관에 전달했다.

사라예보에서 프란츠 페르디난트를 암살하기로 처음 결정한 인물은 아피스였을 테지만, 프린치프와 차브리노비치, 그라베즈도 표적 변경을 환영했다. 그 세 사람은 대공의 사라예보 방문 계획을 신문을 읽고서야 알았다. 프린치프는 대공의 방문을 한 달 앞두고 사라예보를 향해 베오그라드를 떠나기 전에 친구이자 베오그라드에서 룸메이트였던 '젊은 보스니아' 회원 다닐로 일리치(Danilo Ilić)에게 편지를 썼다. 그는 일리치에게 대공 암살계획과 함께 암살단을 추가 모집한다고 알렸다. 일리치는 세 명의 추가 암살 가담자를 물색했다. 18세의 츠베트코 포포비치(Cvetko Popovic)와 17세의 바소 추브릴로비치(Vaso Čubrilovic)는 둘 다 보스니아 출신 세르비아 유학생이었으며, 20대 중반의 무하메드 메흐메드바시치(Muhamed Mehmedbašić)는 보스니아인 이슬람교도 목수였다.

니콜라 파시치 수상이 아피스의 암살계획에 관해 얼마나 알고 있었는지는 끝내 밝혀지지 않을 것이다. 프린치프와 그라베즈를 보스니아 국경 너머로 안내한 보스니아 농부는 세르비아 정부의 협조자였다. 그는 자신들의 이동과 자신들이 소지한 무기에 관해 세르비아 내무부에 보고했으나 암살계획에 관해서는 아무런 언급도 하지 않았다. 파시치는 세르비아에서 보스니아로의 무기 밀수를 금지하도록 지시했다. 그러나 베오그라드 정부는 이제 세르비아 국경을 통제하지 않았다. 나중에 한 각료가 주장한 바에 따르면, 대공이 방문하기 약 한 달 전 내각회의에서 파시치 수상이 대공 암살범들이 사라예보를 향해 가고 있다고 말했었다. 빈 주재 세르비아 사절은 분명히 파시치의 지시에 따라 암살 음모에 관해 막연한 경고만 전달했는데, 오스트리아 당국은 이를 심각하지 받아들이지 않았다.

지난 한 세대 동안 국가원수와 수상들의 암살사건이 전례 없이 빈발했음에도 불구하고 제1차 세계대전이 다가오는 대부분의 유럽에서—특히 사라예보에서—경호 보안은 여전히 정보업무 중에서 발전이 특히 더딘 분야였다. 무개차를 타고 여행하며 녹색 공작 깃털로 장식한 헬멧을 쓰고 황금색 칼라의 하늘색 튜닉을 입은 대공은 가장 눈에 띄는 표적이었음에도, 대공이 사라예보를 방문하는 동안의 보안 활동은 형식적이었다. 프란츠 페르디난트 대공은 길을 따라 늘어선 군중과 자신 사이에 경호원들이나 군인들을 세우는 경호 방안을 개인적인 모욕이라고 일축했다. 대공 방문의 안전을 책임진 보스니아 총독 포티오레크 장군은 '젊은 보스니아'의 '어린애들'이 심각한 암살 위험을 제기할 수 있다고 생각하는 측근 참모들을 놀려댔다. 사라예보의 경우, 그러한 보안 활동은 대테러 정보가 전혀 없는 120여 명의 경찰력 수중에 맡겨졌다. 대공의 동선을 따라 폭탄과 총을 가지고 기다리고 있던 일곱 명의 젊은 암살범들은 오스트리아 지배를 받은 발칸 지역 슬라브인들의 자유를 위한 극적인 거사에 자신들의 목숨을 바칠 각오가 되어 있었다. 황태자의 차량 행렬이 사라예보 중심부를 흐르는 밀야츠카(Miljacka) 강 강둑을 따라 나아갈 때 차례를 기다린 첫 번째 암살범은 무하메드 메흐메드바시치였다. 그러나 그는 결정적인 순간에 주눅이 들었으며 나중에 세르비아로 도주했다. 다음 차례는 결심이 확고한 네델리코 차브리노비치였다. 그는 외투 주머니에서 폭탄을 꺼내 가로등을 때려 뇌관을 제거하고 대공의 무개차가 지나갈 때 그를 향해 던졌다. 프란츠 페르디난트는 폭탄이 날아오는 것을 보고 막으려고 팔을 들었는데 다행히 폭탄이 그의 팔에 맞고 길바닥에 떨어졌다. 그 폭탄 폭발로 구경꾼들과 뒤따르던 차량의 탑승자들이 부상을 입었으나 황태자 부부는 다치지 않았다. 화가 난 프란츠 페르디난트는 시청에 도착하자마자 시장에게 말했다. "시장님, 여기 방문하러 오다가 폭탄 영접을 받았소! 너무 황당하오!" 그러나 또 다른 암살 시도가 있을 위험이 분명함에도 불구하고 황태자의 방문 행사는 계속 진행되었다.

사라예보의 보안 활동은 너무 무디어서 시청에서 환영식이 끝난 후 황태자 부부와 시장을 태운 두 차량의 운전사에게 경로 변경이 통보되지 않았다. 프란츠 페르디난트가 폭탄 공격으로 부상한 사람들을 병문안하기 위해 병원으로 가는 길이었다. 혼선이 빚어진 가운데 황태자 차량이 길을 잘못 들어 방향을 180도 바꾸어야 했다. 그 차량이 천천히 후진할 때 마침 암살단의 일원인 가브릴로 프린치프가 그 옆을 지나갔다. 프린치프는 그렇게 쉽게 표적을 만나 깜짝 놀랐지만, 주머니에서 권총을 꺼내 두 발을 근접 거리에서 쏘았다. 프란츠 페르디난트와 조피 둘 다 치명상을 입었다.[7]

아피스는 사라예보 암살을 계획하면서 자신의 흔적을 아주 성공적으로 지웠기 때문에 더는 그의 정확한 역할을 추적할 수 없다. 그러나 오스트리아-헝가리 경찰은 암살단에 관해 아피스가 기대했던 것보다 더 많은 것을 알아냈다. 아피스도 알고 있었지만, 암살 후 그들은 모두 수사를 받을 수 없도록 자살하기로 계획했었다. 그러나 미상의 이유로 '검은 손'이 그들에게 준 독약이 효과를

---

7    사라예보 암살 직후의 가장 유명한 사진에 대해 가브릴로 프린치프를 제압하는 장면이라고 흔히들 생각한다. 사실 그 사진은 황태자 부처가 살해된 직후의 혼란 속에서 무고한 구경꾼 페르디난트 베어(Ferdinand Behr)를 체포하는 장면이다.

내지 못했다. 차브리노비치는 폭탄을 던지자마자 청산가리를 삼켰으며 프린 치프도 황태자 부부를 쏜 후 청산가리를 삼켰다. 둘 다 입에 거품을 물고 중태 에 빠졌지만 죽지는 않았다. 충격 상태에서 살아 있다는 데 놀란 프린치프는 체 포되고 한 시간도 지나지 않아 경찰에 자백했다. 그의 자백에 따르면, 그가 베 오그라드에서 사라예보로 돌아와 잡은 주소지는 오프르카니(Oprkanj) 거리에 있었다. 그곳에서 경찰은 일리치를 체포하고 그의 침대 밑에서 암살자들의 무 기를 담았던 가방들을 발견했다. 암살과 관련 없는 수백 명의 보스니아계 세르 비아인들이 체포되어 학대를 받았다. 프린치프는 일리치와 그라베츠를 접견 하자마자 그들에게 말했다. "무고한 사람들이 다치지 않도록 우리가 어떻게 폭 탄을 입수했는지, 어떻게 여행했는지, 그리고 어떤 단체에 가입했는지 모든 것 을 자백하세." 오스트리아 법률상 20세 미만인 자는 처형될 수 없었다. 프린치 프는 1918년 결핵으로 옥사했다. 암살단에서 가장 어린 추브릴로비치는 살아 남아 제2차 세계대전 후 티토(Tito) 원수의 유고슬라비아 공산주의 정부에서 장 관이 되었다. 사라예보 암살 음모에 가담한 일리치와 그보다 연상인 다른 두 명 은 재판을 받고 처형되었다.

'검은 손'의 지원과 안내가 없었다면, 어리고 미숙한 암살범들은 1914년 6월 28일 사라예보에서 프란츠 페르디난트 암살을 시도할 수 없었을 것이다. '검은 손'의 지원이 있긴 했지만, 암살이 성공할 수 있었던 것은 오로지 오스트리아- 헝가리 보안 활동의 기초적인 실패 때문이었다. 그라프·스티프트(Gräf und Stift, 1901~2001년 존속한 오스트리아 자동차 제조사_옮긴이) 무개차에 탄 대공 부부를 보호 하지 못한 것은 앞선 암살사건, 특히 무개 마차에 탄 카르노 프랑스 대통령과 움베르토 이탈리아 국왕 암살을 가능케 했던 실수를 반복한 것이었다.

'검은 손'이 암살을 계획하고 지원하는 데 긴요한 역할을 할 수 있었던 것은 아피스가 이끈 정보기관 덕분이었다. 그의 정보기관은 전전 유럽에서 유일하게 의미 있는 활동을 했으며 대체로 정부의 통제를 벗어나 있었다. 파시치 수상이 세르비아 정보기관에 대한 정치적 통제를 다시 확보했더라면, 사라예보의 '젊은 보스니아' 암살범들은 필요한 지원을 받지 못했을 것이다. 여러 암살사건에 가담한 아피스는 제1차 세계대전이 발발하는 데 여느 정보기관 수장보다 더 중요한 역할을 담당했다. 대전 발발 후 18개월이 지날 때까지 아피스의 권위는 심각한 도전을 받지 않았다. 1915년 3월 세르비아의 섭정 왕세자 알렉산다르(Alexander)가 아피스를 정보수장직에서 해임하고 군사작전 담당으로 전보시켰다. 이후 아피스는 정치적으로 조용히 있다가 1916년 말 체포되었다. 1917년 세르비아 망명정부는 아피스를 재판에 회부했는데, 섭정 왕세자 암살미수 등 여러 사라예보 암살사건과는 관련이 없는 다수의 의심스러운 혐의로 기소한 것이었다. 아피스는 혐의를 부인했으나 반역죄로 유죄판결을 받았다. 재판에서 아피스는 다소 과장을 섞어 '검은 손'이 사라예보 암살사건에 이르는 공작의 모든 단계를 완전히 통제했었다고 주장했다. 그의 주장은 파시치 정부를 당혹스럽게 만들었을 것이다. 파시치는 런던 주재 세르비아 사절에게 보낸 서한에서 "디미트리예프[아피스]는 무엇보다도 프란츠 페르디난트 살해를 지시했다고 인정했다. 이제 누가 [그와 공범들을] 사면할 수 있겠는가?"라고 썼다. 아피스와 세 명의 동료 장교는 총살형을 당했다.[8] 이리하여 아피스는 20세기 최초로 처형된 정보수장이 되었다.[9]

---

8    1953년 이 사건을 재심한 세르비아 대법원은 죽은 모든 피고인에게 무죄를 선언했다.
9    20세기에 처형된 정보수장들 가운데 세 명의 연이은 소련 정보수장이 있었다. 바로 겐리흐 야고다(Genrikh Yagoda), 니콜라이 예조프(Nikolai Yezhov), 라브렌티 베리야(Lavrenti Beria)다. 아피스처럼 이들의 유죄 혐의도 적어도 일부는 조작된 것이었다.

# 제22장

# 강대국들의 해외 정보활동(1890~1909년)

프랑스-프로이센 전쟁 이후 제1차 세계대전까지 유럽의 강대국들이 서로 (식민지 인민들 및 약소국과는 아니지만) 평화를 유지한 기간은 근대사에서 가장 긴 기간이었다. 그러한 부분적 이유로 인해 강대국 정부에서는 해외 정보활동의 우선순위가 대체로 낮았다. 1899년 보어(Boer)전쟁이 발발했을 때 영국의 정보활동은 한 세기 전 나폴레옹전쟁 기간보다 활발하지 못했다. 1844년 암호해독 부서가 폐지된 후 영국에는 암호해독 기관이 없었으며, 빅토리아 여왕 말기 전쟁부(War Office) 내의 정보과(Intelligence Department: ID)가 보유한 스파이망은 비전문적이고 자금도 부족했다. 보어전쟁 이전까지 모든 '비밀활동' 업무에 투입된 ID의 총 예산은 연간 600파운드에 불과했으며 가끔 외무부로부터 자금지원을 받았다. ID의 광범위한 협조자 망에는 벨기에령 콩고의 강(江)배 선장, 페르시아(1935년 이란으로 개칭_옮긴이)의 전신국장, 세계 각지의 영국인 철도 관리 등이 포함되었는데, 이들 모두가 무료로 또는 형식적인 대가를 받고 자신들의 서비스를 제공했다. 전쟁부의 비밀활동 예산 600파운드 가운데 대부분은 세계 각지를 담당하는 ID 장교들의 해외 출장 비용으로 지출되었다. 그럼에도 그들의 출장은 결국 개인 주머니로 충당되었다. 에드워드 글라이첸(Edward Gleichen) 경은 1899년 몬테네그로(Montenegro)를 정찰하는 데 사비를 거의 90파운드 들였다고 불평했다. 육군 소장 찰스 콜웰(Charles Callwell)은 후일 "그 시절에는 재정 당국이 공무로 출장 가는 사람에게 사비 지출을 기대했다"라고 회고했다. 콜웰의 주장에 따르면, 비밀활동 자금 덕분에 ID 장교들은 "사비를 약간만 들이고도 재미있고 아주 즐겁기도

한 해외여행을 즐겼다".

  ID 직원들의 정보수집 임무를 보완한 것은 다른 육군 장교들과 '애국 인사들'의 정보수집이었다. 장교들 가운데 가장 열정적인 사람은 장차 보이스카우트 운동을 창설한 로버트 베이든-파월(Robert Baden-Powell, 나중에 장군/남작이 되었다)이었다. 그는 1880년대 초 인도의 북서부 변경(지금의 파키스탄 북부지방_옮긴이)에서 일련의 '즐거운 유희' 기간에 정보활동 취향을 개발했다. 베이든-파월은 아마추어 신사가 직업적 전문가보다 우월하다고 굳게 믿는 사람이었다. 그는 "최고의 스파이는 그 일이 좋아서 무보수로 일하는 사람"이라고 공언했다. 스파이활동도 큰 '스포츠 가치(sporting value)'를 지니고 있었던 것이다.

  삶에 지친 사람에게는 짜릿한 스파이 생활이 가장 좋은 활력소가 될 것이다. 또 그런 생활이 전시의 조국에 귀중한 결과를 가져다준다는 것을 인식하는 사람은 대체로 즐겁게 보낸 그 시간을 결코 헛되이 낭비한 것이 아님을 느낀다. 그리고 붙잡히면 '요원'이 되는 그는 '숨어서 활동'하고 명예나 칭송도 따르지 않지만, 그의 전우가 싸우다가 쓰러지는 것과 똑같이 그도 조국을 위해 자신의 '본분'을 다했음을 마음속 깊이 안다.

  제1차 세계대전 이전에는 영국의 '요원'들이 '숨어서 활동'할 만큼 그리 위험하지 않았다. 대전이 발발하기 10년 전까지만 해도 모든 강대국은 다른 나라 군 장교의 아마추어 스파이활동에 대해 아주 관용적인 태도를 보였다. 전쟁 담당 국무장관 홀데인(R. B. Haldane)은 1908년 하원에서 이렇게 발언했다. "모든 나라 장교들이 해외에 있을 때는 유용한 첩보를 찾아 여기저기 둘러본다고 나는 확신한다." "그러나 그것은 스파이로서 파견되는 것과는 다르다"라고 그는 믿었다(베이든-파월은 이에 동의하지 않았지만).

정보를 수집하고 사용하는 전쟁부의 역량에 한계가 있다는 것이 보어전쟁의 발발과 개전 초기에 적나라하게 드러났다. 후일 '남아프리카전쟁에 관한 왕립조사위원회'가 내린 결론에 따르면, ID가 '큰 전쟁을 준비하는 일에 인원이 부족'했음에도 18명의 직원이 '상당한 성공'을 거두었다. ID는 일찍이 1896년 6월 군부의 지배적인 견해와는 달리 "두 보어 국가가 나탈(Natal, 남아프리카공화국의 동부 주_옮긴이)을 향해 돌진할 것"이라고 주장했었는데, 1899년 10월 그 주장이 현실이 되었다. 후속 ID 보고서도 케이프 식민지(Cape Colony)에 대한 보어의 위협을 정확히 간파하고 보어군의 병력과 탄약을 정확하게 추정했다. ID의 가장 중요한 전략정보 가운데 일부가 완전히 무시된 이유는 주로 헝클어진 장발의 보어 농민들이 규율된 영국군의 상대가 되지 못할 것이라는 건방진 믿음 때문이었다. 조지프 체임벌린(Joseph Chamberlain) 식민장관은 ID가 보어 게릴라군의 병력과 역량을 과장하고 있다고 확신하고 1899년 여름 대규모 증원부대를 남아프리카로 파견하는 데 반대했다. 무시된 다른 ID 정보도 많았다. 레드버스 불러(Redvers Buller, ID 등 여러 군데서 '멍청이'라는 별명을 붙였다) 경이 원정군 총사령관으로 임명되자, 남아프리카에 관한 ID 매뉴얼 한 부가 그에게 전달되었다. 불러는 영국에서 최고의 보수를 받는 25세의 종군기자 윈스턴 처칠(Winston Churchill)과 케이프타운까지 동행했다. 처칠에 따르면, 불러는 '남아프리카에 관해 모든 것을 안다'는 메시지와 함께 그 매뉴얼을 돌려보냈다. 군사적 재앙을 초래한 1899년 12월 '검은 주간(Black Week)'의 절정은 불러가 콜렌조(Colenso) 전투에서 패배한 것이었다. 불러의 사령관직 해임을 초래한 그 패배는 적어도 부분적으로는 그가 보어군 동향에 관한 정보를 무시한 데 기인했다.

정보에 무관심한 불러와는 아주 대조적으로, 처칠의 정보에 대한 열정은 그의 여생 동안 지속되었다. 그러한 처칠의 열정이 시작된 것은 그가 일찍이 빅토리아 제국 말기 인도의 북서부 변경에서 그리고 키치너(Kitchener) 원수와 함께 수단에서 처음에는 장교로 다음에는 종군기자로 전초기지에 근무할 때였다. 후일 처칠은 "근심이 없던 그 시절 영국의 자잘한 전쟁에 참전한 사람들 대다수가 매혹적인 스릴을 가득 느꼈다"라고 주장했다(주로 자신에게 하는 말이었다). 보어전쟁 기간 동안 처칠이 목에 현상금이 걸린 채 보어 포로수용소에서 탈출한 것은 그가 느낀 '스릴' 가운데 하나였다. 전쟁 말기에 정찰 임무를 띤 그는 신분을 가장하고 자전거로 요하네스버그(Johannesburg)를 돌아다녔다. 그는 자신이 체포되어 '유럽의 군사법정에 섰더라면 그런 사건이 별다른 어려움 없이 처리되었을 것'이라고 인정했다. 처칠은 스파이로서 처형되었을 것이다.

체구가 작은 백발의 육군 원수 '밥스' 로버츠('Bobs' Roberts, 빅토리아 십자 무공훈장을 받았다) 경이 불러의 후임으로 1900년 1월 케이프타운에 부임했는데, 그는 정보에 대해 전임자보다 덜 편협한 견해를 가지고 있었다. 보어전쟁이 터지자 늦게 설립된 남아프리카 야전정보국이 급속히 확장되었고 새로 개량된 지도가 배포되었으며 정찰 활동도 개선되었다. 1902년 전쟁이 끝날 무렵, 야전정보국에 소속된 인원으로 132명의 장교와 2,321명의 백인 문관 외에 수천 명의 '원주민들'이 있었다. 그러나 야전정보국의 급속한 확장은 정보장교 대부분이 미숙하다는 것을 의미했다. 대부분의 게릴라 전투가 보어 영토에서 벌어졌기 때문에 확장된 야전정보국도 보어인들의 전술 정보에 필적할 수 없었다. 그러나 그 정보국이 제공한 정보가 없었더라면 영국이 훨씬 더 적은 병력의 보어인들과 장기전 끝에 거둔 승리가 대폭 지연되었을 것이다.

야전정보국은 보어전쟁을 위해 창설되었으나 그 전쟁에서 살아남지 못했는데, 이는 과거 전시 정보기관들과 같은 운명이었다. 그러나 육군 개혁가 에서(Esher) 경이 주재한 위원회가 1904년 보고서를 냈다. 그 보고서에 따라 1906년 전쟁부가 대폭 개편되었고 영국군 총참모부가 뒤늦게(프로이센보다 거의 한 세기 뒤에) 도입되었다. 그러나 재편된 군사작전·정보국—흔히 줄여서 군사작전국

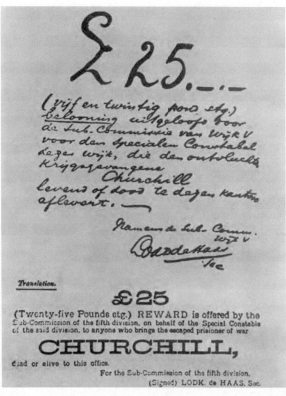

1899년 12월 처칠이 전쟁포로수용소에서 탈출한 후 보어인들은 그의 체포에 25파운드의 현상금을 내걸었다. 처칠은 다음과 같은 쪽지를 남겼다. "나는 당신네 정부가 나를 군사 포로로 억류할 권리가 없다고 생각하기 때문에 감금에서 탈출하기로 결정했음을 정중히 알립니다."

(DMO)으로 불렸다―내에서 비밀정보공작을 추진할 여지는 거의 없었다. 1907년 제임스 에드몬즈(James Edmonds) 소령(나중에 소장으로 진급했다)이 DMO 특수과(나중에 MO5로 개칭되었다) 과장으로 부임했을 때, 그가 보기에 '특수과의 활동은 그동안 방치되어 소멸할 지경이었다'. 전쟁부의 정보 장교들은 빅토리아 시대 말기에 ID가 전성기였던 때와 아주 흡사한 열정적인 아마추어 정신으로 유럽 대륙을 돌아다녔다. 에드워드 글라이첸(Edward Gleichen) 경이 1907년 군

사작전·정보국 국장으로 재직한 초기의 기술을 보면, 때때로 그의 스파이활동이 정신없이 바쁜 사회적 활동의 일부에 불과했던 것으로 보인다. 1907년 가을 그는 오랜 친구이자 군사정보 장교인 조지 애스턴(George Aston) 경과 함께 네덜란드로 '간단한 정탐 여행'을 떠났다.

우리는 네덜란드 사람들이 독일의 공격을 받을 경우 어떤 식으로 저항할 수 있을지 알고 싶었다. … 그리 좋은 인상을 받지 못했다. 그리고 나는 내 훌륭한 친구 라벤(Raben) 백작 부부가 소유하는 마음에 드는 알홀름(Alholm) 고성과 코펜하겐을 거쳐 스웨덴으로 갔다. 거기서 기쁘게도 국왕의 초청을 받아 일종의 군사훈련을 참관했다. … 군사훈련이 끝나고 본드(Bonde) 백작이 소유하는 예테보리(Goteborg) 부근의 트롤레홀름(Trolleholm) 성에서 즐겁게 이틀을 보낸 후, 로드(Rodd) 가(家)의 호의로 공사관에 묵었다.

전쟁부 내의 모든 사람이 '간단한 정탐'과 상류사회를 대거 섞은 글라이첸의 보고에 감동한 것은 아니었다. 1907년 기록된 메모에 따르면, "유일한 위안거리는 모든 외국 정부가 우리가 이미 완전히 체계화되고 효율적인 유럽정보국을 갖고 있다고 믿는 점이다".

영국과 마찬가지로, 황제 빌헬름 2세 치하의 독일도 암호해독기관이 없었다. 비밀 정보활동은 독일군 총참모부 내에서 우선순위가 낮은 편이었다. 독일의 군사정보는 대부분 공개 출처, 외국 장교들과의 접촉, 군사훈련 참관에서 나왔다. 그러나 외국 수도에 주재하는 무관들은 소수의 유급 협조자와 비밀 요원을 두었다. 독일군 총참모부 내 작은 부서인 '제3국(Sektion IIIb)'은 방첩활동뿐 아니라 무관들의 스파이 운용을 전반적으로 관장했다. 1894년 프랑스가 파리 주재 독일 무관의 스파이를 추적한 결과, 엉뚱하게도 프랑스군 총참모부 내에서 유일한 유대인 장교인 알프레드 드레퓌스(Alfred Dreyfus) 대위를 지목했는데, 이는 프랑스 현대사에서 가장 유명한 사건이 되었다. 파리 주재 스파이의 정체를 둘러싸고 격렬한 공개 논쟁이 오래 이어짐에 따라 다수의 해외 주재 독일 대사들은 자신의 대사관에서 무관들이 운용하는 비밀공작을 더더욱 싫어하게 되었다.

독일군 정보 장교들(Nachrichtenoffiziere)이 국경을 넘는 정보수집을 감독하기 위해 프랑스 국경 부근의 6개 거점[1]과 러시아 국경 쪽의 5개 거점[2]에 상주했다. 프랑스군에 관한 정보를 입수하는 측면에서는 공개 출처가 비밀공작보다 일반적으로 더 중요했다. 예를 들어, 독일군 총참모부가 1905년 10월 최초로 열린 영국-프랑스 육군 참모회담에 관해, 그리고 1911년 프랑스와 러시아의 육군과 해군 수장들이 가을 기동훈련을 상호 참관한 사실에 관해 안 것은 프랑스 신문 ≪르 마탱(Le Matin)≫ 지 보도를 통해서였다. 독일 군사정보는 전시에 프랑스군 지휘부가 5개 군(각 군은 4~5개 군단으로 구성되었다)을 북쪽 메지에르-스당(Mézières-Sedan)에서 남쪽 벨포르(Belfort)까지 배치할 것으로 예상했다. 이러한 프랑스군 배치는 뇌샤토-생트-머누(Neufchâteau-Sainte-Menehould) 부근에 집중됨으로써 독일군이 프랑스 침공 루트로 계획한 벨기에 국경 지역을 결정적으로 빠뜨리는 것이었다. 이 정보 평가가 대체로 정확한 것으로 판명되었지만, 러시아의 동원 계획에 관해서는 독일군 총참모부가 잘 몰랐다.

독일의 군사정보는 동부전선에서 가장 중요한 전전(戰前)의 목표를 달성하는 데 실패했다. 즉, 러시아가 얼마나 신속하게 군대를 동원할지와 러시아의

---

1    6개 거점은 뮌스터(Münster), 코블렌츠(Coblenz), 메스(Metz), 자르브뤼켄(Saarbrücken), 카를스루에(Karlsruhe) 및 스트라스부르(Strassburg)다.
2    5개 거점은 쾨니히스베르크(Königsberg), 알렌스타인(Allenstein), 단치히(Danzig), 포젠(Posen), 브레슬라우(Breslau)다.

초기 공격 속도를 예측하는 데 실패했던 것이다. 선전포고 후 2주 만에 러시아의 제1군과 제2군이 동프로이센(East Prussia, 1945년 폴란드와 구소련 영토로 분할되었다_옮긴이)을 침공했을 때, '독일군이 준비태세를 갖추지 못했듯이 독일 군사정보 당국도 깜짝 놀랐다'. 후일 러시아 군사정보 당국의 주장에 따르면, 독일과 오스트리아 양국은 러시아 주요 도시에 보수를 지급하는 '원격 스파이' 망을 전전에 구축했었다. 그 스파이들은 스톡홀름, 오슬로, 코펜하겐 및 베른에 있는 거점과 통신했다. 1914년 8월 러시아가 동프로이센을 기습 침공한 점에 비추어 그들은 그다지 쓸모가 없었음이 분명하다.

전전의 독일 군사정보 당국은 영국 내 스파이 공작을 운용하지 않았다. 그러나 영국과 독일의 해군 경쟁이 치열해지면서 독일 해군의 정보국(Nachrichten-Abteilung: 'N')이 1901년 영국 내에 독자적인 스파이망을 구축하기 시작했다. 그 망을 운용한 구스타프 슈타인하우어(Gustav Steinhauer)는 영어를 구사하는 황제(카이저) 경호원 출신으로서 빅토리아 여왕 장례식에 참석한 황제를 수행했었다. 왜 슈타인하우어가 영국 내 해군 정보활동의 책임자로 임명되었는지는 주로 그에 대한 황제의 신임으로 설명된다. 'N' 스파이망 속에는 평시에 영국 해군에 관해 첩보를 제공하는 '보고자들'과 전쟁 발발 후에 동원될 예정인 '비밀 요원들'이 있었다. 슈타인하우어는 대개 포츠담(Potsdam)의 위장 주소와 가명을 사용하여 영국에 거주하는 독일 시민들에게 편지를 보내 활동을 부탁하는 식으로 스파이를 채용했는데, 이런 방식은 다소 복불복이었다. 그러나 '황제의 스파이'는 자신과 영국 내 요원들 사이에 차단기 역할을 할 '중개자' 시스템을 정교하게 발전시켰다. 슈타인하우어는 독일 해군본부로부터 적극적으로 과제를 부여받은 것이 아니라 대체로 자기 멋대로 일했다. 그러나 황제 빌헬름 2세는 개인적 관심을 표명한 것 같다.

자신이 최고의 장군이자 '대서양의 제독'이라고 자부한 독일 황제는 종종 외교관들의 의견을 일반 민간인들의 견해로 취급해 업신여겼다. 이와 대조적으로 무관 보고서를 비롯한 육군과 해군의 정보는 아주 열심히 탐독했다. 독일 황제가 가장 관심을 기울여 읽은 보고서는 파울 폰 힌체(Paul von Hintze)의 보고서였다. 힌체는 1903년 북부 제국들을 담당하는 해군 무관으로 임명되어 상트페테르부르크에 부임한 인물이었다. 황제는 힌체의 보고서에 자신의 열정적인 논평을 보태서 총참모부와 해군 참모부에 보냈으나 수상 베른하르트 폰 뷜로(Bernhard von Bülow)나 외무부에는 보내지 않았다. 나중에 빌헬름 2세는 힌체에게 남작 작위를 주었으며 재위 마지막 몇 달 동안에는 그를 외무장관에 임명했다.

빌헬름 2세는 1903년 헤센(Hessen)에서 러시아 황제(차르)와 회동했을 때 그를 설득해 장관들에게는 알리지 않고 두 군주 사이에 비밀리에 교신할 수 있도록 군사첩보를 '사적' 암호로 차르에게 전송하기로 합의했다. 니콜라이 2세는 독일 황제에게 알리지 않고 '사적' 암호를 즉시 외무장관 람스도르프(Lamsdorf)에게 전달했으며, 람스도르프는 빌헬름 2세의 이른바 비밀 전보를 모두 외무부에서 해독하도록 조치했다. 이와 대조적으로 독일 외무부와 뷜로 수상은 카이저와 차르 간의 교신을 전혀 몰랐다. 니콜라이 2세는 독일 황제와의 사적 교신에 관심이 없었지만, 러-일 전쟁 기간에 빌헬름 2세가 전송한 정보 일부는 진짜 중요한 것이었다. 러-일 전쟁 발발 후 빌헬름 2세는 독일 코르베트함(corvette) 함장 알베르트 호프만(Albert Hopman)으로부터 직접 정통한 보고를 받기 시작했다. 당시 그의 배는 뤼순(Port Arthur; 旅順, 중국 랴오둥반도 남단의 항구도시_옮긴이)의 포위된 러시아 해군기지 내에 있었다.

그러나 독일 황제가 군사정보를 받고 보인 반응은 충동적이었으며 판단도 어설펐다(다른 문제에 관해서도 종종 그랬다). 빌헬름 2세는 아시아의 황화(黃禍, Yellow Peril)가 서방 문명을 위협한다고 평소 악몽처럼 믿었는데, 그런 악몽이 재발해 그는 러시아 황제 등에게 일련의 기이한 경고를 보냈다. 러-일 전쟁 기간에 빌헬름 2세가 러시아 황제에게 진지하게 장담한 하나의 사례를 보면, 한 독일 스파이가 '멕시코 남부의 농장에서 모두 놋쇠 단추 군복을 입은 1만 명의 일본인을 직접 세어' 보았으며, 그들이 파나마 운하 장악을 준비하고 있다는 것이었다. 빌헬름 2세는 일본이 미국을 공격할 경우 캘리포니아 연안을 방어하기 위해 독일군을 파병할 용의가 있다고 니콜라이 2세에게 말했다.

빌헬름 2세는 어리석게도 니콜라이 2세에게 영향을 줄 수 있다고 믿었지만, 자신보다 덜 충동적이고 더 신중한 그가 자신보다 더 좋은 정보를(일본에 관한 정보는 차치하더라도) 입수하고 있다는 사실은 꿈에도 생각지 못했다. 니콜라이 2세가 재위한 대부분의 기간 동안 그의 최고 우선순위는 군사·외교 문제였다. 그는 외교 전문을 독일 황제보다 더 열심히 읽었을 뿐 아니라 일일 정보 요약, 절취된 통신문(일부는 '검은 방'에서 해독한 것), 무관 보고서, 노획 문서 등을 전쟁부와 외무부에서 받아 때로는 집착을 보이며 읽었다. 그는 자신이 읽은 것을 모두 청색 크레용으로 표시했으며 때때로 논평을 달았다(한 세대 뒤 스탈린도 자신의 개인 서고에 넣어둘 그런 공문서에 청색 크레용으로 표시했다).

독일 황제는 몰랐지만, 니콜라이 2세 통치 기간 내내 상트페테르부르크의 '검은 방'은 독일 외교 전문을 자주 해독했다. 1900년 러시아 외무장관이 된 람스도르프 백작은 그러한 해독물의 사본 일부를 차르가 쓴 논평과 함께 자신의 일기장에 끼워놓았다. 그 사본 가운데에는 독일 황제의 전속부관 헬무트 폰 몰트케(Helmuth von Moltke, 나중에 참모총장이 된 '젊은' 몰트케)가 1895년 9월 30일 상트페테르부르크에서 황제에게 보낸 전문도 들어 있었다. 그 전문은 몰트케가 러시아 차르를 접견한 결과를 보고한 것이었다. 니콜라이 2세가 그 해독물에 아무런 논평을 달지 않자 람스도르프는 자신의 일기에 이렇게 적었다. "폐하 접견에 관한 몰트케의 보고는 틀림없이 정확하다." 람스도르프는 프라이버시에 속하는 일기에서 때때로 해독물에 쓴 차르의 논평을 비판했다. 1895년 후고 폰 라돌린(Hugo von Radolin) 공은 신임 독일 대사로서 상트페테르부르크에 부임한 직후, 베를린으로부터 전문을 받았다. 러시아 황제는 절취·해독된 그 전문에 "유치하게 어리석은 충고"라고 적었다. 람스도르프는 자신의 일기에 다음과 같이 기록했다. "나는 이 충고가 왜 어리석은지 정말 모르겠다. 솔직히 말해 그와 반대로 아직 익숙하지 않은 지역에 파견된 신임 대사에게 초기 행보에서 전력을 다해 신중하고 조심하라는 베를린의 지시에 대해 기뻤다. 우리가 이를 본보기로 삼는 것도 나쁘지 않을 것이다."[3]

니콜라이 2세는 러시아 정치가와 외교관에 관한 해독물 속의 논평에 각별한 관심을 기울인 것 같다. 1898년 차르는 재무장관 세르게이 비테(Sergei Witte)에게 "당신은 외국 대사들과 대화할 때 좀 더 주의하기 바란다"라고 경고했다. 람스도르프는 나중에 비테에게 그가 독일 대사를 통해 독일 황제에게 개인적 메시지를 보냈다는 것을 차르가 해독된 독일 전문을 읽고 알았다고 일러주었다. 또 람스도르프는 자신의 일기에 차르가 빈 주재 대사로 오래 복무 중인 표트르 카프니스트(Pyotr Kapnist)에 관해 ('상스럽게') 빈정댄 코멘트를 적었다. 차르의 코멘트는 알렉산드르 3세(1881~94년 재위)가 원로 장군이자 정치가인 미하일 고르차코프(Mikhail Gorchakov)에게 날린 코멘트를 상기시켰다. 고르차코프는 알렉산드르 3세 대관식에서 불운하게도 보주(寶珠, 왕권을 상징하는 십자가 위의 구슬_옮긴이)를 바닥에 떨어뜨렸던 인물이었다.

20세기 초(그 이전은 아니더라도) 해독된 독일 전문은 러시아의 외교정책에 상

---

3   차르가 이의를 제기한 "유치하게 어리석은 충고"의 일부가 러시아 정책 결정에서 차지하는 차르의
    역할을 하찮게 만들었을 가능성이 있다. 또 니콜라이 2세는 라돌린이 가톨릭 신자라는 점도 싫어
    했을 것이다. 상트페테르부르크는 신교도 외교관을 선호했으며, 라돌린은 전전 독일 대사 가운데
    유일한 가톨릭 신자였다.

당한 영향을 미치고 있었다. 1898년 말부터 3년 동안 러시아는 동맹국 프랑스에 알리지 않고 비밀리에 중동에서의 세력권에 관한 협정을 독일과 협상했다. 그 협정이 성사되었더라면, 터키 해협이 개방되어 러시아 전함들이 통과할 수 있었을 것이다. 그러나 1901년 말 람스도르프는 해독된 독일 전문을 읽고 독일 정부가 그런 협정을 타결할 의사가 없다는 것을 확신했으며, 곧 협상이 중단되었다.

영국의 암호는 대체로 차르 정권의 암호해독관들에게 별다른 어려움을 안기지 않았다. 1904년 6월 3일 러시아 주재 영국 대사 찰스 하딘지(Charles Hardinge) 경은 외무부의 사무차관 토머스 샌더슨(Thomas Sanderson) 경에게 이런 편지를 썼다. "지난밤에 내가 받은 불쾌한 충격이 당신에게도 영향을 미칠 것입니다." 전날 저녁 연회에서 어떤 저명한 러시아 정치인이 하딘지에게 당부한 내용도 다음과 같이 그 편지에 적혀 있다. "그 저명한 러시아 정치인은 내가 그와의 대화 내용을 얼마나 많이 서면으로 보고하는지 개의치 않았지만, 우리의 전문이 모두 알려지기 때문에 무슨 일이 있어도 타전하지는 말라고 나에게 신신당부했습니다!" 하딘지와 대사관 서기관 세실 스프링 라이스(Cecil Spring Rice)는 이미 대사관 보안에 관해 의심할 만한 충분한 근거가 있었지만, 이후 2년 동안 대사관 보안은 거의 개선되지 않았다. 1906년 2월 스프링 라이스가 비밀 발송물로 보고한 바에 따르면, "지난 상당 기간 문서가 우리 대사관에서 유출되었다. … 배달부 등 대사관과 연결된 자들이 경찰청의 보수를 받고 문서를 건네면서도 보수를 받는다". 두 달 뒤, 라이스의 보고에 따르면, "경찰의 밀사들이 확보된 문서를 받기 위해 저녁에 대사관 밖에서 항상 대기하고 있다". 상트페테르부르크에 주재하는 미국, 스웨덴, 벨기에 등 여러 국가 대사관이 그와 비슷한 경험을 본국에 보고했다. 오크라나가 외국 대사관에서 가장 간절히 얻고 싶었던 것은 '검은 방'을 지원할 암호 사본이었다. 하딘지는 샌드슨 사무차관 후임으로 1906

년 런던으로 귀환한 후, 상트페테르부르크에서의 경험을 묘사하는 분노의 기록을 남겼다.

지난 10개월 동안 비밀경찰이 영국 대사관에서 벌인 행적은 정말 추악했다. … 내가 대사로 재임하는 동안 문서실 고용원이 암호 하나에 1,000파운드를 제의받고 금고를 열려고 시도하다가 발각되었다. 또 비밀경찰이 야간에 위조 열쇠로 나의 발송물 상자에서 서한을 빼내 사진을 찍었다.

한동안 스프링 라이스는 오크라나 요원들의 야간 침입을 막기 위해 문서실 옆방에서 자면서 문서실과 통하는 문만 열고 다른 문은 모두 빗장을 걸어놓았다. 그러나 하딘지가 런던으로 귀환한 후 스프링 라이스가 보고한 바에 따르면, 오크라나가 계속해서 비밀문서를 대사관에서 빼내 사진을 찍었다. 오크라나가 타국의 외교암호에 대해 엄청난 금액을 지급하려고 했다는 것은 외교암호에 엄청난 중요성을 부여했다는 증거다. 만일 영국의 암호 서기가 오크라나로부터 1,000파운드를 받았다면, 그는 귀국해서 런던에서 침실 3개짜리 테라스 하우스 4채를 매입할 수 있었을 것이다. 영국 외무부는 오크라나의 적수가 못되었다. 제2차 세계대전이 발발할 때까지 영국 외무부에는 보안과는 고사하고 보안담당관 하나 없었다.

상트페테르부르크 '검은 방'에서 영국 암호의 해독을 주로 담당한 암호분석관은 에른스트 페털라인(Ernst Fetterlein)이었다. 독일어 교사의 아들로 태어난 그는 러시아에서 '장군' 반열에 오른 유일한 유대인이었다. 독일 황제 빌헬름 2세처럼 영국 왕 에드워드 7세도 니콜라이 2세가 페털라인의 도움을 받아 해독된 외교 발송물을 조사해 자신과의 회담을 준비했다는 것을 꿈에도 몰랐다. 1909년 카우스 레가타(Cowes Regatta, 영국 남쪽의 항구도시 카우스에서 매년 열리는 요트 경주_옮긴이) 행사에서 정상회담이 이루어졌다. 차르와 그의 가족이 러시아 순양함과 구축함의 호위를 받은 황제 요트 '스탄다르트(Standart)' 호를 타고 도착하자 성대한 환영식이 거행되었다. 악대 연주, 수병들의 환호와 함께 포성이 울리는 가운데 영국 제독 복장을 한 니콜라이 2세가 국왕 요트 '빅토리아 앤 앨버트(Victoria and Albert)' 호에 승선해 에드워드 7세와 함께 세계 역사상 최강의 전투함대인 영국 해군을 사열했다. 이후 양국 군주가 서로 자기 요트에서 호화로운 만찬을 베풀었으며, 차르는 영국 수상 허버트 애스퀴스(Herbert Asquith) 및 외무장관 에드워드 그레이(Edward Grey) 경과 회담했다.

페털라인도 차르 수행단에 포함되었다. 그의 한 러시아 동료에 따르면, 처음에 그는 영국의 외교 전문 속에 있는 이해할 수 없는 단어 하나 때문에 당황했다.

그는 아침 식사 내내 침울하게 있다가 갑자기 돌변했다. 환하게 웃더니 떠들고 농담하기 시작했던 것이다. 대사관 직원 하나가 무슨 일이냐고 묻자 그는 영국 전문에 들어 있는 단어 하나를 해독할 수 없어서 근심했다고 털어놓았다. 대화 도중에 누군가가 왕[에드워드 7세]이 사냥을 나간 잉글랜드의 작은 성을 언급했는데, 이것이 그를 괴롭혔던 전문 속의 그 단어였다.[4]

해독된 영국 전문이나 그 해독물에 대한 차르의 반응을 기록한 문건은 현존하지 않지만, 그 해독물 덕분에 에드워드 7세와 영국 정부가 러시아·프랑스와의 '삼국협상(Triple Entente)'에 열성적이라는 차르의 확신이 더욱 굳어졌을 것

---

4  짐작건대, 페털라인이 해독한 전문들은 차르가 영국으로 출발하기 직전에 절취된 것이었을 것이다.

이다. 차르도 잘 알고 있었지만, 에드워드 7세와 빌헬름 2세는 서로를 몹시 싫어했다. 그로부터 1년 전 빌헬름 2세는 에드워드 7세가 보는 앞에서 찰스 하딘지 경과 대화한 일을 수상 폰 뷜로(von Bülow) 공에게 자랑했었다. 빌헬름 2세는 "나는 확실하게 화를 냈다. … 우리는 항상 그런 식으로 영국 사람을 대해야 한다"라고 그 대화에 관해 뷜로 공에게 말했다.

상트페테르부르크 주재 대사관들 가운데 오크라나의 암호실 침입을 방지하기 위해 충분히 대비한 대사관은 거의 없었다. 1905년 상트페테르부르크 주재 미국 대사는 국무부에 이렇게 보고했다. "러시아 정부가 우리의 전신 암호를 몽땅 가지고 있다는 것을 확실히 알게 되었다." 미국 대사관 내의 오크라나 스파이가 암호책(codebook) 전체를 사진으로 찍었던 것이다. 그러나 이후 5년 동안 그 '블루(Blue)' 암호는 러시아 '검은 방'의 수중에 있었음에도 여전히 국무부에 의해 규칙적으로 사용되었다. 한 세대 뒤에도 러시아 주재 미국 대사관의 보안은 개선되지 않았다. 모스크바로 이전한 미국 대사관은 스탈린 시대 내내 소련 정보활동에서 가장 생산적인 출처 가운데 하나였다.

상트페테르부르크의 '검은 방'과 마찬가지로 러시아의 해외정보기관, 즉 오크라나 해외국(Foreign Agency)도 유럽에서 가장 활동적이었다. 해외국은 망명 혁명가들의 위협을 감시하고 무력화하는 데 최우선 순위를 두었지만, 특히 프랑스와의 비밀 외교에서도 주요한 역할을 했다. 1891~94년 단계적으로 타결된 프랑스-러시아 '2국동맹(Dual Alliance)'을 협상할 때, 그리고 1899년 그 동맹의 조건을 수정할 때, 해외국 국장 표트르 라치코프스키가 비밀 중개자로서 규칙적으로 쓰였다. 라치코프스키가 파리에서 가장 긴밀하게 접촉한 인사는 테오필 델카세(Théophile Delcassé)였는데, 그는 프랑스 제3공화국의 70년 역사상 최장수 외무장관(1898~1905년)이었다. 델카세는 동맹을 수정하기 위한 자신의 1899년 상트페테르부르크 방문, 1901년 차르 니콜라이 2세의 프랑스 국빈 방문, 1902년 에밀 루베(Émile Loubet) 대통령의 러시아 답방을 준비하면서 프랑스 대사 몽트벨로(Montebello) 후작을 우회해 라치코프스키를 통해 일을 처리했다. 러시아 외무장관 미하일 무라비요프(Mikhail Muravyov) 백작은 불우한 처지의 몽트벨로에게 이렇게 알렸다. "우리는 라치코프스키 씨를 최고로 신임합니다. 프랑스 정부도 그런 것 같습니다." 라치코프스키는 결국 도를 넘는 바람에서 1902년 파리에서 소환되었다. 그러나 그를 몰락시킨 것은 그의 프랑스-러시아 외교 개입이 아니라 황후의 분노였다. 라치코프스키가 황후의 신임을 얻은 프랑스 의사를 두고 실은 무자격 돌팔이라고 폭로하는 바람에 그녀의 분노를 샀던 것이다.

러시아를 제외하고, 제1차 세계대전 직전까지 '검은 방'을 보유한 유일한 강대국은 프랑스였다. 19세기 말 케 도르세(Quai d'Orsay, 파리 센강 강변의 프랑스 외무부 소재지_옮긴이)에 있는 '검은 방'은 간헐적으로 이탈리아(1887년부터), 영국(아마 1891년 처음으로), 터키(1898년부터), 독일(늦어도 1899년부터) 등의 외교 전문을 해독했다. 프랑스 서고에서 발견된 스페인 해독물 가운데 가장 시기가 빠른 것은 1906년이지만, 스페인 암호는 그보다 몇 년 앞서 풀렸을 것이다. 강대국 가운데 가장 정교한 러시아 암호는 차르 체제가 무너지기 전에는 풀리지 않았다. 프랑스 암호해독관들도 러시아와 마찬가지로 각국 대사관과 영사관에서 훔친 문서의 도움을 받았다. 프랑스 군사 정보기관인 제2국(Deuxième Bureau) 내에서는 '통계'(정탐)과의 위베르-조제프 앙리(Hubert-Joseph Henry) 소령이 파리 암흑가 출신의 마르탱-조제프 브뤼케(Martin-Joseph Brücker)를 스파이로 썼다. 브뤼케가 하는 일은 파리의 각국 대사관에 근무하는 서기, 하녀, 시종을 매수하는 것이었다. 1891년 영국 대사 리턴(Lytton) 경의 시종이 해독된 영국 외교 전문 사본을 '통계과'에 제공했는데, 암호분석관들은 그 사본을 절취된 암호문과 비교할 수 있었다. 독일 대사관의 프랑스인 세탁부 마리-코드롱 바스티앙(Marie-Caudron Bastian) 부인(암호명: '오귀스트')은 앙리에게 매수되어 자신이 소각하기로 되어 있는 대사관 휴지통 내용물을 앙리에게 전했다. 바스티앙 부인은 충실하게 처신하고 문맹인 체함으로써 대사관 측의 의심을 성공적으로 피했다. 1894년 그녀가 휴지통에서 발견한 프랑스 총참모부 내 독일 스파이의 보고서가 드레퓌스 사건의 발단이 되었다. 그녀가 대사관에서 훔친 찢긴 기밀문서에는 암호 자재도 당연히 포함되어 있었을 것이다. 1896년 8월과 12월 사이 마르세유 주재 이탈리아 총영사관 내부의 쉬르테(Sûreté, 프랑스 보안기관) 스파이가 이탈리아 외교 암호책에서 추출한 다섯 개의 긴 문건을 복사했다. 쉬르테는 그 문건을 케 도르세로 보냈다. 프랑스 서고에 현존하지는 않지만, 각국 대사관과 영사관에서 암호 자재를 훔친 다른 사례도 틀림없이 있었을 것이다.

　케 도르세의 암호해독관들이 거둔 성공은 또한 프랑스 암호술의 발전을 반영한 것이었다. 19세기 마지막 20년 동안에는 프랑스에서 암호술에 관한 책이 29종 출판되었다. 이는 다른 어느 나라보다 많았다(같은 기간 독일에서는 9종이 출판되었다). 1890년대 프랑스 외무부 '검은 방'의 성공은 주로 케 도르세에 파견된 육군 장교 에티엔 바즈리(Étienne Bazeries) 덕분이었다. 1893년 바즈리는 루이 14세와 전쟁부 장관 루부아(Louvois) 사이의 비밀 서신을 해독해 유명해졌는데, 그는 그 해독으로 유명한 '철 가면 사나이'의 정체가 드러났다고 잘못 믿었다. 바즈리는 당대 최고의 암호전문가에 속했다. 그러나 후일 한 상관이 회고한 대로 그는 "보헤미안 기질을 가진 별난 사람이자 항상 돈이 부족한 상습 도박꾼이었으며 알코올 중독자이기도 했다. 그는 후각이 뛰어난 사냥개 같아서 줄로 묶어놓아야 했다". 불행히도 1890년대의 바즈리는 동료와 상관들에 의해 무제한의 자유가 허용되었는데, 그들은 그의 탁월한 암호분석을 자신들은 이해할 수 없는 거의 마법과 같은 재능으로 간주했다. 그 결과, 그는 때때로 정확한 풀이를 오류로 판명된 추측과 뒤섞곤 했다. 그러한 그의 추측은 드레퓌스 사건을 가일층 복잡하게 만들었다.

드레퓌스 사건은 프랑스 군사 정보활동의 무능함과 정치화를 동시에 드러냈다. 그 사건의 발단은 파리 주재 독일 무관 막시밀리안 폰 슈바르츠코펜(Maximilian von Schwartzkoppen) 대령의 휴지통에서 나온 내용물이었다. 1894년 8월 27일 저녁 바스티앙 부인이 무관 방에서 나온 최신 폐지를 건네주고 100프랑을 받았는데, 그 장소가 마침 전쟁부 맞은편에 있는 성녀 클로틸드(Sainte-Clotilde) 성당이었다. 그러나 대사관 침투의 책임자인 앙리 소령은 그 이틀 전에 자신의 고향 페론(Péronne)으로 한 달 동안 사냥 휴가를 떠나고 없었다. 앙리는 9월 25일 복귀한 후 며칠 지나서 슈바르츠코펜의 문서를 검사했다. 앙리는 휴지통에서 나온 핵심 문서가 프랑스 신형 대포의 기술적 제원과 기타 군사기밀 첩보를 제공하기로 약속하는 무기명 각서를 찢은 것이라고 빠르게 결론을 내렸다. 익명의 반역자가 '기동훈련으로 출타'한다고 보고한 것을 보면 그 반역자는 프랑스 육군 장교임이 분명했다. 앙리는 그 문서를 통계과의 반유대주의 과장인 장 상데르(Jean Sandherr) 대령에게 가져갔다.

앙리, 상데르와 그 동료들은 몰랐지만, 각서 작성자는 큰 빚을 진 페르디낭 에스테라지(Ferdinand Esterhazy) 소령이었다. 에스테라지는 7월 20일 슈바르츠코펜에게 군사기밀을 팔겠다고 처음으로 제의를 했었다. 10월 13일부터 에스테라지는 2주에 한 번씩 독일 대사관을 방문해 군사기밀문서를 갖다 주었는데, 때로는 그 문서에 자신의 논평을 달기도 했다. 어떤 문서에 그는 자신이 배반한 프랑스군에 관해 경멸조로 적었다. "무대장치는 대체로 멋지고 기만적이다. 사람들은 그 뒤에 무언가가 있다고 생각하지만, 속을 들여다보면 아무것도 없다!"

가장 편리한 희생양은 총참모부 내 유일한 유대인 장교 알프레드 드레퓌스 (Alfred Dreyfus) 대위였다. 11월 1일 2주 전에 드레퓌스가 체포되었다는 뉴스가 프랑스 언론에 보도되었다. 새로울 게 없는 그 사건은 암호해독의 실수로 새롭게 조명되었다. 11월 2일 파리 주재 이탈리아 무관 알레산드로 파니자르디 (Alessandro Panizzardi)가 로마로 전문을 발송했다. 그 전문의 결론에 따르면, "드레퓌스 대위가 우리와 관련이 없다면, 언론의 언급을 피하기 위해 [이탈리아] 대사에게 공식적인 부인 성명을 발표하도록 지시하는 것이 상책일 것이다". 케 도르세의 '검은 방'은 이미 파니자르디의 과거 전문을 다수 해독했었지만, 그가 11월 2일 새 암호를 사용하는 바람에 암호해독관들이 전문을 푸는 데 1주일 이상 걸렸다. 바즈리가 해독에 관여한 것이 거의 확실했다. 바즈리가 1894년 9월 29일부터 이듬해 2월 26일까지 외무부에 파견되었다는 인사기록과 새 이탈리아 암호를 풀기가 어려웠다는 점에 비추어, 틀림없이 그에게 도움을 요청했을 것이다. 11월 6일 '검은 방'은 잘못 결론 내린 잠정적 해독물을 상데르에게 보냈다. '검은 방'은 '언론의 언급을 피하기 위해'를 '우리의 사절이 경고를 받았다'로 해석했는데, 이는 드레퓌스가 이탈리아 정보 사절과 접촉했었음을 함축하는 것이었다. 11월 10일 암호해독관들은 마침내 전문을 완전히 정확하게 해독한 버전을 생산했다. 그러나 그것은 드레퓌스의 유죄를 입증하기보다 무죄를 밝혀주는 내용이었기 때문에 상데르가 받아들이지 않았다. 해독물의 정확한 버전은 12월 부실하게 진행된 드레퓌스 재판의 판사들에게 비밀리에 제출된 증거목록에 포함되지 않았으며, 드레퓌스는 대역죄로 평생 추방을 선고받았다. 이후 몇 년에 걸쳐 프랑스 군사정보 장교들에 의해 또는 그들을 위해 일련의 불법 위조물이 생산되었다. 그것은 드레퓌스의 선고를 이끌어낸 실수와 기만을 감추고 그의 유죄를 입증하려는 의도였다. 그런 불법 위조물 가운데 다음과 같은 가짜 버전의 파니자르디 전문이 있었다. "드레퓌스 대위가 체포되었음. 장관이 그의 독일 관련 증거를 가지고 있음. 극비리에 각 당사자에게 통보됨. 나의 밀사도 경고를 받음."

의회민주주의 체제에서 정보수장이 교체된 역대 사례 가운데 1895년 7월 상데르의 후임 통계과 과장에 조르주 피카르(Georges Picquart) 대령이 임명된 경우처럼 인권 사건에 큰 차이를 만들어낸 사례는 거의 없다. 1년 만에 피카르는 드레퓌스가 아니라 에스테라지가 총참모부 내의 독일 스파이라는 증거를 발견했다. 피카르가 참모총장 라울 드 부아데프르(Raoul de Boisdeffre) 장군과 '제2국' 국장 샤를 아르튀르 공스(Charles-Arthur Gonse) 장군에게 이 사실을 보고했는데, 그들은 드레퓌스 사건을 재론하지 말라고 그에게 지시했다. 공스는 "한 유대인이 '악마의 섬'에 추방되어 있다고 해서 그것이 당신과 무슨 상관이오?"라고 물었다. 여러 문서가 추가로 위조된 것은 드레퓌스의 유죄를 입증하고 피카르의 신뢰를 떨어뜨리려는 의도에서였다. 달리 정의를 확보할 방도가 없는 피카르는 주요 프랑스 정보관으로서 최초의 내부 고발자(whistle-blower)가 되었다. 그는 1987년 말 상원 부의장 오귀스트 쇠레-케스네(Auguste Scheurer-Kestner)에게 브리핑했을 뿐 아니라 에밀 졸라(Émile Zola)에게도 자료를 주었다. 에밀 졸라는 1898년 1월 그 자료를 바탕으로 「나는 고발한다…!(J'Accuse…!)」라는 공개편지를 프랑스 대통령에게 보내 드레퓌스 사건의 공식적인 날조를 비난했다. 피카르는 육군에서 해직되었고 부당하게 위조죄로 기소되었으며 1년 이상 군 교도소 독방에 수감되었다. 드레퓌스는 1899년 사면되었으나, 그의 유죄판결이 파기된 것은 1906년이었다. 그해 신임 수상이 된 조르주 클레망소(Georges Clémenceau)는 8년 전 자신의 신문에 에밀 졸라의 「나는 고발한다…!」를 게재한 인물이었다. 피카르는 클레망소 정부에서 전쟁장관에 임명되어 3년 동안 재임했다. 클레망소가 말하기를 "드레퓌스는 희생자였지만, 피카르는 영웅이었다".

1896년 피카르가 드레퓌스의 유죄판결을 뒤엎으려는 운동을 시작했을 무렵, 가브리엘 아노토(Gabriel Hanotaux) 외무장관의 승인을 받아 헝가리 귀족 쥘드 발라시-벨바타(Jules de Balasy-Belvata)가 프랑스 스파이로 채용되었다. 이후 10년 동안 발라시는 수백 건의 보고서를 아노토와 그의 후임자 테오필 델카세(Théophile Delcassé)에게 발송했다. 그 기간의 대부분 동안 발라시는 파리 주재 독일 대사관을 위해서도 활동했다. 세기가 바뀔 무렵, 그는 독일 대사관에서 매년 6,000프랑을 받았으며, 케 도르세에서 받는 돈은 그 두 배가 넘었다. 1903년 파리 주재 독일 대사 후고 폰 라돌린(Hugo von Radolin) 공은 "대개 틀린 것으로 판명되는 발라시의 '환상적인 첩보'가 대사관에 무익하다"라는 결론을 내렸다. 발라시의 첩보는 케 도르세에서도 별 도움이 못 되었던 것 같다. 그러나 발라시는 인상적인 범위의 고위 인사들을 접촉한다고 주장해 아노토와 델카세에게 감명을 주었다. 그의 보고서에 인용된 주요 인사들을 보면 독일 외무장관(뒤에 수상이 되었다) 베른하르트 폰 뷜로, 독일 외무부의 영향력 있는 정치국장 프리드리히 폰 홀슈타인(Friedrich von Holstein), 오스트리아-헝가리 제국의 외무장관 아게노르 마리아 골루초브스키(Agenor Maria Goluchowski) 백작, 영국의 장수 식민장관 조지프 체임벌린(Joseph Chamberlain) 등이었다. 발라시가 이들을 포함한 여러 정책결정자와 나누었다는 대화는 대부분 틀림없이 간접 첩보나 그의 상상에 기초한 것이었을 것이다(그런 대화가 기록된 다른 출처가 전무하다).

암호해독관들은 제1차 세계대전 이전의 프랑스 외교정책에 스파이들보다 훨씬 더 큰 영향을 미쳤다. 케 도르세의 '검은 방'이 대단한 영향을 미친 양대 사건이 있었는데, 하나는 19세기 말 영국-프랑스 간 제국주의가 마지막으로 충돌한 1898년의 위기로서 워털루 전투 이후 가장 심각한 위기였다. 다른 하나는 1905년 발생한 프랑스-독일 간 위기로서 제1차 세계대전 이전의 첫 대립이었다. 초기 단계의 드레퓌스 사건과 마찬가지로, 바즈리에게 책임이 있을 일부 부정확한 암호해독이 영국-프랑스 간의 위기를 가일층 복잡하게 만들었다. 그 위기의 발단은 장-바티스트 마르샹(Jean-Baptiste Marchand) 소령이 이끄는 8명의 프랑스군 장교와 120명의 세네갈 병사들이 프랑스령 서부 아프리카에서 출발해 2년간의 영웅적 여행 끝에 1898년 7월 10일 나일 강 상류 수단의 폐허가 된 파쇼다(Fashoda) 요새에 도착한 것이었다. 그들은 9월 18일 영국의 허버트 키치너(Herbert Kitchener) 장군이 지휘하는 대군과 마주쳤다. 당시 키치너는 수단을 영국-이집트의 통제하에 두는 작업을 하고 있었다. 한 영국군 장교가 마르샹의 부하들을 업신여기는 글을 썼다. "불쌍한 프랑스 개구리들은 사실상 우리의 포로다. 그들은 한 발짝도 움직일 수 없다."

파쇼다에서 키치너가 마르샹과 마주쳤다는 뉴스가 9월 26일 유럽에 전해지자 외교적 위기가 본격화되었다. 4일 뒤 위기의 고비에서 케 도르세의 '검은 방'이 파리 주재 이탈리아 대사가 로마에 보낸 전문을 절취해 부정확하게 해독했다. 신임 외무장관 델카세에게 보고된 그 해독물은 마르샹의 철수를 요구하고 프랑스가 거부하면 전쟁을 위협하는 공식 최후통첩을 전달하라는 지시가 영국 대사 에드워드 몬슨(Edward Monson) 경에게 내려졌다는 부정확한 내용이었다. 델카세는 프랑스 정부가 마르샹에게 파쇼다를 떠나라는 지시를 내려야 한다는 것을 잘 알고 있었지만, 영국의 최후통첩을 받고서 그렇게 지시하는 굴욕을 몹시 피하고 싶었다. 9월 30일 외무부로 불려간 몬슨은 감정에 사로잡힌 델카세를 보았다. 몬슨이 말을 꺼내기도 전에 델카세가 프랑스 국가 위신이 희생되는 일을 요구하지 말라고 간청하기 시작했다. 그리고 몬슨이 지니고 있지도 않은 최후통첩을 전달하지 않자, 델카세는 프랑스 외교가 위대한 승리를 성취했다고 생각했다. 델카세는 "후대 사람들이 1898년 9월 30일을 마땅히 역사적인 날로 간주할 것"이라고 아내에게 편지를 썼다. 그리고 그는 "사람이 완전한 의미의 애국을 실현하는 이런 때가 더러 있다"라고 과장되게 부언했다. 참을 수가 없었던 델카세는 결국 자신이 승리했다는 뉴스를 언론사 친구들에게 누설하고 말았다.

'검은 방'의 그러한 실수는 옥타브 옹베르(Octave Homberg)가 1903년 그 수장으로 부임한 후에는 나오지 않은 것으로 보인다. 옹베르는 파쇼다 위기 때의 해독 오류에 관해서는 몰랐겠지만, 드레퓌스 사건 때의 파니자르디 전문이 처음에 잘못 해독됨으로써 피해가 초래된 것을 알았다. 그래서 그는 정확성을 보장할 수 없는 해독물은 외무장관에게 전달하지 않는다는 것을 철칙으로 삼았다.[5] 신호정보(SIGINT)가 제1차 세계대전 이전의 프랑스 외교정책에 미친 영향에 관한 연구는 정부의 검열에 의해 큰 제약을 받았다. 1929~62년 기간 동안 프랑스 외무부가 공식적으로 출간한 여러 권의 『프랑스 외교문서』(1871~1914년)에는 암호해독 관련 문서가 포함되지 않았다. 하나뿐인 예를 들자면, 1913년 9월 30일 '정무국장(directeur des affaires politiques)'이 쓴 비밀보고서(현재 케 도르세 아카이브에서 검색할 수 있다)는 다음과 같은 결론을 내리고 있다. "어제 해독된 전문에 따르면, 이탈리아 정부는 지중해의 세력균형에 관한 협상이 가능한 한 총선 전에 조속히 재개되기를 바라고 있다." 『프랑스 외교문서』 편집자들은 이 문장을 그 보고서의 출간 버전에서 제외했다. 대신 그들은 다음과 같이 암호해독에 관해 아무런 언급이 없는 편집자 주로 대체했다. "이탈리아 정부는 지중해의 세력균형에 관한 협상이 가능한 한 총선 전에 조속히 재개되기를 바라고 있다고 믿을 이유가 정무국장에게 있었다." '검은 방'의 1914년 이전 기록은 사라진 것으로 보인다. 그러나 '검은 방'의 역할과 영향력은 델카세 외무장관, 레몽 푸앵카레(Raymond Poincaré) 대통령 등의 개인 문서 외에 쉬르테와 군부 파일을 통

---

5    이탈리아 전문이 잘못 해독되어 델카세 외무장관이 기만에 빠진 다른 사례가 1901년 발생했었다.

해서도 부분적으로 재구성될 수 있는데, 이런 자료에서는 중요한 신호정보와 관련된 기록이 '제거되지' 않았다.

스파이 보고서들도 『프랑스 외교문서』에서 제외되었다. 그러나 발라시의 한 보고서는 델카세에게 상당한 감명을 준 것으로 보인다. 발라시의 보고에 따르면, 1903년 11월 20일 조지프 체임벌린은 그와의 사적인 회동(실재하지 않은 것이 거의 확실하다)에서 영국·프랑스·러시아의 삼국협상(Triple Entente)이 언젠가 세계의 운명을 결정할 것이라는 자신의 견해를 털어놓았다. 이것은 델카세가 듣고 싶었던 바로 그 정보였다. 당시 델카세의 주된 정책 목표는 영국-프랑스 화친 협상(Entente Cordiale)이었다. 1904년 4월 마침내 델카세가 화친 협상을 타결했으며, 이는 3년 뒤 삼국협상으로 이어졌다. 발라시가 지어낸 1903년 11월 20일 대화의 신빙성이 크게 높아진 것은 몇 주 지나 델카세가 카이로 주재 대리대사로부터 보고를 받고난 뒤였다. 그 보고에 따르면, 남아프리카로 가는 길에 이집트에 들른 체임벌린이 프랑스와의 협상 및 프랑스의 동맹국 러시아와의 화해를 내각에 제안했었다고 한다. 체임벌린은 내각에서 물러났으나 여전히 영국에서 가장 영향력이 큰 정치인에 속했다. 파리 주재 독일 대사관과는 달리, 델카세는 발라시가 가끔은 그럴듯하지만 한낱 사기꾼이라는 사실을 깨닫지 못했다.

프랑스 총참모부 '제2국(Deuxième Bureau)'이 보기에 전전의 군사 정보활동에서 가장 뛰어난 스파이는 '복수자(the Avenger)'라는 가명을 쓰는 독일 총참모부의 고위 장교였다. 여러 고급 호텔에서 '복수자'를 세 번 만난 프랑스군 장교의 보고에 따르면, 그는 자신의 정체를 감추려고 머리를 온통 붕대로 감쌌다. 붕대로 가려진 그의 얼굴에서 보이는 부분은 날카로운 눈과 (가짜였을) 프로이센 콧수염뿐이었다. 1904년 4월 25일 프랑스 육군참모총장 장-마리 팡데제(Jean-Marie Pendézec) 장군이 케 도르세를 방문해 극비 사안을 담당하는 부국장 모리스 팔레올로그(Maurice Paléologue)에게 경고했다. 그 경고의 내용은 '복수자'가 프랑스와의 전쟁 시 독일의 공격 계획을 제공함으로써 벨기에를 거쳐서 주된 공격을 개시할 그들의 의도가 드러났다는 것이었다. 팡테제가 팔레올로그에게 묻고 답했다. "우리가 그런 공격을 막을 수 없다는 것을 내 입으로 말해야 합니까? 우리는 곧바로 제압당할 것입니다." '복수자'는 조국을 배반한 동기가 자신의 가명이 암시하듯이 복수하고 싶은 욕심 때문이라고 주장했다. 그러나 그는 또한 6만 프랑을 요구해 받아냈다. 그가 제공한 정보의 출처는 결코 만족스럽게 밝혀진 적이 없다. 벨기에를 거쳐 공격한다는 '슐리펜 계획(Schlieffen Plan)'이 1914년 8월 독일이 감행한 공격의 토대가 되었지만, 그 공격 계획은 '복수자'가 제공하고 2년이 지난 후인 1906년까지 완성되지 않았었다. '복수자'의 기이한 행동과 그가 금전적 동기를 감추려고 한 것은 그가 제공한 정보가 진짜였는지를 더욱 의심하게 만든다. 벨기에를 경유하는 독일의 공격 가능성에 관한 추측은 프랑스 내에 오래전부터 있었으며, 그가 이러한 추측에서 영감을 받아 공격 계획을 지어냈을 가능성이 다분히 크다. 그 추측은 결과적으로 '슐리펜 계획'과 아주 흡사했다. 이와 비슷한 후일의 사례로, 양차 세계대전 사이에 서방 정보기관에 팔린 공산주의 인터내셔널(코민테른)의 위조 통신문이 진짜 코민테른 문서와 아주 흡사했던 것을 들 수 있다. 1905년 '복수자'의 신뢰성이 제고된 것은 그가 '제2국'에 보고한 내용이 정확했기 때문이었던 것으로 보인다. 그 보고에 따르면, 그가 보고하기 석 달 전인 1904년 1월 독일 황제(카이저)가 특유의 심한 허풍을 떨면서 벨기에 국왕 레오폴드(Leopold) 2세에게 직접 다음과 같이 요구했다고 한다.

평시인 지금 발표할 서면 선언의 취지는 전쟁 시 벨기에가 우리 편에 서야 하며 이를 위해 벨기에 왕은 무엇보다도 벨기에 철도와 요새지 사용을 우리에게 보장해야 한다는 것입니다. 만일 벨기에 왕이 그렇게 하지 않을 경우, 황제 폐하는 그의 영토나 왕조를 보장할 수 없을 겁니다. 그런 일이 일어나면 우리는 즉각 벨기에를 침공할 것입니다.

레오폴드 2세는 카이저의 장광설에 기겁한 나머지 떠나려고 일어서면서 헬멧을 앞뒤 거꾸로 쓰는 바람에 독수리가 뒤를 향했다. 제1차 세계대전 발발 시의 아이러니는 '복수자'의 폭로에 따라 팡데제가 경보를 울렸음에도 불구하고, 프랑스군 고위 지휘부가 벨기에를 경유한 독일의 침공을 받고 깜짝 놀랐다는 사실이다.

제1차 세계대전 이전 10년 동안 강대국들이 겪은 군사적·정보적 재난 가운데 최대의 재난은 1904~05년 주로 만주에서 벌어진 러-일 전쟁에서 러시아가 패배한 것이었다. 러시아가 유럽에서 누린 정보활동의 우월성이 극동에서는 통하지 않았다. 러시아의 극동 주재관들은 대부분 동양어를 할 줄 몰라 어쩔 수 없이 통역 등의 중개자를 통해 일을 해야 했기 때문에 정보수집에 제약을 받았다. 일본의 기동훈련을 참관한 서방 주재관 등은 일본 군부가 보여주고 싶은 것만 보도록 허용되었다. 이와 대조적으로 일본은 뤼순(Port Arthur; 旅順)에 있는 러시아의 극동 해군기지에 수많은 스파이들을 부리고 있었으며 이들이 러-일 전쟁이 개시된 1904년 8일 밤 기습적인 뤼순 공격을 성공으로 이끌었다. 그 공격에서 러시아 전함 두 척과 대형 순양함 한 척이 어뢰로 격침되었고, 러시아 태평양함대가 뤼순항에 갇히게 되었다. 이후 일본 군대는 저항 없이 한국에 상륙하고 압록강을 건너 만주로 진출할 수 있었으며, 해상과 육상으로 뤼순을 포위할 수 있었다.

일본에 대한 러시아의 전략적 정보평가가 지닌 주된 약점은 일본군을 과소평가한 데 있었다. 그 정도가 너무 심해서 인종주의라고 표현해야 마땅하다.

일본이 대승을 거둔 1905년 5월의 쓰시마 해전 100주년을 맞아 발표된 '일본 승리의 주요 원인' 평가에서 일본 방위청(2006년 방위성으로 승격_옮긴이) 통합막료감부 국장인 코다 요지(Yoji Koda) 해군 중장은 인종주의가 러시아 패배의 주된 이유라고 규명했다.

러시아인들은 자신들의 국력을 과대평가하고 일본의 국력을 무시했으며, 일본 국민을 자극했다—많은 러시아인, 특히 차르 니콜라이 2세가 일본 국민을 '아시아의 작은 황색 원숭이들'이라고 불렀다. 그들은 일본 또는 일본 국민을 면밀하게 조사하지 않았다. 두 나라 국력에 상당한 차이가 있었기 때문에 러시아인들은 일본의 안보 우려가 무엇이든 간에 일본은 결코 전쟁을 택하지 않을 것이라고까지 생각했다. 일본에 관한 지식이 부족했기 때문에 애당초 그들은 일본이 전쟁을 벌일 수 없다고 낙관했다. 전쟁이 발발하더라도 그들은 허약하고 야만적인 일본군을 첫 일격에 때려눕힐 것이라고 느꼈다.

니콜라이 2세에게는 일본인을 경멸하는 개인적인 이유가 있었다. 1891년 그가 황태자로서 일본을 방문했을 때, 정신이상자인 호위경찰관 쓰다 산조(Tsuda Sanzo)가 군도(軍刀)로 그를 암살하려고 했다. 황태자가 목숨을 건진 것은 오직 그의 사촌 요르요스 그리스·덴마크 왕자(Prince George)의 빠른 판단 덕분이었을 것이다. 요르요스는 자신의 지팡이로 두 번째 내리치는 군도를 막아냈다. 니콜라이 2세의 이마에는 9cm 길이의 흉터가 남았다. 1914년 사라예보에서의 프란츠 페르디난트와 달리, 그는 남은 방문 일정을 모두 취소했다.[6]

러시아 전쟁장관 알렉세이 쿠로파트킨(Alexei Kuropatkin) 장군은 1903년 여

---

6    일왕이 직접 사과하고 내무상과 외상이 사퇴했지만, 쓰다는 고작 무기징역을 선고받았다.

름 극동 시찰 여행에서 돌아와 "만사가 순조로우며, 일본군은 우리에게 심각한 위협이 되지 않는다"라고 보고했다. 그는 뤼순은 10년 공격에도 끄떡없을 것이라고 주장했다. 러시아의 해군 무관들은 일본군을 멸시하는 군 지휘부에 비해 일본 함대를 훨씬 덜 무시했다. 이는 부분적으로 프랑스 조선소에서 건조되고 있는 일본 선박에 관해 프랑스 해군으로부터 정보를 받은 결과였다. 프랑스 해군은 일본 해군에 관한 자신들의 관찰과 결론을 러시아 측에 전달했다. 일본 지도부는 쿠로파트킨과 차르가 일본의 군사력을 과소평가한 것처럼 러시아 군사력을 과소평가하지 않았으며, 오히려 더 파악하기 위해 무진 애를 썼다. 예컨대, 전쟁을 벌이기에 앞서 뤼순에 스파이망을 구축했다. 코다 요지 해군 중장은 러-일 전쟁 시 일본의 정보수집과 그 활용은 제2차 세계대전 때보다 훨씬 더 뛰어났다는 결론을 내리고 있다.

러-일 전쟁 기간에 영국령 인도(British Raj)는 정보수집을 확대하는 데 런던의 본국 정부보다 더 큰 관심을 기울였는데, 이는 러시아가 영국의 지배에 반대하는 인도인들과 접촉하는 것을 두려워했기 때문일 것이다. 1904년 암호해독 경험이 전혀 없었다는 두 인도군 장교 처치(G. R. M. Church) 소령과 팔머(G. S. Palmer) 대위가 심라(Simla, 인도 북부 편자브 주의 도시_옮긴이)로 파견되어 인도 전신선을 타고 전달되는 러시아 메시지를 절취해 해독하는 업무를 조직해 시도했다.[7] 총독 대행 앰프실(Ampthil) 경은 "전신 등에 의한 통신을 규칙적으로 절취하는 것은 영국의 모든 관행에 반한다"라고 우려했지만 결국 설득당해 그들을 파견하는 데 동의했다. 그들은 러시아의 만주 주둔군 총사령관, 이란 주재 러시아 영사 등의 암호통신을 해독하는 데 성공했는데, 아마 저급 암호가

---

7    처치는 일찍이 아덴(Aden, 예멘 남부의 항구도시_옮긴이)에서 전신 검열관으로 근무했었으며, 팔머는 러시아어에 능통했다.

사용된 통신이었을 것이다.

그러나 영국령 인도의 암호해독은 러시아와 프랑스 양국 '검은 방'의 암호 해독과 비교하면 별것 아니었다. 파리에 있는 오크라나 해외국의 이반 마나세비치-마누일로프(Ivan Manasevich-Manuilov)와 프랑스 보안기관 쉬르테가 합동 공작을 벌인 데 이어, 양국의 '검은 방'이 러-일 전쟁 기간에 협업하기 시작했다. 그때까지 마나세비치-마누일로프의 주된 역할은 ≪르 피가로(Le Figaro)≫, ≪레코 드 파리(L'Écho de Paris)≫, ≪르 골루아(Le Gaulois)≫ 등 프랑스 주요 신문을 매수하는 일이었던 것 같다. 그러한 언론 매수의 목적은 러시아의 정책에 대한 언론의 지지를 확보하고 프랑스 투자자들이 계속 러시아 정부 공채(볼세비키 혁명 후 전부 손실로 처리되었다)에 대거 투자하도록 고무하는 것이었다. 마나세비치-마누일로프는 1904년 초 쉬르테와 협업해 일본 대사관에서 (당시에는 영어로 된) 외교암호 조각들을 빼내는 데 성공했다. 케 도르세와 쉬르테 양쪽 '검은 방'을 겸직하는 바즈리는 그 조각들을 이해할 수 없었다. 처음으로 그의 쉬르테 부하인 자크-폴-마리 아베르나(Jacques-Paul-Marie Haverna) 총경이 바즈리가 실패한 부분에서 성공했다.[8] 아베르나는 '조수'의 도움을 받아 페이지당 100줄씩 총 1,600페이지에 이르는 일본 암호책 거의 전부를 재조립하는 방대한 작업을 해냈다. 델카세의 추천으로 그는 케 도르세의 '비밀기금'에서 나오는 포상금뿐만 아니라 '레종 도뇌르(Légion d'honneur, 프랑스 최고의 훈장_옮긴이)'도 받았다. 아베르나가 보고서에서 밝히지 않은 그의 '조수'는 여러 언어를 구사하는 러시아 암호해독관 블라디미르 크리보시-네마니치(Vladimir Krivosh-Nemanich)였다. 상트페테르부르크 '검은 방' 출신인 그는 상트페테르부르크대

---

8    저자 크리스토퍼 앤드루(Christopher Andrew) 교수가 최초로 일본 암호의 해독을 논의한 문헌은 오크라나 해외국과의 협업에 관해 언급이 없는 프랑스 아카이브만 사용했다. 이후 러시아 출처에서 파리 주재 일본 대사관 침투와 관련된 마나세비치-마누일로프의 역할이 드러났다.

학교와 소르본대학교에서 공부했었다. 일본 암호해독의 주된 공로를 차지해야 마땅한 크리보시-네마니치는 나중에 경험이 미숙한 아베르나와 일하지 않고 러시아 정보기관 근무로 돌아갔다. 이것은 러시아와 프랑스 암호분석관들 간의 협업을 보여주는 첫 사례였다. 아베르나와 크리보시-네마니치 간의 협업 덕분에 러-일 전쟁 내내 델카세와 러시아 외무부는 도쿄와 파리 주재 일본 대사관 간의 외교 전문 대부분과 타지 대사관 전문 일부를 해독물로 공급받았다. 델카세는 1905년 봄 러시아의 내밀한 요청으로 러-일 전쟁을 중재하기 시작했는데, 그 해독물 덕분에 그는 자신의 중재 시도에 대한 일본 측 반응을 상세히 추적할 수 있었다.

1905년 케 도르세의 '검은 방'은 프랑스-독일 간의 제1차 모로코 위기 기간에 독일의 외교 전문을 해독함으로써 대단한 성취를 이룩했다. 그 위기는 모로코를 자국 보호령으로 만들려는 프랑스의 시도에 독일이 반대함으로써 촉발되었다. '검은 방'의 해독물 가운데 가장 극적인 것은 4월 26일 파리 주재 독일 대사관이 베를린에 보낸 전문이었다. 그 전문은 프랑스 수상 모리스 루비에(Maurice Rouvier)가 위기 해소를 위해 델카세의 해임을 제의했다고 베를린에 보고했다. 델카세는 그 해독물을 가지고 루비에와 맞서지 않고—만일 맞섰더라면 독일인들로 하여금 자신들의 암호가 풀렸다는 것을 알게 만들 위험이 있었다—대신 자신은 러-일 전쟁을 중재할 계획이기 때문에 외무장관직을 유지하는 것이 중요하다고 루비에를 설득했다. 5월 말 쓰시마 해전에서 일본 해군이 거둔 승리는 몽골 제국 시절 이후 처음으로 아시아가 서방 강대국을 패퇴시킨 것이었으며, 그 결과 러시아로서는 화평을 청하는 것 외에 다른 선택이 없게 되었다. 당연히 러시아가 선호하는 중재자는 아직 델카세였다. 그러나 베를린으로서는 델카세가 중재할 것이라는 전망 때문에 그의 해임을 압박할 이유가 더 생겼다. 6월 6일 독일의 최후통첩을 받은 루비에는 델카세의 사퇴를 요구해 받아냈다.

델카세가 스스로 결정한 유일한 복수는 루비에 수상이 자신의 해임을 제의했다는 독일 전문을 루비에에게 보여주는 것이었다. 케 도르세의 델카세 후임자는 6년 뒤 제2차 모로코 위기 기간에 델카세보다 덜 신중했다.

델카세는 사임하기 직전에 '독일이 모로코에서 의도하는 바'에 관한 정보를 러시아에 요청했었다. 람스도르프 러시아 외무장관은 파리 주재 대사에게 말했듯이 '독일 수상 뷜로가 모로코 문제에 관해 [상트페테르부르크 주재 대사] 알벤슬레벤(Alvensleben) 백작에게 보낸 비밀전문 사본을 극비리에' 자신의 동맹국 파트너에게 제공하는 것이 자신의 임무라고 생각했다. 델카세가 사임했기 때문에 그 해독된 전문은 6월 6일부로 외무장관을 겸직한 루비에 수상에게 전달되었다. 이에 대한 보답으로, 루비에는 쉬르테의 '검은 방'이 해독한 모든 일본 전문을 러시아에 제공하라고 쉬르테에 지시했다. 러-일 전쟁 기간에 상트페테르부르크 주재 일본 대사관이 폐쇄된 상황에서 러시아로서는 도쿄와 파리 주재 일본 대사관 사이의 전시 외교통신 해독물이 중요한 정보 출처였다. 델카세가 사임한 후 1905년 8월과 9월 미국 뉴햄프셔 주 포츠머스(Portsmouth)에서 시어도어 루스벨트(Theodore Roosevelt) 대통령 중재로 러-일 평화협상이 열렸다. 그 협상 기간에 상트페테르부르크의 '검은 방'은 미국의 국무부와 주러시아 대사관 사이의 통신을 해독함으로써 미국의 중재 정책을 계속 추적할 수 있었다.[9]

그러나 프랑스-러시아 간 정보협업은 오크라나 해외국의 파리 주재관 이반 마나세비치-마누일로프—일본 대사관에서 암호 자재를 빼낼 때 크게 활약했었다—가 연루된 사건으로 일시 중단되었다. 1905년 7월 11일 오크라나는 그를 상트페테르부르크로 소환했는데, 부패 혐의로 소환된 그는 결국 해임되었다. 케 도르

---

9    러-일 평화협상 중재에 관한 미국 국무부의 공식 기술에는 러시아의 미국 암호해독에 관한 언급이 없다. 그 평화협상은 1905년 9월 포츠머스조약으로 귀결되었다.

세는 오크라나와의 협력 중지를 결정했던 것 같다. 바즈리는 쉬르테가 계속해서 일본 해독물을 오크라나 해외국을 통해 상트페테르부르크로 송부하고 있다는 것을 알고 쉬르테 국장 르네 카바르(René Cavard)에게 해명을 요구했다. 카바르는 비밀리에 추진하라는 루비에의 지시를 받았었지만 폭로하지 않았다. 케도르세(외무부)는 쉬르테 내에서 중대한 보안 누설이 있었다는 결론을 내리고, 바즈리에게 쉬르테 '검은 방'과의 모든 접촉을 중단하라고 지시했다. 이후 바즈리는 외무부에 전속 근무하라는 명령을 받았다.

이후 대전 발발 시까지 8년 동안 경쟁하는 프랑스의 두 '검은 방'은 서로 독립적으로 상당한 분량의 외교통신을 해독했다. 그들은 때때로 똑같은 외교통신을 해독했지만 서로 결과물을 보여주지 않았다. 이 기간의 수상은 대개 내무장관(쉬르테를 관장했다)을 겸임했기 때문에 수상과 외무장관이 똑같은 외교 전문(특히 스페인과 이탈리아 전문) 해독물을 각기 다른 출처에서 수취하는 기묘한 상황이 가끔 발생했다. 아베르나의 후일 기록에 따르면, "외무부는 내무부[쉬르테]에서 스페인과 이탈리아 외교 발송물을 해독하고 있다고 유감을 표명했다. 내무부의 집요함을 쉽게 이해할 수 있는 이유는 내무부가 그런 일을 함으로써 외무부가 담당하는 문제도 알게 되기 때문이다".

러시아 외무장관과 전쟁장관 간의 관계가 소원했음에도 불구하고, 그런 부처 간 반목이 세계 최고의 신호정보 기관인 상트페테르부르크 '검은 방' 업무에 지장을 주지는 않았다. 외교 해독물 가운데 차르에게 가장 깊은 인상을 준 것은 독일 전문이었던 것 같다.[10] 독일 수상 베른하르트 폰 뷜로는 상트페테르부르크 주재 독일 대사 프리드리히 폰 푸르탈레스(Friedrich von Pourtalès)에게 보낸

---

10    러시아 외무부 아카이브에 있는 수많은 해독물에 관해서는 여전히 상세한 연구가 필요하다. 이 책을 쓸 때, 이 아카이브는 건축 공사로 인해 여러 해 동안 폐쇄된 상태였다.

암호 전문(그는 전문의 비밀성이 유지될 것이라고 잘못 생각했다)에서 영국, 프랑스와 러시아가 1904년 '화친 협상'과 1907년 삼국협상으로 서로의 차이를 해소하는 데 성공함으로써 독일의 국제적 위상이 저하되었다는 자신의 견해를 공개 석상에서보다 훨씬 더 솔직하게 피력했다. 푸르탈레스가 러시아 외무부를 상대할 때 보인 공손한 태도는 해독된 전문 속 뷜로가 보인 때로는 위압적인 어조와 대조를 이룬다. 예를 들어, 1909년 뷜로 수상은 오스트리아-헝가리 제국이 과거 터키 땅이었던 보스니아-헤르체고비나 지방을 병합한 데 대해(이 병합은 1908년 이루어졌다_옮긴이) 러시아의 '무조건적' 동의를 받으라고 대사에게 지시했다. "가부 간의 정확한 대답을 받으시오. 얼버무리고 불명확하게 대답하거나 조건부로 대답하는 것은 거부로 간주할 것이오." 니콜라이 2세가 자신의 어머니 마리(Marie) 황태후에게 다음과 같은 편지를 썼을 때, 그는 틀림없이 뷜로 수상의 무례한 전문을 염두에 두었을 것이다. "독일인들이 우리를 대할 때 취하는 형식과 방법이 무례하다는 것은 사실이며, 우리는 그것을 잊지 않을 것입니다. 그들이 다시 한번 우리를 프랑스와 영국에서 떼어놓으려고 시도했으나 또다시 실패했다고 생각합니다. 그러한 방법은 일반적으로 정반대의 결과를 가져옵니다."

제23장

# 제1차 세계대전 직전의 정보활동

제1차 세계대전 직전 5년 동안 영국 정보활동이 소생한 것은 독일과의 해군 경쟁이 촉발한 것이었다. 1907년 과거 제국주의 경쟁국이자 나중에 전시 동맹국이 될 영국·프랑스·러시아 간에 삼국협상이 맺어진 후, 영국 안보에 대한 주된 위협은 독일의 대양함대(High Seas Fleet) 확장에서 비롯되었다. 빅토리아 시대 영국의 안보는 단연 세계 최대인 해군으로 바다를 지배하는 능력에 의존했다. 그러나 역설적으로 영국 해군이 1906년 새로운 전함 드레드노트(Dreadnought) 호를 진수한 후, 영국 해군은 이제 세계 패권을 당연시할 수 없었다. 드레드노트 호는 그 규모와 화력 면에서 모든 다른 전함을 구식으로 만들기에 이르렀다. 사정거리가 8마일이 넘는 12인치 함포 10문을 장착한 드레드노트 호는 종래의 전함 두 척 이상과 맞먹었다. 하루아침에 영국 해군의 기존 그랜드 함대(Grand Fleet)가 세계 각국의 해군과 마찬가지로 구식으로 보였다. 드레드노트급 전함을 건조하기 시작한 독일 대양함대가 곧 그랜드 함대를 따라잡고 영국의 안보를 지탱하는 해군의 우위를 위협할 것이라는 우려가 팽배했다. 대양함대의 확장에 따른 독일해군의 위협 우려는 그 함대가 기습적인 영국 침공에 사용될 것이며 독일 스파이들이 적극적으로 그 침공 루트를 준비하고 있다는 신화를 만들어냈다.

이른바 독일의 위협으로 유행하기 시작한 스파이 소설은 향후 한 세기 동안 영국이 세계 1위를 차지한 몇몇 창작예술 가운데 한 분야가 되었다. 에드워드 7세 시대(1901~10년)에 가장 성공한 스파이 소설가는 윌리엄 르큐(William Le Queux)였는데, 그는 높은 보수를 받는 수석 기우(杞憂) 작가 역할을 자임했다.

르큐의 문학적 재능이 빈약했음에도, 출판사들은 인기가 너무 좋은 그의 작품에 토머스 하디(Thomas Hardy)와 같은 등급의 원고료를 지급했다. 1906년 출판된 르큐의 베스트셀러 『1910년의 침공(The Invasion of 1910)』은 영국에서 열심히 활동하는 독일 스파이들이 어떻게 장래 침공을 준비하는지를 묘사했다. 그 책은 100만 부가 팔렸으며 독일어 등 27개 언어로 출판되었다. 『1910년의 침공』은 1906년 출판되기 전에 영국 최초로 대량부수를 발행한 신문 ≪데일리 메일(Daily Mail)≫ 지에 연재되었다. ≪데일리 메일≫은 다음날 조간에서 독일군이 영국의 어느 곳을 침공할지 보여주는 지도를 매일 발표했다. 신문사 사주인 노스클리프(Northcliffe) 경이 원작의 침공 루트에 반대했었는데, 그 이유는 너무 많은 마을이 그 루트에 포함되었으며 그런 곳은 ≪데일리 메일≫을 위한 시장이 작다는 것이었다. 발행 부수를 위해 침공 루트가 셰필드(Sheffield)에서 챔스퍼드(Chelmsford)에 이르기까지 되도록 주요 도시를 많이 포함하도록 변경되었다. 그 연재로 ≪데일리 메일≫의 일일 독자가 8만 명 증가했다. 나중에 르큐는 '독일의 침공' 유행에 편승해 '많은 돈과 명성을 획득한 모방자들'이 많다고 불평했다. [1]

황홀한 대성공을 거둔 르큐는 비밀 요원이자 대단한 방첩 요원(spycatcher)인 월터 미티(Walter Mitty)라는 가공인물을 만들어냈다. 미티는 '새로운 자발적 비밀정보국'의 한 구성원이 되었다. "6명의 애국지사가 비밀결사를 조직했다. 그들은 각자 자기 돈으로 독일 등지에서 유사시 우리 조국에 도움이 될 첩보를 수집하는 일에 착수했다." 르큐는 웃음거리가 된 자신의 수사—신원 미상이지만 실재하지 않았을 '유명한 형사'의 도움을 받았다고 한다—결과를 또 다른 베스트셀러 『카

---

1    그러나 르큐의 라이벌 중에서 가장 성공한 필립스 오펜하임(E. Phillips Oppenheim)은 독자적으로 '독일의 군국주의에 맞서는 십자군' 시리즈에 착수해 충분한 돈을 벌기 때문에 가업인 가죽 장사를 포기하고 영국에서 가장 다작하는 대중소설가로서 전업 작가 경력을 시작했다.

이저의 스파이들(Spies of the Kaiser)』로 1910년 출판했다. 설명은 없지만 '명백한' 이유로 인해 그는 실명과 날짜 공개를 자제했다. 그러나 르큐는 독자들을 안심시켰다. "나는 영국 사람이며, 애국자라고 자부한다. 내가 소설 형식으로 이 책에 쓴 것은 내가 개인적으로 아는 범위 내에서 진지한 사실에 기초한 것이다." 르큐는 줏대 없는 영국 당국이 조치하기를 거부하지만, 5,000여 명의 독일 스파이들이 영국에서 열심히 활동하고 있다고 불평했다. "6개월마다 '조사'가 행해져 매우 성공적인 모범 스파이들에게는 금전적 포상이 주어진다."

르큐를 비롯한 기우 작가의 베스트셀러 독자 가운데 흥분한 사람들이 독일 스파이에 관해 또는 독일 스파이처럼 수상쩍게 보이는 사람들에 관해 언론사에 수없이 제보한 결과, 전쟁부 일각에서 그런 제보를 진지하게 여기기 시작했다. 1907년 무렵 전쟁부의 독일 과장 윌리엄 스웨이츠(William Thwaites) 소령(나중에 소장으로 진급했다)은 독일 정보관들이 잉글랜드의 모든 카운티에서 활동하고 있다는 신문 보도 속에 '상당한 진실'이 있다고 확신했다. 군사작전 국장 존 스펜서 이워트(John Spencer Ewart) 소장(나중에 중장으로 진급했다)도 독일이 '수많은 요원과 스파이'를 영국에 쏟아붓고 있다고 믿었다. 연로한 군대 영웅이자 빅토리아 십자무공훈장(VC)을 받은 육군 원수 로버츠(Roberts) 경(르큐와 협업해 독일의 침공 루트를 작성했다)과 일부 보수당 다선 의원들이 후원하는 언론 캠페인에 설득당한 자유당 정부는 침공 위협을 검토하기 위한 소위원회를 제국방위위원회(Committee of Imperial Defence: CID, 보어전쟁 이후 제2차 세계대전 발발 시까지 존속한 정부 기관으로서 군사전략을 검토·조정했다_옮긴이) 내에 설치했다. 소위의 구성원들 면면이 그 과제의 중요성을 입증하고 있다. 소위의 의장을 맡은 허버트 애스퀴스(Herbert Asquith)는 당시 재무장관으로서 곧 수상이 될 인물이었다. 그와 더불어 네 명의 원로 각료(추밀원 의장, 외무장관, 전쟁장관 및 해군장관)와 쟁쟁한 각 군 수뇌들이 소위 구성원이었다. 그들은 1907년 11월과 1908년 7월 사이에 여섯

대부분 실재하지 않는 독일 스파이들에 관해 경종을 울리는 르큐의 책들은 정보활동에 관한 영국의 출판물 가운데 가장 영향력이 컸으며, 방첩 활동의 대대적인 개혁에 대한 대중의 지지를 조성하는 데 일조했다.

번 모였으며 1908년 10월 22일 보고서를 완성했다. 그 보고서는 침공 이론가들의 주장을 대부분 뒤엎었으며 기습공격이 불가능함을 보여주었다. 그러나 소위의 결론이 대부분의 침공 이론가들에게 확신을 주지는 못했다.

1907년 말 제임스 에드몬즈(James Edmonds) 소령(나중에 준장으로 진급했다)이 전쟁부 내의 미미한 방첩부서 MO5의 수장이 된 후, 이른바 독일의 스파이활동에 관한 보고서들을 모아 정리했다. 1890년대 에드몬즈는 처음에 여러 독일군 정보 장교들과 러시아 관련 정보를 교류하면서 그들과 친하게 되었다. 1901년 그의 협조자는 독일 정보당국이 영국을 겨냥한 부서를 신설했다고 정확히 제보했다. 그러나 에드몬즈나 전쟁부 내의 어느 누구도 그 신설 부서가 순전히 해군 내 조직이며 육군 정보기관 '제3국(Sektion IIIb)'과는 아무런 관련이 없다는 것을 알지 못했다. 따라서 독일이 프랑스-프로이센 전쟁 전 프랑스 내에 성공적으로 운용한 스파이망(에드몬즈가 조사했었다)과 유사하게, 영국에 그런 군사 스파이망을 구축하기 시작했다는 것은 잘못된 생각이었다. MO5는 독일 해군정보국(Nachrichten-Abteilung: 'N')의 일부 활동을 '제3국'의 활동으로 오인했다. 1901년 설립된 독일 해군정보국의 수장은 멜빌 경정의 옛 지인인 구스타프 슈타인하우어(Gustav Steinhauer)였다. 슈타인하우어는 대개 포츠담(Potsdam)의 위장 주소와 가명을 사용하여 영국에 거주하는 독일 시민들에게 편지를 보내 활동을 부탁하는 식으로 스파이를 채용했는데, 이런 방식은 다소 복불복이었다. 그러나 그는 자신과 영국 내 요원들 사이에 차단기 역할을 할 '중개자' 시스템을 정교하게 발전시켰다. 대전이 발발한 뒤 슈타인하우어는 '전쟁 정보 시스템'을 도입하려고 시도했는데, 그것은 특정 임무를 수행하기 위해 신분을 가장한 스파이를 영국으로 파견하는 방식이었다. 그는 독일 해군본부로부터 적극적으로 과제를 부여받은 것이 아니라 대체로 자기 멋대로 일했다. 그러나 황제 빌헬름 2세는 [슈타인하우어가 자신의 경호원 출신이라는] 과거 인연 때문에 그의 스파이 운용에 개인적 관심을 표명한 것 같다.

1909년 3월 애스퀴스의 자유당 정부는 제국 영역의 방위계획에 관한 최고 자문기관인 제국방위위원회(CID)에 '현재 이 나라 안에서 벌어지고 있는 외국 스파이활동의 성격과 범위 및 그것이 우리에게 제기하는 위험'을 검토하도록 지시했다. 전쟁 담당 국무장관 홀데인(Haldane) 자작이 주재한 CID 소위원회는 7월 24일 다음과 같이 보고했다. "수집된 증거를 바탕으로 소위원회는 광범위한 독일 스파이활동 시스템이 이 나라에 존재함에도 그 스파이활동을 추적하고 그 범위나 목표를 정확하게 판단할 기관이 우리에게 없다는 것을 확신한다." 사실은 그 증거가 극히 조잡했다. 에드몬즈 소령은 독일 스파이활동에 관해 자신이 모아 정리한 보고서들을 소위에 제출할 때 다음과 같이 인정했다.

"우리는 수상한 사례를 탐지하고 보고할 정규 시스템이나 기관이 없으며, 전적으로 우발적인 첩보에 의존하고 있습니다." 회의록에 따르면, 에드몬즈는 이들 사례 가운데 경찰 당국이 보고한 것은 하나도 없으며 이들 사례에 관한 첩보를 그에게 제공한 사람은 민간의 개인들이었다는 사실을 크게 강조했다. 적어도 그는 '민간의 개인들'이 제공한 첩보를 그리 의심하지 않았으며 경찰이 수상한 독일인을 한 사람도 탐지하지 못했다는 사실에도 그리 놀라지 않은 것 같다. '민간의 개인들' 다수는 르큐와 달리 쓸데없이 걱정하는 언론 보도의 영향을 받은 사람들이었다. 에드몬즈가 인정했듯이, "다수의 사례를 인지하게 된 것은 오로지 일부 신문이 그 문제에 대해 관심을 촉구했기 때문이다".

에드몬즈가 초기에 처리한 12건은 '독일인들의 이른바 정찰 활동'에 관한 것이었다. 이 가운데 6건은 수상한 사람이 독일인인지 아닌지도 분명하지 않았다. 가장 기이한 '정찰' 신고는 십중팔구 르큐가 보낸 것 같다(다른 제보자들과 마찬가지로 이름을 명시하지 않고 단지 '유명 저자'라고만 밝혔다).

제보자는 지난여름 포츠머스(Portsmouth)와 치체스터(Chichester) 간 한적한 길을 자동차로 달리다가 지도를 보며 메모를 하고 있는 자전거 탄 사람을 거의 칠 뻔했다. 그는 독일어로 욕을 했다. 제보자가 사과하기 위해 차에서 내리자 그는 제법 유창한 영어로 대화하면서 옥스퍼드에서 성직자 시험을 준비하고 있다고 설명했다. 그리고 그는 양심의 가책을 덜기 위해 독일어로 욕을 한 것이었다. 그는 분명히 외국인이었다.

실제로, 당시 독일은 영국 내 군사정보망이 없었기 때문에 소위원회가 검토한 그 활동 증거는 필시 잘못된 것이었다(독일 국민이 사적으로 정보를 수집한 몇몇 경우와 군사정보 당국이 채용하지 않은 협조자가 런던 주재 독일 무관에게 수시로 보고한 것은 가능한 예외였다). 홀데인 소위원회는 방첩 활동의 역사에 대한 장기적 관점을 결핍했기 때문에, 여러 세기 동안 전시와 전쟁 임박 시 통상적으로 스파이 소동이 벌어졌었다는 사실을 깨닫지 못했다. 예를 들어, 그들은 백년전쟁 기간에 크레시(Crécy) 전투에서 아쟁쿠르(Agincourt) 전투에 이르기까지 (프랑스의 대승은 아니더라도) 잉글랜드가 대승한 것은 틀림없이 알고 있었겠지만, 백년전쟁에 관한 최고의 사학자 조너선 섬프션(Jonathan Sumption) 교수가 표현한 대로, 백년전쟁으로 인해 '외국 스파이와 제5열에 대한 공포'가 영국해협의 양쪽에서 점차 커졌었다는 사실은 전혀 몰랐을 것이다.

홀데인 소위원회는 제출된 증거를 역사적 무지로 인해 다소 무비판적으로 검토한 후 비밀정보국(Secret Service Bureau) 창설을 권고했다. 그 창설 목적은 '국내 스파이활동과 우리가 파견한 해외 요원들을 다루기 위한 것이자, 해군본부와 전쟁부를 한편에 두고 비밀 임무에 채용된 자들이나 영국 정부에 팔고 싶은 정보를 가지고 있는 자들을 다른 한편에 둔 사이에 차단막 역할을 하기 위한' 것이었다. 그들의 보고서는 '극비사항'으로 간주해 단 한 부만 작성되었으며 안전한 보관을 위해 군사작전 국장에게 교부되었다. 영국 내 독일의 군사 정보활동이 없었으며 르큐 등의 베스트셀러가 자극한 스파이 소동이 터무니없었음에도, 비밀정보국을 설립하자는 논거 자체는 강력했다. 소위원회 보고서에 따르면, 영국 해군에 집중된 독일의 해군 스파이망이 영국에서 활동하고 있었음에도, 비밀정보국이 설치될 때까지 '그런 스파이활동을 추적하고 그 범위나 목표를 정확하게 판단할 기관이 없었다'. 영국과 독일 간의 계속된 해군 군비경쟁은 제1차 세계대전 이전 양국 간에 지속적인 긴장의 요인이었으며 그러한 기관 창설을 시급하게 만들었다. 독일의 해군 정보국('N')이 비밀정보국 창설 이후에도 대전이 발발할 때까지 거둔 성공을 보면, 영국 내 해군 스파이활동이 무제한 허용되었더라면 당연히 독일 해군본부가 주적에 관한 비밀첩보를 대량으로 입수했을 것이라는 추론이 충분히 가능하다.

애스퀴스 정부의 승인으로 창설된 비밀정보국은 처음에는 직원이 50세의 해군 중령 맨스필드 커밍(Mansfield Cumming)과 그보다 열네 살 적은 육군 대위 버논 켈(Vernon Kell), 단 둘이었다. 1909년 10월 4일 그 두 사람이 처음 만났다. 커밍의 일기에 따르면, 그들은 '미래에 관해 긴 대화를 나누고 대의를 성취하기 위해 협력하기로 합의했다'. 나중에 커밍과 켈이 헤어지게 된 것은 각자가 서로 다른 정보기관, 즉 영국 영토 내에서 활동하는 보안부(Security Service: MI5)의 전신(前身)과 해외정보를 수집하는 비밀정보부(Secret Intelligence Service: SIS 또는 MI6)의 초대 수장이 되면서였다. 그러나 그들은 여러 달 동안 같은 사무실을 쓰면서 최소의 자원으로 '국내 스파이활동과 우리의 해외 파견 요원들을 다루기 위해' 분투했다. 비밀정보국의 존재가 철저하게 비밀에 부쳐진 탓에 소수의 장관과 고위 관리들만 그 존재를 알고 있었으며 그들은 절대 외부인에게 발설하지 않았다. 반세기 남짓 지난 뒤에 애스퀴스와 그의 각료들의 전기를 쓴 주요 작가들도 여전히 그 존재를 몰랐던 게 분명하며 전기에도 전혀 언급하지 않았다. 윈스턴 처칠은 애스퀴스 내각에서 비밀정보국에 대한 주된 지지자였는데, 아홉 권짜리 처칠의 공식 전기에도 비밀정보국에 대한 언급이 전혀 없다.

영국에서 비밀정보국을 둘러싸고 비밀이 비상하게 유지된 것과 아주 대조적으로 프랑스에서는 1911년 아가디르(Agadir) 위기 때 정부의 지각없는 행동이 암호해독관들의 업무를 저해했다. 제2차 모로코 위기라고도 불리는 그 위기는 제1차 세계대전을 앞두고 프랑스-독일 간에 발생한 최대 위기였다. 1911년 여름 프랑스가 모로코를 보호령으로 만드는 막바지 단계임이 분명했다. 독일 외무장관 알프레드 폰 키데를렌-배히터(Alfred von Kiderlen-Wächter)는 프랑스 제국의 영토 확장에 대한 독일의 보상을 확보하기 위해 극적인 제스처가 필요하다는 결론을 내렸다. 그는 "테이블을 주먹으로 내려치는 것이 필요하지만 그 유일한 목적은 프랑스를 협상하게 만드는 것"이라고 주장했다. 키데를렌이 테이블을 내려치는 방법은 전함 외교의 전형적인 본보기였다. 7월 1일 독일 전함 판터(SMS Panther) 호가 모로코 반군에 의해 목숨을 위협받는 독일 국민을 보호하기 위해서라는 구실로 모로코의 아가디르 항에 나타났다. 그러나 가장 가까운 독일인이 더 북쪽에 있는 모가도르(Mogador) 항에 있었다. 이에 따라 그 독일인은 목숨이 위태롭게 보이도록 즉시 아가디르로 출두하라는 지시를 받았다. 그러나 그는 사흘이 지나서야 아가디르에 도착했으며, 판터 호 승무원들이 해변에 서 있는 그를 알아보고 구조했다. 아가디르 위기는 우스꽝스럽게 시작했음에도 불구하고 '서유럽 전쟁이 임박한 것으로 보일 지경까지 고조되었다'.

아가디르 위기에 대한 프랑스 정부의 대처는 1905년 제1차 모로코 위기 때와 흥미롭게 비교된다. 또다시 프랑스 수상—이번에는 조제프 카요(Joseph Caillaux)—이 독일 대사관과 비밀리에 접촉했다. 이번에는 위기 해소를 위해 더 좋은 조건만 제시했지, 1905년의 루비에처럼 외무장관 해임을 제의하지는 않았다. 또다시 외무장관—이번에는 쥐스탱 드 셀브(Justin de Selves)—이 해독된 독일 외교전문을 통해 수상의 조치를 알게 되었다. 그러나 이번에는 결말이 크게 달랐다. 드 셀브와 카요 모두 6년 전의 델카세와 루비에보다 훨씬 덜 신중했다. 7월 28일 화가 난 드 셀브가 그 전날 케 도르세의 '검은 방'이 절취해 해독한 독일 전문을 들고 카요에게 대들었다. 이 소동이 벌어진 직후 카요는 이야생트 퐁데르(Hyacinthe Fondère)에게 무슨 일이 있었는지 죄다 말했는데, 퐁데르는 카요가 독일과의 협상 중재자로 쓴 기업인이었다. 퐁데르는 즉각 독일 대사관 참사관 오스카르 폰 데르 랑켄(Oskar von der Lancken)에게 프랑스인들이 독일 전문을 해독하고 있다고 말했다. 예상대로 독일인들이 암호를 변경했다. 별개의 경우인 몇 건을 제외하고, 케 도르세의 '검은 방'은 1911년 8월부터 3년 뒤 대전이 발발할 때까지 독일 외교 전문을 더는 해독할 수 없었다. 프랑스는 가장 소중한 정보 출처를 상실했다. 그러나 상트페테르부르크 '검은 방'은 새 암호로 보내는 독일 외교통신을 계속 해독했다.[2]

아가디르 위기의 여파로, 독일 황제(카이저)는 비밀 외교의 중요성에 대해 러-일 전쟁 때보다 더 강화된 인식을 보였다. 러-일 전쟁 시 카이저의 충동적이고 지각없는 행동이 베르하르트 폰 뷜로 수상과 다른 각료들에게 심각한 우려를 자아냈었다.[3] 3국동맹(Triple Alliance) 회원국(독일, 오스트리아-헝가리, 이탈리아) 간의 비밀 해군협정이 1913년 6월 타결되었는데, 그 협상 기간에 독일 해군 참모총장 후고 폰 폴(Hugo von Pohl)은 이런 메모를 썼다.

폐하께서 협정과 이러한 진행 상황을 절대 비밀에 부칠 필요성에 대해 지적했다. 해군본부에서 외무부, 총참모부, 국무부 등 관련 부처에 협정 타결을 통보할 때 특별히 주의해야 한다. 지중해 국장도 그래야 한다. 또 장교들 통솔 문제가 걸려 있는 한, 황제의 해군장관도 그래야 한다.

아가디르 위기 때 카요가 독일의 외교암호가 풀렸다고 누설하기 전까지는 카이저 쪽에서 암호 보안에 관심을 보였다는 징후가 없다. 그러나 이후 카이저는 독일, 오스트리아-헝가리, 이탈리아 간 해군협정의 일부로서 삼국 해군이

---

2    대전이 발발하기 전년도에 상트페테르부르크 '검은 방'은 베를린과 상트페테르부르크 주재 독일 대사관 사이에 교환된 171개 전문을 해독했다.

3    예를 들어, 빌헬름 2세의 전기 작가 존 뢸(John Röhl) 교수의 기술에 따르면, 러-일 전쟁 직전에 뷜로가 "러시아의 동아시아 정책에 대한 독일의 지지가 비밀에 부쳐질 것을 간절히 호소하고 있었다". 그는 독일 정책의 은밀한 목표가 빌헬름 2세의 과도한 열정으로 인해 노출되어 상트페테르부르크를 벗어나 파리, 런던, 워싱턴 등으로 새어나갈 것을 우려했는데, 맞는 우려였다.

모두 베를린에서 만드는 비밀 암호 '트리플-코덱스(Triple-codex)'를 채택하는 문제에 개인적 관심을 보였다. 1914년 5월 카이저는 '트리플-코덱스'를 만들고 시행한 데 대해 독일 해군본부에 공식적인 축전을 보냈다. 그러나 카이저나 해군본부는 암호 보안에 대해 매우 기초적인 수준 이상으로 이해하지는 못했다. 그들은 암호 보안이 허술한 이탈리아 사람들과 암호를 공유함으로써 자동으로 그 취약성이 커진다는 점을 전혀 생각하지 못했다. 베를린에서는 아무도 몰랐던 사실이지만, 1913년 10월 케 도르세의 '검은 방'은 이탈리아 외교 전문을 해독함으로써 3국동맹의 비밀 해군협정 내용을 알아냈다.[4] 프랑스보다 훨씬 더 능숙한 러시아 암호해독관들도 그랬을 것이 거의 확실하다.

또 독일의 황제나 해군본부는 해군 정보국('N')의 영국 내 스파이망 통신이 정규적으로 절취되고 있다는 것을 전혀 생각하지 못했다. 그 스파이망이 암호 전문으로 보고했었다면 암호해독기관이 없는 영국은 해독할 수 없었겠지만 그들은 우편으로 통신했고, 따라서 편지를 자주 개봉 당했다. 전전의 비밀정보국에서 켈 대위가 담당한 부문(장래의 MI5)은 근근이 운영되었다. 대전이 발발했을 때도 그의 상근 직원은 경비원을 포함해 16명에 불과했다. 그렇게 최소 자원밖에 없는 초기 상황에서 켈의 방첩 전략의 핵심은 전국 경찰 지서장들의 도움을 받는 것이었다. 여기에 다시 내무장관의 지원이 필요했다. 1910~11년 거의 2년 동안 내무장관이 윈스턴 처칠이었던 것이 켈에게는 행운이었다. 처칠은 오랜 경력을 통해 정보에 대한 열정과 이해를 당대 영국의(또는 외국의) 어느 정치인보다 더 많이 보여준 인물이다. 1910년 4월 처칠의 발언 기록을 보면 다음과 같이 말했다. "모든 업무기능이 켈 대위에게 제공되도록 하시오." 다음날

---

[4]  그러나 케 도르세는 1913년 6월 체결된 비밀해군협정이 그 전년도 이루어진 3국동맹 갱신 때로 거슬러 올라간다고 잘못 추정했다. 프랑스가 이탈리아 외교 전문을 정규적으로 해독하고 있었다.

처칠의 개인비서가 잉글랜드와 웨일스의 지서장들에게 줄 소개장을 켈에게 교부했다. 그 소개장의 결론 부분은 다음과 같다. "처칠 장관은 당신이 켈 대위 업무에 필요한 기능을 그에게 제공한다면 대단히 고맙게 여길 것입니다." 6월 스코틀랜드청(Scottish Office)도 스코틀랜드의 지서장들에게 줄 비슷한 소개장을 켈에게 교부했다. 또 처칠이 용의자 서신 절취를 대폭 간소화함으로써 켈은 대단한 무기를 추가로 갖게 되었다. 종래에는 어떤 편지든 개봉하려면 일일이 내무장관이 서명한 개별 영장이 요구되었다. 처칠은 체신청(Post Office)의 반대에도 불구하고, '특정인들의 모든 서신' 절취를 승인함으로써 한 세기가 넘게 지난 현재에도 시행되고 있는 내무부 영장(Home Office Warrants) 제도를 도입했다. 그 특정인들에 대해서 켈과 그의 후임자들은 그들이 국가안보에 실제적 또는 잠재적 위협을 제기한다는 비밀 증거를 제출했다. 표적이 된 각 개인에 대한 내무부 영장은 현재처럼 당시에도 내무장관이 직접 서명했다. 그러나 처칠은 자신이 서명한 내무부 영장 집행을 통해 탐지된 스파이활동이 오직 독일의 해군정보국('N')에 의해서만 수행되었다는 사실은 파악하지 못했다. 1911년 11월 처칠은 내무장관에서 해군장관으로 보직을 옮기면서 외무장관 에드워드 그레이(Edward Grey) 경에게 통보하기를, 절취된 편지들이 "우리가 독일 군사·해군 당국의 세밀하고 과학적인 조사 대상임을 보여주며, 독일처럼 우리를 주시하는 나라는 세계에 없다"라고 말했다.

1911년 9월부터 켈은 절취된 편지들의 교차 참조 색인을 작성했다. 1921년에 쓰인 내부용 MI5 역사서에 따르면, 슈타인하우어와 영국 내 그의 스파이들 사이에 오간 전전의 편지들이 파기되었지만, 1911~14년 기간의 1,189개 항목이 현존하는 편지 색인에 들어 있다. 즉, 대전 발발 전 3년 동안 켈의 비밀정보국은 슈타인하우어와 그의 영국 네트워크로부터 평균적으로 하루 한 통 넘게 절취한 셈이다. 1911년 12월 절취된 서신에 의해 신원 미상의 한 독일 정보관이 영국을 돌아다니고 있는 것이 드러났다. 그러나 그를 체포할 수 있을 만큼 충분한 증거가 축적되었을 무렵 그는 이미 출국하고 없었다. 1912년 2월 절취된 또 다른 편지에 의해 그 독일 정보관은 슈타인하우어 자신이었음이 드러났다.

슈타인하우어의 영국인 스파이들 가운데 가장 성공적인 인물은 영국 군함 아가멤논(HMS Agamemnon) 호의 포술장(砲術長, 대포를 다루는 부대의 우두머리_옮긴이) 조지 패럿(George Parrot)이었다. 후일 켈의 비밀정보국이 확인한 바에 따르면, 1910~11년 패럿은 포술 개발에 관한 영국 해군의 비밀보고서 4권과 총 23건의 비밀 매뉴얼을 'N'에 제공했다. 포 사거리가 꾸준히 늘고 있던 당시에 포술에 관한 두꺼운 보고서는 틀림없이 슈타인하우어로부터 높은 평가를 받았을 것이다. 1906년 포 사거리 기대치는 8.1km였다. 1912년경 영해함대(Home Fleet)의 제2함대를 지휘하던 존[후일 얼(Earl)로 개명] 젤리코(John Jellicoe) 제독의 전쟁 매뉴얼(War Orders)은 구경 9.2인치 이상의 포 사거리가 12.7km 이상이라고 명시했다. 켈의 비밀정보국은 패럿이 슈타인하우어의 스파이망 일원이라는 증거를 1911년 말 절취된 서신에서 처음 입수했다. 1912년 7월 켈의 '수석 형사' 윌리엄 멜빌(William Melville)이 패럿을 미행해 연락선을 타고 벨기에 오스텐드(Ostend)까지 따라갔다. 멜빌의 보고에 따르면, 패럿이 거기서 만난 사람은 "명백히 독일인이었으며 … 나이는 35~40세 정도. 신장 180cm에 머리와 콧수염이 약간 검었음. 가벼운 트위드 재킷을 입고 밀짚모자를 썼음. 전형적인 독일인 걸음걸이와 스타일임"이라고 되어 있다. 패럿은 영국으로 돌아오자마자 체포되고 해군에서 해고되었다. 그러나 켈의 비밀정보국이 색출한 전전의 해군 스파이들 대부분과 마찬가지로, 그도 절취된 증거를 법원에 제출하는 것을 피하기 위해 재판에 회부되지는 않았다. 패럿이 해군에서 해고된 뒤에도 독일 정보기관과 계속 접촉하고 있다는 사실이 그의 서신을 통해 드러났다. 그는

1812년 10월 18일 함부르크로 가서 자신을 담당하는 공작관(case officer) '리처드'를 만났다. '리처드'는 그에게 당시로는 상당한 금액인 500파운드를 건넸는데, 런던의 테라스 하우스 두 채를 사기에 충분한 그 돈은 그가 제공한 정보가 얼마나 중요했는지를 보여주는 하나의 표지였다. 패럿은 함부르크에 체류하는 동안 포술, 어뢰, 해군 엔지니어링, 정보 등 분야별 전문가들에 의한 광범위한 질문조사(debriefing)에 응했으며 독일 스파이 일을 계속하기로 동의했다. 그가 귀국했을 무렵, 절취된 서신을 활용하지 않고도 기소하기에 충분한 증거가 축적되었다. 패럿은 1913년 1월 '공직자 비밀유지법(Official Secrets Act)'을 위반한 죄가 인정되어 4년의 중노역 형을 선고받았다.

비밀정보부(SIS 또는 MI6의 전신)의 해외 파트 수장 맨스필드 커밍이 추진한 해군 정보활동의 독일 내 표적은 슈타인하우어의 영국 내 표적과 아주 흡사했다. 커밍의 전전 활동에 관한 전후 보고서에 따르면, "당시의 가용 자금으로는 몇 가지 기술적 문제를 타개하기 위한 시도밖에 할 수 없었으며, 이 목적을 위해서도 임시 요원들을 써야 했다. 임시 요원의 무더기 채용은 바람직하지 않다는 것이 전쟁 경험으로 분명히 입증되었다". 커밍과 그의 '임시 요원들'이 입수한 기술 정보의 단편들은 해군정보국 독일과 과장이자 함대 재정관인 찰스 로터(Charles Rotter)의 항해일지 속에 현존한다. 로터는 독일의 U보트 잠수함과 전함 건조에 관한 첩보를 공개·비공개 출처에서 수집했다.[5] 커밍의 1914년 3월 일기장 기록을 보면 "로터가 잠수함의 비밀 건조에 관한 첩보를 달라고 나에게 요청했다. … 그의 말에 따르면, 그들은 약 50척을 건조했거나 건조 중이다"라고 적혀 있다. 그러나 해군본부 전문가들은 커밍의 정보보고서 일부를 회의적으로 평가했는데, 그들은 잠수함, 어뢰, 지뢰와 항공기를 제조하는 독일의 기

---

5    1914년 이전에 등록된 해군본부 기록 가운데 불과 2%만 현재 국가기록원에 남아 있다.

술발전을 과소평가했다. 전전의 화이트홀에서는 베를린 주재 육·해군 무관들의 영향력이 커밍보다 컸다. 1906년 이후 줄곧 무관들은 이구동성으로 독일 군사력이 방어가 아닌 공격을 목적으로 증강되고 있다고 보고했다. 외무부차관보(나중에 상임 차관이 되었다) 에어 크로(Eyre Crowe) 경은 베를린 주재 해군 무관 허버트 히스(Herbert Heath) 대위(나중에 제독이 되었다)가 보낸 일련의 보고서에 관한 기록을 남겼다. "이들 보고서는 독일 해군본부가 부정직한 기동훈련을 통해 의도적으로 제국의회(Reichstag)와 국민을 오도하고 있음을 결정적으로 보여준다."[6]

육군 작전국장(DMO) 이워트(Ewart) 대장이 1910년 1월 커밍에게 "프랑스에서 벌이고 있는 스파이활동이 현재 최상인 양국 관계를 해칠 우려가 있어, 지금 당장 모두 중단하기 바란다"라고 말했다.[7] 이러한 지시는 1910년 8월 이워트의 후임으로 DMO가 된 헨리 윌슨(Henry Wilson) 대장(나중에 육군 원수가 되었다)에 의해 재확인되었다. 대(對)독일 전시 군사협력에 관한 영국-프랑스 참모회담이 1905년 시작되었지만, 실질적인 성과가 나온 것은 윌슨이 DMO로 있을 때뿐이었다. 1913년 윌슨의 지원을 받아 커밍이 프랑스 측과 정보를 교류하고 있었다. 커밍의 3월 6일 기록에 따르면, "대량의 소중한 자료를 우리 친구들이 보냈으며" 윌슨은 이를 "지극히 소중한 자료"라고 평가했다.

커밍은 속에 칼이 든 지팡이(swordstick)를 들고 때로는 변장해 자신이 직접 공작활동을 즐겨 수행했다.[8] 그의 말을 빌리면, 1910년 7월 파리에서 가진 한 회합에서 그는 "(부분 가발과 콧수염으로) 가볍게 변장하고 다소 특이한 복장을 했

---

6    베를린 주재 육·해군 무관들 보고서 가운데 극히 일부만 현존한다.
7    이워트는 프랑스어 단어 'espionage'(스파이활동)를 썼다.
8    필자는 1985년 BBC 2의 다큐멘터리 프로그램 〈타임워치(Timewatch)〉를 진행하면서, 현재 커밍의 조카딸 다이애나 페어스(Diana Pares) 양이 소유하고 있는, 그 칼 지팡이를 시연할 수 있었다.

다". 1911년 1월 트리에스테[Trieste, 오스트리아 유일의 해항(海港)이었다가 1919년 이 탈리아에 병합되었다_옮긴이] 항의 오스트리아 조선에 관해 제보하겠다고 제의한 잠재적 요원과 회합하기 위해 커밍은 런던 소호(Soho) 거리에 있는 극장용 의상 실에서 분장했다. 그는 전형적인 독일인 사진을 자기 사무실에 걸어놓고 방문 객이 그 독일인이 자신임을 알아보지 못하면 좋아했다. 제1차 세계대전 중 한 번은 커밍이 어린 조카딸에게 런던에서 그 독일인을 만나면 어떻게 하겠느냐 고 물었다. 어린 소녀는 그를 쏘겠다는 식으로 대답했다. 그러자 커밍은 이렇 게 말했다. "좋아, 꼬맹이야. 그러면 넌 삼촌을 죽인 거야!" 대전 기간에 그는 전 전의 정보 원정 중에 겪었던 재미난 일을 향수에 젖어 회고했다. 그는 작가이자 전시 정보관인 콤프턴 매켄지(Compton Mackenzie)에게 "그때는 이 업무가 정말 신났었지"라고 말하면서 이렇게 덧붙였다. "전쟁이 끝나면 우리 신나는 비밀 정보활동을 함께합시다. 대단한 스포츠 말이오!" 비밀정보부(SIS 또는 MI6)의 현 직 부장인 알렉스 영거(Alex Younger)는 커밍을 기리는 뜻에서 여전히 (제임스 본 드 소설처럼 'M'이 아니라) 'C'로 불리며, 커밍처럼 녹색 잉크로 서명하는 유일한 화 이트홀 공직자다.

비밀정보국 해외 파트의 전전 사무실과 커밍의 런던 아파트는 모두 화이트 홀 코트(Whitehall Court) 2번지 꼭대기 층에 있었는데, 그곳은 '보통의 미로와 같 은 통로와 계단, 그리고 이상한 모양의 방들'로 구성되었으며 전용 엘리베이터 로 올라갔다.[9] 그 아래층에 사는 버나드 쇼(Bernard Shaw) 등 명사들은 영국의

---

9   2015년 3월 30일 화이트홀 코트 2번지(지금은 호텔이다) 밖에서 맨스필드 커밍 경을 기리는 청색 명판의 '영국의 유산' 제막식이 열렸다. 저자도 참석한 식후 리셉션에서 현재의 'C' 알렉스 영거가 말했다. "나는 소수의 사람이 현대 영국을 위해 최선을 구현하고자 우리의 적들 속에 침투해 그들 의 계획을 교란하는 모습을 보면서 오늘날 내가 맛보는 기쁨을 [커밍도] 공유했을 것이라고 느낍니 다. 그리고 이런 일은 무력이 아닌 간계와 창의성에 의해 하는 것이자, 커밍이 틀림없이 인식했을 것, 즉 우리를 해치려는 자들을 속인다는 순전한 만족감 때문에 하는 것입니다."

해외정보 본부가 바로 머리 위에 있다는 것을 전혀 몰랐던 것 같다. 커밍은 꼭대기 층 사무실의 비밀업무를 공유하는 사람들을 '꼭대기 친구들(top-mates)'이라고 불렀다. 커밍은 자신의 비서에게 은퇴한 후 회고록을 출판할 계획이라고 말했다. "나는 회고록에 '비밀정보부 수장의 지각없는 행동'이라는 제목을 붙이겠어. 붉은색 표지에 제목과 내 이름을 금으로 새겨 호화 양장본으로 출판할 거야. 그리고 총 400페이지 분량인데, 각 페이지를 모두 백지로 할 거야!" 영국의 장관들과 공직자들은 한결같이 커밍과 켈의 활동에 관해 신중했다. 영국 내 해외정보기관의 존재는 1992년까지 공식적으로 인정되지 않았다.

이와 대조적으로 프랑스에서는 제1차 세계대전 직전 몇 년 동안 잠재적으로 가장 소중한 해외정보 출처인 신호정보(SIGINT)가 프랑스 역사상 가장 무분별하게 다루어졌다. 제3공화국 단명 내각들의 특징인 내부 알력은 쉬르테와 케 도르세 양쪽 '검은 방'의 업무를 저해했다. 1913년 봄 아베르나(Haverna) 총경과 그의 조수들은 파리 주재 이탈리아 대사 토마소 티토니(Tommaso Tittoni)가 보낸 전문 3개를 해독했다. 그 전문에 따르면, 외무장관 스테팡 피송(Stephen Pichon)과 공화국 대통령 레몽 푸앵카레(Raymond Poincaré) 둘이서 바티칸과의 외교 관계를 회복하기 위해 몰래 음모를 꾸미고 있었다. 바티칸 문제는 전전의 제3공화국에서 교권의 개입에 반대하는 분위기에 편승해 심한 공격 대상이었으며, 당시에는 가톨릭 종사자가 장관이 되는 것이 사실상 불가능했다. 1913년 5월 6일 쉬르테를 담당하는 내무장관 루이-뤼시앙 클로츠(Louis-Lucien Klotz)가 그 이탈리아 해독물을 각료회의에 제시했다. 즉각 대소동이 벌어졌다. 외무장관이 자신이 언급된 사실에 분노함으로써 케 도르세는 쉬르테의 외교정보 개입을 더욱 개탄하게 되었다. 피송은 쉬르테가 당장 외교 전문 접근을 중단하지 않으면 사퇴하겠다고 위협했다. 클로츠가 항변했지만, 내각에서 피숑의 주장이 승리했다. 1913년 5월부터 제1차 세계대전 직전까지 체신청은 파리의 각국 대사관이 주고받는 전문 사본을 쉬르테에 공급하지 않았다.

정치인들이 신호정보(SIGINT)를 잘못 다루는 바람에 대전 발발 직전의 몇 년 동안 신호정보 활동은 프랑스의 정책결정자들에게 준 도움만큼이나 혼란도 초래했다. 프랑스 정부는 1911년 이후 현행 독일 해독물을 거의 받지 못했지만, 아가디르 위기 시의 독일 해독물이 1914년 다시 프랑스 정부를 성가시게 했다. 1913~14년 겨울 ≪르 피가로(Le Figaro)≫ 지가 전직 수상이자 당시 급진당 당수인 조제프 카요를 매일같이 공격했다. 1914년 1월 ≪르 피가로≫ 편집인 가스통 칼메트(Gaton Calmette)는 아가디르 위기 시의 '비밀협상'을 거론하면서 카요가 독일의 이익 편에 섰었음을 시사했다. 칼메트가 갖고 있던 3건의 극비 해독물 사본은 그 '비밀협상'을 다룬 독일 외교 전문을 해독한 것이었다. 카요는 칼메트가 그 사본을 알뱅(Albin)이라는 다른 언론인으로부터 확보했을 것이라고 믿었는데, 정확한 생각이었을 것이다. 알뱅은 다시 드 셀브(de Selves)의 비서실장 모리스 에르베트(Maurice Herbette)로부터 사본을 입수했었다. 카요 자신이 가지고 있던 해독물 사본도 알뱅의 책상 서랍에서 훔친 것이었다.

1914년 1월 14일 카요가 푸앵카레 대통령을 찾아가서 ≪르 피가로≫가 독일 해독물을 공개할 예정이라고 경고했다. 독일 대사도 곧 케 도르세에 경고하려던 상황에서 그 해독물이 공개되면 불가피하게 독일이 외교통신의 비밀 침해를 항의하게 되고 국제적인 스캔들이 될 터였다. 푸앵카레의 부탁으로 전직수상 루이 바르투(Louis Barthou)가 칼메트를 찾아가서 국익을 위해 공개하지 말라고 설득했다. 그러나 카요는 해독물이 공개될 경우를 대비해서, 이미 기만적인 방어조치를 취해 놓았었다. 그는 1913년 12월 한 주 동안 임시 내무장관으로 있으면서 쉬르테 아카이브를 급습해 그해 봄에 푸앵카레를 난처하게 만들었던 이탈리아 절취물 사본들을—틀림없이 대통령을 압박할 잠재적 수단으로—가져 갔다. 쉬르테 국장 퓌잘레(Pujalet)는 그 급습을 '도둑질'이라고 비난했다. 카요는 '도둑질'을 하면서 다른 스페인 해독물 사본도 가져갔는데, 그 사본은 스페인 정부가 북아프리카의 일부 영토권 주장에 대한 지지를 얻으려고 칼메트에게 뇌물을 주었음을 보여주는 것이었다. 또 그는 미상의 수단에 의해 1905~06년 케 도르세의 '검은 방'이 해독한 독일 전문들을 입수하는 데 성공했다. 그 전문들은 공개되면 일부 프랑스 장관들과 독일 대사관 사이의 부적절한 접촉을 폭로하는 것이었으며, 아마 제1차 모로코 위기 때 델카세 외무장관을 해임하겠다는 루비에 수상의 제의도 거기에 들어 있었을 것이다.

이 특별한 사건 전체에 새롭고 훨씬 더 충격적인 반전이 일어난 것은 1914년 3월 16일 오후 카요의 부인 앙리에트(Madame Henriette Caillaux)가 가스통 칼메트의 사무실에 들어와 토시에서 리볼버 권총을 꺼내 그를 쏘아 죽였을 때였다. 그녀의 직접적인 살해 동기는 《르 피가로》 지가 자신과 카요 사이의 연애편지를 공개하는 것을 막기 위해서였는데, 그 편지는 카요가 첫 부인과 혼인을 유지하고 있을 때 쓴 것이었다. 그러나 카요 부인의 주된 동기는 연애편지가 아니라 아가디르 위기 때 절취된 독일 전문의 공개를 막는 것이었다는 소문이 빠르게 돌았다. 독일 대사가 케 도르세를 방문해 그 전문이 공개될 경우 본국 정부는 공개 모독으로 간주할 것이라는 경고를 전달했다. 그 대사는 공개 시 '폭탄이 터질 것'이라고 위협적으로 말했다. 카요는 푸앵카레 대통령을 찾아가서 다가오는 자기 아내의 살인 재판에서 독일 해독물이 조금이라도 언급될 경우 케 도르세와 쉬르테의 '검은 방'에서 나온 '다량의 다른 것들을 폭로'해 복수하겠다고 위협했다. 그는 자신의 명예나 애국심을 의심할 어떤 문서도 정부가 가지고 있지 않다는 공식 성명이 재판 도중 발표되기를 요구했다. 푸앵카레는 개인적으로 카요의 요구를 협박이라고 일축했지만, 6월에 수상이 된 르네 비비아니

(René Viviani)가 그 요구에 동의했다. 그러나 세계대전을 초래한 그해 '7월 위기 (July Crisis)'가 막바지에 이르렀을 때도 프랑스 정부는 독일 해독물이 폭로되어 국제적인 스캔들이 될까 봐 두려워했다.

제1차 세계대전 이전 여러 해 동안 최고의 해외 정보활동을 펼친 강대국은 차르 체제의 러시아였다. 1913~14년 상트페테르부르크 '검은 방'의 암호해독관들은 [프랑스 암호해독관들과는 달리, 신호정보(SIGINT)가 정치적 내부투쟁과 국제 스캔들 위협에 사용됨으로써 휘둘리는 일이 없었다] 거의 3,000건의 외교 전문을 해독했다. 그 가운데 569건은 상트페테르부르크 주재 오스트리아-헝가리 대사관과 빈 사이에 교환된 전문이고 171건은 독일 대사관과 베를린 간 전문이었다. 니콜라이 2세는 절취된 독일 외교 전문을 읽을 때 원본을 읽는 빌헬름 2세보다 더 집중했을 것이다.

대전 발발 전 10년 동안 러시아의 해외 스파이들 가운데 생산성이 가장 높은 스파이는 오스트리아-헝가리 제국군의 알프레트 레들(Alfred Redl) 대령이었다. 레들은 방첩 장교(1901~05년)로 근무하다가 총참모부의 군사정보 차장(1907~12년)이 되었다. 난잡한 동성애자인 레들은 처음에 협박을 받아 러시아 군사정보를 위해 활동하게 되었을 것이다. 이후 그의 주된 동기는 사치 생활과 수많은 남자 애인들에게 들어가는 돈이 필요했기 때문이었다. 1908년부터 1913년 초까지의 러시아 군사 아카이브에는 『플랜 R(Fall R)』, 즉 러시아와의 전쟁에 대비한 오스트리아-헝가리군의 전략적 전개 계획, 세르비아(몬테네그로 포함)와의 전쟁에 대비한 『플랜 B』, 이탈리아와의 전쟁에 대비한 『플랜 I』의 사본들이 들어 있다. 그 출처였을 레들은 전개 계획을 사단 수준까지 상세하게 제공했다. 1912년 초 레들의 정보에 크게 영향을 받은 미하일 알렉세예프(Mikhail Alekseev) 대장이 오스트리아-헝가리에 대한 러시아군의 전개 계획을 대폭 변경했다. 그 계획은 1913~14년 약간의 추가 수정을 거쳐 제1차 세계 대전 초기 러시아의 군사동원을 위한 토대가 되었다. 또 레들은 오스트리아 군사정보 당국과 폴란드사회당(PPS) 간의 연계에 관한 비밀문서도 제공할 수 있었다. 당시 PPS를 이끈 유제프 피우수트스키(Yósef Pilsudski)는 후일 폴란드 제2공화국의 대통령이 되었다. PPS는 남부의 대도시 크라쿠프(Cracow)에 '테러리스트' 훈련학교를 가지고 있으면서 러시아령 폴란드에서 나온 군사정보를 오스트리아 측에 제공했고 그 대가로 상당한 무기 공급을 받았다. 피우수트스키가 오스트리아 총참모부와의 교섭에서 활용한 핵심 인물도 역시 오크라나의 스파이였다. 상트페테르부르크는 그 스파이 덕분에 오스트리아-헝가리 제국의 최북단에 있는 갈리치아(Galicia) 지방에 관해 빈의 민간 당국보다 더잘 알았다.

레들의 러시아 스파이 경력이 극적인 종말을 맞게 된 것은 1913년 3월 그가 받을 다수의 은행권이 든 편지가 빈에서 절취된 때였다. 그는 리볼버 권총을 건네받아 자살했다. 레들은 다음과 같은 쪽지를 남겼다. "경박함과 열정이 나를 망쳤다. 나를 위해 기도해 주오. 나는 내 목숨으로 죗값을 치른다. 알프레트." 증거는 불충분하지만, 레들의 자살 이후에도 러시아가 빈 고위층에 심어놓은 스파이가 적어도 세 명 더 있었다. 대전 발발 전 상트페테르부르크 군구(軍區) 의 군사정보 국장이었던 미하일 스베친(Mikhail Svechin) 대령에 따르면, 이들 스파이 가운데 하나인 쿠르트 콘라트 폰 회첸도르프(Kurt Conrad von Hötzendorf)는 오스트리아-헝가리 제국군 참모총장 프란츠(Franz) 콘라트 폰 회첸도르프의 장남이었다. 스베친의 주장에 따르면, 아들 콘라트가 아버지 서재에 들어가 전쟁 계획에 관한 문서를 사진으로 찍어 러시아 정보당국에 전달했다.

러시아는 암호분석관들과 해외 스파이들의 성공에도 불구하고, 외교 정보 활동과 군사 정보활동 간의 부실한 조정으로 어려움을 겪었다. 가장 중요성이 딜한 페르시아 주재 영사관부터 국무원(Council of State)에 이르기까지 민간 외교관들은 러시아의 군사 현실에 대해 완전히 무지했으며, 군인들도 외교정책의 목표에 관해 혼란스러워했다. 러시아의 주요 무관 가운데 하나인 이그나티예프(A. A. Ignatiev)는 대전 발발 시 파리에 주재했었다. 그의 후일 회고에 따르면, 거의 모든 러시아 대사관에서 무관들은 외교관들과 독립성을 유지했으며 이에 따라 페테르부르크에 풀 수 없는 딜레마, 즉 "대사와 무관 중에서 누구를 믿어야 하는가?"라는 난제를 안겼다. 러시아 정부는 그 딜레마를 해소하려고 진지하게 시도하지 않았다. 예상대로 외무부는 외교관 편을 들고 전쟁부는 무관 편을 들었다. 외무장관이자 니콜라이 2세의 가장 중요한 정치적 조언자인 세르게이 사조노프(Sergei Sazonov)는 전쟁장관 블라디미르 수호믈리노프(Vladimir Sukhomlinov)에게 거의 말을 걸지 않았다. 인생을 즐기는 수호믈리노프도 차르와 친했으나 국제관계에 관해서는 거의 무지했다.

1914년 2월까지 강대국들은 1871년 베르사유 조약으로 프랑스-프로이센 전쟁이 종식된 이후 기록적인 43년 동안 서로 평화롭게 지냈다. 그들 사이의 긴장은 고조되기보다 쇠퇴하는 것으로 보였다. 1914년 5월 영국 외무부의 상임차관 아서 니콜슨(Arthur Nicholson)은 국제관계가 이처럼 평온한 지가 한참 되었다고 말했다. 오스트리아-헝가리 제국의 황태자가 1914년 6월 28일 사라예보를 방문함으로써 그의 목숨이 위태로워질 것이라든가 그날 첫 번째 암살 시도가 실패한 후 그의 안전 문제가 그토록 형편없이 다루어지리라고 예측할 수 있었던 정부나 정보기관은 없었다. 1914년 유럽의 다른 주요국 지도자라면 그런 위험을 감수하지 않았을 것이다. 독일 황제는 자신의 친구 프란츠 페르디난트의 장례식이 훨씬 더 안전한 빈에서 치러졌는데도 안전을 이유로 참석하지 않았다.

오스트리아-세르비아 위기가 후년에 전쟁을 촉발할 수는 있었겠지만, 만일 사라예보 암살이 없었더라면 1914년 유럽의 전쟁은 없었을 것이다. 그러나 프란츠 페르디난트의 죽음으로 인해 빈의 군부·민간 지도자들은 모두 자신들의 다민족 제국의 생존이 세르비아를 군사적으로 패퇴시키는 데 달려 있다고 빠르게 확신했다. 핵심 인물은 1906년 이후(1912년 잠시 끊겼지만) 오스트리아-헝가리 제국군의 참모총장인 프란츠 콘라트 폰 회첸도르프 대장이었다. 과거 발칸 위기 때 그는 대(對)세르비아 전쟁을 50여 차례 촉구했었다. 사라예보 암살 이후, 그는 최후의 심판 시기가 도래했다고 반복해서 강력하게 주장했다. 1912~13년 발칸전쟁 기간에 세르비아를 공격하자는 그의 요구는 프란츠 페르디난트 대공과 레오폴트 베르히톨트(Leopold Berchtold) 외무장관에 의해 기각되었었다. 황태자의 암살이 베르히톨트의 생각을 바꾸었다. 그는 세르비아와의 전쟁이 이제는 '거의 피할 수 없으며' 오스트리아가 '또다시 세르비아에 나약함을 보일' 수는 없다고 생각했다. 헝가리 지도자 이쉬트반 티사(István Tisza)를 잠시 제외한 오스트리아-헝가리 제국의 주요 정책결정자들은 모두 전쟁에 찬성했다. 사라예보 암살 후 겨우 이틀이 지난 1914년 6월 30일 빈 주재 독일 공사 하인리히 폰 치르스키(Heinrich von Tschirsky)는 외무부 등 공식적인 접촉선이 모두 '세르비아와 철저하게 결산'하기를 원한다고 베를린에 보고했다. 독일 사람들도 이러한 '결산'만이 유일하게 의지할 수 있는 동맹국 합스부르크 제국의 생존을 보장할 수 있을 것으로 생각했다. 7월 5~6일 베를린은 은밀하게 빈에 유명한 '백지수표', 즉 세르비아와의 분쟁 결과가 유럽의 전쟁이 되더라도 무조건 지원하겠다는 보장을 주었다. 오스트리아인들은 유럽 전쟁으로의 비화는 피하고 싶었겠지만 감수할 용의는 있었다.

그로부터 한 세기가 지나서도, 1914년 '7월 위기' 시 정보의 역할에 관한 출처 자료에는 큰(그러나 거의 주목하지 않는) 공백이 여전히 있다. 푸앵카레는 1912

년 수상으로서 그리고 1913년 2월 이후 대통령으로서 프랑스 외교정책 결정을 지배한 인물이었다. 그는 케 도르세 '검은 방'의 생산물을 열정적 관심을 가지고 탐독했다. 1912년 프랑스의 주요 외교관으로서 로마 주재 대사로 장기 복무 중인 카미유 바레르(Camille Barrère)는 틀림없이 약간의 과장을 섞어 프랑스 외교정책이 절취된 타국 외교 전문에 '전적으로 입각'하고 있다고 주장했다. 그에 비해 "우리나라 대사들 보고는 아무런 중요성이 없다"라고 불평했다. 그렇지만 『프랑스 외교문서』나 푸앵카레의 출판물에는 프랑스 외교정책에 영향을 미친 해독물이 한 건도 들어 있지 않다. 그러나 출판되지 않은 푸앵카레의 일기에는 외교 해독물에서 추출한 부분과 그에 대한 논평이 충분히 들어 있어 그 중요성을 보여주고 있다. 마찬가지로 러시아의 차르와 사조노프 외무장관도 상트페테르부르크 '검은 방'이 생산한 더 많은 분량의 해독물에 깊은 관심을 쏟았다. 그 '검은 방'은 케 도르세와 달리 독일과 오스트리아-헝가리 전문을 적어도 간헐적으로 해독할 수 있었다. 러시아 외무부 아카이브가 수년간 폐쇄됨으로써 현존하는 해독물 파일에 대한 상세한 조사가 지연되었는데, 그 조사는 여전히 필요하다.

가용 아카이브 중에서 최대의 공백이 있는 곳은 아마 독일일 것이다. 다수의 군사정보 파일을 포함한 독일군 기록이 1945년 4월 히틀러가 자살하기 며칠 전 포츠담에 가해진 연합군의 융단 폭격으로 파괴되었다. 독일 재상 베트만 홀베크(Bethmann Hollweg)의 문서들도 거의 같은 시기에 사라졌는데, 이 문서들은 소련의 '붉은 군대'가 진주했을 때 사라졌거나 체포를 예방하려는 나치의 후위 전투(rearguard action)의 결과로 사라졌을 것이다. '작은' 몰트케(Moltke the Younger) 참모총장의 파일들은 현존하지만 접근할 수는 없다. 그 공개를 막고 있는 컬트는 몰트케가 환생한 9세기 교황이었으며 언젠가 또 다른 중요한 역할로 다시 태어날 것이라고 광신하는 집단이다.[10]

한 가지 중요한 점에서, 제1차 세계대전 직전 몇 년 동안 오스트리아-헝가리 제국의 정보수집은 독일보다 더 세련되었다. 즉, 1911년 말부터 빈은 베를린과 달리 신호정보(SIGINT) 기관을 보유했다. 한때 유명했던 빈의 '검은 방'이 뒤늦게 재창설된 직접적인 계기는 발칸전쟁 발발이었다. 1911년 11월 1년 전 사고로 한쪽 눈을 실명한 오스트리아 보병 장교 출신의 안드레아스 피글(Andreas Figl)이 신설 암호해독 부대의 수장으로 임명되었다. 오래지 않아 한 세르비아인이 그의 부대를 찾아와 빈 주재 세르비아 대사관 암호실에 근무하는 자신의 조카가 외교 암호책을 복사했다고 주장했다. 그 암호책의 도움으로 빈의 암호해독관들은 세르비아 대사관으로 전송된 두 건의 전문을 해독할 수 있었으며 그 제보자에게 1만 크로네를 지급했다. 그러나 피글이 구매한 암호를 사용해 전송되는 세르비아 전문은 더 이상 없었다. 그때 비로소 피글은 자신이 기발한 함정공작(sting operation)의 피해자였음을 깨달았다. 성공적으로 해독된 두 건의 전문은 비밀스러운 제보자 자신이 세르비아 외교관들이 사용하는 것과 아주 다른 암호를 사용해서 세르비아 대사관으로 보낸 것이었다. 피글의 부대가 전전에 거둔 최대의 성과는 이탈리아의 허술한 암호 보안과 대사관 보안 덕분에 이탈리아의 주된 외교암호를 푼 것이었다. 빈의 암호해독관들은 카우니츠(Kaunitz) 시대에 처음 사용된 기법을 원용했다. 그 시대는 오스트리아 '비밀 부서(Geheime Kanzlei)'에 유럽 최고의 암호분석관들이 포진해 있을 때였다. 피글의 부대는 이탈리아 대사관의 특별한 관심을 끌도록 계산된 일련의 기사를 언론에 심었으며, 그 기사는 당연히 로마로 보내는 전문에 인용되었다. 7월 위기 기간에 오스트리아 정책결정자들이 어떤 해독물을 활용할 수 있었는지 밝히려면 추가적인 연구가 필요하다. 그러나 피글의 부대가 상트페테르부르크와 케

---

10    그러나 이 컬트는 몰트케가 무덤 속에서 루돌프 슈타이너에게 '구술'했다는 편지들을 공개했다.

도르세의 '검은 방'들과 같은 반열에 있었을 것 같지는 않다.

일부 주요 정책결정자들은 7월 위기 때 자신들이 받는 정보 때문에 깨달음을 얻기보다는 혼란스러워했다. 특히 독일 재상 베트만 홀베크는 런던의 독일 스파이가 보낸 정치정보로 인해 심각하게 오도되었는데, 그 스파이는 런던 주재 러시아 대사관의 2등서기관 베노 폰 지베르트(Benno von Siebert)였다. 1876년 상트페테르부르크의 발트지역 독일계 귀족 집안에서 태어나 하이델베르크 대학교를 졸업한 지베르트는 1898년 러시아 외교단에 합류해 처음에 브뤼셀과 워싱턴에서 근무했었다. 그러나 그의 충성심은 러시아보다 독일 쪽이었으며, 그는 1908년 런던에 부임한 후 러시아의 외교문서를 독일 접촉선에 공급하기 시작했다.[11] 그가 얼마나 많은 문서를 공급했는지는 여전히 미상이다. 1914년 7월 초 [독일 재상] 베트만이 런던 주재 대사관으로부터 6월에 열린 영-러 해군회담에 관한 러시아 문서를 수취했는데, 이 문서는 지베르트가 은밀하게 제공한 것이었다. 베트만은 그 내용을 보고 깜짝 놀랐다. 그의 최측근 심복이자 조언자인 쿠르트 리즐러(Kurt Riezler)는 7월 6일 저녁 베를린에서 북동쪽으로 64km 떨어진 베트만의 시골집 베란다에 둘이 앉아 밤하늘을 바라보며 나눈 대화를 다음과 같이 적었다.

그가 나에게 털어놓은 [지베르트의] 비밀첩보는 엄청나게 충격적인 그림을 전하고 있다. 러시아-영국 간 해군협정, 즉 발트 해 연안의 포메라니아(Pomerania) 지방에 상륙하는 문제에 관한 협상이 체인의 마지막 연결고리로서 매우 중요하다고 그는 보고 있다.

---

11    지베르트가 1908년 스파이로 채용된 것은 당시 독일 외무부에서 영국 담당 국장으로 있던 힐마르 폰 뎀 부셰-하덴하우젠(Hilmar von dem Bussche-Haddenhausen) 남작이 직접 주도한 결과로 보인다. 남작은 나중에 부에노스아이레스와 부쿠레슈티(Bucharest) 주재 대사가 되었다.

… 러시아 군사력이 빠르게 팽창하는구나.

… 오스트리아는 자꾸만 약해지고 기동성도 떨어지는데.

그때까지 베트만 홀베크는 영국이 삼국협상에 참여했음에도 불구하고 러시아나 프랑스의 독일 침공 전쟁을 지지하지 않을 것이라고 늘 확신했었다. 그러던 그가 이제는 영국 외무장관 에드워드 그레이(Edward Grey) 경의 정직성을 의심하기 시작했다. 그러나 지베르트나 베트만은 영국의 협상 입장이 러시아와 크게 다르다는 것을 깨닫지 못했다. 그레이는 상트페테르부르크 주재 영국 대사에게 회담이 '큰 성과를 낼 수 없으며' 영국 해군이 발트 해에서 '러시아 제국의 함대와 연합은 고사하고 그 용인하에' 작전하는 것도 불가능하다고 전문으로 통보했다. 전문을 해독했을 러시아 측은 틀림없이 그 내용에 실망했을 것이다. 베트만의 기우는 그가 정보를 취급한 경험이 없고 영-러 관계를 오해하고 있음을 반영한 것이었다. 그는 해군 협력에 대해 영국보다 러시아가 훨씬 더 간절했음을 파악하지 못했으며, 일방의 정보에 의존하는 고전적 실수를 범했다.

러시아와 프랑스 양국은 오스트리아가 전쟁 예비조치로서 대세르비아 최후통첩 전달을 준비하고 있다는 첫 조짐을 신호정보에서 보았다. 1914년 7월 11일 독일의 전 로마 주재 대사이자 현 외무장관인 고틀리프 폰 야고프(Gottlieb von Jagow)가 현 로마 주재 대사인 한스 폰 플로토(Hans von Flotow)에게 최후통첩이 준비되고 있다고 통보했다. 독일은 대륙 강대국 가운데 독특하게 신호정보 기관이 없었으며 야고프도 베트만처럼 정보 이해가 부족했기 때문에 야고프는 자신이 감수하고 있는 위험을 전혀 몰랐다. 플로토는 이 첩보를 온천에서 재발한 통풍 치료를 받고 있던 이탈리아 외무장관 안토니오 디 산 줄리아노(Antonio di San Giuliano)에게 전달했다. 1914년 7월 16일 산 줄리아노는 다시 빈, 파리, 상트페테르부르크의 이탈리아 대사들에게 전문으로 통보했다. 그 전문은 빈에 있는 피글의 신호정보 부대에 의해 해독되고, 다른 두 수도에서도 훨씬 더 경험이 풍부한 '검은 방'에 의해 거의 틀림없이 해독되었을 것이다. 상트페테르부르크 '검은 방'은 또한 러시아 주재 오스트리아-헝가리 대사 프리드리히 자파리(Friedrich Szapáry)가 빈으로부터 받은 전문을 해독했는데, 거기에는 곧 있을 대(對)세르비아 최후통첩의 전문(全文)이 들어 있었다.

7월 20일경 프랑스 대통령 푸앵카레와 수상 르네 비비아니가 오래 준비한 국빈 방문을 위해 상트페테르부르크에 도착했을 때, 러시아와 프랑스 양국 정부는 주로 자국의 암호해독관들 덕분에 곧 있을 대세르비아 최후통첩의 조건을 알고 있었다. 따라서 최후통첩이 7월 23일 세르비아에 전달되었을 때 프랑스 손님들과 함께 엄청난 충격을 받았다는 사조노프 러시아 외무장관의 후일 주장은 거짓이었다. 그러나 푸앵카레와 비비아니는 국내문제에도 신경이 쓰였다. 그들이 러시아에 도착한 날은 하필 카요 부인의 재판이 파리에서 열린 날이었다. 그녀는 3월 16일 ≪피가로≫ 편집인 가스통 칼메트를 살해한 혐의로 기소되었다. 푸앵카레는 사석에서 비비아니가 한심할 정도로 외교를 모른다고 불평했다. 그가 이렇게 말한 것은 러시아와의 2국동맹(Dual Alliance) 및 러시아에 대한 수상의 지지가 자신과 비교해 무조건적이지 않다는 뜻이었을 것이다. 비비아니는 자신의 사회주의적 배경으로 인해 러시아 측 호스트들에게 호감을 주지 못했다. 특히 그가 공동설립자로 참여한 사회주의(나중에는 공산주의) 일간지 ≪뤼마니테(L'Humanité)≫(인류라는 뜻으로 1904년 창간되었다_옮긴이)가 1905년 혁명 기간부터 차르 체제를 맹렬하게 비판했다. 그러나 국빈 방문 내내 비비아니는 파리에서의 재판 진행과 그로부터 파생될까 봐 두려운 대형 국제 스캔들에 너무 사로잡힌 나머지 고조되고 있는 외교적 위기에 집중하지 못했고 러시아 정부에 그 위기를 완화하도록 촉구하지도 못했다.

국빈 방문 이틀째이기도 한 재판 이튿날, 공개 법정에서 정부가 두려워하던 독일 해독물에 대한 언급이 나왔다. ≪피가로≫ 기자 루이 라자뤼(Louis Latzarus)가 칼메트는 피살 시 '몸서리 처지는 문서들'을 갖고 있었는데, '그것을 읽은 선량한 프랑스인이라면 모두 그 문서가 어떤 사람의 악행과 반역을 입증한다고 생각'하겠지만, 칼메트는 '그 문서를 공개하면 국가에 해로울 수 있기 때문에' 그 공개를 거부했었다고 불쑥 증언해 버렸다. 그 '어떤 사람'이 누구인지는 법정 내의 모든 사람이 알고 있었다. 카요는 즉각 (과거 비비아니가 동의했던 대로) 검찰총장이 공식적으로 자신의 무죄를 밝히라고 요구했다. 루비에(Rouvier) 수상의 부재 시 그 자리를 대행했던 법무장관 장-밥티스트 비앙브뉘-마르탱(Jean-Baptiste Bienvenu-Martin)이 몇몇 동료들과 상의한 후, 법정에서 언급된 문서들은 위조이며 케 도르세는 카요의 명예와 애국심을 부정하는 어떤 문서도 갖고 있지 않다는 성명서 초안을 작성했다. 그 초안은 러시아에 있는 푸앵카레와 비비아니에게 전송되었다. 푸앵카레는 카요가 여전히 '협박'하고 있다는 견해를 견지했으나, 비비아니는 카요가 케 도르세와 쉬르테의 '검은 방'에서 나온 해독물을 폭로하겠다는 종전의 위협을 실행할까 봐 두려워 초안에 동의한다고 타전했다. 푸앵카레가 자신의 일기에 적은 바에 따르면, 카요의 최근 요구에 관한 파리발 뉴스를 받은 이후 비비아니가 "침울한 상태에 빠졌다. 그는 점점 더 불안해하고 시무룩해한다. 그에게 다가가는 사람은 모두 그가 기분 나쁜 상태임을 느낀다". 비비아니의 공식 승인이 상트페테르부르크로부터 도착하기도 전에 파리에서 검찰총장이 카요가 요구한 법정 성명을 발표했다. 아벨 페리(Abel Ferry) 외교차관은 공개 법정의 '환상적인 선언'에 아무도 속지 않았다고 자신의 일기에 적었다. "우리는 너무 뻔히 실재하는 문서들을 존재하지 않는다고 선언했다." 그러나 정치적 위기와 국제적 스캔들을 막으려는 주된 목적은 달성되었다.

비비아니가 파리에서의 사태에 너무 사로잡혀 다른 일에 집중하지 못했지만, 푸앵카레는 변함없이 2국동맹에 대한 프랑스의 공약을 재확인했으며 자신의 호스트 측에 위기 완화를 촉구할 시도는 전혀 하지 않았다. 7월 24일 대통령과 수상이 파리로의 귀국 여정에 오른 직후, 자파리가 러시아 외무부에 도착해 오스트리아의 대세르비아 최후통첩을 전달했다. 자파리 대사가 말은 안 했지만, 그 최후통첩은 너무 가혹해서 세르비아가 도저히 수용할 수 없는 내용을 담고 있었다. 사조노프 러시아 외무장관은 각국 대사들이 본국의 지시에 따라 자신에게 전달하는 메시지를 절취된 해독물을 통해 미리 아는 데 익숙한 사람이었다. 사조노프는 자파리가 가져온 뉴스에 깜짝 놀라는 척했으나, 외관상 즉흥적으로 보이는 반응을 사전 준비하는 데 충분한 시간을 할애했었다. 사조노프가 자파리에게 말했다. "그게 뭔지 압니다. 당신들이 세르비아와 전쟁을 하고 싶은 게지요! 독일 신문들이 당신들을 부추겼습니다. 당신들은 유럽에 불을 지르는 겁니다." 빈은 확전을 피하고 싶었겠지만, 그 최후통첩은 실로 세르비아와의 전쟁을 정당화하려는 의도였다. 7월 25일 러시아가 군사동원을 개시한 것이 유럽 전체의 전쟁이 될 가능성을 높였다.

7월 위기 기간의 독일 정책은 궁극적으로 카이저의 의사결정에 의존했다(대전 발발 이후에는 그렇지 않았지만 말이다). 카이저를 잘 아는 정보기관이라도 그의 기분 반전(mood swings)을 예측하기가 어려웠을 것이다. 한 세기 뒤의 사학자들 사이에서도 여전히 이러한 기분 반전이 어떤 것이었는지에 대한 견해가 일치하지 않는다.[12] 7월 6일 베트만 홀베크의 요청에 따라 독일은 오스트리아의 세르비아 공격 계획에 대해 전혀 눈치 채지 못한 것으로 보이기 위해 빌헬름 2세는 노르웨이 해안을 따라 피오르(fjords)로 가는 통상의 여름 유람선 여행을 떠

---

12　예를 들어 여러 사학자 가운데 크리스토퍼 클라크(Christopher Clark)가 인용한 바에 따르면, 7월 위기 초 카이저는 "상황을 관리하고 유럽의 평화를 유지하기 위해" 베를린으로 돌아가고 싶다고 말했다. 존 륄(John Röhl)은 이 진술의 신빙성에 대해 강력하게 이의를 제기하고 있다.

났다. 그는 대전 발발에 대한 개인적 책임을 덜기 위해 위기에 관해 '빈약한 뉴스만' 베를린으로부터 받았으며 "주로 노르웨이 신문에 의존해야 했다"라고 나중에 주장했다. 실제로는 카이저가 베를린으로부터 많은 발송물을 수취했으며 여러 차례 위기에 개입했다. 예컨대, 그는 3국동맹에서 떨어져 나가고 있다고 생각되는(이 생각은 맞았다) 이탈리아를 설득해 프랑스·러시아와의 전쟁 시 독일과 오스트리아-헝가리 편에 가세시키려고 했다. 오스트리아가 대세르비아 최후통첩을 발표한 다음 날인 7월 25일 빌헬름 2세가 귀국을 결정했다. 그는 나중에 그 소식을 "베를린이 아니라 노르웨이의 신문에서 알았다"라고 신빙성 없는 주장을 내놓았다. 또 빌헬름 2세의 귀국 결정을 부분적으로 부추긴 것은 "영국 함대가 나를 붙잡으려고 은밀하게 노르웨이로 떠났다고 한 노르웨이 출처의" 웃음거리 정보였다. 그는 그 정보를 자신의 전후 회고록에 인용할 만큼 진지하게 여겼는데, 영국이 "아직 평화가 지배하던 시기에 감히 카이저인 나를 납치하려는 태세가 분명했었다"라고 항의했다.

독일로 돌아온 빌헬름 2세는 오스트리아와 세르비아 간 중재를 위한 여러 제안을 무시했다. 사조노프가 오스트리아의 세르비아 공격은 유럽 전체의 전쟁을 초래할 것이라고 경고했을 때, 그는 "좋아, 그럼 해보자고!"라고 대꾸했다. 그러나 세르비아가 오스트리아의 최후통첩 조건을 대부분 수용했을 때, 카이저는 깜짝 놀랐으며 "가장 낮은 자세의 항복이므로 전쟁할 이유가 모두 사라졌다"라고 선언했다. 그러나 카이저는 오스트리아 군대가 '베오그라드에서 멈추고' 세르비아의 요구 조건 수용을 기다리라는 자신의 제안이 오스트리아에 의해 거부되자, 그다음에 어떻게 할지 몰라 쩔쩔맨 것 같다. 독일 전쟁장관(나중에 몰트케 후임으로 독일군 참모총장이 된) 에리히 폰 팔켄하인(Erich von Falkenhayn)은 7월 28일 저녁 카이저를 만난 후 이렇게 기록했다. "그의 말은 횡설수설이다. 그중에서 분명하게 드러나는 유일한 메시지는 그가 더는 전쟁을 원하지 않으며, 이를 위해 오스트리아를 궁지에 빠뜨리려고까지 결심하고 있다는 것이다." 카이저가 '이제 사태를 수습할 수 없게' 되었다는 말을 팔켄하인에게서 들었을 때, 그는 7월 위기의 초기였더라면 화를 냈을 테지만, 이제는 그 사실을 받아들였다. 혼란스러운 카이저는 '구르기 시작한 공을 멈출 수가 없다'라는 결론을 내리고 다시 호전적인 기분으로 돌아갔다.

대륙 각국의 정부와 정보기관들로서는 영국의 의도를 예측하기가 카이저의 기분 반전을 판단하는 일만큼이나 어려웠다. 애스퀴스 정부는 독일의 공격에 대응해 프랑스를 지원할 도덕적 책무의 범위를 둘러싸고 완전히 양분되었다. 수상과 외무장관 에드워드 그레이 경은 내각이 원정군 파병에 동의하지 않으면 사임할 결심을 하고 있었다. 만일 독일이 중립국 벨기에를 침공하지 않았더라면 내각이 파병을 거부했을 것이고 애스퀴스 정부도 무너졌을 것이다. 7월 30일 육군 원수 존 프렌치(John French) 경은 전쟁 발발 시 영국 원정군을 지휘하라는 공식 통보를 받고서도 반신반의했다. 영국이 선전포고하기 이틀 전인 8월 2일 프렌치 경이 '신문 사주 협회'의 리들(Riddell) 경에게 전화를 걸었다. "친구, 우리가 이 전쟁에 참전할지 말지를 말해줄 수 있는가? 참전한다면 대륙에 군대를 보낼 것인가? 보낸다면 누가 지휘할 것인가?" 대륙 각국의 정부도 그와 똑같은 질문을 스스로에게 던졌다.

대전 발발 시의 마지막 혼란 요인은 8월 3일(독일의 대러시아 선전포고가 있고 난 이틀 후) 베를린에서 파리 주재 대사 빌헬름 폰 쇤(Wilhelm von Schoen)에게 보낸 전문이었다. 거기에는 프랑스 정부에 전달하라는 선전포고가 들어 있었다. 쇤 대사의 후일 기록에 따르면, "불행히도 그 전문은 너무 심하게 훼손되어 갖은 노력에도 불구하고 그 일부만 해독할 수 있었다". 베를린의 암호 서기의 실수로 '이미 어제 아래로' 등과 같은 무의미한 구절들이 들어 있었다. 쇤은 자신이 이해할 수 있는 조각들을 모아 대프랑스 선전포고를 스스로 작성해야 했다. 쇤

이 나중에 인정했듯이, 그가 범한 많은 오류는 '독일이 공격을 정당화하는 구실을 조작했다고 주장할 수 있는 충분한 근거'를 프랑스 측에 제공했다.

벨기에를 경유하는 독일의 프랑스 침공은 선전포고를 한 날짜와 같은 8월 3일 개시되었는데, 침공 초기의 성공은 대체로 프랑스의 군사정보 결핍과 특히 군 지휘부의 군사정보 오용 덕분이었다. 조제프 조프르(Joseph Joffre) 원수가 1911년 7월 참모총장 겸 총사령관 지명자가 되었을 때, 그는 벨기에를 경유하는 침공 위협을 심각하게 여겼다. 1911년 10월 조프르는 '독일의 벨기에 침공에 대비할 필요성'을 주요 전략 사안으로 꼽았는데, 당시 그는 독일이 벨기에를 침공할 확률이 침공하지 않을 확률보다 높다고 판단했다. 1914년 조프르는 생각을 바꾸었다. 그는 '최후까지 공격(attaque à l'outrance)' 교리에 고정되었으며, 이 교리를 구현한 전전의 최종 군사계획 '플랑 17(Plan XVII)'은 로렌(Lauraine) 지방을 통한 프랑스군의 전면 공격을 토대로 했지만, 독일의 침공 계획에 대해서는 거의 주의를 기울이지 않았다. 야전교범에는 '프랑스군은 법은 몰라도 공격은 안다'라고 선언했다. 그러나 조프르 휘하의 주요 장군 일부는 벨기에에 대한 독일의 위협을 심각하게 걱정했다. 샤를 로랑(Charles Laurent) 대장이 1914년 봄 제5군 사령관에 취임했을 때, 그는 로렌 지방에서 전면 공격한다는 조프르의 방침으로 인해 벨기에 국경 대부분이 독일 공격에 노출된다는 것을 문제 삼았다. 제3군 사령관 피에르 뤼페(Pierre Ruffey) 대장은 벨기에를 경유하는 독일의 대규모 공격이 확실하다고 확신했다. 전전에 조프르에게 올라간 일부 정보 보고서는 그가 듣고 싶은 것만 듣도록 작성되었다는 결론은 반박하기 힘들다. 1914년 5월 '제2국(Deuxième Bureau)'은 ① 독일군의 주력 공격은 낭시(Nancy), 베르됭(Verdun)과 생-디에(Saint-Dié)로 향할 것이고, ② 독일군의 벨기에 작전은 상브르(Sambre) 강과 뫼즈(Meuse) 강 남쪽에 머무를 것이며, ③ 독일은 예비 부대를 정규군과 함께 전개하지 않을 것이라고 보고했다. 그 세 가지 보고는 모두 틀렸다. 후일 조프르의 주장에 따르면, 그는 독일이 벨기에 경유 공격을 논의한 것이 진짜 의도를 가장하기 위한 기만첩보라고 생각했었다. 조프르가 대비하지 못한 독일의 벨기에 경유 공격이 마른(Marne) 강에 다다른 9월 초, 파리는 공황상태였으며 프랑스 정부는 남쪽의 보르도(Bordeaux)로 떠나고 없었다.

독일의 군사·해군 정보 결핍도 심각했다. 러시아가 선전포고 후 2주 만에 동프로이센을 침공할 만큼 군사동원 속도가 빠르자 독일 군사정보 기관 '제3국(Sektion IIIb)'이 경악했다. 독일군이 우세했기 때문에 그러한 정보 기습은 동부전선의 독일군 작전에 거의 아무런 피해를 주지 않았다. 훨씬 더 심각한 것은 구스타프 슈타인하우어(Gustav Steinhauer)가 운용하는 해군 정보국(Nachrichten-Abteilung: 'N')의 영국 내 스파이망이 파괴된 것이었다. 켈(Kell)의 방첩국(미래의 MI5)이 그 스파이망을 다년간 감시하고 있었다. 영국이 참전하기 6일 전인 7월 29일 켈은 지서장들에게 '경보 편지'를 발송했는데, 거기에는 슈타인하우어를 위해 일하는 22명의 독일 스파이 이름과 인적사항이 들어 있었다. 전쟁이 터지기 직전 여러 날 동안 켈은 런던의 워터게이트 하우스에 있는 사무실에서 자면서 하루 24시간 머물렀다. 전화통에 둘러싸인 그는 선전포고가 나오자마자 스파이들에 대한 체포를 지시할 준비가 되어 있었다. 종래 영국 역사상 그처럼 많은 적국 스파이를 다양한 장소에서 체포할 계획이 준비된 적은 없었다. 마지막 체포는 8월 15~16일 이루어졌다. 켈의 지시로 체포된 스파이들을 색출한 것은 주로 경찰 수사 덕분이었지만, 그 색출의 핵심 역할은 대개 켈의 방첩국 몫이었다. 스파이 22명 중 17명 이상의 서신이 켈이 발부받은 '내무부 영장'에 의해 절취되었었다. 그것은 그 스파이들의 'N' 접촉을 감시하는 가장 확실한 방법이었다.

슈타인하우어가 "영국 내 우리의 비밀 정보 요원들이 일망타진되었다"라고 보고했을 때, 카이저는 슈타인하우어가 '대단한 사람'이라는 종래의 생각을 즉

각 철회했다. 슈타인하우어의 후일 회고에 따르면, 카이저는 그 체포 소식을 듣고 화가 나서 제정신이 아니었다. "자신의 귀를 믿을 수 없었던 카이저는 거의 두 시간 동안 이른바 정보관들의 무능함에 대해 악을 쓰고 날뛰면서 '내 주변에 얼간이들뿐이냐? 왜 내게 얘기 안 했어? 누구 책임이야?'라고 고함쳤다. 같은 맥락의 다른 고함소리가 더 들렸다."[13] 카이저의 분노는 주로 '이제는 영국 원정군(BEF)'의 출발과 목적지에 관해 보고할 수 있는 영국 내 독일 스파이가 없다는 사실 때문이었다. 이러한 정보 부재로 인해 서부전선에서 신속한 승리를 거둘 전망이 상당히 사라졌다. '작은 빌리(Little Willy)'라는 별명을 가진 빌헬름 황태자가 후일 다음과 같이 적었다.

… 운명적인 마른 강 전투 전날인 9월 5일 저녁, 영국 군대가 안트베르펜과 오스텐드에 상륙해 독일군 배후를 위협할 것이라는 우려 때문에 폰 몰트케 장군이 로렌 지방에 있는 제6군과 제7군에서 2개 군단과 1개 기갑사단을 차출해 벨기에로 보내기로 했다. 이들 부대가 이동해—두 군데 급소인—폰 클루크(von Kluck) 대장의 제1군을 지원하거나 독일군의 베르됭 남쪽 공격을 강화했더라면, 1914년의 서부전선 공세는 완전히 다른 결말을 맞이했을 것이다. 전쟁의 전체 흐름이 달라졌을 것이다.

---

13    슈타인하우어가 자신의 무능함에 대해 그토록 난폭하게 쏟아진 비난을 지어냈을 가능성은 희박하다.

## 지은이
### 크리스토퍼 앤드루(Christopher Andrew)

근현대사를 전공한 케임브리지대 명예교수로서, 사학과 교수단장과 코퍼스 크리스티 칼리지(Corpus Christi College) 학장을 역임했으며, 현재 케임브리지 정보학 세미나를 정기적으로 주재하면서 《정보·테러 연구 저널(Journal of Intelligence and Terrorism Studies)》의 편집인으로 활동하고 있다. 서방으로 망명한 구소련 스파이들과 공동으로 작업해 『KGB 내부 이야기(KGB The Inside Story)』 등 다수의 KGB 관련 문헌을 생산했다. 영국의 국내정보기관인 보안부(MI5)의 공식 사가로서 그 백년사를 다룬 『왕국의 방위(The Defence of the Realm)』를 집필했다. BBC 라디오와 TV 방송에서 다수의 역사 다큐멘터리 프로그램을 진행했다.


## 옮긴이
### 박동철

서울대학교 국제경제학과를 졸업하고 미국 오하이오대학교에서 경제학 석사 학위를 받았다. 주EU대표부 일등서기관, 이스라엘 및 파키스탄 주재 참사관을 지냈고, 현재는 정보평론연구소를 운영하면서 연구와 집필 활동에 종사하고 있다. 『트럼프의 미국 우선주의』의 해제를 달았다. 옮긴 책으로 『글로벌 트렌드 2040』, 『정보 분석의 혁신』, 『인도의 전략적 부상』, 『포스너가 본 신자유주의의 위기』, 『창조산업: 이론과 실무』, 『미래의 초석, 네덜란드 교육』 등 10여 권이 있다.

**스파이 세계사 제II권**
모세부터 9·11까지 정보활동 3000년의 역사

지은이 ǀ 크리스토퍼 앤드루
옮긴이 ǀ 박동철
펴낸이 ǀ 김종수  펴낸곳 ǀ 한울엠플러스(주)  편집 ǀ 신순남
초판 1쇄 인쇄 ǀ 2021년 8월 30일  초판 1쇄 발행 ǀ 2021년 9월 15일

주소 ǀ 10881 경기도 파주시 광인사길 153 한울시소빌딩 3층  전화 ǀ 031-955-0655
팩스 ǀ 031-955-0656  홈페이지 ǀ www.hanulmplus.kr  등록번호 ǀ 제406-2015-000143호

Printed in Korea.
ISBN 978-89-460-8111-6 04900
     978-89-460-8109-3(세트)

* 책값은 겉표지에 표시되어 있습니다.